LA
FRANCE PITTORESQUE
DU NORD

1ʳᵉ SÉRIE GRAND IN-8°

PROPRIÉTÉ DES ÉDITEURS

FRANCE PITTORESQUE. Carte des départements décrits dans ce volume (RÉGION DU NORD).

LA

FRANCE PITTORESQUE

DU NORD

HISTOIRE ET GÉOGRAPHIE DES PROVINCES

D'ILE-DE-FRANCE

CHAMPAGNE, FLANDRE, ARTOIS, PICARDIE

NORMANDIE ET MAINE

ET DES DÉPARTEMENTS QU'ELLES ONT FORMÉS

PAR ALEXIS-M. G.

Membre des Sociétés de géographie de Paris, de Bruxelles, d'Anvers.
Socio corresponsal de la Sociedad geografica de Madrid, etc.
Auteur de la *France coloniale illustrée*, etc.

TROISIÈME ÉDITION, RETOUCHÉE

TOURS

ALFRED MAME ET FILS, ÉDITEURS

M DCCC XCVI

TABLE

DES PROVINCES ET DES DÉPARTEMENTS
COMPRIS DANS CE VOLUME

	— Paris, capitale.
ILE-DE-FRANCE	1. Seine
	2. Seine-et-Oise
	3. Seine-et-Marne
	4. Oise
	5. Aisne
CHAMPAGNE	6. Aube
	7. Haute-Marne
	8. Marne
	9. Ardennes
FLANDRE	10. Nord
ARTOIS	11. Pas-de-Calais
PICARDIE	12. Somme
NORMANDIE	13. Seine-Inférieure
	14. Calvados
	15. Manche
	16. Eure
	17. Orne
MAINE	18. Sarthe
	19. Mayenne

Nota. — Après une étude générale de la province et du département, la revue des villes et des communes suit dans l'*ordre d'orientation des arrondissements et dans l'ordre alphabétique des cantons*.

Les **chefs-lieux d'arrondissements** sont en caractères **gras**, de même que les localités intéressantes à divers titres. Les chefs-lieux de cantons sont en petites capitales.

Bien qu'on développe de préférence les villes importantes, on cite au moins en note toutes les communes de plus de 1500 habitants avec le chiffre de leur population, d'après le recensement officiel du 31 décembre 1891.

Les petites *cartes des départements* contiennent au moins tous les chefs-lieux de cantons, toutes les communes de plus de 3000 habitants (⊙ rond pointé); en outre, les cotes d'altitude des points culminants, les rivières et les chemins de fer.

LA FRANCE PITTORESQUE

DU NORD

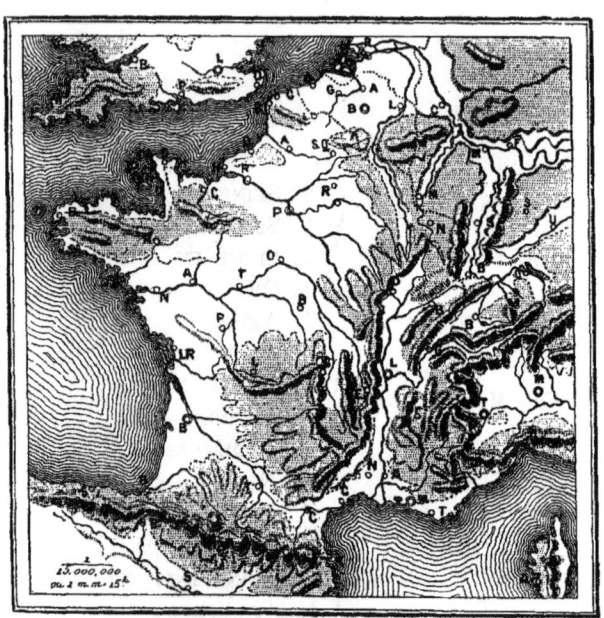

PARIS

CAPITALE DE LA FRANCE

PARIS, capitale de la France, est la ville la plus belle et, après Londres, la plus riche et la plus peuplée de l'Europe (2 500 000 habitants).

Elle est située dans la partie médiane septentrionale du pays, par 48°50'49" de latitude nord et 0° de longitude, le méridien initial français passant par l'Observatoire, qui est à 2°20'15" de longitude est du méridien anglais de Greenwich.

NOTA. La description générale de la France, qui formait une INTRODUCTION dans les éditions précédentes, est réservée pour un VOLUME SPÉCIAL.

Plan de Paris, extrait de la carte de l'État-Major, à l'échelle du 80 000ᵉ.

Son aire, que la Seine divise en deux parties inégales, est de 7 802 hectares, et son périmètre de 36 kilomètres.

Son altitude varie entre 25 mètres aux bords de la Seine, et 128 mètres sur la colline de Montmartre.

« *L'emplacement de Paris*, dit le savant Élie de Beaumont, avait été préparé par la nature, et son rôle politique n'est, pour ainsi dire, qu'une conséquence de sa position. Les principaux cours d'eau de la partie septentrionale de la France convergent vers la contrée qu'il occupe d'une manière qui nous paraîtrait bizarre, si elle nous était moins utile, et si nous y étions moins habitués. Ce n'est donc ni au hasard ni à un caprice de fortune que Paris doit sa splendeur ; et ceux qui se sont étonnés de ne pas trouver la capitale de la France à Bourges ont montré qu'ils n'avaient étudié que d'une manière superficielle la structure de leur pays. »

En effet, il n'est rien de fortuit, de livré au hasard dans la nature, pas plus que dans l'histoire humaine ; tout a sa raison d'être, et les circonstances géologiques, qui expliquent si bien le modelé de la surface de la terre, ont leur retentissement jusque dans les mœurs et les industries des peuples qui l'habitent.

Ainsi le bassin géologique dont Paris est le centre forme comme une cuvette où les eaux affluent d'elles-mêmes ; sa fertilité et son horizontalité y ont de tout temps attiré les populations, car elles y trouvent les conditions favorables à l'agriculture, à l'industrie et au commerce, sources de richesses et causes secondes des grandes agglomérations, dont Paris est un type si remarquable.

Quelle est **la capitale de l'Europe?** peut-on se demander. A cette question, M. Pelletan répond : « Il y a sans doute puérilité pour une nation, pour une ville, à dire : « Je suis la première nation, la première « capitale. » Il n'y a point de première nation ni de première capitale à proprement parler, et il ne saurait y en avoir, car chacune a son œuvre et sa part de gloire au soleil.

« Mais lorsqu'on fait du regard le tour de l'Europe, et qu'on cherche la ville qui en représente le mieux la moyenne, ce n'est pas Londres, qui n'est qu'un marché ; ce n'est pas Berlin, qui n'est qu'une université ; ce n'est pas Vienne, qui n'est qu'un concert ; ce n'est pas Rome, qui n'est qu'un musée ; ce n'est pas Pétersbourg, qui n'est qu'une caserne.

« Qui est-ce donc, si ce n'est la ville à la fois commerçante, industrielle, poétique, artistique, littéraire, savante, la ville de Paris, en un mot, la reproduction exacte de chaque peuple pris en particulier, et en même temps élevé à sa dernière formule ? Si bien que si chaque peuple avait à nommer la capitale de l'Europe il mettrait le doigt sur Paris, et dirait : La voilà ! »

« Si la France est l'âme du monde, dit M. A. Gabourd, Paris est l'âme de la France. Toutes les grandes inspirations et tous les grands crimes qui ont ennobli ou consterné le pays, c'est Paris qui en a été la source ou l'instrument; c'est dans ses flancs que fermentent les idées bonnes ou fatales, le dévouement et l'égoïsme, l'intelligence et la barbarie. Les arts, les sciences, la poésie, toutes les sublimes manifestations de la pensée humaine se sont réfugiées dans son sein comme sur le cœur d'une mère; Paris est cet audacieux dont parle la Fable, qui avait dérobé le feu du ciel; c'est ce géant qui ébranle le monde chaque fois qu'il s'agite sur son lit.

« Mélange incompréhensible de grandeur et de misère, de sagesse et de folie, s'il a élevé un autel à chaque vice et à chaque délire de l'esprit humain, il s'est trouvé dans les rangs de ses fils et de ses filles des mains pieuses qui ont conservé intact le dépôt de l'arche sainte, et qui n'ont point mêlé leurs voix aux chants impurs des persécuteurs; leurs prières et leurs

Jubé de Saint-Étienne-du-Mont.

sacrifices montent sans cesse vers le trône de Dieu, et il faut sans doute que le parfum en soit agréable au Seigneur, puisque, par un miracle de miséricorde, Babylone est encore debout, puisque Ninive peut encore se repentir. »

LES ÉGLISES

Paris monumental. — Par ses monuments nombreux et variés, par l'ampleur des voies qui le traversent, l'élégance artistique et l'élévation des maisons qui les bordent, par la grandeur de ses places et la quantité des chefs-d'œuvre qui les décorent, par la multiplicité de ses squares, jardins et parcs, Paris est incontestablement la plus belle ville du monde.

Les églises. — Parmi les principales églises de Paris, nous citerons par ordre chronologique : *Saint-Germain-des-Prés* (XIe-XIIe siècle), dont la nef romane a été peinte à fresque par Flandrin, et dont le porche est défendu par une grosse tour carrée, sorte de donjon; elle dépendait avant 1793 d'une célèbre abbaye fondée sous Childebert ; — *Saint-Germain-l'Auxerrois*, édifice du XIIe siècle, avec un magnifique porche gothique à cinq arcades, du XVe siècle. C'était la paroisse des Tuileries. Elle est située dans le 1er arrondissement de la ville, autour duquel les dix-neuf autres arrondissements sont rangés en une double spirale ; — *Notre-Dame*, ou la cathédrale, et la *Sainte-Chapelle*, les deux joyaux du XIIIe siècle, dont nous reparlerons plus en détail ; — *Saint-Étienne-du-Mont*, mi-gothique du XVe siècle et mi-renaissance, remarquable par le jubé

Panthéon.

fermant le chœur et par le précieux tombeau de sainte Geneviève, qui y amène du 3 au 10 janvier une foule de pèlerins de Paris et de sa banlieue ; — *Saint-Gervais*, ogival flamboyant, avec façade en placage de style renaissance, chef-d'œuvre de Jacques Debrosse (XVIIe siècle); — *Saint-Merry*, bâti sous François Ier et possédant les verrières anciennes les plus complètes de Paris.

Saint-Joseph-des-Carmes, surmontée d'un petit dôme, rappelle les massacres de septembre 1792 ; — *Saint-Nicolas-du-Chardonnet* fut construit sur les dessins de Lebrun ; on y vénère le pied coupé de l'illustre soldat martyr, saint Victor, qui avait donné son nom à une abbaye voisine, détruite pendant la Révolution.

A la Renaissance appartient l'église *Saint-Eustache*, construite de 1532 à 1642, où l'on essaya de produire avec les détails de l'architecture classique les effets élancés du style ogival.

Puis vient *Saint-Sulpice*, la plus vaste église de Paris, élevée dans le style gréco-romain, de 1646 à 1749 ; elle est ornée d'un portail imposant formé de deux colonnades superposées de deux tours hautes de 70 mètres. Ses orgues et celles de Saint-Eustache ont une grande réputation. *Saint-Roch* et *Notre-Dame-des-Victoires* sont de style grec et du xviie siècle ; cette dernière, ainsi dénommée en l'honneur des succès de Louis XIII sur le protestantisme, est célèbre par son pèlerinage et son archiconfrérie de Notre-Dame. L'ancienne église *Sainte-Geneviève*, profanée et redevenue pour la troisième fois, en 1885, le *Panthéon* dédié *aux grands hommes*, est de style gréco-romain et fut construite au siècle dernier sur les plans de Soufflot. Sa forme est celle d'une croix grecque, et ses murs sont décorés de belles peintures, de même que son dôme majestueux, surmonté d'une lanterne s'élevant à 83 mètres au-dessus du pavé.

Le xixe siècle a débuté sous Napoléon Ier par la construction de la *Madeleine*, en style grec corinthien, rappelant, dans de plus grandes proportions, le Parthénon d'Athènes. Sous Louis-Philippe, s'élevèrent *Notre-Dame-de-Lorette* et *Saint-Vincent-de-Paul*, imitant dans leur forme les basiliques romaines, et ornées de fresques remarquables.

Revenue plus tard au style gothique dans *Sainte-Clotilde*, *Saint-Jean-Baptiste* de Belleville, et *Saint-Eugène*, autrefois *Sainte-Eugénie* (celle-ci est toute en fer), l'architecture reprend le style roman, mélangé de grec et de renaissance, dans *Saint-Ambroise*, *Saint-Pierre* de Montrouge, *Notre-Dame-des-Champs*, la *Trinité*, remarquable par son portail, *Saint-Augustin* par son vaste dôme, et *Saint-François-Xavier* par sa décoration sobre et sa belle chapelle de la sainte Vierge.

Enfin la basilique du *Sacré-Cœur-de-Jésus*, qui rapelle le vœu national émis par le parlement de 1873 à la demande de l'archevêque Mgr Guibert, est conçue dans le style byzantin. Dominant la colline de Montmartre, bâtie sur un plan grandiose, avec des matériaux indestructibles, elle vient couronner noblement l'ensemble des 64 églises paroissiales et de plusieurs centaines de chapelles privées, offert à la piété des fidèles dans cette ville immense. Si Paris est un grand foyer d'influences malsaines et corruptrices, il pourrait aussi s'appeler la seconde capitale du monde catholique, par l'importance de ses œuvres pieuses et charitables, de ses congrégations de religieux et de missionnaires.

Revenons à Notre-Dame et à la Sainte-Chapelle.

La cathédrale Notre-Dame. — Sous le règne de Tibère, il existait dans l'île de la Cité, sur l'emplacement où s'élève maintenant Notre-Dame, un autel consacré à Jupiter et à Vulcain. Lorsque les Parisiens devinrent chrétiens, ils renversèrent les idoles et bâtirent une église dédiée à saint Étienne. Cette fondation eut lieu vers 555, sous le règne de Childebert, et à la sollicitation, dit-on, de saint Germain, évêque de Paris.

Les Normands, dont les incursions s'étaient étendues jusqu'à Paris, ruinèrent cette basilique. Peu à peu cependant l'édifice sacré se releva de ses cendres; mais il était devenu insuffisant et menaçait ruines, quand Maurice de Sully, évêque de Paris, conçut le projet de le rebâtir dans de plus grandes dimensions et sur un plan nouveau. C'était dans la seconde moitié du

Notre-Dame de Paris.

XIIe siècle, à l'époque des grandes constructions et des chefs-d'œuvre de l'art chrétien. Secondé par le zèle du peuple et des grands, Maurice put commencer la cathédrale en 1163. Le pape Alexandre III en posa la première pierre. L'office divin y commença en 1185, mais l'édifice ne fut terminé qu'au bout de trois siècles.

Le plan de Notre-Dame forme une croix latine; sa longueur dans œuvre est de 130 mètres sur 46 mètres 60 de largeur, et 34 mètres d'élévation sous voûte.

La façade principale de Notre-Dame était primitivement élevée sur treize marches, que l'exhaussement graduel des terres a fait disparaître. La largeur totale du portail est de 50 mètres; deux tours carrées de 68 mètres d'élévation l'accompagnent. Trois portes, placées dans les ogives à voussures profondes, servent d'entrée aux nefs.

Les sculptures qui décorent ce portail sont curieuses. La *scène du jugement dernier* est représentée dans le tympan central : Le Sauveur est venu juger les vivants et les morts; deux anges sont à ses côtés; à droite, la Vierge Marie est à genoux, et, du côté opposé, saint Jean l'évangéliste dans la même attitude. Une longue file de réprouvés enchaînés et conduits par les démons; l'image de l'enfer représenté par des chaudières enflammées; les supplices des damnés, fouettés, brochés, foulés aux pieds; une foule de diables à figures monstrueuses viennent animer ce tableau, pour lequel l'artiste semble avoir abandonné un moment le style raide du moyen âge. Dans les compartiments correspondants, sont représentées les joies du paradis et toute la glorieuse milice des saints : vierges, martyrs et confesseurs. — Ce genre de représentations naïves mais expressives se retrouve dans d'autres cathédrales, et témoigne de l'esprit religieux, plein de foi, du moyen âge.

Dans les niches placées dans les pieds-droits des grandes voussures, on distingue les figures isolées des douze apôtres, et, sur les quatre piliers qui séparent les portes : la Foi, la Religion, saint Denis et saint Étienne.

Les portails latéraux présentent, ainsi que le portail central, des faits tirés de l'histoire sainte et des vies des saints. On y remarque saint Marcel foulant aux pieds le dragon qui désolait, dit-on, les environs de Paris.

Au-dessus des trois portails se dessine la magnifique *galerie dite des Rois*, que le public prit longtemps pour les rois de France, jusqu'au jour où le savant Viollet-le-Duc prouva qu'il s'agit ici des rois de Juda, ancêtres de la très sainte Vierge, ce qui du reste est plus logique. Les statues primitives, détruites par la Révolution en haine de la royauté, ont été remplacées sous Napoléon III.

Au-dessus de cette galerie et d'une splendide rosace, une seconde rangée de galeries surmontées d'élégantes balustrades orne dans toute son étendue cette longue façade dominée seulement par les deux tours. On parvient à la plate-forme de ces tours par un escalier de 389 marches, placé dans la tour septentrionale. Les différentes voûtes de cette église sont contre-buttées par un grand nombre d'arcs-boutants; ses dehors sont décorés de pyramides, d'obélisques et de frontons, travaillés avec une délicatesse admirable.

Les tours devaient servir de base à des flèches dans le genre de celles de Chartres : ces couronnements pyramidaux semblent en effet manquer à l'œuvre. La flèche en plomb, haute de 95 mètres, qui surmonte le transept, est la reproduction un peu perfectionnée d'une ancienne flèche détruite à la Révolution. Les deux bras de ce transept sont aussi ornés de deux magnifiques rosaces.

Considéré dans son ensemble, l'intérieur de Notre-Dame est noble et

La Sainte-Chapelle.

majestueux. La grande nef est environnée de deux rangs de bas côtés et d'une ceinture de quarante-cinq chapelles. Des galeries intérieures sont placées au-dessus des nefs collatérales; cent vingt gros piliers de 1 mètre 30 de diamètre soutiennent les voûtes principales; deux cent quatre-vingt-dix-sept colonnes sont réparties dans les bas côtés et les galeries hautes.

La clôture du chœur offrait autrefois des sculptures intérieures qui représentaient l'histoire de la Genèse; elles ont disparu. Celles de l'extérieur, qui sont l'ouvrage de Jehan Ravi et de Jehan Bouteiller son neveu, « maîtres maçons et *imaigiers de Notre-Dame, en l'an MCCCLI,* » offrent une suite de scènes du Nouveau Testament, exécutées avec incorrection, mais avec beaucoup de naïveté. Il reste encore quelques traces de la peinture et de la dorure dont elles furent couvertes.

Le trésor de la sacristie possède deux reliques insignes : la Couronne d'épines de Notre-Seigneur et un important fragment de la vraie Croix, qui se trouvaient autrefois à la Sainte-Chapelle.

La **Sainte-Chapelle**, le véritable chef-d'œuvre de l'art ogival à Paris, est due à saint Louis, qui la fit bâtir pour y déposer la Couronne d'épines et un fragment considérable de la Croix de Notre-Seigneur Jésus-Christ.

Elle fut construite de 1245 à 1248, par l'architecte Pierre de Montereau, à l'exception de la flèche, édifiée sous Charles VII, réédifiée sous Napoléon III, à qui l'on doit la restauration de toute la chapelle. Celle-ci est à deux étages : le bas, dédié à la Vierge, était pour les serviteurs du palais; la chapelle supérieure, destinée au roi et à ses officiers, portait le titre de Sainte-Couronne et de Sainte-Croix. Ce qu'on admire surtout au milieu des richesses de cette chapelle, toute ruisselante de dorures et d'enluminures, ce sont les vitraux peints des quinze grandes fenêtres et de la rosace, dont les sujets sont empruntés à l'Ancien et au Nouveau Testament. Les statues des douze apôtres s'élèvent sur des culs-de-lampe adossés aux piliers de la nef; l'autel est une reproduction exacte de celui qui fut détruit pendant la Révolution. Un peu en arrière de l'autel, l'abside est traversée par une arcature à jour, dont l'arcade médiane porte une plate-forme où s'élève à une grande hauteur un baldaquin ogival en bois sculpté; on monte à cette plate-forme par deux escaliers en bois renfermés dans des tourelles à claire-voie. Celui de gauche date de saint Louis ; c'est de là qu'aux jours de fête le pieux roi montrait aux assistants les reliques de la Passion du divin Sauveur.

En un mot, avec sa haute nef, ses frêles colonnettes, ses vitraux éblouissants, ses peintures et dorures, la Sainte-Chapelle ressemble à un immense écrin.

Ses dimensions hors d'œuvre sont : longueur, 36 mètres; largeur, 17 mètres; hauteur, depuis le sol de la chapelle basse jusqu'au sommet de l'angle du fronton, 42 mètres 50; hauteur de la flèche au-dessus du comble, 33 mètres 25; en totalité, 75 mètres 75.

MONUMENTS CIVILS

Les thermes de Julien. — « Sur la pente du coteau de Sainte-Geneviève s'élèvent d'antiques débris dont le caractère imposant ne manquait jamais de frapper ceux qui les apercevaient de la rue de la Harpe. Ces débris sont précédés aujourd'hui d'un joli square qui les relie au boulevard Saint-Michel. La disposition des matériaux et l'ornementation de l'architecture semblent indiquer clairement les premières années du IVe siècle.

Ruines du Palais des Thermes de Julien. — A gauche, musée de Cluny.

« Les Thermes de Lutèce rappellent les Thermes de Rome. Ce fut peut-être le même luxe, la même grandeur, la même hardiesse; ils comprenaient à la fois, suivant les mœurs romaines, un palais, des salles publiques pour les bains, une bibliothèque et quelquefois un palestre; c'est ce qui explique l'étendue des substructions que l'on rencontre au fond des caves d'un grand nombre de maisons des quartiers de la Sorbonne. La salle grandiose qui seule est demeurée intacte paraît avoir été destinée aux bains froids : c'était le *frigidarium;* elle recevait les eaux de l'aqueduc d'Arcueil par quatre tuyaux en terre cuite, dont les orifices sont encore visibles. Le *baptisterium* était une vaste piscine de dix mètres de longueur, où les baigneurs pouvaient se plonger et nager. La cour actuelle formait le *tepidarium* ou bain tiède, et dans son prolongement se trouvait le fourneau ou *hypocauste,* accompagné de petits escaliers de service qui existent encore.

« Le frigidarium est toutefois la seule partie du monument qui puisse donner une idée complète de son architecture. Seul il a conservé sa large voûte, qui s'élève à quinze mètres au-dessus du pavé et dont les retombées sont soutenues par des proues de navires. Il est remarquable que cette voûte ait résisté à l'action dissolvante de quinze siècles et au poids d'un jardin qui, il y a trente ans, la recouvrait de ses cultures et de ses grands arbres.

« La maçonnerie du palais des Thermes se compose d'un appareil carré mêlé de chaînes de briques superposées symétriquement et recouvert de stuc. Les faces des murs du frigidarium sont décorées de trois grandes arcades; celle du milieu est la plus haute, et sur le mur méridional elle se transforme en niche semi-circulaire. Au-dessous de la salle s'étendent divers étages de souterrains qui forment de vastes dépendances et dans lesquels on voit un bel aqueduc. Le tepidarium était orné de niches alternativement rondes et carrées. Telles sont les seules données qui nous restent sur ce monument dont la majesté et l'importance contrastent si vivement avec le tableau des cahutes de boue et de paille que nous tracent les anciens historiens de Lutèce, et le modeste titre d'*oppidulum* qu'ils lui donnent. » (De la Gournerie.)

Le palais des Thermes fut habité par les gouverneurs romains, puis par les rois mérovingiens de Paris, qui l'abandonnèrent plus tard pour leurs fermes de Braine et de Clichy. Ruiné par l'âge et les Normands, il devint, au XIIe siècle, la propriété de quelques seigneurs, et en 1340 celle de l'abbaye de Cluny, qui y construisit un somptueux hôtel, devenu propriété nationale à la Révolution, et aujourd'hui musée d'antiquités artistiques.

Le Louvre et les Tuileries. — Le plus vaste des édifices civils de Paris est le *Louvre*, le palais par excellence des Capétiens, et qui fut en réalité un de ceux qu'ils habitèrent le moins. Dans son état actuel, il n'a servi de demeure à aucun roi de France. Bâti ou rebâti par Philippe-Auguste en forme de forteresse, avec donjon cylindrique au centre, il fut rendu « plaisant » et commode par Charles V, qui y ajouta de magnifiques salles et d'élégantes galeries. François Ier, après avoir vainement essayé de mettre au goût du jour le château féodal, commanda à Pierre Lescot, en 1540, les plans d'un nouveau palais, qui, agrandi et souvent remanié depuis, comprend quatre corps de logis, formant une enceinte parfaitement carrée. C'est le Louvre actuel.

Louis XIV lui donna sa façade monumentale, pour laquelle un médecin

Le Louvre sous Philippe-Auguste.

improvisé architecte, Claude Perrault, imagina la célèbre colonnade. Celle-ci se compose de 52 colonnes et piliers, d'ordre corinthien, accouplés deux à deux. Elle se développe au premier étage d'une façade de 167 mètres de long, sur 27 mètres 60 de haut, au-dessus d'un rez-de-chaussée d'une nudité exagérée. Une balustrade à jour, dont les piédestaux devaient être ornés de trophées qui n'ont jamais été exécutés, couronne cette façade.

Après François Ier, Henri IV est le seul prince ayant séjourné au Louvre, qui de son temps était à peine arrivé au quart de son exécution. Depuis Louis XIII, la résidence officielle des rois fut principalement aux Tuileries, et c'est là que la population parisienne ramena Louis XVI, le 6 octobre 1789.

Commencé en 1564 par Philibert Delorme pour Catherine de Médicis, et souvent modifié depuis, le palais des *Tuileries* fut incendié par la Com-

Le nouveau Louvre (côté gauche) et l'ancien Louvre (au fond) sur la ci-devant place Napoléon III.

mune de 1871. Il n'en reste que les deux pavillons d'angle restaurés et les deux ailes se raccordant aux galeries partant du Louvre. Ces bâtiments de jonction des deux palais royaux, commencés en même temps que les Tuileries et terminés seulement sous Napoléon III, forment deux immenses façades sur la Seine et la rue de Rivoli, de même que les galeries septentrionales et méridionales du Louvre, auxquelles ils se rattachent par des bâtiments en retour d'équerre.

Divers services publics et notamment le ministère des finances sont installés dans ce qui subsiste des Tuileries ou dans quelques galeries du

Arc de triomphe de l'Étoile.

Louvre; mais la plus grande partie du Louvre et de ses prolongements est consacrée à un musée d'art, le plus riche et le plus varié de France.

De toutes ces constructions, les plus monumentales sont celles qui entourent l'ancienne place Napoléon III, où s'élève le monument de Gambetta, le déclamateur! Elles sont, au rez-de-chaussée, précédées d'un portique percé d'arcades cintrées d'ordre corinthien. La frise est richement décorée; un peu en arrière de la corniche, un appui assez élevé porte à l'aplomb des colonnes 86 statues de Français illustres dans la politique, les sciences, la littérature ou les arts. Au-dessus du premier étage règne un attique surmonté d'une balustrade, interrompue de distance en distance par des piédestaux, sur lesquels s'élèvent 63 groupes allégoriques, représentant les Sciences, les Arts, l'Agriculture, etc. De plus, il existe dans chacune de ces façades trois pavillons en avant-corps, décorés avec un luxe peut-être exagéré, et portant les noms de Turgot, Richelieu, Colbert, Daru et Mollien.

Entre les ailes des Tuileries, se trouve la place du Carrousel, avec un

Arc de triomphe construit par Napoléon Ier sur le modèle de l'arc de Septime-Sévère à Rome.

Le Louvre et les Tuileries sont au centre des quartiers les plus élégants de Paris.

Vis-à-vis de cet ensemble de palais se succèdent, vers l'ouest et en ligne droite, le vaste jardin des Tuileries, planté de tilleuls et de marronniers vénérables ; la place de la Concorde, avec son obélisque de Louqsor, ses fontaines monumentales et ses statues personnifiant les principales villes de France ; l'incomparable avenue des Champs-Élysées, avec ses pelouses, ses jets d'eau, ses hôtels, et finalement l'arc de triomphe de l'Étoile, imposante construction de Napoléon Ier, destinée à perpétuer

Les Invalides.

le souvenir de ses victoires, hélas ! aussi éphémères qu'inutiles. Onze autres avenues aboutissent également à la place de l'Étoile, notamment celles de la Grande-Armée, du Bois de Boulogne et du Trocadéro.

Parmi les **autres monuments** nous signalerons brièvement : le *Palais de Justice*, siège des tribunaux, et sa célèbre salle des Pas-Perdus ; le palais du *Luxembourg*, dû à Marie de Médicis et servant aux réunions du Sénat ; le *Palais-Bourbon*, à celles de la Chambre des députés ; le *Palais-Royal*, où siège le Conseil d'État ; le nouvel *Hôtel de ville*, de style renaissance ; l'*Opéra ;* le palais du *Trocadéro* et la tour Eiffel, toute en fer et haute de 300 mètres, restes des expositions de 1878 et de 1889 ; l'*Hôtel des invalides*, fondé en 1671 par Louis XIV, avec un dôme admirable, sous lequel reposent les cendres de Napoléon ; l'*École militaire*, bâtie sous Louis XV.

Il faut ajouter encore les dômes de l'ancienne *Sorbonne* et du *Val-de-Grâce ;* le palais de la *Sorbonne*, somptueusement reconstruit en 1886 ; les *Halles centrales*, vaste construction en fer ; l'ancien hôtel gothique des abbés de *Cluny ;* l'hôtel Saint-Paul et une foule d'hôtels des trois derniers siècles, de maisons et de magasins d'aspect monumental, tels que ceux du Louvre, du Bon Marché, du Printemps et le magasin à crédit de la rue Clignancourt.

A l'entrecroisement des rues, bordées de maisons à six étages, de style généralement sévère et grandiose mais trop uniforme, et dont plusieurs mesurent 3 et 4 kilomètres de longueur, comme celles de Rivoli, de Lafayette, de Vaugirard, sont ménagées de belles et vastes places qui en interrompent la monotonie et y facilitent l'action du soleil et de l'air, au profit de l'hygiène publique. Outre les places de l'*Étoile* et de la *Concorde*, dont il a été parlé plus haut, citons la place *Vendôme*, ornée de la colonne érigée par Napoléon avec le bronze des canons pris à l'ennemi; la place de la *Bastille*, sur l'emplacement de la prison-forteresse, détruite en 1789, et où l'on a élevé la *colonne de Juillet* en mémoire des combattants de 1830; la place de l'Opéra, au rond-point des plus belles avenues de la ville; la place de l'Hôtel de Ville (ancienne place de Grève), jadis affectée aux exécutions capitales et témoin des scènes les plus émouvantes des révolutions de 1830, 1848 et 1871; la place des Vosges, avec la statue équestre de Louis XIII; celle des Victoires, avec la statue équestre de Louis XIV; la place de la Nation ou du Trône, ornée de deux colonnes portant les statues de saint Louis et de Philippe-Auguste; celle de la République, que décore une statue colossale symbolique; les places du Châtelet, de Saint-Michel, du Trocadéro, de Saint-Sulpice, avec fontaines monumentales; l'esplanade des Invalides et le Champ-de-Mars, en partie occupé par les bâtiments de l'exposition de 1889.

Dans le même but de salubrité et d'agrément, Paris renferme de vastes *jardins publics*, parsemés d'arbres, de statues, de bassins et de parterres; tels sont ceux des Tuileries, du Luxembourg, le jardin du Trocadéro, avec un château d'eau monumental et un aquarium; le Jardin des Plantes, renfermant de riches collections de plantes, d'arbres et une importante ménagerie. Les *squares*, très nombreux, sont en petit ce que les jardins sont en grand. Les *parcs*, dont l'étendue varie entre 8 et 26 hectares, sont : le parc de la Muette, celui des Buttes-Chaumont, très pittoresque; le parc de Montsouris, où s'élève l'Observatoire météorologique et astronomique de la ville; le parc Monceau, aux massifs charmants; enfin, aux abords de la capitale, le bois de Boulogne, transformé en un immense parc de 848 hectares, avec lacs, rivières, cascades et un jardin d'acclimatation; le bois de Vincennes, plus vaste encore.

Paris scientifique. — Les *musées*, aussi riches que multipliés, joignent l'agrément à l'utilité scientifique. Le palais du Louvre renferme les musées de peinture, de sculpture, de la marine, d'antiquités grecques, égyptiennes, assyriennes, étrusques, etc. Le musée du Luxembourg comprend les tableaux des maîtres modernes. Il y a encore le musée de Cluny, pour les antiquités artistiques; le musée d'armes, à l'hôtel des Invalides;

le musée Guimet, pour l'histoire des religions païennes; les musées d'ethnographie, au palais du Trocadéro; ceux des Invalides et du Louvre; le Muséum d'histoire naturelle, au Jardin des Plantes. Le Conservatoire des arts et métiers montre les instruments, machines et appareils inventés jusqu'à nos jours. Le musée Carnavalet concerne l'histoire de la Ville.

Aux musées se rattachent les *bibliothèques*, notamment la Bibliothèque nationale, la plus importante du monde, avec 2 500 000 volumes, 250 000 cartes, 100 000 manuscrits; les bibliothèques Richelieu, Mazarine, Sainte-Geneviève, de l'Arsenal, de l'Université, etc.

Mais ce trésor serait inutile, si la vie scientifique et littéraire ne se renouvelait incessamment par l'étude et les publications de toutes sortes. Or Paris fait imprimer à lui seul beaucoup plus de livres, de journaux et de revues que le reste de la France.

Le Paris de la science et des arts vaut surtout par les initiatives personnelles, auxquelles il doit de posséder une foule de sociétés savantes; mais il a aussi ses grands établissements d'instruction publique : la Sorbonne, siège des facultés de théologie, des sciences et des lettres; l'Institut catholique, comprenant une école de droit, de théologie, des hautes études littéraires et scientifiques; le Collège de France, le Muséum d'histoire naturelle, l'École des mines, l'École des chartes, l'École des ponts et chaussées, l'École polytechnique, l'École centrale des arts et manufactures, l'École normale supérieure, l'École des beaux-arts, etc. Les enseignements secondaire et primaire, donnés dans les établissements congréganistes ou laïques, ne sont pas moins bien dotés. Enfin, placé au sommet de la science, est l'Institut de France, composé des cinq académies : française, des inscriptions et belles-lettres, des sciences, des beaux-arts, des sciences morales et politiques. L'Académie de médecine est à part.

Expositions. — Paris, qui a eu en 1855 et 1867, sous l'Empire, en 1878 et 1889, sous la troisième République, convoquer le monde entier à ses expositions universelles, dont il n'a pas le monopole, mais dans lesquelles il excelle, se prépare à clore dignement, par une nouvelle exposition internationale, le XIXe siècle, appelé le « siècle du progrès », et à ouvrir en même temps le XXe, dont les destinées sont le secret de Dieu.

PHYSIONOMIE DE PARIS

Administrations. — Comme capitale, Paris est le siège du gouvernement français et de tous les grands corps de l'État, c'est-à-dire, outre le président de la République : les ministères, le Sénat, la Chambre des députés, la Cour de cassation, le tribunal des Conflits, le Conseil d'État, la Cour des comptes, l'Institut de France; de plus, il est le siège d'une académie, d'une cour d'appel et d'un archevêché.

Divisé en vingt arrondissements de quatre quartiers chacun, Paris a une administration particulière. Le préfet de la Seine y fait les fonctions de maire pour toute la ville, mais il a sous ses ordres vingt autres maires, un par arrondissement, et il administre de concert avec un conseil municipal de quatre-vingts membres, un par quartier. Le préfet de police commande à 200 officiers de paix, 80 commissaires de police et 6000 sergents de ville. Au point de vue militaire, Paris relève des régions de corps d'armée d'Amiens, de Rouen, d'Orléans et du Mans.

Son budget pour l'année 1892 s'élevait au chiffre énorme de 350 millions; ses ressources lui viennent soit de l'octroi (160 millions), soit des autres contributions imposées à ses habitants.

Voici le tableau des **20 arrondissements** urbains, avec l'indication des principaux édifices qui sont contenus dans chacun d'eux.

Ier arrondissement : LOUVRE, avec ce qui reste des Tuileries; Saint-Germain-l'Auxerrois, Saint-Roch, Saint-Eustache; les Halles centrales, le Palais-Royal, la place Vendôme; la Sainte-Chapelle, le Palais de Justice.

IIe arrondissement. BOURSE : Notre-Dame des Victoires, la Bibliothèque nationale, la Porte Saint-Denis.

IIIe arrondissement. TEMPLE : le Conservatoire des arts et métiers; la place de la Bastille. — Le Temple, monastère chef d'ordre des Templiers, avait une tour bâtie en 1212, qui servit de prison à Louis XVI et qu'on a démolie en 1811.

IVe arrondissement. HÔTEL DE VILLE : les églises Notre-Dame, Saint-Merry, Saint-Gervais, Saint-Paul-Saint-Louis; la tour Saint-Jacques, l'Hôtel-Dieu, la statue équestre de Charlemagne; la place Royale.

Ve arrondissement. PANTHÉON : les églises Saint-Étienne du Mont, Saint-Nicolas du Chardonnet, Saint-Jacques du Haut-Pas, Saint-Médard, Saint-Séverin; le Val-de-Grâce, la Sorbonne, l'Hôtel de Cluny et les Thermes; le Jardin des Plantes et la Halle aux vins.

VIe arrondissement. LUXEMBOURG : les églises Saint-Sulpice, Saint-Germain des Prés, Saint-Joseph des Carmes; l'Institut de France, l'Hôtel des monnaies et le théâtre de l'Odéon.

VIIe arrondissement. PALAIS-BOURBON : les églises Sainte-Clotilde et Saint-Thomas-d'Aquin; l'Hôtel des Invalides, l'École militaire et le Champ-de-Mars, le palais de la Légion-d'Honneur.

VIIIe arrondissement. ÉLYSÉE (résidence du Président de la République) : l'église de la Madeleine; l'église russe, la place de la Concorde, la Chapelle expiatoire (Louis XVI); le palais de l'Industrie, le parc Monceau; l'avenue des Champs-Élysées et la gare Saint-Lazare.

IXe arrondissement. OPÉRA : les églises de la Trinité et de Notre-Dame de Lorette; le collège Rollin.

Xe arrondissement. SAINT-LAURENT : les églises Saint-Laurent et Saint-Vincent-de-Paul; l'hôpital Saint-Louis, les gares de l'Est et du Nord.

XIe arrondissement. POPINCOURT : l'église Saint-Ambroise, la place et la statue de la République, les prisons de la Roquette.

XIIe arrondissement. REUILLY : l'hôpital des Quinze-Vingts et la prison Mazas.

XIIIe arrondissement. GOBELINS (manufacture nationale de tapisseries), l'hôpital de la Salpêtrière, avec 5000 malades; la gare d'Orléans.

XIVe arrondissement. OBSERVATOIRE (construit en 1668), le parc Montsouris et le cimetière Montparnasse.

XVe arrondissement. VAUGIRARD : l'église Saint-Lambert et le Puits artésien de Grenelle.

XVIe arrondissement. PASSY : l'Arc de Triomphe de l'Étoile, le palais et le jardin du Trocadéro, le château et le parc de la Muette.

XVIIe arrondissement. BATIGNOLLES : le square de la place Malesherbes.

XVIIIe arrondissement. MONTMARTRE : la basilique du Sacré-Cœur; l'église Saint-Pierre, du XIIe siècle, et son intéressant calvaire.

XIXe arrondissement. BUTTES-CHAUMONT : l'église Saint-Jean-Baptiste; les abattoirs de la Villette et le parc très pittoresque remplaçant d'anciennes carrières de plâtre.

XXe arrondissement. MÉNILMONTANT : Belleville, le cimetière du Père-Lachaise, le plus vaste et le plus curieux des 21 cimetières de Paris.

Les quartiers et les rues. — L'*île de la Cité,* où Paris a pris naissance, et où s'élèvent quelques-uns de ses principaux monuments, tels que l'église métropolitaine de Notre-Dame, le Palais de Justice, le Tribunal de Commerce, la Sainte-Chapelle, est le centre administratif et judiciaire d'où le gouvernement de la République protège et administre l'immense agglomération par l'intermédiaire de ses principaux fonctionnaires, le préfet de la Seine, dont la résidence officielle est à l'Hôtel de ville, qui se dresse à deux pas de la Cité, et le préfet de police, dont l'hôtel avoisine le Palais de Justice.

Entre la Cité et les anciens boulevards, qui décrivent une courbe entre l'église de la Madeleine, à l'ouest, et la place de la Bastille, à l'est, s'étend la ville boutiquière et commerçante. Là est vraiment le centre de l'immense cité, là s'agite le monde des affaires et du plaisir. Là aussi s'étend l'ancien quartier du *Marais*, peuplé de vieux hôtels, riches pour la plupart en souvenirs historiques, qui ont été transformés en ruches industrielles, où s'agite tout un monde d'ouvriers.

La vieille rue Montmartre est la principale artère par laquelle se dégorgent ou se remplissent les *Halles centrales*, ce « ventre » énorme dans lequel s'entassent des montagnes de victuailles, destinées non seulement à nourrir la ville géante, mais encore à approvisionner les départements voisins à plus de 50 kilomètres à la ronde. Plus de 10 000 voitures attelées ou à bras circulent journellement autour des halles et s'entassent à certaines heures du jour dans la rue Montmartre, où la circulation devient difficile.

Dans ce quartier des Halles, le plus pittoresque, le plus vivant, le plus étrange de Paris, la vie ne s'arrête jamais. Vers le milieu de la nuit, lorsque les boulevards les plus animés sont devenus silencieux, le mouvement et le bruit persistent dans les rues qui rayonnent autour des Halles; et, vers le matin, quand la ville est encore endormie, c'est un va-et-vient incessant de véhicules et de gens, de forts des Halles, d'hommes de peine et de marchands des quatre saisons qui se pressent autour des pavillons où a lieu la vente à la criée : la fourmilière humaine est en pleine ébullition. Mais à côté des Halles s'élèvent d'autres édifices publics, où, dès que le jour paraît, le mouvement commence à naître, grandit et se transforme bientôt en cohue; telle surtout la Bourse qui, déserte le matin, est si bruyante dans l'après-midi.

Le capital, cette nouvelle royauté incontestée et devant laquelle s'inclinent même tous les pouvoirs, a marqué ce quartier de Paris de sa griffe puissante. Banques, Compagnies d'assurances, Sociétés financières de tous genres y occupent de magnifiques hôtels, principalement aux environs du boulevard des Capucines et de celui des Italiens. — Toutefois, les grands industriels, les banquiers millionnaires, les grands manieurs d'argent se sont réfugiés dans les régions plus tranquilles que traverse le boulevard Malesherbes, où ils se sont fait construire de véritables palais.

La rue Sainte-Marguerite, dans le faubourg Saint-Antoine, à l'est de la place de la Bastille, presque entièrement peuplée d'ébénistes, de menuisiers, de sculpteurs pour meubles, est une des plus déshéritées de la rive droite. Là des chiffonniers en gros ont entassé des monceaux de débris de toute sorte, qui certes ne contribuent pas à assainir les rues étroites et humides de ce faubourg.

Sur le bord de la Seine s'étendent les dépendances de la gare du chemin de fer de Lyon qui touchent à Bercy, la ville des négociants en vins et en spiritueux. Au nord, non loin de ces vastes entrepôts où s'agite une armée d'ouvriers tonneliers, de commissionnaires, de dégustateurs, de charretiers, est le quartier de Charonne, où s'élèvent les prisons de la Petite et de la Grande Roquette, devant laquelle ont lieu les exécutions capitales.

Le quartier de Belleville est la cité populaire par excellence, dont nos annales révolutionnaires racontent les rares triomphes et les nombreuses et sanglantes défaites. — Le canal Saint-Martin sépare Belleville de la Villette, quartier connu par ses vastes entrepôts, ses usines pour la plupart insalubres et ses vastes abattoirs, les plus importants de la ville de Paris. Les autres abattoirs municipaux sont ceux de Villejuif et de Grenelle.

Les quartiers de la Chapelle, de Montmartre, des Batignolles comptent aussi une population ouvrière considérable, renfermée, comme c'est généralement le cas, dans des agglomérations de maisons plus ou moins malsaines, souvent plongées dans le plus complet dénuement, mais dont néanmoins la misère ne se montre jamais comme dans les rues de Londres sous des dehors repoussants.

Par contre, les *quartiers riches* sont situés au nord et à l'ouest de Paris, vers le bois de Boulogne, où règnent, avec le grand air, la salubrité et la tranquillité.

Entre le boulevard Sébastopol et la place de la Concorde, des constructions immenses et superbes bordent des voies magnifiques, ornées de magasins splendides où des richesses inouïes s'accumulent et s'étalent avec art aux yeux du passant ébloui. Sur la place du Palais-Royal, véritable centre de Paris, viennent s'entrecroiser la plupart des lignes d'omnibus. Vers cette place bordée de palais, de magasins gigantesques, de grands hôtels, convergent les voies les plus larges, les plus belles et les plus fréquentées de Paris : la rue de Rivoli, qui longe le palais du Louvre, le magasin et l'hôtel de ce nom, l'hôtel Continental et va déboucher sur la place de la Concorde; l'avenue de l'Opéra, la plus large et la plus luxueuse de la capitale, rivalise par la beauté de ses magasins avec les boutiques, célèbres dans le monde entier, qui se pressent sur les boulevards des Capucines, des Italiens, de Montmartre et dans la rue de la Paix.

Si l'on s'élève plus au nord, vers l'ancien faubourg des Batignolles, on traverse le *quartier de l'Europe*, dépourvu de magasins, mais où les demeures luxueuses se multiplient. La haute société y a élu domicile et les grands artistes, enrichis par leur talent, se font construire dans les environs du parc Monceau de gracieuses villas, d'élégants petits hôtels, au milieu desquels s'élèvent çà et là d'énormes constructions dont les splendeurs, plus coûteuses qu'artistiques, trahissent la présence de l'industriel enrichi.

La colonie russe s'est portée sur le plateau qui domine au nord-ouest les Champs-Élysées, tandis que les familles anglaises et américaines ont élu domicile dans le nouveau quartier Marbeuf, dans les splendides hôtels qui bordent les Champs-Élysées, ou dans les riches villas qui ornent les belles avenues se dirigeant à l'ouest vers le bois de Boulogne, au sud vers Passy, la Muette, Auteuil, quartiers bâtis sur les hauteurs qui dominent la rive droite de la Seine et avoisinent le bois de Boulogne.

Le faubourg Saint-Germain proprement dit s'étend entre la Seine, l'Esplanade des Invalides, le boulevard des Invalides et la rue de Rennes; là se trouvent les aristocratiques hôtels de l'ancienne noblesse, que l'on rencontre presque à chaque pas dans les rues de Lille, de l'Université, Saint-Dominique, de Grenelle, de Varennes, de Babylone, de Bellechasse; dans la rue voisine, dite de Sèvres, se trouve le splendide magasin du Bon Marché.

Le quartier Saint-Germain touche au *quartier Latin*, où se trouvent presque tous les monuments affectés à l'Instruction publique supérieure et les riches bibliothèques Mazarine et Sainte-Geneviève. Ce quartier, habité par la jeunesse bruyante des écoles et traversé par deux larges voies, a un caractère tout spécial qu'il doit surtout à de nombreuses librairies scientifiques et littéraires.

Aux abords des églises Saint-Sulpice et Sainte-Clotilde, se trouvent, le séminaire sulpicien, les grandes communautés religieuses des Pères Jésuites, des Lazaristes, des Missions étrangères, des Frères des Écoles chrétiennes, des Sœurs de Saint-Vincent-de-Paul, des Dames du Sacré-Cœur, des Carmélites et tant d'autres foyers de charité et de prière, cherchant à faire contrepoids aux misères morales si multipliées de la grande ville.

L'INDUSTRIE ET LE COMMERCE

Paris industriel. — Ville de luxe et de distractions, où affluent les étrangers et les gens riches, Paris est en même temps le foyer le plus actif de la grande et de la petite industrie en France. Aux premiers rangs des professions se placent par leur importance celles qui concernent l'alimentation, le vêtement, le bâtiment, l'ameublement; puis viennent la fabrication des machines et des fontes moulées, de la céramique, des produits chimiques, des tissus, l'industrie du livre et la presse, etc.

Toutefois Paris se distingue bien plus par ses ateliers que par ses manufactures, et la plupart de ses ouvriers sont des artisans, des artistes même, non des manœuvres. Aussi les produits qui font sa gloire sont la bijouterie, l'orfèvrerie, l'ébénisterie, les bronzes, les gravures, les livres, les dessins, la photographie, les modes, les instruments de précision, de musique, de physique et de chirurgie, les armes de luxe et les objets innombrables connus dans le monde entier sous le nom d' « articles de Paris ».

En outre, l'État y possède de grands établissements, tels que la Monnaie, les Gobelins, dont les tapisseries sont sans rivales, l'Imprimerie nationale, deux manufactures de tabac, la manutention des vivres de la guerre. On évalue le nombre des patrons à 125 000, celui des ouvriers à 600 000, la production à plus de 4 milliards. Voici quelques détails de cette production : confection de vêtements, 650 millions; meubles, 300 millions; tissus, 150 millions; orfèvrerie, 200 millions; machines, 200 millions; imprimerie, 150 millions; articles de Paris : fleurs artificielles, tabletterie, bimbeloterie, 200 millions.

Le mouvement de sa banque étant de 6 à 7 milliards, Paris est, après Londres, le plus grand marché de capitaux du globe. Grâce à ses routes, chemins de fer et voies navigables, il n'importe pas seulement de la France et de toutes les parties du monde les quantités énormes de denrées nécessaires à son alimentation et à son industrie, mais il provoque et stimule le mouvement commercial dans le reste du pays. Les gares de Paris, qui sont têtes de ligne de presque tous les grands réseaux français, ont reçu, en 1894, 11 000 000 de tonnes de marchandises. Dans ses 15 ports et bassins, établis au bord de la Seine, il en a été débarqué plus de 8 000 000. Comme port marchand français, Paris a donc le pas même sur les deux villes de Marseille et du Havre réunies. Encore a-t-il été question d'en faire un port maritime en le reliant à la mer, soit par un canal à grande section qui suivrait la vallée de la Seine, soit par le système des canaux, élargis et approfondis, de l'Oise et de la Flandre jusqu'à Dun-

Réservoir de Ménilmontant.

kerque. Mais en attendant la réalisation de ce projet, de même que celui d'un chemin de fer métropolitain circulant sous la ville, notons qu'en 1894 le nombre des voyageurs en chemin de fer a été de 120 millions, en omnibus ou tramways de 280 millions, en bateaux-omnibus de 25 millions. Il circule dans les rues 1 500 omnibus et tramways, 14 500 voitures de place, 13 000 voitures particulières, sans compter 25 000 chariots et véhicules pour les marchandises. Ajoutons que les bureaux télégraphiques ont expédié 45 millions de dépêches, tandis que les bureaux de poste ont reçu 66 millions de lettres et expédié 220 millions de journaux et ouvrages périodiques de toute nature. Enfin le réseau téléphonique de la ville se développe rapidement, ainsi que son réseau de tubes pneumatiques pour la circulation des télégrammes.

Paris économique. — Paris dispose d'un système de canalisation souterrain remplissant un triple but. Ce sont d'abord les 2 000 kilomètres de tuyaux qui distribuent le gaz d'éclairage à plus de 400 000 becs répartis entre les maisons et les rues. Ce sont ensuite les 2 000 kilomètres de tuyaux qui distribuent 500 000 mètres cubes d'eau par jour aux rues et aux habitations. Les habitants s'abreuvent non seulement à la Seine, à la Marne et au canal de l'Ourcq, mais encore « aux pures sources de riviérettes » situées à 100 kilomètres et plus de la capitale : telles sont celles de la Dhuis, dans le département de l'Aisne, et alimentant le réservoir de Ménilmontant, destiné aux quartiers de la rive droite; celles de la Vanne, dans le département de l'Aube, et se rendant au réservoir de Montsouris, rive gauche; celles de l'Avre, dans l'Eure, amenées au réservoir de

Puits artésiens de Passy et de Grenelle.

Suresnes; plusieurs autres encore, outre les puits artésiens plongeant à six et sept cents mètres dans l'épaisseur des roches, à Grenelle, à Passy, à la Chapelle et à la Butte-aux-Cailles.

Les conduites de distribution d'eau sont placées avec les fils télégraphiques dans les égouts (850 kilomètres), qui recueillent sous les rues de la ville les eaux ménagères et pluviales. L'égout collecteur d'Asnières déverse la partie liquide dans la Seine, tandis que la partie solide va fertiliser la plaine de Gennevilliers.

Cependant on ne peut dire que Paris soit parfaitement assaini, et quoique le climat en soit des plus sains et des plus agréables, la mortalité annuelle y est plus considérable que dans le reste de la France (255 morts sur 10 000 contre 217). D'ailleurs, la misère physique oblige 150 000 de ses habitants à se faire inscrire comme indigents, et tant d'autres souffrent sans se plaindre! Ses divers hospices et hôpitaux soignent annuellement près de 200 000 malades ou infirmes. Le budget de l'assistance publique atteint

45 millions, mais la charité privée, s'exerçant soit dans des établissements spéciaux, soit à domicile, est assurément plus généreuse encore.

Paris compte 21 cimetières, ayant une superficie totale de 91 hectares. Les plus remarquables au point de vue des monuments funéraires sont, à l'intérieur, les cimetières du Père-Lachaise, de Passy et du Montparnasse. Les anciennes carrières qui s'étendent sous la ville, du Jardin des Plantes à Vaugirard, Montrouge et Gentilly, contiennent les ossements de trois millions de morts, d'où le nom de *Catacombes* qui leur a été donné, à l'instar des premiers cimetières chrétiens de Rome.

Paris est un Gargantua colossal qui consomme par jour 2 000 000 de kilogrammes de pain, 700 000 kilogrammes de viande, soit 1 200 bœufs, 7 000 moutons et porcs, 100 000 pièces de volailles ou de gibier, 120 000 kilogrammes de poisson, 60 000 kilogrammes de beurre, 1 million et demi d'œufs, 17 000 hectolitres de vin, 2 800 tonnes de charbon, 1 million de mètres cubes de gaz. Les halles centrales vendent chaque jour pour 1 million et demi de francs de denrées alimentaires, qui proviennent non seulement de la banlieue, mais de toute la France, de l'Algérie et de l'étranger.

Le port de Paris. — « Du haut de la passerelle de l'Estacade, dit M. Claretie, entre le quai de Béthune et le quai Henri IV, à l'entrée du bras de la Seine qui contourne l'île Saint-Louis, au-dessus du rideau d'aiguilles qui protège le fleuve en aval contre la débâcle des glaces, on a l'impression d'être sur le deck d'un vaisseau, au milieu des bassins d'un grand port bordé de quais fort encombrés. Les berges sont animées par les camions et les portefaix qui circulent entre les montagnes de marchandises débarquées; les vapeurs soufflent auprès des péniches et des chalands : c'est un coin curieux du port de Paris.

« On appelle le « port de Paris » l'ensemble des quais de débarquement auxquels s'amarrent les bateaux marchands, pour être délestés ou pour embarquer les marchandises dans l'intérieur du département de la Seine, ou moins généralement *intra muros*. Le mouvement de ce port est d'une animation telle, qu'elle est à peine croyable. Il y a 28 kilomètres de quais utilisables : Marseille n'en a que vingt. Le mouvement général annuel se chiffre par 8 000 000 de tonnes, ce qui représente le quart de tout le trafic intérieur annuel de la France. Dans cet ordre d'idées, il vient avant Marseille, qui fait cependant 6 000 000 de tonnes par an. Londres et Liverpool seuls le dépassent en Europe avec plus de 20 000 000 de tonnes chacun. C'est ce qui donne une place et une importance considérables à Paris-port. Entre le pont National et le Point-du-Jour, il passe par an 50 000 bateaux de transport. On a compté au pont Royal jusqu'à 600 bateaux par jour!

« Les tableaux de statistique nous apprennent que la grosse affaire à Paris est de bâtir, de se chauffer et de se nourrir : l'abri et la subsistance sont les deux conditions essentielles de la vie; aussi la Seine apportet-elle surtout des matériaux de construction en plâtre, pierres, sable, cailloux; elle charrie dans Paris seulement, sans compter le reste du département, 1 200 000 tonnes. Vient ensuite le chauffage, représenté par 550 000 tonnes de houille et de bois. Quand il s'est chauffé et qu'il a cuit son dîner, le Parisien le mange avec les 140 000 tonnes de blé qu'on lui apporte par an, et il l'arrose de 160 000 tonnes de vin, sans préjudice de tout ce que lui apporte le chemin de fer! — La liste des expéditions n'atteint pas d'aussi gros chiffres. Paris reçoit beaucoup et expédie peu par eau; il préfère pour ceci le chemin de fer. Le chiffre total des expéditions pour tout le port est tout de même de 1 800 000 tonnes.

« La flotte à vapeur de Paris comprend 600 embarcations ou appareils, dont 120 bateaux à voyageurs, 80 toueurs et remorqueurs, 50 yachts, 18 dragues, 40 grues, 13 machines, enfin 13 bateaux électriques ou autres. Il y a huit ou dix types de bateaux sans vapeur : le chaland, qui vient de Rouen et du Havre, et jauge jusqu'à 1 000 tonnes comme un steamer; la péniche, propre et bien vernie, qui vient du Nord et jauge 300 tonnes; la flûte, ayant la forme d'un canot à nez pointu et un tonnage de 200 tonnes; la toue, bachot à nez carré, etc.

« Qu'on fasse donc Paris port de mer! Les projets n'ont pas fait défaut : la Seine approfondie ou le canal latéral, ou le canal rectiligne de Dieppe à Paris, ou mieux encore le canal vers la Flandre et Dunkerque. Il faudrait un milliard : cette dépense n'est nullement utile. Le trafic est largement assuré par la batellerie fluviale actuelle. Paris ne sera jamais port de mer; les steamers ne stopperont pas devant Notre-Dame; ils s'arrêteraient vers Saint-Denis. Ce serait donc Saint-Denis port de mer. Serait-ce économiser le transbordement qui se fait à Rouen? Il se ferait à Saint-Denis pour les marchandises à destination de Paris. »

(*Revue Mame*, 1896.)

Vue d'ensemble de Paris. — « Prise au milieu du pont des Arts par une riante matinée de mai, quand les peupliers et les acacias voilent d'un rideau parfumé l'aride plan des galeries, la perspective des quais et de la cité, échouée au milieu de la Seine sur un coussin de verdure, compose un des plus admirables tableaux que puisse présenter l'intérieur d'une ville. Tout concourt à l'harmonie : aiguilles, tours, clochetons et les contours d'un fleuve, assez large pour y ouvrir un gracieux bassin, trop peu pour que l'œil cesse d'embrasser les deux rives. L'air est transparent, les lointains sont doux; le ciel, d'un azur laiteux, est pommelé de menus flocons, comme si on y avait jeté à pleines mains des pétales de roses; des fleuristes promènent çà et là l'encens des violettes; l'eau chemine, les passants circulent allègres. Tandis que l'on parcourt du regard, de la pensée, ce quai Voltaire, musée de curiosités archéologiques, d'estampes et de livres, le dôme de l'Institut, les tours demi-romanes de la métropole, la flèche dorée de la Sainte-Chapelle, le lointain pignon des Célestins, le minaret de l'Hôtel de ville, le Pont-Neuf, les donjons de la Conciergerie, vieux palais de Philippe-Auguste et de Louis XI, le toit de Saint-Germain qui sonna la Saint-Barthélemy, la colonnade de Perrault, et ce vieux Louvre de Henri II, récemment achevé, on se sent vivre tout à la fois de la vie de la nature, de la vie politique et de la vie de l'histoire. L'œuvre présente vous apparaît ennoblie, la tradition n'a pas rompu sa chaîne, et le passé n'est pas en ruine : tous ces siècles évoqués reluisent au soleil; chaque édifice poursuit ses destinées; la vitalité nationale jonche les trottoirs, car chacun marche et accomplit sa destinée : les passants vous coudoient, les voitures se heurtent. C'est le commerce qui roule au quartier Saint-Martin; ce sont les avocats qui gagnent le palais; les rapins chevelus, couronnés d'espérance, qui vont à leur Louvre; les architectes, les sculpteurs de la génération prochaine qui se rendent à l'École des beaux-arts, où les attendent Michel-Ange, Bramante et Germain Pilon; ce sont les penseurs qui courent aux bibliothèques, les spéculateurs à leurs affaires, les savants, les poètes à leur académie. L'air printanier leur souffle à tous la fraîcheur de ses parfums, et chacun d'eux s'est dit plus d'une fois comme nous-même : « Nulle cité ne peut offrir un pareil « tableau tout épanoui, et, dans notre ère moderne, c'est Paris qui est « la ville du monde. » (*Journal d'un Anglais de Paris.*)

LA POPULATION PARISIENNE

Son chiffre. — Paris, qui comptait 120 000 âmes sous Philippe-Auguste, 200 000 sous Henri IV, 550 000 en l'an 1800, et 1 054 000 en 1851, atteignait, après la réunion des communes suburbaines en 1860, le chiffre de 1 696 000, et en 1891 celui de 2 448 000, dont 800 000 nés dans la ville, 1 470 000 provinciaux et 180 000 étrangers. L'augmentation, qui est en moyenne de 20 000 habitants par an, provient surtout de l'immigration.

Population mélangée. — « Le docteur Bertillon, un spécialiste en la matière, a trouvé qu'il n'y a qu'un bon tiers des habitants de Paris qui soient nés à Paris. Un vrai Parisien sur trois habitants, exactement 36 pour 100 : ce n'est pas beaucoup. Et, depuis trente ans, cette proportion a toujours été à peu près la même, si bien que le Parisien proprement dit, celui qui descend de Parisiens depuis plusieurs générations, doit être à peu près un mythe. Ce renouvellement périodique des habitants d'une même ville est général, et l'on peut avancer que la population indigène constitue partout l'exception. Il en est exactement de même dans toutes les grandes capitales étrangères. A Saint-Pétersbourg la proportion de la population indigène est de 32 %, à Berlin 41 %, à Vienne 45 %, à Londres elle atteint 65 %.

« La question de salubrité joue bien un rôle, mais elle est dominée par des considérations complexes d'un autre ordre, et notamment par l'afflux des habitants de la campagne ou par l'immigration étrangère. Dans les quartiers de Ménilmontant, de Popincourt, du Marais, on trouve 50 % d'habitants nés à Paris, et l'on doit y rencontrer des habitants de seconde et de troisième génération. Mais des Parisiens du boulevard ou de la rue du Bac, c'est fini. On pourrait se les montrer du doigt, tant ils sont devenus rares !

« Les vides parmi la population indigène sont comblés par des étrangers, qui se sont aperçus que l'on vivait encore très gaiement à Paris, et par les habitants de la banlieue, des départements voisins de Seine-et-Oise et de Seine-et-Marne. La réciproque commence à être vraie pour la banlieue ouest, qui reçoit beaucoup de Parisiens. L'attraction pour la capitale s'atténue avec la distance, surtout lorsqu'il existe dans le voisinage un autre centre local important, comme Rouen, le Havre, dans la Seine-Inférieure; Lille, dans le Nord, etc.

« La Bretagne envoie peu de monde à Paris; le Midi moins encore. L'Auvergne et la Savoie, au contraire, nous envoient un grand nombre d'immigrants, malgré la distance.

« Paris est la capitale préférée des étrangers; ils y affluent de toutes parts. On compte aujourd'hui plus de 190 000 étrangers, soit 75 pour 1 000 habitants, auxquels on pourrait joindre 50 000 naturalisés. Londres ne compte que 95 000 étrangers (22 pour 1 000), Saint-Pétersbourg 23 000, Vienne 35 000, Berlin 18 000, dont 400 Français.

« Le nombre des étrangers à Paris augmente sans cesse : en 1833 il n'était que de 47 000. Les plus représentés sont les Belges (45 000), les Allemands (28 000), les Suisses (26 000), les Italiens (21 000), les Anglais (13 000), les Luxembourgeois (13 000), les Russes (9 000). On peut dire qu'un quart des étrangers sont nés à Paris, et que si beaucoup d'entre eux sont riches, la grande majorité est pauvre et habite les quartiers périphériques : on ne relève que 8 000 étrangers qui soient propriétaires ou rentiers. La concurrence étrangère est très active dans certaines professions libérales : médecins, dentistes, artistes peintres, etc. Les peintres en bâtiment sont Suisses et Italiens; les terrassiers et les cochers, Belges et Italiens; les tailleurs, Allemands et Belges, etc. En somme, l'étranger ne nous envoie guère que des travailleurs qui prennent la place de nos ouvriers nationaux, devenus de jour en jour plus exigeants au point de vue des salaires. *(Le Correspondant.)*

Le Parisien. « Dans ma vie de voyageur, dit M. Maxime du Camp, j'ai vu bien des capitales : celles qui naissent, celles qui grandissent, celles qui sont en pleine efflorescence, celles qui meurent, celles qui sont mortes; mais je n'ai vu aucune ville produire une impression aussi énorme que Paris, et donner aussi nettement l'idée d'un peuple nerveux, infatigable; vivant avec une égale activité sous la lumière du soleil, sous la clarté du gaz; haletant pour ses plaisirs, ses affaires, et doué du mouvement perpétuel.

« Pas plus que les autres hommes, le Parisien n'est parfait; la civilisation et les passions aidant, Paris est la *cloaca maxima* du monde; c'est une sorte de rendez-vous universel, et ceux qui ont le plus profité de la facilité de nos mœurs sont ceux qui nous ont le plus calomniés.

« Le Parisien n'ignore pas les médisances dont il est l'objet; il en lève un peu les épaules; comme il sait aussi que les plaisirs attirent les étrangers, et que les étrangers lui apportent de l'argent, il en prend son parti, multiplie les lieux d'amusement, s'enrichit, et, semblable au chien qui mange le dîner de son maître, il prend la part du gâteau; il s'amuse

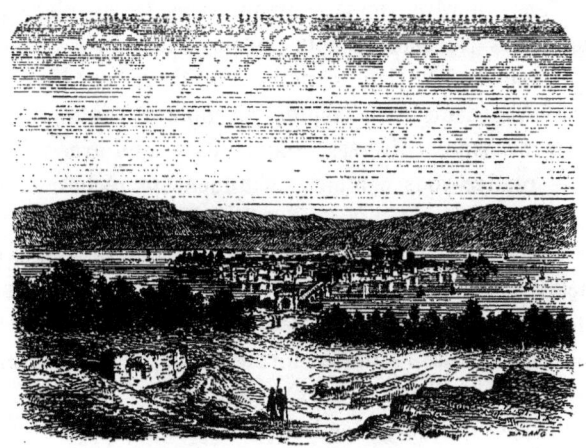

Lutèce, dans une île de la Seine.

lui-même tant qu'il peut avec la frivolité de son caractère naturel. Les plaisirs sérieux, ceux qui s'adressent directement à l'esprit, le laissent froid; les conférences, les lectures, qui ont tant de succès et rendent de réels services en Allemagne et en Angleterre, n'ont jamais pu s'acclimater chez nous. Paris est passé maître en l'art de faire varier la mode, qui lui vaut une bonne partie de sa fortune; ses ouvriers excellent à vendre et à vendre fort cher ces riens visibles qu'on appelle *formes*.

« La badauderie du Parisien est sans pareille : un régiment passe, tout le monde le suit; une voiture verse, chacun s'arrête. Le Parisien aime la bataille, et, comme le cheval de Job, il tressaille au son des trompettes. Très vantard, intrépide dans le succès, il est accablé par la défaite et perd toute énergie. Certes, le peuple de Paris est un grand peuple. Il est intelligent, laborieux, économe, aimant les grandes choses, mais il a peu de sens commun. Il a pour lui l'esprit, l'ironie, la compréhension facile, l'élégance du travail, mais il est myope quand il regarde l'avenir, il est aveugle quand il se tourne vers le passé, il est sourd dès qu'il interroge l'histoire; il ne raisonne pas, il sent; il ne discute pas, il s'emporte. »

(Maxime DU CAMP.)

« C'est dans les grandes villes, surtout à Paris, que se montre le Français par excellence; c'est là que viennent chercher un refuge ceux qui se distinguent par une originalité réelle, ceux que l'air trop enfermé des petites villes finirait par étouffer. Dans la cité commune à tous, se rencontrent et s'influencent mutuellement les provinciaux de toutes les parties de la France : les méridionaux de Provence ou de Gascogne, bavards, agiles, toujours en mouvement; les hommes des plateaux, âpres au travail et lents à l'amitié; les gens de la Loire, à l'œil vif, à l'intelligence lucide, au tempérament si bien pondéré; les Bretons mélancoliques, vivant parfois comme dans un rêve, mais soutenus dans la vie réelle par la plus tenace volonté; les Normands, à la parole lente, au regard scrutateur, prudents et mesurés dans leur conduite; les Lorrains, les Vosgiens, les Francs-Comtois, ardents à la colère, prompts à l'entreprise. Tous ces Français de provenances diverses, réunis dans une grande ville comme en un lieu de rendez-vous commun, s'influencent réciproquement; leurs traits distincts prennent un air de famille; de leurs défauts et de leurs qualités s'est constitué, comme une résultante, le caractère général du peuple français. »

(Élisée RECLUS.)

Historique de Paris. — Au temps de César, Paris n'était qu'une bourgade appelée Lutèce (*Lutetia*, forme latine du celtique *Loutouhezi*, c'est-à-dire ville au milieu des eaux), capitale des *Parisii*. Elle occupait la plus grande des îles de cet endroit de la Seine, laquelle, réunie aux îlots voisins, prit plus tard le nom de Cité. En 52 avant Jésus-Christ, ayant été battus par Labiénus, lieutenant de César, les Parisii brûlèrent leur ville pour la soustraire à l'ennemi et la rebâtirent ensuite, mais pour tomber bientôt au pouvoir de ces mêmes Romains qu'ils haïssaient. Sous Tibère, se forma la puissante corporation des *nautæ parisiaci*, qui avaient le monopole de la navigation sur la Seine. Constance Chlore fit bâtir sur la rive gauche un palais, dont les ruines portent aujourd'hui le nom de Thermes, et dans lequel Julien l'Apostat fut proclamé empereur en 360.

Le christianisme avait été apporté à Paris au Ier siècle par saint Denis l'Aréopagite, qui fut martyrisé avec le prêtre Rustique et le diacre Éleuthère sur la colline appelée depuis Montmartre, mont des martyrs. En 451, sainte Geneviève préserva les Parisiens de l'invasion des Huns, puis les ravitailla elle-même dans un siège, méritant ainsi de devenir la patronne de la ville.

Sur la fin de son règne, Clovis demeura à Paris, qui peut être dès lors considéré comme la capitale de la France; Dagobert et Pépin le Bref y séjournèrent souvent, mais non Charlemagne et ses premiers successeurs.

En l'absence des rois, Paris, gouverné par des comtes, fut pillé quatre fois par les Normands de 845 à 861. Ils l'auraient de nouveau dévasté en 885, si le comte Eudes et l'évêque Gozlin, commandant les Parisiens, ne leur eussent victorieusement tenu tête pendant treize mois. Depuis lors les comtes de Paris prirent le titre de ducs de France, et plusieurs même devinrent rois, notamment ledit Eudes et, un siècle après, Hugues Capet, avec lequel Paris reprit définitivement son rang de capitale de la nation (987).

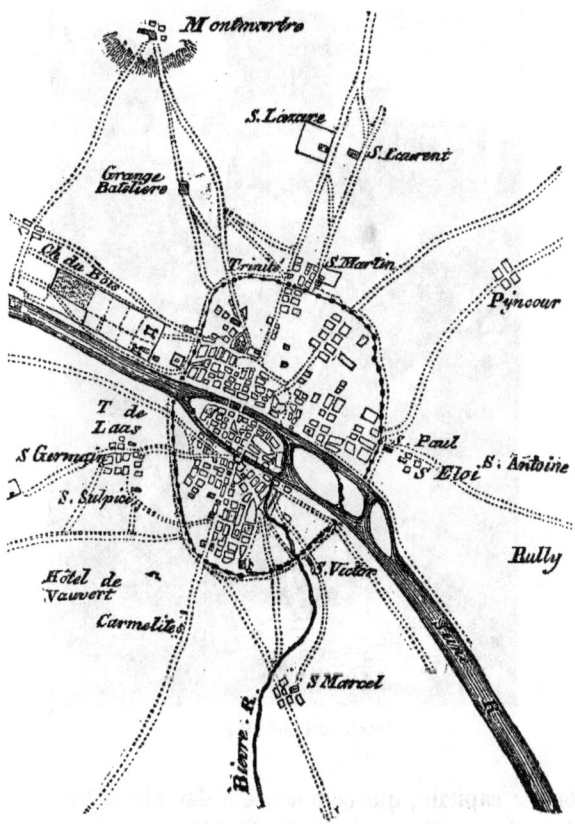

Paris au temps de Philippe-Auguste.

Philippe-Auguste donna à la ville, considérablement agrandie, sa première enceinte fortifiée; il assainit la cité, construisit le vieux Louvre. Par ses soins principalement fut organisée l'Université, qui attira, du Xe au XVe siècle, un si grand nombre d'étudiants des diverses parties de l'Europe. Saint Louis enrichit sa « bonne ville » de Paris de nombreux monuments, tels que la Sainte-Chapelle, les Quinze-Vingts, la Sorbonne, le palais de la Cité, où il résida. Alors la batellerie de la Seine était devenue assez importante pour que la corporation des « marchands de l'eau » groupât autour d'elle les autres corporations et que son chef électif, le prévôt des marchands, exerçât en quelque sorte les fonctions de maire à côté du prévôt du roi : de là le navire qui est la principale pièce des armes de la ville.

Sous Philippe le Bel, qui s'était fait détester par ses exactions fiscales et l'altération des monnaies, eut lieu le premier soulèvement de Paris contre ses souverains. Charles V, encore Dauphin, fut témoin d'une pareille émeute, ce qui l'engagea plus tard à bâtir la Bastille, si souvent utilisée depuis comme prison d'État. Le règne de Charles VI fut bien autrement

Entrée d'Henri IV à Paris.

orageux pour la capitale, qui commence à devenir le théâtre principal de nos luttes intestines; elle est décimée, de 1407 à 1421, par la guerre entre Bourguignons et Armagnacs, puis occupée par les Anglais, qui la conservent quinze années. Le 24 août 1572, les protestants y sont massacrés, et, en 1588, Henri III est obligé de s'en éloigner à la journée des Barricades, y laissant la Ligue souveraine maîtresse. En vain Henri IV réduit-il Paris à une horrible famine en 1589, et l'assiège-t-il de nouveau l'année suivante, il est obligé de se retirer chaque fois et ne peut s'en faire ouvrir les portes qu'après son abjuration, en 1594; mais avec lui Paris redevient la résidence de la cour, qui depuis Charles VII et Louis XI demeurait généralement dans les châteaux royaux des bords de la Loire. Les troubles de la Fronde, qui marquèrent la minorité de Louis XIV, déterminèrent ce prince dans la suite à se bâtir le magnifique palais de Versailles, où il demeura, ainsi que Louis XV et Louis XVI.

En 1789, Paris fut le foyer principal de la Révolution, qui débuta le 14 juillet par la prise et la démolition de la Bastille, vieille forteresse et prison d'État, accusée de retenir des prisonniers injustement. En ramenant de force Louis XVI aux Tuileries, le 6 octobre suivant, Paris redevint le siège du gouvernement, et il a été depuis à peu près le seul centre politique du pays. Son occupation par les Alliés, en 1814 et 1815, fut suivie de traités désastreux qui stipulèrent deux fois la chute de Napoléon et le

La Bastille, remplacée aujourd'hui par la colonne de Juillet.

retour de la dynastie bourbonienne. C'est encore une révolte parisienne (juillet 1830) qui mit fin à la Restauration et amena l'avènement des d'Orléans.

En 1840, sous Louis-Philippe, Paris, ville ouverte depuis Louis XIV, fut entourée de murs et de seize forts; mais il n'en fut pas moins ensanglanté par de nombreuses émeutes, dont la dernière, en février 1848, renversa la monarchie elle-même. Sous la deuxième république, nouvelle insurrection en juin de la même année. Par contre, le règne de Napoléon III s'écoula sans troubles sérieux. Ce souverain, pour rendre les séditions difficiles autant que pour embellir la capitale, donna une impulsion extraordinaire aux travaux qui, commencés par Napoléon Ier et continués par ses successeurs, ont créé le Paris moderne. Pendant la dernière guerre franco-allemande, au lendemain du désastre de Sedan, Paris proclama la République et fut ensuite assiégé par les Prussiens.

Les deux sièges de 1870-71. — « Le 19 septembre, Paris fut entièrement cerné après une déroute d'un corps français à Châtillon, et le quartier général de Guillaume établi à Versailles. Paris regorgeait de troupes, tous les citoyens ayant été appelés à la défense et formant deux cent soixante-six bataillons de garde nationale, outre les nombreux corps de mobiles appelés depuis un mois dans la ville et les marins placés dans les forts. Mais, à l'exception des marins, ces masses étaient inexpérimentées, sans discipline et mal commandées par des officiers qu'elles avaient le droit de choisir. Aussi, avant qu'une telle armée pût être conduite contre les Prussiens, ceux-ci eurent le temps de s'établir solidement autour de Paris, de poursuivre pendant les mois de septembre et d'octobre les sièges des grandes forteresses de l'Est, et d'aller écraser les armées qui se formaient en province.

« Les nouvelles de tous ces désastres agitaient Paris, dont les troupes furent pareillement vaincues, notamment au Bourget, les 28 et 29 octobre, à Champigny, le 30 novembre et le 2 décembre, puis au Bourget encore le 21 du même mois.

« Le 27 décembre, les Prussiens commencèrent le bombardement des forts de l'Est, de la forte position du plateau d'Avron dont ils s'étaient emparés; le 2 janvier, ce fut le tour des forts du Sud, et, du 5 au 27, les quartiers de la rive gauche furent écrasés d'obus. La défense était devenue presque impossible, les vivres et le charbon commençaient à devenir rares, et la plupart des chevaux avaient servi à l'alimentation; ceux qui survivaient pouvaient à peine traîner l'artillerie. Le parti démagogique n'en accusait pas moins le gouvernement de trahison, et, pour le satisfaire, Trochu commanda une sortie vers Montretout et Buzenval (19 janvier). Mais l'artillerie, retardée par l'état des chemins, ne put arriver à temps, et les troupes françaises, impuissantes contre les masses ennemies, furent décimées et forcées de rentrer dans Paris.

« Ce fut un prétexte pour le parti démagogique de tenter un coup : le 22 janvier, les révolutionnaires se portèrent à l'Hôtel de ville, demandant l'établissement de la Commune et voulant renverser le gouvernement. Mais ils furent repoussés par les bataillons demeurés fidèles. Les Prussiens profitaient de cette anarchie et bombardaient au nord le fort et la ville de Saint-Denis. Le gouvernement jugea la défense impossible; la nourriture était rationnée à 25 grammes de viande et à 300 grammes d'un pain détestable, dont il n'y avait plus que pour dix jours; il songea à traiter. Jules Favre se rendit à Versailles, où fut signé, le 28 janvier, l'armistice qui suspendait les hostilités jusqu'au 19 février. Paris payait une contribution de guerre de 200 millions; la garnison était prisonnière de guerre, sauf une division de 12 000 hommes; la garde nationale conservait ses armes; les forts extérieurs étaient occupés par l'armée allemande; une assemblée devait se réunir à Bordeaux pour décider si la guerre serait continuée ou à quelles conditions la paix serait faite.

« Le siège avait duré 132 jours, le bombardement 32 ; au moment de la signature de l'armistice, il restait à peine pour 7 jours de vivres. On avait mangé 67 000 chevaux. La défense avait donc été poussée jusqu'aux dernières limites du patriotisme.

« La paix fut signée à Versailles le 26 février, et ratifiée le 1er mars par l'assemblée de Bordeaux : 30 000 hommes de l'armée allemande entrèrent à Paris par l'Arc de triomphe et y restèrent trois jours seulement.

« Mais, l'ennemi écarté, le pays tombait dans un abîme encore plus profond. Le comité central insurrectionnel inaugura son pouvoir en laissant fusiller à Montmartre les généraux Lecomte et Clément Thomas. Il s'empara de l'Hôtel de ville et de tous les ministères, et le gouvernement dut se retirer sur Versailles, où l'Assemblée s'était établie. Les élections donnèrent à Paris une *Commune* de 80 membres, choisis parmi les plus fougueux républicains ou parmi les adeptes de l'Internationale : Félix Pyat, Delescluze, Flourens, Rigault, Ferré, Grousset, Assi, Jourde, etc.

« La Commune gouverna Paris du 26 mars au 21 mai. Le Comité central, qui avait promis de se dissoudre après les élections, n'en fit rien : il domina au contraire la Commune, sous le nom de laquelle il gouvernait. Cette étrange administration organisa bientôt une véritable terreur. Au lieu de rester simple autorité municipale, elle agit en gouvernement, abolissant les rapports de l'Église et de l'État, confisquant les biens des corporations religieuses, créant sous le nom de *cours martiales* des tribunaux exceptionnels, s'emparant des caisses publiques et des revenus appartenant à l'État. Rien ne fut respecté : des prêtres, et entre autres l'archevêque de Paris, furent emprisonnés comme otages, les églises profanées et transformées en clubs, tous les citoyens sous le coup d'arrestations arbitraires ou enrôlés de force dans les troupes de la Commune, entre 20 et 40 ans, les propriétés privées violées comme la propriété publique, les journaux modérés suspendus pour assurer le monopole de feuilles odieuses qui prêchaient la guerre civile et le meurtre.

« Cependant le gouvernement de Versailles s'occupait de réorganiser une armée pour l'opposer aux bandes que recrutait la Commune parmi la plus vile populace de Paris et parmi les exilés italiens et polonais. Ces bandes furent écrasées par l'artillerie du Mont-Valérien ; mais la trahison leur avait livré les cinq forts du Sud et Vincennes, et, du 2 avril au 21 mai, il fallut faire le siège de ces forts et resserrer Paris du côté de Neuilly et d'Auteuil, qui furent presque anéantis. A mesure que le siège s'avançait, la Commune, se sentant perdue, redoublait de fureur ; elle entassait les otages dans les prisons, excitait de plus en plus les colères de ses bandes toujours ivres... Enfin les forts d'Issy et de Vanves ayant été pris et la porte d'Auteuil abattue, l'armée entra dans Paris le 21 mai.

La ville était hérissée de barricades; mais l'attaque fut admirablement conduite par le maréchal de Mac-Mahon et les généraux placés sous ses ordres, les barricades tournées, et en deux jours la moitié occidentale de Paris au pouvoir de l'armée. L'insurrection eut alors recours au plus horrible des forfaits, incendiant les points qu'elle ne pouvait plus défendre, les palais de la Légion d'honneur et du Conseil d'État, ceux des Tuileries et du Palais-Royal, l'Hôtel de ville, le ministère des finances, la Cour des Comptes, la Préfecture de police et le Palais de Justice, les Gobelins, les docks de la Villette, le grenier d'abondance. Elle ordonna le massacre des otages détenus à la Roquette, l'archevêque, plusieurs prêtres, le président Bonjean, et un grand nombre de gendarmes et de sergents de ville faits prisonniers. La lutte ne finit que le 28, après des combats corps à corps au milieu des tombes du cimetière du Père-Lachaise, et une chasse horrible dans les carrières et les jardins de ce quartier escarpé. On évalue à 20 000 le nombre de ceux qui périrent dans ces huit journées, et à plus de 30 000 ceux qui furent pris et dirigés sur Versailles, et de là, dans des ports de mer pour y être jugés et conduits à Nouméa.» (DEZOBRY, *Dictionnaire*.)

Le gouvernement central, établi à Versailles depuis cette époque, ne rentra à Paris qu'en 1880.

Défense de Paris. — Puisque Paris est, selon l'expression de Vauban, le « vrai cœur du royaume, la mère commune des Français, l'abrégé de la France », et « que tenir Paris, c'est tenir la France », il est naturel de le considérer dans ses moyens propres de défense, indépendamment des places fortes distribuées sur les lignes frontières.

Les forts de Paris.

Paris, ville immense, se trouve à l'étroit dans son enceinte continue, exécutée en 1840 sous l'impulsion de M. Thiers; cette enceinte, de 36 kilomètres de tour, est renforcée par 94 bastions, dont 67 sur la rive droite et 27 sur la rive gauche de la Seine. 20 anciens forts détachés ou redoutes occupent les points dominants à 2 ou 3 kilomètres d'alentour, distance trop faible pour l'artillerie actuelle.

Rappelons le nom de ces forts devenus historiques.

C'est, en avant de Saint-Denis : la *Couronne de la Briche* et la *Double-Couronne du Nord*, puis les forts de l'*Est*, d'*Aubervilliers* et de *Pantin*; sur les hauteurs qui vont de Belleville à la Marne, les forts de *Romainville*, de *Noisy*, de *Montreuil*, de *Rosny*, de *Fontenay* et de *Nogent*. Les redoutes de la *Faisanderie* et de *Gravelle*, appuyées par le fort de *Vincennes*, ferment le lacet de la Marne. Entre cette rivière et la Seine, le fort de *Charenton*. Sur la rive gauche, et sur la crête du plateau regardant Paris, les forts d'*Ivry*, de *Bicêtre*, de *Montrouge*, de *Vanves* et d'*Issy*, qui ont subi le plus d'outrages en 1870; enfin, à l'ouest, l'imprenable et fier *Mont-Valérien*.

Après la guerre, et sous l'inspiration du même M. Thiers, les principes admis pour les défenses nouvelles de Paris furent les suivants : Mettre complètement Paris à l'abri d'un bombardement. Occuper un périmètre très développé, de manière à rendre l'investissement complet presque impossible, et à couvrir la riche banlieue de Paris. Maîtriser le chemin de fer de grande ceinture, et assurer à l'armée assiégée des débouchés faciles au devant des armées de secours.

Dans ce but, on a établi une ligne avancée de nouveaux forts, dont les principaux sont : 1° entre la basse Seine et Saint-Denis, le fort de *Cormeilles* et plusieurs batteries; les forts de *Montmorency*, de *Montlignon* et de *Domont* (plateau de Montmorency); les forts importants d'*Écouen* et de *Stains*, qui, avec les précédents, commandent les chemins de fer venant du Nord et de la Belgique; — 2° Entre Saint-Denis et la Marne, les forts de *Vaujours* et de *Chelles*, qui gardent les chemins de fer de Soissons et de Strasbourg; — 3° Entre la Marne et la haute Seine, les forts de *Villiers*, de *Champigny*, de *Sucy*, de *Villeneuve-Saint-Georges*, sous lesquels passent les lignes de Belfort et de Lyon; — 4° Entre la haute Seine et la forêt de Saint-Germain, les forts de *Palaiseau*, de *Villeras* et de *Haut-Buc*, qui commandent les lignes d'Orléans; ceux de *Saint-Cyr*, de *Bois-d'Arcy* et de *Noisy*, qui enveloppent Versailles et gardent l'arrivée des chemins de fer de l'Ouest. Le fort de *Châtillon*, près de celui de Vanves, couvre le chemin de fer de petite ceinture.

En tout une vingtaine de nouveaux forts, sans compter un nombre plus grand de batteries, de redoutes et autres ouvrages de ce genre.

Le périmètre des forts extérieurs, presque tous en territoire de Seine-et-Oise, est d'environ 130 kilomètres, tandis que celui des anciens forts, renfermés dans le département de la Seine, n'était que de 55 kilomètres. La surface protégée a quadruplé. On évalue à 150 000 hommes l'effectif nécessaire pour défendre Paris, et à un demi-million celui des troupes ennemies qui voudraient le bloquer. *Le chemin de fer de grande ceinture* est sous la protection des forts nouveaux, et permet d'effectuer rapidement des concentrations à l'intérieur ou des sorties à l'extérieur. Tel qu'il est gardé, Paris est donc presque à l'abri d'un siège, ou tout au moins d'un désastre analogue à celui de 1870, d'autant plus qu'avant d'atteindre la capitale, l'ennemi aurait à forcer des forteresses frontières bien autrement solides que celles de cette époque.

Les **armes** de Paris sont : *de gueule* (couleur rouge) *au navire d'argent aux ailes déployées, sur une onde de même; au chef d'azur semé de trois fleurs de lis d'or*, avec la devise : *Fluctuat nec mergitur*.

ILE-DE-FRANCE

5 DÉPARTEMENTS

SEINE, SEINE-ET-OISE, SEINE-ET-MARNE, OISE, AISNE

Sommaire géographique. — L'Ile-de-France est un pays de plaines ondulées, de vallées élargies par les érosions, de plateaux bas et de collines peu accentuées. L'altitude moyenne est d'une centaine de mètres; le point culminant est de 284 mètres au bois de Watigny (Aisne); le plus bas, de 12 mètres, à la sortie de la Seine.

Cette province appartient au versant de la Manche et est arrosée par la Seine, l'Yonne, l'Essonne, la Marne, l'Ourcq, l'Oise, l'Aisne, la Vesle et le Thérain.

Son climat, dit *séquanien*, est tempéré par l'influence des vents d'ouest, et très favorable à la culture des céréales. L'agriculture y est progressive, et ses produits variés sont : les blés dans la Brie, le colza et la betterave à sucre dans les parties septentrionales, mais surtout les légumes et les fruits, qui servent à l'alimentation de la capitale. On y élève des vaches laitières, des moutons mérinos et autres, des poules de Houdan, etc.

L'industrie, très active, a pour siège principal Paris et sa banlieue. Elle fournit tous les genres de produits de luxe, de mode, d'art, d'ameublement et d'instruction, de même que les produits métallurgiques, constructions de machines, etc. A signaler aussi les tissus de Saint-Quentin, les tapis de Beauvais et des Gobelins, la porcelaine de Sèvres, les glaces de Saint-Gobain; enfin de nombreuses carrières de pierres à bâtir, de meulière, de plâtre, de craie, etc.

D'où vient le nom de France. — « Nous sommes nés d'un entremêlement de familles dont plusieurs sans doute nous resteront éternellement inconnues, familles desquelles la plus importante, celle qui forma la trame intime, l'âme, l'esprit, la conscience de la nation, fut peut-être une obscure tribu dans les bois, au bord des marais, sur le sol que foulèrent ensuite les peuples oubliés, puis des Celtes, des Kymris, des Ibères, des Romains, des Germains, des Scandinaves, des Arabes. Parmi ces races, il en est deux qui, relativement, ont versé peu de sang dans la veine française. De ces moindres ancêtres, nous tenons pourtant notre langue et notre nom : aux *Romains* nous devons un clair idiome sorti des mots latins; à des Germains, aux *Francs, le nom de France* et celui de Français.

« Des Germains pillards campaient au voisinage de la mer du Nord, sur l'Ijssel ou Yssel, alors appelé *Sala*, d'où le surnom de SALIENS porté par ces Germains, qui se rattachaient à la confédération des *Francs*. Quittant ces rives plates, tourbeuses, marécageuses, qui sont maintenant la Gueldre et l'Over-Ijssel, terres hollandaises, ces batailleurs marchèrent vers le sud-ouest. De guerre en guerre, parfois vainqueurs, souvent vaincus, bien que Rome fût vieille, fatiguée et même lâche, les Francs Saliens gagnèrent le pays où vivent aujourd'hui les Wallons et les Flamands, la Belgique; puis, de la Belgique, ils arrivèrent sur notre sol et régnèrent à Cambrai, riveraine de l'Escaut. Toujours en razzias, ils passèrent ensuite de l'Escaut à l'Aisne, et s'établirent à Soissons; enfin, en l'an 493, un de leurs chefs les plus sanglants, Clovis, entrait à Lutèce, ou Paris, ville gallo-romaine, où les Francs apprirent le latin. Lutèce grandit, elle devint la reine du petit pays de *France* ou d'Ile-de-France, ainsi appelé depuis que les Francs y régnaient sur la Seine, la Marne et l'Oise. Peu à peu ce nom de France, marchant en même temps que la puissance des rois parisiens, annexa de grands territoires où le sang des Francs n'avait pas eu de part à la naissance de notre peuple; il finit par désigner des régions où les guerriers saliens étaient inconnus, ou, s'ils y avaient paru, c'était en sauvages, en conquérants d'un jour, la torche à la main.

« Et le nom de FRANCE, consacré par le temps, par l'histoire, par la prose et les vers, couvre maintenant tout le pays compris entre la Belgique, l'Allemagne, la Suisse, les Alpes, la Méditerranée, les Pyrénées, l'Atlantique, la Manche et la mer du Nord.

« Sous une autre forme, *Franken* ou, comme nous disons, FRANCONIE, il vit aussi chez les Bavarois, dans le pays qu'habitent les descendants d'autres tribus franques, entre le Mein et le Danube.

« La Gaule s'arrêtait au Rhin, la France ne va qu'aux Vosges et aux Ardennes. Nous ne buvons plus depuis quelques années, et peut-être ne boirons-nous plus jamais les eaux vertes du « Nil de l'Occident ».

(Onésime RECLUS.)

Historique. — Le nom d'Ile-de-France vient, dit-on, de ce que la Seine, la Marne et l'Ourcq, l'Oise et l'Aisne, forment une espèce d'île dans cette province. Quoi qu'il en soit, l'Ile-de-France ne fut originairement que le petit pays compris entre la Seine, la basse Marne et la basse Oise, à peu près de Pontoise à Lagny. Les temps féodaux et royaux, en l'agrandissant successivement, lui donnèrent l'étendue de la province et du gouvernement tels qu'ils sont décrits ci-dessous. Ils avaient pour limites : au nord, la Picardie; à l'est, la Champagne; au sud, l'Orléanais; à l'ouest, un coin du Perche et la Normandie.

La province renfermait l'*Ile-de-France propre* (qui avait pour subdivisions : le *Pays de France,* capitale Paris ou Saint-Denis; le *Parisis,* capitale Louvres; la *Goële,* capitale Dammartin); le *Gâtinais français,* capitale Nemours; la *Brie française,* capitale Brie-Comte-Robert; le *Hurepoix,* capitale Dourdan; le *Drouais,* capitale Dreux; le *Mantois,* capitale Mantes; le *Vexin français,* capitale Pontoise; le *Beauvaisis,* avec une petite partie du *pays de Bray,* capitale Beauvais.

Le gouvernement militaire, tel qu'il existait en 1789, comprenait en outre : le *Valois,* capitale Crépy; le *Noyonnais,* capitale Noyon; le *Soissonnais,* capitale Soissons; le *Laonnais,* capitale Laon, et le *comté de Clermont,* qui furent détachés de la Picardie au commencement du XVIIIe siècle, et dont on trouvera l'histoire mêlée à celle de cette province[1].

Lorsque notre pays s'appelait Gaule, le territoire de l'Ile-de-France était habité par plusieurs petits peuples : au centre, les *Parisii,* qui laissèrent leur nom à Paris; au nord, les *Silvanectes* de Senlis et les *Bellovaques* de Beauvais; au nord-ouest, les *Veliocasses* du Vexin français; au sud-ouest, les *Carnutes* de Chartres; au sud-est, les *Meldes* de Melun et les *Senones* de Sens. Sous les Romains, il fit successivement partie des Gaules Belgique et Celtique, de la Belgique IIe et de la Lyonnaise IVe ou Sénonaise. Le christianisme y fut apporté au Ier siècle par saint Denis et ses compagnons, qui se fixèrent à Lutèce, ville principale des Parisii, où ils souffrirent le martyre. Au Ve siècle apparurent les Barbares, notamment les Huns, dont sainte Geneviève préserva Paris, et les Francs, qui s'établirent dans l'Ile-de-France et l'englobèrent dans la Neustrie. Mais ce qu'il y a de plus remarquable pour cette province, c'est que depuis Clovis, qui choisit Paris pour capitale, elle fut toujours considérée comme le noyau de l'ancienne monarchie.

Il en fut ainsi même sous les descendants de Charlemagne, qui habitèrent peu ou point Paris et le laissèrent à ses comtes. Eudes, l'un

---

[1] NOTA. — Les limites des anciennes provinces ne coïncidant pas toujours avec celles des départements qui leur sont attribués, on se borne à faire ici l'historique de la province telle qu'elle existait en 1789 (sauf pour l'Ile-de-France, qui est diminuée de ses pays picards), et l'on renvoie à l'historique des provinces voisines les faits qui se rapportent aux parties de départements qui en dépendaient.

En outre, la notice sur la province se complète par les détails rapportés dans l'étude des départements et des villes qui suivent.

d'entre eux, aidé de l'évêque Gozlin, le défendit avec autant de courage que de succès contre les Normands, et mérita ainsi de devenir duc et même roi. Sous les autres chefs du duché de France, ses successeurs, les Carolingiens continuent d'abandonner Paris pour Laon, et par là semblent avoir perdu le caractère de souverains nationaux. Aussi, du vœu de tous les grands vassaux, le dernier duc de France, Hugues Capet, fit-il rentrer la couronne royale dans sa famille, en la ceignant lui-même, en 987.

Dès lors, rien d'étonnant qu'au moyen âge les habitants de l'Ile-de-France fussent les seuls à être littéralement Français, tandis qu'ailleurs on n'était que Normands, Percherons, Picards, Champenois, Bourguignons, etc. Du reste, c'est dans cette province que se sont formés les mœurs, la langue, les lois, les arts, tout ce qui, en un mot, constitue notre génie particulier; de là partit la puissante impulsion d'où est résultée notre forte unité politique.

Les annexions qui réunirent toutes les parties de l'Ile-de-France commencèrent sous Robert le Pieux, par l'acquisition du comté de Dreux et du territoire de Melun. Philippe Ier y ajouta le Gâtinais, le Vexin, le comté de Mantes et la ville de Moret. Louis le Gros soumit les tyranneaux pillards qui défiaient depuis trop longtemps la justice royale dans leurs forteresses de Montlhéry, de Corbeil, de Marcoussis et de Maurepas. Philippe-Auguste annexa le comté de Meulan. Mais le comté de Montfort-l'Amaury, qui relevait de la Bretagne, ne fut définitivement réuni qu'avec cette province en 1532. Quant aux pays détachés de la Picardie au commencement du XVIIIe siècle, une partie du Soissonnais ne fit retour à la couronne qu'en 1734; le comté de Valois subsista même jusqu'à la Révolution, ainsi que la seigneurie de Nemours, la baronnie de Montmorency et autres, celles-ci en vraie Ile-de-France.

Ajoutons seulement que l'Ile-de-France a été fréquemment ravagée par les armées, qui avaient naturellement pour objectif la capitale; elle eut surtout à souffrir de la guerre de Cent ans, de la guerre entre Armagnacs et Bourguignons, des guerres de religion et des trois invasions du siècle actuel, sans parler des révolutions qui ont particulièrement agité Paris.

Divisions. — Avant 1790, la province ou plutôt le gouvernement de l'Ile-de-France ressortissait au parlement de Paris et formait la généralité dont cette ville était le chef-lieu. Elle comprenait les évêchés de Paris, de Beauvais et en partie celui de Chartres; l'évêché de Versailles ne fut créé qu'en 1802. En 1790, elle a formé, en tout ou en grande partie, les cinq départements qui suivent :

Seine, chef-lieu Paris;
Seine-et-Oise, chef-lieu Versailles;
Seine-et-Marne, chef-lieu Melun;
Oise, chef-lieu Beauvais;
Aisne, chef-lieu Laon.

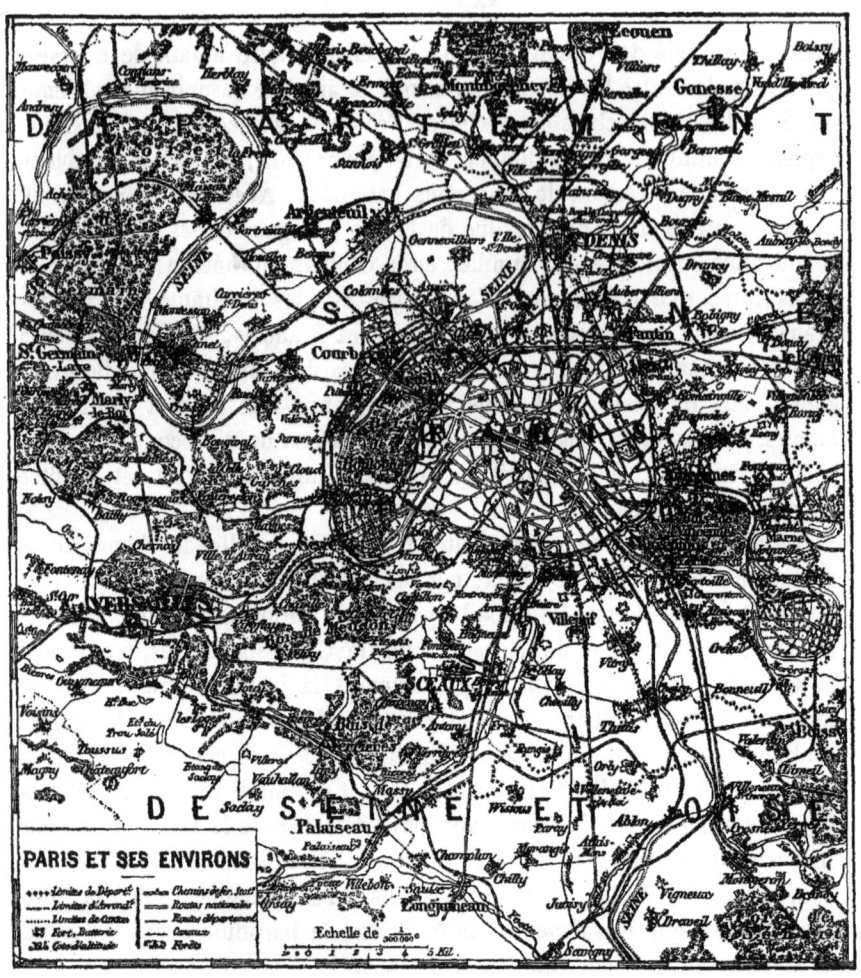

LA SEINE

22 arrondissements, 40 cantons, 75 communes, 2142000 habitants

Géographie. — Le département de la Seine, qui est douze à treize fois plus petit que la moyenne des autres, est en même temps le plus important de tous, parce qu'il renferme Paris. Il doit son nom au fleuve qui le traverse. Les 479 kilomètres carrés de son territoire sont une portion de l'Ile-de-France, comprenant une partie du *Parisis*, capitale Louvres (Seine-et-Oise), et du *Pays de France*, capitale Paris ou Saint-Denis. Il se trouve enclavé dans le département de Seine-et-Oise.

Le département de la Seine est situé au centre du *bassin géologique de Paris*, qui se compose des terrains jurassique, crétacé et tertiaire superposés. Il se partage entre les vallées de la Seine et de la Marne, et les plateaux riverains, dont les principales éminences sont : le plateau de Châtillon, 173 mètres; le mont Valérien, 161 mètres; la butte Montmartre, 128 mètres; les Buttes-Chaumont, 123 mètres; le plateau de Romainville, 120 mètres. — Parmi les autres altitudes notons : le confluent de la Seine et de la Marne, 31 mètres; Paris, 25 à 128 mètres; la sortie du fleuve, 12 mètres. L'altitude moyenne est de 70 mètres environ.

Le département appartient au bassin *hydrographique* de la Seine, arrosé par la Seine et ses affluents : la Marne, la Bièvre, le Rouillon, grossi du Croud. La Seine et la Marne sont seules navigables; mais on trouve en outre les *canaux* de l'Ourcq, de Saint-Martin, de Saint-Denis, de Saint-Maur et de Saint-Maurice, sur lesquels le batelage est très actif.

Le *climat*, tempéré, sain et très variable, a servi de type au climat dit

séquanien (de *Sequana*, la Seine), dont la température moyenne est de 10°8 centigrades; il tombe environ 56 centimètres de pluie par an sur le territoire.

Au point de vue agricole, la caractéristique de la Seine est la culture maraîchère, pratiquée dans toute la banlieue de la capitale, qu'elle approvisionne en partie. Le reste du département, si peu étendu d'ailleurs, est occupé par une foule d'établissements industriels, des prairies, des bois : les bois de Boulogne et de Vincennes, transformés en parcs anglais, celui de Clamart et une partie de la forêt de Bondy. De nombreuses sociétés ont été fondées pour encourager l'agriculture. En outre, Paris est le siège de l'École normale supérieure d'agriculture; les établissements agricoles de Joinville et de Vincennes en dépendent.

Quant aux richesses minérales, les environs de Paris renferment de nombreuses carrières, qui n'ont pas peu contribué à embellir la ville : *pierres de taille,* à Nanterre, Colombes, Vanves, Châtillon, Montrouge, Arcueil, etc. (autrefois sous Paris même); *pierres à plâtre* de Bagneux, Clamart, Montreuil-sous-Bois, Romainville; *sable* de Nogent et de Fontenay-aux-Roses. Des sources minérales se trouvent à Passy, Auteuil, Belleville et Villetaneuse.

L'industrie manufacturière de la Seine, ou pour mieux dire de Paris et de sa banlieue, est plus importante que celle de tout autre département, même pour ce qui concerne certaines grosses fabrications, telles que les machines, les fontes moulées, les cuivres, le sucre raffiné, les bougies, la verrerie. Mais la grand'ville se distingue principalement par ses produits d'art et de luxe, et les objets innombrables connus dans le monde entier sous le nom d'*articles de Paris*. Les produits chimiques se fabriquent surtout aux environs : à Saint-Ouen, Ivry, Clichy, Saint-Denis, etc.

Les habitants. — Le département de la Seine est de beaucoup le plus peuplé de France. En 1891, il comptait 3 142 000 habitants, dont 210 000 étrangers, la plupart Belges, Allemands, Italiens et Anglais : ce qui lui fait une densité de 6 560 habitants par kilomètre carré. En vingt ans, la population a augmenté de près d'un million d'individus, la plupart

Boileau.

Molière.

gens de la province ou de l'étranger, attirés par la présence de Paris ; aussi la population de la capitale forme-t-elle plus des deux tiers de celle du département, avec une densité kilométrique de 31 256 habitants. Il y a environ 90 000 protestants et au moins 60 000 Juifs.

Personnages. — Parmi les nombreux personnages qui sont nés dans le département, nous citerons les plus connus, avec le lieu de naissance pour ceux qui n'ont pas vu le jour à Paris.

Saint Marcel, évêque de Paris, mort en 440. Sainte Geneviève, née à Nanterre, morte en 512. Sigebert II, roi d'Austrasie, 656[1]. Louis VIII, roi de France, 1226. Étienne Boileau, prévôt de Paris, 1270. La B. Isabelle, sœur de saint Louis, 1271. Le roi Louis X, 1316. Étienne Marcel, prévôt des marchands, 1358. Boccace, prosateur italien, 1375. Le roi Charles V, né à Vincennes, mort en 1380. Les rois Charles VI, 1422, et Charles VII, 1461. Le maréchal Dunois, 1468. Le chancelier Juvénal des Ursins, 1472. Le savant Budé, 1540. Dumoulin, père du droit français, 1556. L'architecte Lescot, 1571. Le sculpteur Goujon, 1572. Jodelle, notre plus ancien poète tragique, 1573. Le sculpteur Germain Pilon, 1590. Le jurisconsulte Étienne Pasquier, 1615. De Harlay, président au parlement, 1616. L'historien de

[1] La date indiquée est celle de la mort des personnages.

Thou, 1617. La B. Marie de l'Incarnation, des Carmélites, 1618. Le maréchal Schomberg, 1632. Le cardinal de Richelieu, 1642. Le peintre Lesueur, 1655. Matthieu Molé, président au parlement, 1656. L'abbé Olier, fondateur des Sulpiciens, 1657. Le poète Scarron, 1660. Henriette de France, reine d'Angleterre, 1669. Le chancelier Séguier, 1672. Molière, le prince des poètes comiques, 1673. Le jurisconsulte Lamoignon, 1677. Fouquet, surintendant des finances, 1680. De la Rochefoucauld, l'auteur des *Maximes*, 1680. Lemaistre de Sacy, solitaire de Port-Royal, traducteur de la *Bible*, 1684. Le grand Condé, duc d'Enghien, 1686. L'architecte Perrault, 1688. Quinault, poète lyrique, 1688. Le peintre Lebrun, 1690.

Le ministre Louvois, 1691. Arnauld (le Grand), théologien janséniste, 1692. Mme Deshoulières, poète, 1694. Le maréchal de Luxembourg, dit le tapissier de Notre-Dame, 1695. Mme de Sévigné, immortalisée par ses lettres, 1696. La Bruyère, l'auteur des *Caractères*, 1696. L'hymnographe Santeuil, 1697. L'abbé de Rancé, réformateur de la Trappe, 1700. Le Nôtre, dessinateur des jardins de Louis XIV, 1700. Le jésuite Bouhours, littérateur, 1702. Claude Perrault, auteur de *Contes* charmants, 1703. L'architecte Mansart, 1708. Boileau, poète satirique, 1711. Les maréchaux Vendôme et Catinat, 1712. Le philosophe Malebranche, 1715. Le peintre Bon Boullongne, 1717. Le janséniste Quesnel, 1719. Le géographe Delisle, 1726. Le prince Eug. de Savoie, généralissime des armées impériales, 1736. J.-B. Rousseau, poète lyrique, et Rollin, célèbre professeur, 1741. L'avocat Henri Cochin, 1747. Les sculpteurs Lemoine, 1755, et Coustou, 1756. Le poète Louis Racine, 1763. L'archéologue de Caylus, 1765. Le savant de la Condamine, 1774. Voltaire, coryphée des philosophes irréligieux, né à Châtenay, mort en 1778. Turgot, ministre des finances, 1781. Le géographe d'Anville, 1782. Le philosophe d'Alembert, 1783. Cassini, astronome et cartographe, 1784. Le chancelier Maupeou, 1792. Bailly, astronome et maire de Paris, 1793. L'avocat Malesherbes, défenseur de Louis XVI, 1794. L'ingénieur Perronnet, né à Suresnes, mort en 1794. Le chimiste Lavoisier, 1794. La Harpe, critique, 1803. Anquetil-Duperron, orientaliste, 1806. L'avocat Tronchet, 1806. Le chimiste Fourcroy, 1809. Le navigateur de Bougainville, 1811. Le maréchal Augereau, duc de Castiglione, 1816. Monthyon, fondateur des prix de vertu, 1820. Tallien, révolutionnaire, 1820. Le savant cardinal de la Luzerne, 1821. Delambre, astronome et mathématicien, 1822. Eug. de Beauharnais, vice-roi d'Italie, 1824. Le tragédien Talma, 1826. Napoléon II, roi de Rome, et le sinologue Rémusat, 1832. Hortense de Beauharnais, reine de Hollande, 1837. Sylvestre de Sacy, orientaliste, et Talleyrand-Périgord, diplomate, 1838. Le prince de Polignac, ministre; le maréchal de Grouchy; Mme de Staël, écrivain; le chansonnier Béranger, 1847. L'archéologue Quatremère de Quincy, 1849. Le roi Louis-Philippe, 1850. L'orientaliste Eug. Burnouf, 1852. Le compositeur Adam, 1856. Alfred de Musset, poète, 1857. Le général Cavaignac, 1857.

Le compositeur Halévy, 1862. Le maréchal de Castellane et le physicien Biot, 1862. Le peintre Horace Vernet, 1863. Le philosophe Victor Cousin, 1867. Le physicien Foucault et l'avocat Berryer, 1868. Villemain, critique, et Mérimée, littérateur, 1870. L'empereur Napoléon III, 1873. Saint-Marc-Girardin, littérateur, 1873. Michelet, historien et littérateur, 1874. Ledru-Rollin, jurisconsulte, 1874. George Sand, romancière, 1876. Le médecin Tardieu et l'archéologue Viollet-le-Duc, 1879. Le comte de Chambord, 1883. Littré, philologue, 1884. Le compositeur Gounod, 1893, et Alexandre Dumas fils, auteur dramatique, 1895.

Administrations. — Le département forme le diocèse de Paris, ressortit à la cour d'appel et à l'académie de Paris, à la région agricole du Nord, à la première conservation forestière (Paris), à la première inspection des ponts et chaussées, à l'arrondissement minéralogique de Paris. Les départements de la Seine et de Seine-et-Oise, dont le territoire est réparti entre les quatre corps d'armée environnant Paris, sont, ainsi que les troupes et la gendarmerie qui y stationnent, sous l'autorité du commandant supérieur de Paris.

Comme capitale de la France, Paris est le siège du gouvernement, de la Cour de cassation et de la Cour des comptes. Il est divisé en 20 arrondissements municipaux, administrés chacun par un maire. Les agents de police sont sous l'autorité d'un préfet de police. Les arrondissements de Saint-Denis et de Sceaux n'étant plus que de simples divisions territoriales, depuis que leurs sous-préfectures ont été supprimées en 1886, sont administrés directement par le préfet de la Seine.

Le département se divise en 20 arrondissements urbains, formant la commune de *Paris*, et 2 arrondissements suburbains ou extérieurs, dits de *Saint-Denis*, et de *Sceaux*, comprenant 20 cantons et 74 communes.

La ville de Paris ayant été décrite en tête du volume, comme il convenait à sa valeur hors ligne, nous passerons en revue les autres communes du département de la Seine.

SAINT-DENIS[1], sur la Seine et un canal, à 33 mètres d'altitude, est une ville de 51000 habitants, intéressante par son industrie et surtout par son histoire. Située à 4 kilomètres nord des murs de la capitale et enfermée dans son système de fortifications, elle n'a plus depuis 1886 que le titre de sous-préfecture, les fonctions de sous-préfet ayant été supprimées

---

[1] Arrondissement de SAINT-DENIS : 11 *cantons*, 33 communes, 404000 habitants.

Cantons (nouveaux) et communes avec leur population en 1891. — 1. *Asnières*, 19600 habitants; Gennevilliers, 5850. — 2. *Aubervilliers*, 25000; le Bourget, 2260; la Courneuve, 1540; Dugny. — 3. *Boulogne*, 32500. — 4. *Clichy*, 31000; Saint-Ouen, 26000. — 5. *Courbevoie*, 17600; Colombes, 19000. — 6. *Levallois-Perret*, 40000. — 7. *Neuilly*, 30000. — 8. *Noisy-le-Sec*, 5800; Bobigny, 1540; Bondy, 3650; Drancy, 1100; Romainville, 2100; Rosny, 2600; Villemomble, 3700. — 9. *Pantin*, 22000; Bagnolet, 6100; le Pré-Saint-Gervais, 8150; les Lilas, 6400. — 10. *Puteaux*, 17650; Suresnes, 8400. — 11. *Saint-Denis*, 51000; Épinay, 2600; l'Ile-Saint-Denis, 2300; Pierrefitte, 1820; Stains, 2500; Villetaneuse.

dans le département de la Seine. Ses principales industries sont la métallurgie, les produits chimiques, les savons et parfums, les teintureries pour

Église canoniale de Saint-Denis.

étoffes, les verreries. Son monument important est l'église, autrefois abbatiale, aujourd'hui canoniale, dédiée à saint Denis; ce bel édifice gothique, fréquemment restauré, mais encore inachevé, fut pendant douze siècles la nécropole des rois de France, dont les cendres furent dispersées et plusieurs tombeaux détruits en 1793. Néanmoins on y admire encore les mausolées de Dagobert, de Louis d'Orléans et de sa femme, de Louis XII et d'Anne de Bretagne, de François Ier et de Claude de France, de Henri II et de Catherine de Médicis. A cette basilique sont attenants les bâtiments de l'abbaye, dans lesquels est établie la maison d'éducation pour les filles des membres de la Légion d'honneur.

Cette ville s'est formée autour d'un petit oratoire élevé sur le tombeau de saint Denis et de ses compagnons Rustique et Éleuthère, martyrisés à Montmartre, et que la pieuse veuve Catulla avait ensevelis dans sa propriété. Cet oratoire fut remplacé au ve siècle par une basilique, que desservit aussitôt une communauté bénédictine établie auprès. Dagobert fit reconstruire l'église avec magnificence et l'assigna comme sépulture à ses successeurs.

A l'époque carolingienne, l'abbaye était l'une des plus élevées en dignité et des plus puissantes du monde chrétien. Sous la troisième race, le monastère et la ville eurent d'insignes bienfaiteurs, parmi lesquels l'abbé Suger, le plus grand homme d'État peut-être du moyen âge, et le roi saint Louis. Depuis Philippe Ier jusqu'à Charles VI, la bannière rouge ou oriflamme de Saint-Denis fut la bannière des rois de France, qui allaient la prendre eux-mêmes avant de marcher à l'ennemi. *Montjoie et Saint-Denis!* était alors le cri de guerre des Français. — La plaine de Saint-Denis, où se tenait jadis la foire du *Lendit,* fut, en 1567, le théâtre d'une sanglante bataille, dans laquelle le connétable de Montmorency, vainqueur des calvinistes, périt au milieu de son triomphe. C'est aussi dans l'église abbatiale qu'en 1593 Henri IV abjura solennellement le protestantisme. Enfin la ville fut bombardée par les Prussiens, et occupée par eux le 28 janvier 1871.

De nombreuses communes avoisinant Paris sont devenues des centres d'industrie et la résidence d'une partie de la population laborieuse de la capitale. Dans la circonscription de Saint-Denis, se trouvent les communes de la banlieue du nord et de l'ouest. Nous passerons en revue les principales, en faisant le tour de l'enceinte de Paris, de l'ouest au nord et à l'est; puis nous continuerons de l'est au sud pour celles de l'arrondissement de Sceaux.

Boulogne-sur-Seine, appelé d'abord *Menuls-lez-Saint-Cloud*, prit son nom actuel au xive siècle, alors que ses habitants élevèrent une chapelle en l'honneur de Notre-Dame de Boulogne-sur-Mer, chapelle qui devint elle-même le but d'un grand pèlerinage. — Nombreuses buanderies.

« **Le bois de Boulogne**, la plus fréquentée des promenades de Paris hors des murs, a sur bien des points conservé la libre physionomie d'un bois. Sur d'autres il est, depuis 1852, plutôt transformé en parc, et comparable à cet égard aux parcs de Londres, qui, d'ailleurs, même réunis, ont une superficie moindre. Dans le bois (848 hectares), deux grandes pièces d'eau, séparées par le carrefour des Cascades, mesurent l'une 11 hectares, l'autre 3 ; plusieurs autres « lacs », « étangs » ou « mares », d'un aspect non moins artificiel, une cascade décorative, des ponts rustiques sont disséminés çà et là. La partie du bois qui forme triangle au nord, entre Neuilly et les routes de la porte Maillot à Madrid, et de la porte de Neuilly à la Muette, est transformée en *jardin d'acclimatation*, où, parmi les espèces les plus diverses de la faune et de la flore exotiques, sont accueillis de temps à autre des types variés de l'espèce humaine : Esquimaux, Peaux-Rouges, Nègres, Kalmoucks, Bédouins, etc. Une autre partie du bois forme un *champ de courses* pour steeple-chase. La vaste pelouse qui s'étend en plaine aux bords de la Seine, entre Boulogne et le pont de Suresnes, est l'*hippodrome de Longchamp* (trois pistes de 1 900, 2 400 et 2 900 mètres), où se dispute chaque année, au mois de juin, le « grand prix » de Paris (100 000 francs), et sur lequel, le 14 juillet, est passée en revue l'armée de Paris. Non loin, deux tours et un pignon sont les restes de l'abbaye de Longchamp, fondée en 1256 par Isabelle de France, sœur de saint Louis. La porte de Madrid conserve le nom et le souvenir d'un château de François Ier (1528), œuvre magnifique de la Renaissance, démoli en 1847. » (D'après Joanne.)

Neuilly, *portus Luliaco*, sur la Seine, ne fut longtemps que le point d'attache d'un bac, remplacé au XVIIe siècle par un pont qui se trouve dans l'alignement des Champs-Élysées et de l'avenue de la Grande-Armée. La chapelle Saint-Ferdinand est bâtie sur le lieu où périt, d'un accident de voiture, le duc d'Orléans, fils aîné de Louis-Philippe, le 13 juillet 1842. — Ateliers de constructions mécaniques, manufactures de tapis et de cuirs repoussés.

Puteaux est une ville de fabricants d'étoffes et de teinturiers.

Suresnes, connu pour son petit vin acide, rappelle les conférences de 1593, à la suite desquelles Henri IV se convertit. Sur son territoire s'élève, à 160 mètres d'altitude, le **mont Valérien**, surmonté de la puissante forteresse qui, en 1870, tint de ce côté en respect les armées allemandes. Avant la Révolution il s'y trouvait un calvaire, objet d'un pèlerinage fréquenté, et un couvent. « Bernardin de Saint-Pierre nous a conservé le récit d'une promenade qu'il y fit avec Jean-Jacques Rousseau : celui-ci était né protestant, tous deux étaient philosophes; cependant le recueillement de la foule rassemblée dans la chapelle les émut : « Jean-Jacques, dit Bernardin de Saint-Pierre, me dit avec attendrissement : Maintenant j'éprouve ce « qui est dit dans l'Évangile : *Quand plusieurs d'entre vous seront rassemblés en mon nom, je me trouverai parmi eux...* Il y a ici un senti- « ment de paix et de bonheur qui pénètre l'âme. » Je lui répondis : « Si « Fénelon vivait, vous seriez catholique. » Il me repartit, hors de lui et les larmes aux yeux : « Si Fénelon vivait, je chercherais à être son laquais « pour mériter de devenir son valet de chambre... » Cependant on nous introduisit au réfectoire; nous nous assîmes pour écouter la lecture, à laquelle Rousseau fut très attentif... Après cette lecture, il dit d'un air profondément ému : « Ah! qu'on est heureux de croire! » (Malte-Brun.)

On cite cette anecdote comme un témoignage rendu à la foi chrétienne par deux philosophes peu crédules.

Nanterre, Nemetodurum, était au ve siècle un lieu druidique. **Sainte Geneviève**, qui fait sa gloire, y naquit vers l'an 422; elle n'avait que sept ans lorsque saint Germain d'Auxerre, passant par ce village, la distingua dans la foule et prédit sa sainteté future. Geneviève lui ayant exprimé le désir de vivre dans une virginité perpétuelle et de n'avoir d'autre époux que Jésus-Christ, saint Germain la mena à l'église accompagné de tous les fidèles et la consacra solennellement à Dieu.

Les grâces extraordinaires qu'elle recevait du ciel la firent traiter de visionnaire et d'hypocrite. A la calomnie se joignit la persécution. On en vint même jusqu'à attenter à sa vie, lorsqu'elle essaya de rassurer ses compatriotes contre les alarmes que leur causait l'approche d'Attila. Se voyant rebutée par les hommes, qui voulaient abandonner Lutèce, Geneviève assembla les femmes et les exhorta à recourir à la prière. « Je vous jure, leur dit-elle, que la ville sera épargnée, tandis que les lieux où vous croyez trouver votre sûreté tomberont aux mains de l'ennemi, et qu'il n'y restera pas pierre sur pierre. » Ses paroles, ses gestes, son regard d'inspirée émurent toutes les femmes, qui la suivirent silencieusement où elle voulut. Il y avait à la pointe orientale de l'île de Lutèce, dans le même emplacement où s'élève aujourd'hui la basilique de Notre-Dame, une église consacrée au protomartyr saint Étienne. C'est là que Geneviève conduisit son cortège de femmes, à l'aide duquel elle se barricada dans le baptistère, et toutes se mirent à prier. Surpris de l'absence prolongée de leurs épouses, les hommes vinrent à leur tour à l'église, et trouvant les portes du baptistère fermées, ils demandèrent ce que cela signifiait; mais les femmes répondirent de l'intérieur qu'elles ne voulaient plus partir. Cette réponse mit les hommes hors d'eux-mêmes. Avant de briser la clôture d'un lieu saint ils tinrent conseil, et discutèrent d'abord sur le genre de supplice qu'il convenait d'infliger à la fausse prophétesse, comme ils l'appelaient, à l'esprit de mensonge qui venait les tenter dans leurs mauvais jours. Les uns opinaient pour qu'elle fût lapidée à la porte de l'église, les autres pour qu'on la jetât la tête la première dans la Seine. Ils discutaient tumultueusement, quand la Providence leur envoya un membre du clergé d'Auxerre, qui fuyait l'approche de l'invasion et gagnait probablement la basse Seine, espérant y être plus à l'abri. C'était un diacre qui avait apporté plusieurs fois à Geneviève les eulogies de la part de saint Germain. Au nom de l'évêque mort depuis trois ans, il les réprimanda, les fit rougir de leur barbarie, et, les exhortant à suivre un conseil où il reconnaissait le doigt de Dieu : « Cette fille est sainte, leur dit-il, obéissez-lui. » Les Parisiens se laissèrent persuader et restèrent. Geneviève avait bien vu. Les bandes d'Attila, ralliées entre la Somme et la Marne, n'approchèrent point de Paris, et cette ville dut sa conservation à l'obstination courageuse d'une pauvre et simple fille. Si ses habitants se fussent alors dispersés, bien des causes auraient pu empêcher leur retour, et, selon toute apparence, la petite ville de Lutèce, réservée à de si hautes destinées, serait devenue, comme tant de cités gauloises plus importantes qu'elle, un désert dont l'herbe et les eaux recouvriraient aujourd'hui les ruines, et où l'antiquaire chercherait peut-être une trace de l'invasion d'Attila. (Amédée THIERRY, *Hist. de France*.)

Un autre service important que Geneviève rendit à la ville de Paris, en y amenant un convoi de vivres tandis que Childéric la tenait assiégée, acheva de lui concilier la vénération et la confiance des Parisiens, qui l'adoptèrent pour leur patronne après sa mort, arrivée en 512. Depuis lors, parmi les faveurs signalées que la sainte obtint aux habitants, il faut citer la guérison du *mal des Ardents,* maladie épidémique au moyen âge, qui se traduisait surtout par des gangrènes et une soif inextinguible. Son tombeau et ses reliques, devenues rares, se vénèrent dans l'église de Saint-Étienne-du-Mont, près du Panthéon, ancienne église Sainte-Geneviève.

COURBEVOIE, la *Curva via* du moyen âge, doit son importance aux belles casernes des Gardes-Suisses bâties par Louis XV. Sur le rond-point, occupé avant 1871 par la statue de Napoléon III, on a érigé un monument de la Défense nationale. — ASNIÈRES, l'ancienne *Asinariæ*, est le centre du canotage et le grand rendez-vous du sport nautique parisien.

LEVALLOIS-PERRET doit son origine à un marchand de vins, Nicolas Levallois, qui fit le plan du village en 1746. C'est aujourd'hui une grande commune industrielle, célèbre surtout par les ateliers de M. Eiffel, le constructeur de la tour métallique de 300 mètres.

CLICHY-LA-GARENNE est l'ancienne *Clippiacum,* où résidèrent les rois de la première race, qui y avaient un atelier monétaire. L'église actuelle est due à saint Vincent de Paul, qui en fut curé en 1612.

Saint-Ouen, Villa sancti Audoenis, doit son nom à un évêque de Rouen, qui y mourut en 686 dans une villa des Mérovingiens, dont il était ministre. Louis XVIII y signa, en 1814, une déclaration où il posait les bases de la Charte constitutionnelle. Port sur la Seine et docks considérables reliés aux chemins de fer du nord et de ceinture. Nombreux ateliers et manufactures. — AUBERVILLIERS, *Alberti Villare,* dans la plaine dite des Vertus, a de nombreuses fabriques de produits chimiques, cartons, cuirs vernis, couleurs, verreries, etc. Église rebâtie au XVIe siècle et renfermant la statue de Notre-Dame des Vertus ou des Miracles, objet d'un pèlerinage très fréquenté au moyen âge. — Le *Bourget* fut le théâtre de trois combats, malheureux pour les assiégés, les 28, 29 octobre et 21 décembre 1870. Un monument commémoratif y est élevé. — PANTIN a, comme toute la banlieue de Paris, une industrie active : chaudronnerie, cristallerie, produits chimiques, tabacs.

Bondy est connu par sa forêt (2 200 hectares), longtemps redoutée comme repaire de voleurs, où furent assassinés Chilpéric II par le seigneur Bodillon, et Aubry de Montdidier. Celui-ci fut vengé par « le chien de Montargis », qui combattit contre le meurtrier de son maître.

Vincennes [1], au moyen âge *Vicenæ*, est une jolie ville de 25 000 âmes, entourée d'un bois de 943 hectares, transformé en parc public avec lacs et eaux courantes; mais elle est surtout connue pour son château, dont il sera question ci-après, et qui est aujourd'hui une école d'artillerie et de pyrotechnie, avec caserne et hôpital militaire. Parmi les nombreux faits historiques qui s'y rattachent, citons : la mort de Louis le Hutin en 1316, de Charles le Bel en 1328, d'Henri d'Angleterre en 1422, et de Mazarin en 1661; l'ordonnance de Charles V, en 1374, fixant à quatorze ans la majorité des rois; les emprisonnements du duc de Beaufort, du prince de Condé, du cardinal de Retz, du maréchal Ornano, du duc de Vendôme, de Mirabeau et de Diderot; la mort du duc d'Enghien, fusillé par ordre de Napoléon, le 21 mars 1804. Le château fut repris aux Anglais en 1435, enlevé par le duc de Guise en 1588, par Henri IV en 1590, par les royalistes en 1594, attaqué par le peuple en 1791, et bravement défendu en 1814 et 1815 par Daumesnil, dit la *Jambe de bois*, qui y a aujourd'hui sa statue.

Le château de Vincennes. — Si Vincennes est un lieu historique des plus célèbres, c'est grâce à son château, qui fut une demeure royale depuis saint Louis jusqu'à Louis XIII ou Louis XIV. On sait que saint Louis rendait la justice sous les chênes du bois.

On ignore l'époque précise de la construction du château primitif de Vincennes. Le premier établissement qui eut lieu dans cet endroit fut un couvent de l'ordre de Grandmont, fondé par Louis VII. En 1183, Philippe-Auguste fit enclore le bois de murailles, afin d'y conserver des daims, des cerfs et des chevreuils. Philippe le Hardi agrandit cette enceinte en 1274.

Le château existait déjà sous le règne de saint Louis, puisqu'en 1239 il y mit en dépôt la sainte Couronne d'épines, qu'il transporta ensuite, les

---

[1] Arrondissement de SCEAUX : 9 *cantons*, 41 communes, 289 700 habitants.
1. *Charenton-le-Pont*, 15 400; Alfortville, 8 000; Maisons-Alfort, 7 850; Saint-Maurice, 6 650. — 2. *Ivry*, 22 500; Choisy-le-Roi, 8 500; Orly; Thiais, 2 600; Vitry, 7 200. — 3. *Montreuil*, 24 000. — 4. *Nogent-sur-Marne*, 8 400; Bry-sur-Marne, 1 450; le Perreux, 6 700. — 5. *Saint-Maur*, 17 400; Bonneuil; Champigny, 4 600; Créteil, 4 100; Joinville-le-Pont, 4 330. — 6. *Sceaux*, 3 600; Antony, 2 000; Bagneux, 1 600; Bourg-la-Reine, 3 000; Châtenay, 1 350; Fontenay-aux-Roses, 2 650; Fresnes; Plessis-Piquet. — 7. *Vanves*, 6 820; Châtillon, 2 400; Clamart, 5 500; Issy, 13 000; Malakoff, 9 200; Montrouge, 12 000. — 8. *Villejuif*, 4 300; Arcueil, 6 100; Chevilly; Gentilly, 15 000; l'Hay; Rungis. — 9. *Vincennes*, 25 000; Fontenay-sous-Bois, 5 830; Saint-Mandé, 11 300.

pieds nus et processionnellement, de ce château à Notre-Dame de Paris. Philippe de Valois, en 1337, le fit abattre et jeta les fondements du donjon actuel, qu'achevèrent les rois Jean le Bon et Charles V. Louis XIII y ajouta de nouveaux bâtiments et fit commencer les beaux corps de logis qui sont au midi.

Le plan du château de Vincennes forme un parallélogramme régulier,

Saint Louis sous le chêne de Vincennes.

entouré de larges fossés, de murailles et de tours. Au nord, chaque angle du parallélogramme offre une haute tour carrée. Au milieu est un vaste bâtiment d'un aspect imposant, et dans lequel se trouve l'entrée principale de la forteresse, accompagnée de tous les moyens de défense de l'époque, tels que ponts-levis, herse, meurtrières, mâchicoulis.

Cette forteresse du moyen âge est la plus grande et la plus régulière qui soit restée en France. Cependant la main des hommes plutôt que le temps lui a fait éprouver de nombreuses modifications, telle que la démolition de la portion supérieure de ses tours carrées dépassant le mur d'enceinte. Il en est résulté que, des neuf tours qui environnent le château, une seule, à l'exception du donjon, est restée intacte; c'est la tour du Diable, située du côté du village. Cette tour, d'une construction très simple à l'intérieur, est enrichie au dehors de tout le luxe architectural de l'époque.

Le donjon de Vincennes. (Les abords ont changé.)

La chapelle, élevée par Charles V dans la seconde cour, est fort remarquable; elle domine au loin les tours rasées du château. Cet édifice, d'un beau gothique, très simple en dedans, est richement orné à l'extérieur.

Revenons au *donjon*. Ses fossés particuliers, creusés à pic et profonds de 16 mètres, sont revêtus de pierres de taille avec un cordon ou corniche saillante. Une galerie couverte, percée de meurtrières, défend l'approche du fossé, dont les angles sont flanqués par des tours faisant saillie intérieurement. Deux ponts-levis donnent accès dans la forteresse, un petit pour les piétons, et l'autre pour les voitures. On passe ensuite trois portes, puis on se trouve dans une cour intérieure, au milieu de laquelle s'élève le *donjon*, de forme carrée, ayant 52 mètres de hauteur, et surmonté d'une tourelle à chacun de ses angles. Il est divisé en cinq étages, auxquels conduit un escalier d'une construction hardie. Chaque étage présente une chambre, dont la voûte est soutenue par un fort pilier central. A chaque coin de cette salle est un cabinet de quatre mètres trente centimètres de largeur sur autant de longueur, avec une cheminée. Ces cabinets ont été

Le canal souterrain de Saint-Maur, dérivation de la Marne, près Paris.

à diverses époques convertis en prison ; ils étaient fermés chacun par trois portes doublées de fer, garnies de deux serrures et de trois verrous. Au troisième étage est une galerie extérieure en saillie qui fait le tour du donjon, dont le comble forme une terrasse cintrée. A l'un des angles de cette terrasse s'élève une guérite en pierre dont la construction est d'une grande délicatesse. (D'après RICHARD, *France monumentale*.)

MONTREUIL-SOUS-BOIS, au nord de Vincennes, produit annuellement 12 à 15 millions de pêches renommées.

SAINT-MAUR-LES-FOSSÉS est situé sur l'isthme d'une presqu'île de la Marne, que traverse, par un tunnel, le *canal de Saint-Maur*, long de 1 115 mètres, rachetant ainsi un détour de 13 kilomètres. Fortifié par les Bagaudes, qui y furent écrasés par Maximien en 286, ce bourg était au VIe siècle une abbaye fondée par saint Babolein. Une colonie de bénédictins d'Angers, fuyant les Normands au viie siècle, y apporta le corps de saint Maur, leur patron. Cette abbaye, célèbre par l'érudition de ses religieux, fut sécularisée en 1535; elle a disparu, ainsi que le château bâti par Philibert Delorme et qui appartint aux Condé. — Conférence de 1465, qui compléta le traité de Conflans.

CHARENTON-LE-PONT, dans une situation avantageuse au confluent de la Seine et de la Marne, est un port actif. Fabrication de tonnellerie, d'huiles, de porcelaines, distilleries et carrières. Cette ville fut pillée par

Double aqueduc d'Arcueil.

les Normands en 865; un traité fut signé à *Conflans* (section de la commune) en 1465, entre Louis XI et la ligue du Bien public. La ville fut prise par le duc de Guise et par Henri IV. En 1649, Condé y défit les Parisiens. Les archevêques de Paris avaient à Conflans une maison de plaisance, aujourd'hui occupée par le noviciat des dames du Sacré-Cœur. Le célèbre hospice d'aliénés dit de Charenton, fondé en 1642, fait partie de la nouvelle commune de *Saint-Maurice*.

Maisons-Alfort est connue par son école vétérinaire, créée en 1766 par Bourgelat. — IVRY, sur la Seine, a un grand hospice des incurables de la ville de Paris; distilleries, brasseries, entrepôt de bois de chauffage.

Choisy-le-Roi, sur la Seine, fabrique de la porcelaine et des maroquins. Restes d'un château, théâtre des débauches de Louis XV, et statue de Rouget de l'Isle, l'auteur de la *Marseillaise*, qui y mourut en 1836.

VILLEJUIF doit son nom aux nombreux juifs qui possédaient ce village, avant leur expulsion par Philippe-Auguste en 1200.

Arcueil, sur la Bièvre, possède non seulement des arcades d'un aqueduc romain, *arcus Juliani*, qui lui ont donné son nom, mais encore un magnifique aqueduc à deux étages, dont l'inférieur, dit aqueduc d'Arcueil, bâti en 1624, conduit au réservoir du Panthéon les eaux de Rungis, tandis que le supérieur, ou l'aqueduc de la Vanne (1872), amène les eaux de cette rivière au réservoir de Montsouris. La longueur de l'aqueduc d'Arcueil est de 400 mètres, en 24 arcades, et sa hauteur maximum de 24 mètres; celui de la Vanne, plus long encore, le dépasse de 17 mètres en élévation. — Collège des Dominicains, dont les communards fusillèrent plusieurs religieux en mai 1871.

Gentilly est situé au pied de la colline de Bicêtre, couronnée par un important hospice de vieillards et d'aliénés.

L'Hay et *Chevilly* furent, comme Villejuif, en 1870, le théâtre de nombreuses escarmouches et de deux sanglants combats.

SCEAUX (*Cellæ*, cellule), ancienne sous-préfecture au même titre que Saint-Denis, est une ville sans importance, située sur un plateau qu'escalade un chemin de fer en lacets. Les communes du sud et de l'est de la banlieue de Paris en relevaient jadis administrativement. Grand lycée Lakanal. — Colbert y fit construire un château, lequel fut acheté par le duc du Maine, dont la femme sut y créer une petite cour de philosophes, qui conspira contre le régent; en 1775, le château passa au duc de Penthièvre, chez qui le poète Florian vécut, et où il mourut en 1794; il fut détruit pendant la Révolution, et son parc est devenu public.

Fontenay-aux-Roses fait le commerce de roses et de fraises. Petit collège Sainte-Barbe et école normale supérieure pour les institutrices.

VANVES possède un vaste lycée. — A *Issy*, il y eut, croit-on, un temple d'Isis et plus sûrement une villa des rois mérovingiens. Succursale du séminaire de Saint-Sulpice. — *Châtillon* vit le premier combat sous Paris, le 19 septembre 1870. C'est de son plateau, élevé de 162 mètres, que l'artillerie prussienne détruisit les forts d'Issy, de Vanves et de Montrouge, bombarda la capitale et ouvrit les remparts entre Auteuil et Passy, pour pénétrer dans la capitale.

SEINE-ET-OISE [1]

6 arrondissements, 37 cantons, 689 communes, 628600 habitants

Géographie générale. — Le département de *Seine-et-Oise*, dans lequel est englobé celui de la Seine, tire son nom du fleuve qui le traverse du sud-est au nord-ouest, et de sa principale rivière, l'Oise, venue du nord-nord-est. Il a été formé d'une portion de l'Ile-de-France, comprenant le *Vexin français*, capitale Pontoise; le *Mantois*, capitale Mantes; le *Hurepoix*, capitale Dourdan, et une partie du *Parisis*, capitale Louvres, du pays de France, de la Brie et du Gâtinais. Son étendue de 5600 kilomètres carrés lui assigne le 60e rang sous ce rapport.

Le sol, argileux, sablonneux et crayeux, présente des plaines fertiles au sud et à l'est (Beauce et Brie); ailleurs il est coupé de collines atteignant leur point culminant, 209 mètres, sur la frontière de l'Oise, près de Neuilly-en-Vexin. Son point le plus bas, 12 mètres, est à la sortie de la Seine. Versailles est à 125 mètres, Rambouillet à 170. L'altitude moyenne est de 100 mètres.

[1] Nota. — Les cartes des départements donnent les caractères physiques essentiels, et en outre les chemins de fer et tous les chefs-lieux de *cantons*. Le lecteur se reportera à ceux-ci pour trouver la position des autres localités indiquées dans le texte, ou dans le tableau statistique des cantons et des principales communes.

L'aspect du département est des plus variés : aux plaines et collines se joignent de jolies vallées, de belles forêts, de riches prairies, des sites charmants, des points de vue pittoresques. Ces sites et le voisinage de Paris en font un des plus agréables séjours de la France, tant pour la commodité des relations avec la capitale que pour le grand nombre de châteaux, parcs, villas, habitations coquettes, que l'on y rencontre à chaque pas.

Toutes les eaux du département appartiennent au bassin de la **Seine**. Ce fleuve y pénètre par 34 mètres d'altitude en amont de Corbeil, ville de moulins à farines au confluent de l'*Essonne;* puis il reçoit l'*Yères* et peu après la *Marne*, aux portes de Paris. Sortie de la capitale, la Seine commence à former entre de jolis coteaux la première série de ses grands méandres qui doubleront son parcours jusqu'à la mer. Laissant Versailles à 7 kilomètres de sa gauche, elle touche par la même rive Sèvres et Saint-Cloud, par la rive droite Boulogne et Saint-Denis; puis elle longe la terrasse de Saint-Germain-en-Laye et circonscrit sa forêt par un méandre, dans lequel l'**Oise**, qui vient de Pontoise, conflue par 17 mètres d'altitude à Conflans-Sainte-Honorine. Le fleuve baigne ensuite Poissy, Meulan et Mantes pour quitter le territoire au confluent de l'*Epte*.

La Seine, la Marne et l'Oise, seules navigables, font un trafic actif pour l'approvisionnement de Paris, auquel participe aussi le canal de l'Ourcq.

Situé en plein *climat séquanien*, le département de Seine-et-Oise a une température moyenne d'environ 11°, et reçoit annuellement 60 centimètres de pluie.

C'est un pays essentiellement *agricole* et *horticole*, produisant pour Paris le blé, surtout dans la Beauce et la Brie, ainsi que les autres céréales, des fruits, des légumes de toute espèce, des betteraves à sucre; mais le vin y est de qualité très inférieure. Les bois, qui occupent plus du cinquième de la surface totale (81 000 hectares), comprennent principalement les forêts de Rambouillet, de Saint-Germain, de Marly, de Montmorency, de Senart, de Rosny, de l'Isle-Adam. L'école de Grignon, qui prépare à la grande culture, l'école d'horticulture de Versailles et l'école des bergers de Rambouillet sont des établissements de l'État.

Pour l'industrie, Seine-et-Oise n'a qu'une prééminence : celle de la fabrication du papier. Cependant il pratique en grand la meunerie, produit passablement de sucre de betteraves et possède divers établissements métallurgiques et autres. Tout le monde connaît la manufacture de porcelaine de Sèvres, transportée aujourd'hui au coin du parc de Saint-Cloud. En outre, le département exploite de vastes carrières de plâtre, de craie (blanc de Meudon), de sables, de pavés, de pierres meulières, d'argile à briques, de falun. — Eaux minérales d'Enghien.

Les habitants. — La population de Seine-et-Oise a passé de 419 000 habitants en 1801, à 580 000 en 1871, et à 628 000 en 1891, ce qui donne en ce siècle une augmentation de 210 000 âmes, due uniquement à la proximité de la capitale. Le département occupe ainsi le 10e rang pour la population absolue et le 8e pour la densité, avec 112 habitants par kilomètre carré. L'instruction populaire y est très avancée, et les cultes non catholiques comprennent environ 5 000 protestants et 1 000 israélites.

« Les habitants du département de Seine-et-Oise n'ont, sous le rapport moral, aucune empreinte particulière; la raison en est dans leurs communications continuelles avec la capitale, dans leur frottement avec les étrangers qui y sont attirés et fixés par les agréments du pays. Les spécialités ont disparu sous le poli de la civilisation. En revanche, cette dernière a développé dans le département des qualités qui, pour être moins originales, n'en sont pas moins heureuses; de ce nombre sont l'aménité des formes, la facilité des rapports sociaux, le goût des affaires et l'aptitude aux arts. — Le langage des habitants ne diffère de celui des Parisiens que dans les campagnes, où le peuple a naturellement un vocabulaire varié et des locutions inconnues à celui de la capitale. » (A. Hugo.)

Personnages. — Philippe-Auguste, roi de France, né à Gonesse, mort en 1223. Le cardinal Jacques de Vitry, historien et prédicateur, né à Argenteuil, mort en 1244. Saint Louis, roi de France, né à Poissy, mort en 1270. Robert de Luzarches, architecte de la cathédrale d'Amiens, né à Luzarches, XIIIe siècle. Philippe le Hardi, duc de Bourgogne, né à Pontoise, mort en 1404. Henri II et Charles IX, rois de France, nés à Saint-Germain, morts en 1559, 1579. Philippe de Mornay, surnommé le pape des huguenots, né à Buhy, mort en 1623. Le duc de Sully, illustre ministre de Henri IV, né à Rosny, mort en 1641. Louis XIV, roi de France, né à Saint-Germain, mort en 1715. Philippe d'Orléans, le Régent, né à Saint-Cloud, mort en 1723. Philippe V, roi d'Espagne, né à Versailles (mort en 1746), de même que Louis XV, 1774, le ministre de Maurepas, 1781, l'abbé de l'Épée, instituteur des sourds-muets, 1789, et l'infortuné Louis XVI, 1793. Philippe d'Orléans (Égalité), né à Saint-Cloud, mort en 1793. Le duc de Penthièvre, philanthrope, né à Rambouillet, mort en 1793. La vertueuse Madame Élisabeth, née à Versailles (morte en 1794), ainsi que Louis XVII, 1795, et le général Hoche, pacificateur de la Vendée, mort à vingt-neuf ans, en 1797. Le général Leclerc, chef de l'expédition de Saint-Domingue, né à Pontoise, mort en 1802. Le maréchal Berthier, prince de Neuchâtel, né à Versailles (mort en 1815), ainsi que le poète Ducis, 1816, Louis XVIII, 1824, le statuaire Houdon, 1828, le violoniste Kreutzer, 1831, et Charles X, 1836. Le naturaliste Geoffroy-Saint-Hilaire, né à Étampes, mort en 1844. Daguerre, l'inventeur de la daguerréotypie, né à Cormeilles-en-Parisis, mort en 1851. Ferdinand de Lesseps, diplomate et promoteur du canal de Suez, né à Versailles, mort en 1894.

Administrations. — Le département de Seine-et-Oise forme le diocèse de Versailles. Il dépend des 2e, 3e, 4e et 5e corps d'armée, dont les chefs-lieux sont : Amiens, Rouen, le Mans et Orléans, de la 1re conservation forestière (Paris) et de la région agricole du Nord. Il ressortit à la cour d'appel et à l'académie de Paris.

Il comprend 6 arrondissements : VERSAILLES, *Pontoise, Corbeil, Étampes, Rambouillet, Mantes*, avec 37 cantons et 689 communes.

I. **VERSAILLES,** chef-lieu du département et d'un arrondissement[1], est une ville de 52 000 habitants, située à 18 kilomètres ouest de Paris,

dans une haute vallée de 125 mètres d'altitude, entourée de collines boisées. Aucune rivière ne l'arrose, et c'est pour parer à cet inconvénient que depuis Louis XIV l'eau même de la Seine y est amenée par la fameuse machine de Marly.

Jusqu'au XVIIe siècle, Versailles ne fut qu'un petit village qui appartenait à l'abbaye de Marmoutier. Bâtie par Louis XIV, de même que le château qui la domine, la ville est traversée par trois grandes avenues, qui aboutissent à la place d'Armes, située au bas de cet édifice. Celle du

---

[1] Arrondissement de VERSAILLES : 10 *cantons*, 115 communes, 232 200 habitants.
Cantons et communes principales : 1-3. *Versailles,* 52 000 habitants; Chesnay, 9 980; Saint-Cyr-l'École, 3 650; Viroflay, 1 830. — 4. *Argenteuil,* 13 340; Bezons, 2 400; Cormeilles-en-Parisis, 1 910; Herblay, 1 800; Houilles, 2 330; Montesson, 1 590; Sannois, 3 657; Sartrouville, 1 870. — 5. *Marly-le-Roi,* 1 500; Bougival, 2 800; Plaisir, 1 620; Rueil, 9 940. — 6. *Meulan,* 2 800; les Mureaux, 2 070. — 7. *Palaiseau,* 2 700; Orsay, 1 780. — 8. *Poissy,* 6 450; Conflans-Sainte-Honorine, 2 490; Triel, 2 690. — 9. *Saint-Germain-en-Laye,* 14 270; Chatou, 3 580; Croissy-sur-Seine, 1 830; Maisons-Laffitte, 4 750; le Pecq, 1 750; le Vésinet, 4 350. — 10. *Sèvres,* 6 910; Chaville, 2 850; Meudon, 8 000; Saint-Cloud, 5 660; Ville-d'Avray, 1 500.

Château de Versailles (Vue générale).

milieu, la principale, partage la ville en deux parties inégales : au sud, le quartier Saint-Louis ou Vieux-Versailles; au nord, le quartier Notre-Dame ou Nouveau-Versailles, auquel il faut ajouter Montreuil, qui lui est contigu. Les autres rues sont aussi remarquablement régulières. A cet avantage la ville en joint d'autres, de nature à la rendre très active : une nombreuse garnison, la proximité de Paris, son château, son parc et son musée, qui attirent tant de visiteurs; cependant elle est peu animée et semble trop spacieuse, si ce n'est les jours de fête, où l'on fait « jouer les grandes eaux » du parc. Ce manque de vie tient sans doute à ce qu'il n'y a pas d'industrie en dehors de la culture des pépinières, des légumes et des fleurs. Mais il tient surtout à ce que Versailles est moins peuplé qu'au siècle dernier, alors qu'il était le siège de la cour et du gouvernement (1682-1789). En effet, à côté des églises Notre-Dame et Saint-Louis, bâties par Mansart et son fils, les principaux édifices étaient autrefois occupés par des officiers supérieurs et les différents ministères de la monarchie, tandis que le château, de beaucoup le plus important, était la résidence de la famille royale et des plus hauts dignitaires de la cour.

Signalons la salle du Jeu de Paume, témoin du fameux serment fait par le tiers état, le 10 juin 1789; le lycée, bâti par Marie Leczinska, pour des religieuses ursulines; les statues de l'abbé de l'Épée, instituteur des sourds-muets, et du général Hoche, pacificateur de la Vendée. Les autres souvenirs historiques de Versailles se rattachent particulièrement à l'histoire du château royal, commencé par Louis XIII en 1627, et achevé sous Louis XIV par l'architecte Hardouin Mansart, le peintre décorateur Lebrun et le dessinateur des jardins Le Nôtre.

« **Le château de Versailles** est situé à l'extrémité ouest de la ville. Il présente deux façades principales, d'un caractère très différent : l'une, à l'est sur la place d'Armes; l'autre, à l'ouest, sur le parc. Celle de l'est est séparée de la place par une vaste cour, nommée *Cour des ministres;* large de 126 mètres, profonde de 150, et fermée par une grille de 55 mètres, appuyée à deux pavillons portant des groupes de sculpture. Les parties latérales de la cour sont bordées par deux grands bâtiments, entièrement séparés du reste du château, et en avant desquels sont des terrasses avec balustrades, et, tout autour, seize statues colossales en marbre blanc de guerriers et d'hommes d'État célèbres de la France. Au milieu s'élève une statue équestre, en bronze, de Louis XIV. En arrière, s'ouvrent quatre cours : à droite, celle de la *Chapelle;* à gauche, celle des *Princes;* au milieu, sur l'axe général, la *Cour royale,* large de 60 mètres, profonde de 75, et au fond, sans séparation, la *Cour de marbre,* large de 22 mètres 50, profonde de 29, et nommée ainsi de ce qu'elle est dallée de carreaux de marbres blancs et noirs. Les trois bâtiments qui l'entourent forment la façade principale du palais. De chaque côté, et en retrait, descend perpendiculairement une grande aile qui sépare la cour royale, d'une part de celle de la Chapelle, de l'autre de celle des Princes. Parallèlement à l'aile droite s'élève la chapelle, chef-d'œuvre d'architecture de J.-H. Mansart.

« La façade sur le parc présente, dans la direction du sud au nord, une ligne de 450 mètres de long sur 20 de haut, comprenant un rez-de-chaussée, un premier étage, et un attique couronné d'une balustrade. Le rez-de-chaussée est percé de cent vingt-cinq fenêtres ou portes en arcades, et ses murs sont taillés en refend. Du milieu de cette ligne s'avance un puissant avant-corps de 84 mètres de saillie, avec vingt-trois fenêtres de face et dix-sept de profondeur, ce qui donne à toute cette ligne un déploiement effectif de plus de 600 mètres. L'architecture consiste en une ordonnance ionique de pilastres sur les trumeaux, et de colonnes adossées sur quinze avant-corps, surmontés de statues mythologiques, les quatre Saisons, les douze Mois de l'année, les Arts, hautes de 4 mètres 25. — A l'intérieur, on voit : l'appartement du roi, celui de la reine ; la grande galerie *des Glaces,* où en 1871 Guillaume fut proclamé empereur d'Allemagne ; la chambre à coucher de Louis XIV, où le grand roi s'éteignit le 1er septembre 1715 ; la chambre de Louis XV, la chambre du Conseil, le cabinet de Louis XVI, l'escalier de marbre ou des Ambassadeurs, un des plus beaux de l'Europe, et, à l'extrémité de l'aile du nord, une magnifique salle d'opéra. Les autres parties du palais ont été disposées, par le roi Louis-Philippe, en un immense musée national, consacré « à toutes les gloires de la France », mais surtout aux richesses de la peinture et de la statuaire.

« **Le parc.** — Devant le château règne une terrasse, avec deux vastes bassins quadrangulaires à gerbes d'eau, et huit moins grands, qui l'ont fait appeler *parterre d'Eau.* Le parc, dessiné à la française, est de 15 ou 16 mètres plus bas que ce parterre ; on y descend par diverses rampes ou par des degrés. Tout à fait au bas, une maîtresse allée, tracée dans l'axe du château, et longue de 310 mètres sur 40 de large, le divise à peu près en deux parties. Un gazon qui en occupe le centre lui a valu le nom de *Tapis-Vert.* Il se termine par le bassin d'Apollon, un des plus beaux et des plus vastes (110 mètres sur 60), au delà duquel se trouve un canal long de 1 600 mètres, large de 60, coupé en croix au milieu de sa longueur par un deuxième canal long de plus de 110 mètres.

« A droite du parterre d'Eau, il y a le parterre du Nord, la fontaine de la Pyramide, la Cascade, l'allée d'Eau, la fontaine du Dragon et le bassin de Neptune ; à gauche, le parterre des Fleurs ; puis, au bas, l'Orangerie, construite sous la terrasse du château, et à laquelle on descend par deux magnifiques escaliers de cent marches chacun. Elle se compose d'une galerie de 140 mètres, et de deux autres en retour, sous les voûtes des escaliers, longues de 117 mètres. Les fenêtres sont en portiques, les murs découpés en refend et ornés d'un ordre toscan. Vis-à-vis de cette Orangerie, close par un fossé avec balustrades, est, en dehors du parc, un lac appelé *Pièce d'eau des Suisses*. Dans les autres parties basses, à droite et à gauche du Tapis-Vert, sont douze bosquets remarquables par des monuments plus ou moins importants en marbre, des groupes ou des statues, tels que les bains d'Apollon, les fontaines de Flore, de Cérès, de Saturne, les bosquets d'Encelade, de l'Obélisque, de l'Étoile, la Girandole, la salle des Marronniers, etc.

« Le parc a 4 680 mètres de long sur 3 120 de large. Il est entouré, à l'ouest et au nord, d'un deuxième parc renfermant des bois, des fermes, et dans lequel sont enclavés deux autres châteaux avec parcs : les Trianons, mitoyens avec le parc ci-dessus décrit. Le *grand Trianon*, qui renferme les carosses de gala de la cour, est situé à l'extrémité du bras septentrional du grand canal. Construit par Louis XIV, vers 1676, il se compose d'un rez-de-chaussée seulement, de 120 mètres de face, avec fenêtres en portiques, et un parc de médiocre étendue. Le *petit Trianon*, voisin du grand, a été créé par Louis XV. C'est un petit château carré à deux étages, de 23 mètres 50 de côté, et décoré sur sa façade de six colonnes corinthiennes cannelées. Il est accompagné d'un charmant jardin anglais.

« A côté du petit Trianon, Marie-Antoinette fit construire le rustique *hameau*, que l'on visite encore avec intérêt. Les maisonnettes enveloppées de lierre et représentant la résidence du curé, du bailli, de la laitière et du seigneur, forment un tableau des plus gracieux. Les parterres que l'on voit à gauche, en entrant, renferment une belle collection de roses et de dahlias.

« Les jardins sont ornés avec une profusion vraiment inouïe de statues, de groupes de sculpture, de vases en marbre ou en bronze de grandes proportions, œuvres de Coustou, Coysevox, Puget, Girardon, Legros, etc., la plupart d'une rare beauté. Le marbre massif se trouve partout, aux bordures des bassins, aux piédestaux, aux bancs, et aux degrés répandus de toutes parts. »

Toutes ces splendeurs de Versailles doublent d'intérêt lorsqu'on les visite le soir des « grandes eaux », où jouent successivement ces fontaines monumentales, au milieu d'un concours énorme de curieux accourus de Paris et des départements.

Louis XIV et la cour de Versailles. — Le château et le parc de Versailles ne se comprennent bien qu'en se reportant au temps où la cour du grand roi y apportait l'animation et la vie. Nous le dirons en quelques mots, d'après Charles Seignobos, dans son *Histoire de la civilisation*.

« La *maison du roi* était composée d'une véritable foule de domestiques organisés en services distincts, sous les ordres de grands officiers. Sous Louis XV, il y eut trois grands dignitaires : 1° le grand aumônier, qui avait sous lui tous les aumôniers, chapelains et musiciens ; 2° le grand

Louis XIV se promenant dans le parc de Versailles.

maître de France, dont dépendaient « les sept offices », c'est-à-dire tous les maîtres d'hôtel, le grand panetier, le grand échanson, le premier écuyer tranchant et tous les services d'approvisionnement, le gobelet du roi, la bouche du roi, la paneterie commune, la fruiterie, la fourrière qui fournit le bois ; 3° le grand chambellan, qui commandait aux gentilshommes de la chambre, aux pages huissiers, valets de chambre, porte-manteaux, porte-arquebuses, barbiers, tapissiers, horlogers, garçons, médecins, officiers de la garde-robe, du cabinet, du garde-meuble.

« Le roi avait aussi une maison militaire, qui était toute une armée : gardes du corps, gardes de la manche, gardes de l'hôtel, Cent-Suisses, gendarmes, chevau-légers, mousquetaires, régiment des gardes françaises, régiment des gardes suisses.

« Il y avait, sous le grand écuyer de France, tout un personnel d'écurie : écuyers, pages, laquais, intendants des écuries ; sous le grand veneur et le grand fauconnier, tout un personnel de chasse, avec des meutes de chiens pour le lièvre et le chevreuil ; deux vols de faucons pour le milan, des vols pour le lièvre, la corneille, le canard, la pie, le héron. Dans l'annuaire de 1727, intitulé « l'État de la France », la liste de tout ce personnel remplit plus de cinq cents pages.

« La reine et les princes avaient chacun sa maison qui reproduisait en petit la maison du roi. Sous Louis XVI, la maison civile du roi monta à quatre mille personnes (la garde seule en employait cent quatre-vingt-dix-huit, la bouche quatre cent quatre-vingt-six), la maison militaire à dix mille, la maison des princes à deux mille !...

« On voyait, à la cour de Louis XIV, tout ce que la France avait d'hommes célèbres dans l'Église, dans la milice, dans l'armée, dans les lettres et dans les arts. C'était une société incomparable pour l'esprit, l'élégance, le luxe et la magnificence. Le monarque y présidait avec cette majesté naturelle qu'il ne quittait jamais, et qui a fait de lui le représentant le plus complet de la royauté. Après avoir réglé les affaires de l'État avec ses ministres, il réunissait la famille royale et les courtisans dans des soirées brillantes, qu'animaient la conversation, des jeux divers, des mascarades, avec les pièces de Racine ou de Molière. Tantôt c'étaient des promenades au Trianon, à Marly, à Fontainebleau ou à Chantilly ; tantôt des fêtes publiques, des cavalcades et des carrousels, où l'on voyait princes et gentilshommes reproduire le costume et l'armure du moyen âge ou de l'antiquité. Louis XIV avait lui-même marché à la tête des Romains, dans le premier carrousel de son règne, celui de 1662, qui donna son nom à la place située entre le Louvre et les Tuileries.

« Louis XIV établit à la cour de Versailles une étiquette semblable à celle qui existait déjà à la cour d'Espagne. Chacun de ses courtisans y remplissait une fonction souvent très humble et très insignifiante, mais il serait trop long d'entrer ici dans plus de détails. »

La chambre où mourut le grand roi est située au milieu de l'ancienne façade regardant sur la ville. On y voit encore son lit et l'ameublement tels qu'ils existaient lorsqu'il rendit le dernier soupir, le 1er septembre 1715, à huit heures un quart du matin, ainsi que le marque toujours la pendule placée sur la cheminée de marbre.

Du reste, il est mort en chrétien, repentant de ses fautes, qu'il savait avouer, et donnant d'excellents conseils à son petit-fils le Dauphin. Il reçut dévotement les derniers sacrements et conserva toujours une grandeur d'âme extraordinaire. « Il a rendu le dernier soupir sans effort, comme une chandelle qui s'éteint, » dit Dangeau, témoin oculaire.

Ainsi disparut le Roi-Soleil, après un règne de soixante-douze ans. « Ses funérailles furent réduites au plus simple, pour épargner la dépense et la longueur. Ses courtisans ne daignèrent pas y assister, et le peuple s'en moqua, » dit un historien. Cruel revirement de la fortune d'ici-bas, qui fait comprendre tout ce qu'il y a de vrai dans le mot de Massillon : *Dieu seul est grand*.

Saint-Cyr-l'École, à 5 kilomètres ouest de Versailles, a une célèbre école militaire, d'où sortent chaque année quatre cents officiers d'infanterie, de cavalerie et d'infanterie de marine. — Les bâtiments sont en grande partie ceux de l'institut Saint-Louis, fondé en 1686 par Louis XIV, sous l'inspiration de Mme de Maintenon, pour l'éducation de deux cent cinquante filles nobles et pauvres. Ce fut pour Saint-Cyr que Mme de Maintenon fit composer, par Racine, les tragédies d'*Esther* et d'*Athalie*, jouées la première fois par les demoiselles de l'établissement. Dans la chapelle se voit le tombeau de la célèbre institutrice.

ARGENTEUIL est connu pour le petit vin de ses coteaux, ses asperges et son plâtre. Charlemagne y fonda une abbaye de bénédictines pour sa fille Théodrate, à laquelle il donna la relique insigne de la tunique de Notre-Seigneur Jésus-Christ, qui se trouve aujourd'hui dans l'église paroissiale. Dans la campagne on découvrit, en 1866, un tumulus gaulois renfermant plus de deux cents squelettes, des armes et divers ustensiles.

Marly-le-Roi doit son surnom à Louis XIV, qui y fit construire un magnifique palais, démoli pendant la Révolution. Douze pavillons, qu'habitaient les courtisans admis à suivre le prince, précédaient l'habitation centrale occupée par le roi : cette disposition symbolisait les signes du zodiaque *escortant le Soleil*. Le tout était entouré de berceaux, d'arcades et de murs de verdure, et orné de belles statues. Il n'en reste qu'un bel abreuvoir et quelques débris de clôture. — Non moins célèbre que le palais, est la machine que le même roi fit établir à 3 kilomètres E. de la ville, sur la Seine, au hameau appelé depuis *Marly-la-Machine*, pour élever les eaux du fleuve jusque dans l'aqueduc bâti au sommet d'un coteau et les amener de là au château de Versailles. Le système primitif, inventé par le charpentier liégeois Rennekin Swalem, se composait de deux cent vingt et une pompes en bois, dont soixante-quatre, actionnées par des roues hydrauliques, prenaient chaque jour 5 000 mètres cubes d'eau à la rivière et la refoulaient dans des tuyaux jusqu'à mi-côte, d'où une autre série de pompes la poussaient jusqu'au haut.

« Comment, disait Louis XIV à l'inventeur, avez-vous pu concevoir cette merveille de l'art hydraulique? — *Tot y pensant*, Sire, » répondit le charpentier dans le langage de son pays. Tout en y pensant : c'est bien par la réflexion que le génie arrive à de tels résultats. Rennekin fut chargé jusqu'à sa mort de conduire la machine, qui, profondément modifiée en 1826, a été remplacée en 1858 par un système tout en fer et en fonte : six roues hydrauliques alimentent la ville de Versailles d'une prise d'eau double de la première. L'aqueduc, qui est encore debout sur la colline, mais n'est plus utilisé, se compose de trente-six arcades de 33 mètres de haut et d'une longueur totale de 645 mètres.

Rueil, au pied du mont Valérien, possède des carrières de pierres de taille, des fabriques d'amidon et de bonneterie orientale. L'église renferme un magnifique buffet d'orgue, don de Napoléon III, ainsi que les tombeaux de sa mère, la reine Hortense, et de sa grand'mère, l'impératrice Joséphine, qui, avec Napoléon Ier, habita le château voisin de la Malmaison.

Rueil, résidence royale dès le vi^e siècle, fut donné par Charles le Chauve à l'abbaye de Saint-Denis. Au château, construit par Richelieu, fut signée la paix de Rueil pendant la Fronde (1649.) — Combat de *Buzenval* (19 janvier 1871), entre les Allemands et la garnison de Paris, qui dut rétrograder. Ce fut le dernier du siège.

Meulan, situé en partie dans une île de la Seine, fut une place forte qui subit de nombreux sièges. En 1364, du Guesclin renversa par la sape le haut donjon du château, que défendaient les partisans de Charles le Mauvais.

Palaiseau eut un « palais » ou villa sous les Mérovingiens, et devint marquisat. On y a dressé une statue au jeune républicain Joseph Barrat, tué en Vendée à l'âge de quatorze ans et demi.

Poissy, sur la rive gauche de la Seine et à l'ouest de la forêt de Saint-Germain, est une ville industrielle qui possède des ateliers de construction de machines, des aciéries, des fabriques de cylindres, d'amidon et d'importants moulins. — Poissy, l'ancien *Pinciniacum*, capitale du Pincerais, est surtout connu pour avoir donné le jour à saint Louis, honneur que l'on a attribué aussi à la Neuville-en-Hetz (Oise). Ce roi aimait à signer sa correspondance intime : « Louis de Poissy » ; et à ceux qui s'en étonnaient : « J'imite, répondait-il, les empereurs romains, qui empruntaient les noms des lieux témoins de leurs victoires; c'est à Poissy que j'ai triomphé de l'ennemi le plus redoutable : j'ai vaincu le diable par le baptême que j'y ai reçu. »

Dans l'intéressante église des xie-xvie siècles, qui lui est dédiée, on montre

Château de Saint-Germain-en-Laye.

encore les fonts en pierre qui ont servi à son baptême. Un bâtiment et quelques tours d'enceinte sont les seuls restes de la célèbre abbaye de dominicains, établie sous Philippe le Bel dans le château royal. Sur le pont, on montre également une maisonnette dite le *Moulin de la Reine-Blanche*.

Saint-Germain-en-Laye couvre un plateau qui tombe en pentes rapides sur la rive gauche de la Seine; c'est un lieu de villégiature très fréquenté, à cause de son admirable situation, de sa forêt et de ses nombreuses villas. Au XIe siècle, ce n'était qu'un monastère bâti au bord de cette même forêt de *Ledia*, *Laya* ou *Laye*, sous le vocable de Saint-Germain de Paris. Le château primitif, bâti par Louis le Gros, fut remplacé sous François Ier par le château actuel, récemment restauré; il contient une chapelle due à saint Louis, et un donjon élevé par Charles V; l'ensemble forme un vaste pentagone d'aspect assez lourd, entouré de fossés avec ponts-levis, et flanqué de cinq gros pavillons élevés par Louis XIV. Le château de Saint-Germain a vu naître Henri II, Charles IX, Marguerite de Navarre et Louis XIV. Celui-ci s'y réfugia avec la cour pendant la Fronde, puis en céda l'usage à Jacques II, roi d'Angleterre, qui y mourut en 1701. Napoléon III y installa un musée gallo-romain, augmenté depuis de collections préhistoriques. En 1877, M. Thiers mourut dans un pavillon, seul reste des constructions d'Henri IV.

Saint-Germain a donné son nom à la paix « boiteuse » ou « malassise » de 1570, entre Charles IX et les protestants. — Le premier chemin de fer pour voyageurs qui ait été créé en France (1837) fut celui de Paris à Saint-Germain.

La *terrasse* de Saint-Germain, une des plus magnifiques promenades d'Europe, fut construite par Le Nôtre en 1672, et mesure 2400 mètres de longueur sur 30 de largeur. Soutenue par un mur élevé, avec cordon et tablette de pierre, elle s'étend depuis le pavillon d'Henri IV jusqu'à un large bastion, sur lequel s'ouvre la grille royale qui mène dans la forêt. Elle a été plantée d'une ligne de tilleuls en 1745. On y jouit d'un vaste panorama sur la vallée de la Seine.

La *forêt* de Saint-Germain s'étend sur un espace entouré, comme une sorte de presqu'île, par un des méandres de la Seine, qui ne la laisse ouverte que dans la partie comprise entre Saint-Germain et Poissy. Vaste de 4400 hectares, elle est close de murs, et présente presque partout un sol sablonneux. Les arbres les plus communs sont le chêne, l'orme et le châtaignier. On y remarque particulièrement les chênes gigantesques du Tronchet, de l'Étoile, de la route des Dames; le pavillon du Val, construit par Henri IV, et le château des Loges, actuellement succursale de l'établissement d'éducation de la Légion d'honneur à Saint-Denis.

Sèvres, sur le bord de la Seine et à l'entrée de la vallée de Versailles, est connue par sa manufacture nationale de porcelaines artistiques, établie dans la ville en 1756, mais qui depuis 1876 est transférée à l'extrémité du parc de Saint-Cloud. Ses produits sont dispersés dans les musées et établissements de l'État, donnés en récompense dans les grands concours, ou offerts comme cadeaux aux souverains et diplomates étrangers. Un très intéressant musée de céramique y est annexé.

Meudon a d'importantes fabriques de blanc minéral, dit *blanc de Meudon*, sorte de craie tendre ; de grands ateliers d'aérostation militaire et un observatoire d'astronomie physique. Sur la terrasse qui le domine s'élevait, avant 1870, un beau château du xviiie siècle, qui servit de résidence sous le second empire au prince Napoléon. Rabelais fut quelque

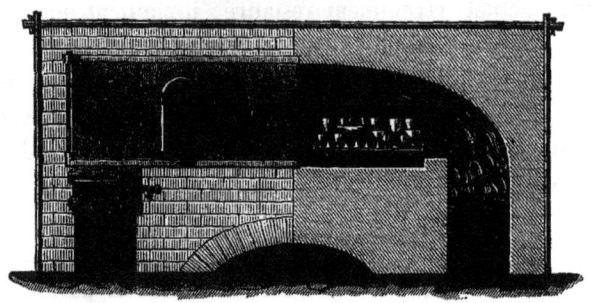

Four à recuire pour la gobeleterie.

temps curé titulaire de Meudon ; mais, quoi qu'en dise la tradition, il n'y exerça jamais de fonctions ecclésiastiques.

Saint-Cloud, bâti en amphithéâtre sur la rive gauche de la Seine, est un des buts de promenades des Parisiens, à cause de son vaste parc, admirablement situé et orné de cascades, de jets d'eau, de statues ou parsemé de villas. D'origine gallo-romaine, Saint-Cloud s'appelait Nogent (*Novigentum*), quand Clodoald ou Cloud, le fils de Clodomir échappé au fer de Clotaire, vint y bâtir un monastère, où il mourut vers 560 en lui léguant son nom. En 1589, Henri III, faisant le siège de Paris, fut assassiné à Saint-Cloud par Jacques Clément : sur l'emplacement du meurtre, on construisit un château, que Marie-Antoinette acheta en 1785. C'est dans l'orangerie du parc, où siégeait le conseil des Cinq-Cents, que Bonaparte fit le coup d'État dit du 18 brumaire (9 novembre 1799). Le mariage de Napoléon avec Marie-Louise y fut célébré en 1810 ; Charles X y signa, le 24 juillet 1830, les ordonnances qui provoquèrent sa chute ; ce fut aussi de là que Napoléon III déclara la guerre à la Prusse. Le château fut brûlé par les Allemands, le 28 janvier 1871 ; le parc seul a pu être restauré.

II. **PONTOISE,** chef-lieu d'arrondissement, est une ville de 7500 âmes, bâtie en amphithéâtre au confluent de l'Oise et de la Viosne. Elle présente un aspect très pittoresque, avec ses promenades, les restes de son château royal couronnant un rocher avancé, sa belle église Saint-Maclou, mélange de roman, d'ogival et de renaissance; celle de Notre-Dame, renfermant le tombeau de saint Gauthier et une Vierge du XIIIe siècle, but de pèlerinage; enfin son vieux pont de cinq arches, restauré au XVIe siècle[1]. — Statue du général Leclerc, beau-frère de Bonaparte et chef de l'expédition de Saint-Domingue. — Beaux moulins et fabriques d'articles pour moulins; grand commerce de blés et farines.

L'emplacement du château fut probablement aussi celui de *Briva Isaræ*, oppidum gaulois dont le nom, signifiant pont de l'Oise, est exactement traduit par le nom actuel. L'Oise y formait la séparation des Parisii et des Véliocasses. Philippe-Auguste conquit la ville avec ce qui devint dès lors le Vexin français, dont Pontoise fut la capitale. Les Capétiens aimèrent le château de Pontoise : saint Louis, malade, y fit vœu d'entreprendre une croisade, et confirma la commune octroyée par son grand-père en 1188. Les états généraux y siégèrent en 1561, et le parlement y fut transféré trois fois: d'abord, durant la Fronde, à la suite de Louis XIV; puis en 1720 et 1753, en punition de ses résistances à l'autorité royale. On rapporte à ces exils l'origine du proverbe « revenir de Pontoise », appliqué aux gens ahuris par une question imprévue et embarrassante.

A un kilomètre au sud-est, sur le territoire de *Saint-Ouen-l'Aumône*, se voient les restes de l'abbaye cistercienne de Maubuisson, où la reine Blanche, sa fondatrice, prit l'habit religieux peu de temps avant sa mort.

Écouen possède un magnifique château bâti en 1545 par Anne de Montmorency. En 1559, Henri II y promulgua un édit contre les calvinistes; c'est actuellement une succursale de la maison d'éducation de la Légion d'honneur.

Gonesse a donné le jour à Philippe-Auguste. Depuis le XVIe siècle jusqu'à la Révolution, il fut renommé pour le pain blanc que ses boulangers apportaient à Paris.

L'Isle-Adam, qui exploite de belles pierres de taille et fabrique de la porcelaine, doit son nom à un château bâti dans une île de l'Oise par le connétable Adam, en 1019. A la famille des seigneurs de cette localité appartiennent les deux Villiers, dont l'un fut maréchal de France (1437) et l'autre, plus célèbre, grand maître de l'ordre de Saint-Jean de Jérusalem (1534). L'église renferme le tombeau du prince de Conti.

Montmorency occupe l'extrémité méridionale d'une colline boisée,

---

[1] Arrondissement de Pontoise : 8 *cantons*, 165 communes, 135 410 habitants.
Cantons et communes principales : 1. *Pontoise*, 7430 habitants; Auvers-sur-Oise, 2100; Saint-Ouen-l'Aumône, 2260. — 2. *Écouen*, 1260; Sarcelles, 2120; Villiers-le-Bel, 1650. — 3. *Gonesse*, 2650. — 4. *L'Isle-Adam*, 3470; Beaumont-sur-Oise, 3100; Méry-sur-Oise, 1600; Persan, 1820. — 5. *Luzarches*, 1400. — 6. *Marines*, 1530. — 7. *Montmorency*, 4580; Deuil, 2620; Enghien-les-Bains, 2670; Ermont, 1690; Franconville, 1520; Saint-Gratien, 1550; Saint-Leu-Taverny, 2430; Taverny, 2050. — 8. *Le Raincy*, 5480; Gagny, 3240; Livry, 3240; Neuilly-sur-Marne, 6380; Noisy-le-Grand, Vaujours, 1830.

défendue par trois forts de Paris et dominant une vallée riche en cerisiers. Cette ville fut le siège d'un duché-pairie qui appartint à l'une des plus illustres familles de France. Parmi ses membres, qui se qualifiaient de « premiers barons chrétiens » et de « premiers barons de France », on compte six connétables, douze maréchaux, quatre amiraux, plusieurs cardinaux, des grands maîtres de chevalerie et beaucoup d'hommes d'État distingués. Elle s'éteignit en 1632, et ses nombreux fiefs passèrent successivement aux maisons de Luxembourg et de Condé. Cette dernière, qui possédait la ville d'Enghien, dans le Hainaut belge, fit de Montmorency l'apanage de ses fils puînés, pour lesquels le nom de la ville fut changé, en 1689, en celui d'*Enghien*. C'est de nos jours seulement que Montmorency a repris son nom historique, laissant le nom d'Enghien à la bourgade dont il est parlé ci-après. — La maison de l'Ermitage fut habitée par Jean-Jacques Rousseau, qui y écrivit son *Émile,* et plus tard par le musicien liégeois Grétry, à qui on a élevé une belle statue en marbre blanc.

Enghien-les-Bains, près d'un petit lac, est connu depuis la Restauration par ses eaux froides (10 à 14°), sulfureuses et gazeuses, agissant principalement sur la peau et les muqueuses des voies respiratoires. Aussi est-il rempli d'hôtels, entouré de villas, et possède même un champ de courses.

III. **CORBEIL**, ville de 8 000 habitants, est un chef-lieu d'arrondissement[1], situé au confluent de la Seine et de l'Essonne, à 36 mètres d'altitude. C'est un grand entrepôt de grains et farines pour l'approvisionnement de Paris; aussi y voit-on de nombreux moulins sur l'Essonne, outre une importante minoterie. — Corbeil n'a plus qu'une église, *Saint-Spire* ou *Exupère* (XIIe siècle), derrière laquelle se trouve une porte féodale du XIVe siècle. Appelée autrefois *Corbolium*, cette ville fut témoin du traité qu'y signèrent en 1258 saint Louis et Jacques d'Aragon, pour la délimitation de leurs royaumes. Pendant les guerres de religion, elle fut prise et saccagée par Condé en 1562, et par le duc de Parme en 1590.

Essonnes, sur la rivière de même nom, est une commune très industrieuse, ayant notamment une papeterie qui peut être considérée comme la plus importante de France, et dont la production atteint de 85 000 à 100 000 kilogrammes de papier par jour; elle occupe plus de 2 000 ouvriers. Les machines sont mises en mouvement par cinq moteurs hydrauliques, cinquante-six machines à vapeur et quarante-cinq chaudières ayant une surface de chauffe totale de 5 000 mètres carrés et fournissant ensemble une force de 2 800 chevaux. La papeterie occupe une superficie

---

[1] Arrondissement de Corbeil : 4 *cantons*, 93 communes, 93 300 habitants.
Cantons et communes principales : 1. *Corbeil*, 8 190 habitants; Essonnes, 7 360; Mennecy, 1 640; Soisy-sous-Étiolles, 1 540. — 2. *Arpajon*, 2 970; Montlhéry, 2 230. — 3. *Boissy-Saint-Léger*, 960; Brunoy, 2 180; Draveil, 2 110; Montgeron, 1 950; Villeneuve-Saint-Georges, 5 200; Villiers-sur-Marne, 1 750; Yerres, 1 690. — 4. *Longjumeau*, 2 560; Athis-Mons, 1 600; Épinay-sur-Orge, 1 870; Juvisy-sur-Orge, 2 100; Longpont, Savigny-sur-Orge, 1 690.

de 200 hectares, dont sept sont couverts de bâtiments ; ses dix-huit machines fabriquent tous les genres de papier, depuis le papier de tenture et le journal jusqu'aux belles qualités employées pour l'impression et l'écriture, etc. Toutes les fumées de l'usine provenant des fourneaux, qui consomment environ 100 000 kilos de charbon par jour, sont réunies dans une seule cheminée qui s'élève à 110 mètres au-dessus du sol.

Arpajon est une bourgade ayant des tanneries, des fabriques de chaussures et faisant le commerce de vins et eaux-de-vie en gros. Sous les Romains, c'était un fort ou *castrum*, d'où son ancien nom de *Châtres* et celui de *Châtrais*, petit pays dont il était chef-lieu. Évangélisé par saint Yon, qui souffrit le martyre en 290, il fut érigé en marquisat en 1721 pour Louis de Sévérac, qui fit changer le nom de Châtres en celui d'Arpajon.

Montlhéry, sur un affluent de l'Orge, est une ancienne seigneurie, dont Héric fut l'un des premiers possesseurs : de là son nom (*Mont-le-Héric*).

Une charte du roi Pépin constate l'existence de Montlhéry en 798 ; mais la célébrité du lieu ne date que du roi Robert. Thibaut de Montmorency, surnommé File-Étoupe, son forestier, obtint de lui la permission de construire pour la protection du village une forteresse sur le sommet de la montagne. Son œuvre fut ce fameux château de Montlhéry, effroi des rois de France pendant plus d'un siècle, et dont la juridiction s'étendait sur cent paroisses et sur cent trente-trois fiefs. Les portes en étaient gardées par une troupe de seigneurs qui se relevaient tous les deux mois. Aujourd'hui encore, la maîtresse tour ou donjon, en ruine, est pour la population l'image la plus saisissante et le souvenir le plus terrible de la domination féodale. Cette tour, encore debout, a 32 mètres de hauteur du sol de la plate-forme à sa cime ; mais à l'origine elle était plus élevée encore. Les débris de constructions qui l'entourent permettent de constater la fidélité de la description qui nous a été laissée de l'ensemble de la forteresse.

Philippe Ier ne put s'en rendre maître qu'en demandant la main de l'héritière de Montlhéry pour l'un de ses fils. Et quand il en confia la garde à Louis le Gros, son successeur, il lui dit : « Sois bien attentif, mon fils, à garder cette tour qui m'a donné tant de peines et de tourments, d'où sont sorties tant d'expéditions ; car les vexations, la perfidie et la méchanceté de son seigneur m'ont fait vieillir avant le temps, et j'ai passé ma vie entière à me défendre contre ses fraudes et ses trahisons, sans avoir pu jamais en obtenir ni paix ni trêve. »

Louis le Gros, devenu roi, en fit raser toutes les défenses, à l'exception du donjon. Restauré par Philippe-Auguste et par saint Louis, qui bâtit une chapelle, le château de Montlhéry devint tour à tour une demeure de plaisance et une prison d'État. Sous Philippe le Bel, le donjon servit de prison au comte de Hainaut, qui s'était révolté, et en 1311 Louis de Flandre, fils aîné du comte Robert, y fut enfermé après sa défaite...

Les Armagnacs et les Bourguignons pendant leurs luttes s'en emparèrent successivement ; le chef bourguignon Jean de Croy y fut prisonnier en 1413. Bedford y mit garnison sous Charles VII, avant la victoire de Jeanne d'Arc.

Enfin, comme si les murailles du vieux château eussent dû fatalement être témoin du dénouement du drame féodal, où elles avaient joué un si grand rôle, c'est au pied de sa montagne que se rencontrèrent, le mardi

Ancien château de Montlhéry.

16 juillet 1465, l'armée du monarque niveleur et centralisateur Louis XI, et les troupes brillantes du comte de Charolais, fils du duc de Bourgogne : dernière coalition sérieuse de la chevalerie française et de la noblesse insoumise. Chacun put s'attribuer la victoire, car on se retira de part et d'autre sans avoir engagé une mêlée générale. — Aujourd'hui, Montlhéry n'est qu'un but d'agréable promenade.

Longjumeau, sur l'Yvette, est connu dans l'histoire par la paix éphémère, dite *paix fourrée*, qui fut conclue en 1568 entre les catholiques et les protestants.

Juvisy-sur-Orge a un observatoire. On y remarque la maison de poste, dite de la cour de France, dans laquelle, en 1405, Jean sans Peur délivra le Dauphin des mains de la reine et du duc d'Orléans, et où, le 30 mars 1814, Napoléon reçut la nouvelle de la capitulation de Paris.

Longpont, village près de Montlhéry, doit son ancienne importance à un prieuré de bénédictins dont il ne reste que l'église, en partie restaurée, et rangée au nombre de nos monuments historiques. Elle renferme une madone, dite Notre-Dame de Bonne-Garde, qui attira de tout temps de nombreux pèlerins, voire même plusieurs papes, qui accordèrent au sanctuaire des privilèges et des indulgences, des rois et des princes, qui le comblèrent de faveurs et de présents. Elle renferme aussi de nombreuses et insignes reliques, telles qu'une notable parcelle de la vraie croix, une épine de la sainte Couronne, des fragments de la tunique de Notre-Seigneur, du voile et de la ceinture de la Mère de Dieu.

Étampes. La tour de l'église Saint-Martin.

IV. **ÉTAMPES**, située sur la Juine à 60-90 mètres d'altitude, est une sous-préfecture de 8 600 habitants[1], et un important marché au blé dans une région de grande production. Ses nombreux moulins en font un des lieux d'approvisionnement en farines pour Paris. Étampes offre de nombreux monuments anciens : église Notre-Dame-du-Fort, du XIe siècle, avec clocher roman de 62 mètres de haut ; église Saint-Martin, des XIIe et XIIIe siècles, citée pour sa tour penchée ; pavillon de l'hôtel de ville et maisons de la Renaissance ; donjon quadrifolié, dit tour Guinette, provenant du château bâti par le roi Robert ou Louis le Gros. — Ville antique, Étampes (*Stampæ*) fut témoin, en 604, de la victoire que Thierry, roi d'Orléans et de Bourgogne, remporta sur son oncle Clotaire II. Il s'y tint plusieurs conciles : dans celui de 1130 la France reconnut Innocent II comme pape légitime. Elle souffrit beaucoup pendant les guerres civiles

---

[1] Arrondissement d'ÉTAMPES : 4 *cantons*, 70 communes, 41 560 habitants.
Cantons et communes principales : 1. *Étampes*, 8 580 habitants ; Châlo, Étrichy. — 2. *La Ferté-Alais*, 970. — 3. *Méréville*, 1 520 ; Pussay, Angerville, 1 590. — 4. *Milly*, 2 254 ; Maisse.

du XVIe siècle, et fut à demi ruinée en 1652 par l'armée de Turenne, qui vint y attaquer les troupes du prince de Condé.

La FERTÉ-ALAIS (*Firmitas Adelaïdis*) était une de ces forteresses féodales des environs de Paris, qui aux XIe et XIIe siècles inquiétèrent tant la royauté, lorsque enfin Louis le Gros parvint à s'en rendre maître.

V. RAMBOUILLET, chef-lieu d'arrondissement[1], est une jolie ville d'environ 6 000 âmes, bâtie à 170 mètres d'altitude dans un pays de bois

Château de Rambouillet.

et d'étangs. Elle possède une école préparatoire d'infanterie pour les enfants de troupes, ainsi qu'une bergerie nationale renommée pour sa belle race de moutons mérinos. Mais Rambouillet est principalement connu par son château royal ; dans le parc, dessiné par Le Nôtre, on remarque de belles avenues, les pièces d'eau, la laiterie de Marie-Antoinette, une grotte dite de Rabelais, l'ermitage et sa chapelle, enfin une ferme-modèle, créée par Louis XVI, et qui devint en 1811 le dépôt des

---

[1] Arrondissement de RAMBOUILLET : 6 *cantons*, 121 communes, 69 750 habitants.

Cantons et communes principales : 1. *Rambouillet*, 5900 habitants. — 2. *Chevreuse*, 1810 ; Jouars-Pontchartrain, Magny. — 3-4. *Dourdan*, 3110 ; Saint-Chéron, 1650 ; Ablis. — 5. *Limours*, 1210 ; Forges-les-Bains, Marcoussis, 1780. — 6. *Montfort-l'Amaury*, 1520 ; Neauphle-le-Château.

mérinos importés d'Espagne. Ce parc, vaste de 1 200 hectares et clos de murs, communique avec la forêt de Rambouillet (12 800 hectares). — Le domaine de Rambouillet appartenait à la famille d'Angennes depuis le XIVe siècle, quand François Ier vint y mourir en 1547, dans la grosse tour à créneaux et mâchicoulis, seule partie du château ayant conservé un caractère féodal. Louis XVI l'acheta au duc de Penthièvre, mais à la Révolution il fut joint à la liste civile. Napoléon y vint chasser, et

Ruines de l'abbaye de Port-Royal, à Magny, canton de Chevreuse.

Charles X y abdiqua en 1830. C'est depuis 1870 une propriété nationale. — Les habitants sont appelés Rambolitains.

CHEVREUSE est situé dans une charmante vallée, sur l'Yvette, que dominent les ruines imposantes du château fort de la Madeleine. C'est un ancien fief, qui fut érigé en duché-pairie en 1667 pour la famille de Luynes.

Port-Royal-des-Champs. La commune de *Magny* conserve les vestiges de cette célèbre abbaye de femmes, fondée en 1204 dans un vallon inculte nommé *Borroy,* d'où l'on a fait Port-Roi, puis Port-Royal. La communauté, dirigée par l'abbesse Angélique, s'étant retirée à Paris, s'y infecta malheureusement de jansénisme ; des philosophes, littérateurs et écrivains se retirèrent, pour s'y livrer à l'étude et à la composition, dans le couvent que les religieuses avaient quitté. Mais les écrits des « solitaires de Port-Royal », tels que Arnauld, Sacy, Nicolle, Pascal, étaient entachés des doctrines erronées de Jansénius, dont ils se faisaient les apôtres. Sur ces entrefaites, une partie de la communauté de Paris retourna à Port-Royal-des-Champs, qui devint plus que jamais le foyer du jansénisme, jusqu'à ce que Louis XIV, fatigué des désordres qui en résultaient, dispersa les habitants de cette maison, qu'il fit même raser en 1710.

Dourdan, sur l'Orge, ancienne capitale du Hurepoix, est le *Dordingum* des Carolingiens, dont il reste un vieux donjon, ainsi que les ruines d'un château construit par Philippe-Auguste. — Limours eut un château qui appartint successivement à la duchesse d'Étampes, à Diane de Poitiers et à Richelieu.

Marcoussis possède les restes d'un château où furent enfermés le prince de Condé, le prince de Conti et le duc de Longueville, chefs de la Fronde.

Montfort-l'Amaury, sur la Mauldre, était autrefois une place importante, entourée de murailles et défendue par un château, dont on voit encore les ruines. Le nom d'Amaury, ajouté à celui de la ville pour la distinguer de plusieurs autres Montfort, vient du fils du fondateur de ce château, qui vivait au commencement du xie siècle. La famille féodale de Montfort fut au moyen âge une des plus puissantes de France ; elle posséda quelque temps le comté d'Évreux et étendit ses ramifications jusqu'en Angleterre, où elle donna naissance à la maison de Leicester ; elle eut aux environs de Paris un si grand nombre de châteaux, que les six premiers Capétiens durent plus d'une fois compter avec elle ; ce fut elle enfin qui fournit à la Bretagne sa dernière dynastie ducale. Aussi le comté de Montfort demeura-t-il rattaché à la Bretagne de 1364 à 1532, jusqu'à sa réunion définitive à la couronne de France. Le terrible Simon, chef de la croisade contre les Albigeois, et son fils, le connétable Amaury, sont les membres les plus connus de la famille comtale de Montfort.

VI. **MANTES-SUR-SEINE**, ville de 7 000 âmes et chef-lieu d'arrondissement[1], est aussi appelée Mantes-la-Jolie, sans doute à cause de sa pittoresque situation sur la Seine, qui y forme plusieurs îles par environ 25 mètres d'altitude. Son monument principal est l'église collégiale de Notre-Dame, du xiiie siècle ; comme la cathédrale de Paris, elle présente à sa façade trois belles portes, avec une grande rosace, deux galeries superposées et deux tours.

Mantes prétend avoir été fondée par des druides, comme en témoignent ses armoiries, qui portent le *gui* du chêne, *medunta* en celtique. — Le siège le plus désastreux qu'elle éprouva fut celui de 1087 par Guillaume le Conquérant, qui la livra au pillage et aux flammes, mais ne profita guère de sa victoire, car une chute qu'il fit en entrant dans la ville lui fut mortelle.

[1] Arrondissement de Mantes : 5 *cantons*, 125 communes, 56 450 habitants.
Cantons et communes principales : 1. *Mantes*, 7 040 habitants ; Rosny. — 2. *Bonnières*, 1 040. — 3. *Houdan*, 1 970. — 4. *Limay*, 1 510. — 5. *Magny-en-Vexin*, 1 950 ; Buhy ; Saint-Clair-sur-Epte ; la Roche-Guyon.

Rosny-sur-Seine s'honore d'avoir vu naître le célèbre ministre d'Henri IV, le duc de Sully, à qui il doit son château actuel. On y a réuni de belles collections d'objets d'art.

Houdan, sur la Vègre, est connu par ses volailles de race perfectionnée; on y voit un donjon flanqué de tourelles du xiie siècle. — La

Guillaume le Conquérant à la prise de Mantes.

commune de la *Tartre-Gaudran*, apparemment la dernière de France pour la population, n'avait en 1891 que 17 habitants, soit trois ou quatre familles, parmi lesquelles il doit être assez difficile de constituer un corps municipal complet.

La Roche-Guyon, ancien duché-pairie érigé en 1643 pour François de Silly, montre les ruines de son château fort avec donjon, véritable nid d'aigle construit sur une roche vive à 100 mètres au-dessus de la Seine. Le superbe château moderne appartient à la famille de la Rochefoucauld-Liancourt, dont un membre fonda à la Roche-Guyon, en 1850, une maison de convalescence pour cinq cents enfants.

Saint-Clair-sur-Epte, sur la limite de la Normandie, à l'extrémité nord-ouest du département, rappelle le martyre de saint Clair, au ixe siècle, et le traité de 912, conclu entre Charles le Simple et le chef des Nor-

Château de Rosny.

mands, Rollon, qui reçut à titre de duché la partie de la Neustrie appelée depuis Normandie. Ce traité fut signé dans le château aujourd'hui en ruines, qui dut également être témoin de la scène du baisement des pieds du monarque français par le nouveau vassal, ou plutôt par l'un de ses officiers, car l'orgueilleux Normand refusa de se soumettre à cette humiliante formalité. Du reste, l'officier, aussi fier que son maître, dédaigna de se baisser et leva, dit-on, le pied du roi si haut pour le porter à ses lèvres, qu'il fit tomber le prince à la renverse. Dans l'impuissance où l'on était de punir cet affront, on prit le parti d'en rire.

Château et forêt de Fontainebleau. (V. p. 98 et 100.)

SEINE-ET-MARNE

5 arrondissements, 29 cantons, 530 communes, 356 800 habitants

Géographie. — Le département de *Seine-et-Marne* est ainsi nommé du fleuve qui le traverse au sud et de la sinueuse rivière qui l'arrose au nord. Il a été formé de la partie de l'Ile-de-France qui comprenait la *Goële*, capitale Dammartin ; la *Brie française*, capitale Brie-Comte-Robert ; le *Gâtinais français*, capitale Nemours, et des parties de la Champagne appelées *Basse-Brie*, capitale Provins, et Haute-Brie ou *Multien*, capitale Meaux. Sa superficie, de 5736 kilomètres carrés, lui donne le 51ᵉ rang sous ce rapport.

Au point de vue orographique, le pays ne présente en général que des plaines, coupées le long des cours d'eau par des vallées sinueuses et pittoresques. La forêt de Fontainebleau est très connue par ses collines de grès, parsemées de roches abruptes aux formes bizarres. L'altitude moyenne est de 90 mètres ; le point culminant est la butte Saint-Georges (215 mètres) au nord, près du Petit-Morin, et le point le plus bas, la sortie de la Seine, 34 mètres. La colline de Dhuisy a 203 mètres, la butte de Fleix, 191 ; Melun est à 25 mètres, Meaux à 44.

Le département appartient au bassin de la Seine. Ce fleuve y pénètre à l'est pour recueillir la Voulzie, ruisseau de Provins, l'*Yonne* à Montereau par 50 mètres d'altitude, et, à 2 kilomètres nord de Moret, le *Loing*, grossi du Lunain et de l'Orvanne; prenant alors la direction nord-ouest, il longe la lisière orientale de la forêt de Fontainebleau, laissant cette ville un peu à gauche, et s'engage dans une fertile vallée où il baigne Melun. Hors du territoire la Seine recueille l'*Essonne*, l'*Yères* et la **Marne**. Celle-ci traverse le nord du département, où elle est fort sinueuse et reçoit le *Petit-Morin* à la Ferté-sous-Jouarre, puis l'Ourcq en amont de Meaux, et le *Grand-Morin*, qui arrose Coulommiers et se grossit de l'Aubetin. Elle y baigne encore Lagny, avant d'aller former son dernier méandre, dit « boucle de la Marne », et se réunir à la Seine près Paris.

La Seine, l'Yonne, la Marne, l'Ourcq et le Grand-Morin servent à la navigation, de même que le canal de l'Ourcq, qui se rend à Paris, celui de Meaux à Chalifert, et celui du Loing, qui, avec les canaux d'Orléans et de Briare, fait communiquer la Seine avec la Loire.

Le climat (*séquanien*) est tempéré, avec des pluies rares dans la Brie aux puits profonds, plus abondantes dans l'imperméable Gâtinais, qui renferme quelques étangs.

Le département, essentiellement agricole, produit beaucoup de blé dans la fertile plaine de Brie, qui pratique la grande culture. Les légumes, les fromages de Brie, la vigne, qui donne un vin médiocre, et le célèbre chasselas dit de Fontainebleau, sont une autre source de revenus. Le pays nourrit de nombreux moutons; et possède environ 82 000 hectares de forêts, dont la plus étendue comme la plus belle est celle de Fontainebleau (17 000 hectares). A Noisiel, se trouve la ferme-modèle du Buisson.

Seine-et-Marne exploite les importantes carrières de pierres à bâtir de Château-Landon et de Souppes, les grès à pavés de la forêt de Fontainebleau, l'excellente meulière de la Ferté-sous-Jouarre, l'albâtre de Lagny, ainsi que du plâtre, de la chaux, des terres à briques, à faïence et à porcelaine. Aussi la céramique, exercée surtout à Montereau, constitue-t-elle, avec la papeterie des arrondissements de Coulommiers et de Fontainebleau, l'industrie proprement dite. Citons en outre la meunerie de Meaux, la chocolaterie de Noisiel, les distilleries, les tanneries, etc.

Les habitants. — Le département a gagné 42 000 habitants de 1801 à 1871, et 15 000 de 1871 à 1891. Il en comptait à cette dernière époque 356 700, dont 13 000 étrangers, ce qui le place au 48e rang pour la population absolue et au 42e pour la densité, qui est de 62 habitants par kilomètre carré. Il s'y trouve à peu près 3 000 protestants.

Personnages. — Saint Thibaut, ermite, né à Provins, mort en 1066. Foulques IV, comte d'Anjou, né à Château-Landon, mort en 1109. Le théologien Guillaume de Champeaux, né à Champeaux, mort en 1121. Pierre de Montereau, l'architecte présumé de la Sainte-Chapelle, né à Montereau, mort en 1266. Les rois Philippe le Bel et François II, nés à Fontainebleau, morts en 1314, 1560. De Villegagnon, vice-amiral, né à Provins, mort en 1571. Condé, chef des protestants, né à la Ferté-sous-Jouarre, mort en 1588. Le roi Henri III, né à Fontainebleau, mort en 1589. Le savant évêque Amyot, né à Melun, mort en 1593. Sont également nés au château de Fontainebleau : le roi Louis XIII, mort en 1643, Gaston d'Orléans, 1660, Louis, le grand Dauphin, 1711, ainsi que plusieurs autres princes et princesses. Le poète de Voisenon, né près de Melun, mort en 1775. Le commandant Beaurepaire, défenseur de Verdun en 1792, né à Coulommiers, ainsi que le savant bibliographe Barbier, mort en 1825.

Administrations. — Le département forme le diocèse de Meaux et ressortit à la cour d'appel et à l'académie de Paris. Il se rattache à la 5e région militaire (Orléans), à la région agricole du Nord, à la 10e conservation forestière (Melun) et à l'arrondissement minéralogique de Paris (nord-ouest).

Il comprend 5 arrondissements : *Melun, Meaux, Coulommiers, Provins, Fontainebleau,* avec 29 cantons et 530 communes.

I. **MELUN**, chef-lieu du département[1], est une ville de 12 800 âmes, située par 40-60 mètres d'altitude dans une île et sur les pentes d'un coteau de la rive droite de la Seine, la rive gauche n'étant qu'un faubourg ; l'ensemble est entouré de collines verdoyantes d'une vue agréable. Ses monuments sont deux églises : Saint-Aspais, du xve siècle, dédiée à un évêque d'Eauze, en Gascogne, qui termina ses jours à Melun ; Notre-Dame-en-l'Ile, du xie siècle, qui dépendait d'un couvent de femmes aujourd'hui transformé en maison départementale de détention. Du prieuré d'hommes de Saint-Sauveur, également dans l'île, il subsiste de beaux débris de la Renaissance. Comme Paris et en même temps que lui, Melun (*Melodunum*) commença dans une île ; mais ce n'était qu'un *oppidum* des Sénones lorsque Labiénus s'en empara, l'an 53 avant Jésus-Christ. Les capétiens y eurent un palais où moururent les rois Robert et Philippe Ier. Depuis son extension sur la rive droite, Melun subit plusieurs sièges jusqu'à la fin de la Ligue ; les plus célèbres sont celui de 1358, victorieusement conduit par du Guesclin, et celui de 1420, dans lequel le roi d'Angleterre ne put réduire la ville que par la famine. Jeanne d'Arc, en 1430, excita les habitants à se soulever contre la garnison anglaise, qui dut se réfugier dans le château et capituler. — Melun fait le commerce de grains, de farines et de fromages de Brie.

Maincy possède le fameux château de **Vaux-le-Vicomte**, avec jardins et parc, qui ne coûta pas moins de dix-huit millions au surintendant Fouquet pour le construire. C'est dans ce séjour enchanteur que,

[1] Arrondissement de MELUN : 6 *cantons*, 97 communes, 68 615 habitants.
Cantons et communes principales : 1-2. *Melun,* 12800 habitants ; Maincy, Voisenon, Chailly-sur-Bière, Dammarie-les-Lys, 1550 ; Saint-Fargeau. — 3. *Brie-Comte-Robert,* 2800 ; Coubert, Férolles, Grisy-Suisnes, Lésigny. — 4. *Le Châtelet-en-Brie,* 930 ; Blandy, Chartrettes, Châtillon-la-Borde, Fontaine-le-Port, Héricy, Marchault. — 5. *Mormant,* 1390 ; Andrezel, Beauvoir et Bombou, Champeaux, Grand-Puits, Guignes. — 6. *Tournan,* 2000 ; Chaumes, 2300 ; Favières, Gretz, Pontcarré.

le 17 août 1661, Fouquet reçut Louis XIV, sa mère et plus de six mille invités. Tous les mémoires du temps parlent de cette réception féerique, dont le dénouement fut si fatal à l'amphitryon. Le prince, en effet, ne put pardonner au surintendant tant de luxe et de richesses; il fut de plus blessé de l'ambitieuse devise qui se présentait à chaque pas à ses regards : un écureuil poursuivant une couleuvre, avec la légende : *Quo non ascendam?* (Où ne monterai-je pas?) Colbert, auquel la couleuvre faisait allusion (*coluber*), fit entendre au roi ces mots qui devaient perdre Fouquet : « Dilapidation des finances, » et le 5 septembre, dix-huit jours après cette fête mémorable, Fouquet fut arrêté à Nantes, conduit d'abord à Vincennes, puis à la Bastille; enfin, jugé et condamné par le parlement et enfermé à Pignerol. Le château passa plus tard à Villars, duquel il s'appela *Vaux-Villars,* puis au duc de Praslin, dont la famille le posséda jusqu'en 1850, sous le nom de *Vaux-Praslin.*

Voisenon montre dans ses environs le château du Jard, qu'habitèrent Louis VII et sa femme, la reine Alix. Celle-ci, après la mort de son mari, le transforma en un monastère des religieux de Saint-Victor.

Dammarie-les-Lys conserve une église du XIIe siècle, et les ruines parfaitement entretenues de l'abbaye du Lys, fondée en 1230 par la reine Blanche pour des religieuses cisterciennes.

Brie-Comte-Robert, située sur un coteau dominant l'Yères, fait un grand commerce de grains et de fromages de Brie, cultive les roses et fabrique la chaux pour l'approvisionnement de Paris. Son nom composé lui vient de la Brie française, dont elle fut la capitale jusqu'en 1760, et du comte Robert de France, frère de Louis VI, qui en fut le premier seigneur. Elle conserve les ruines de son château et l'église Saint-Étienne, du XIIIe siècle, avec une façade de la Renaissance.

Fontaine-le-Port possède les restes de l'abbaye cistercienne de *Barbeaux,* fondée par Louis le Jeune en 1143, et qui sous Napoléon Ier fut une maison d'éducation pour les orphelins de la Légion d'honneur.

II. **MEAUX,** chef-lieu d'arrondissement, peuplé de 13 300 habitants[1] s'élève par 44 mètres d'altitude, au sommet d'un méandre de la Marne et sur le canal de l'Ourcq. Ancienne capitale des *Meldes* et, plus tard, de la Haute-Brie ou Multien, cette ville, comme toutes celles de la banlieue de Paris, approvisionne cette grande cité de comestibles, notamment de farines et de fromages de Brie. La belle cathédrale Saint-Étienne, des XIIe-XVIe siècles, fut illustrée par l'épiscopat de Bossuet, « l'aigle de Meaux, »

---

[1] Arrondissement de MEAUX : 7 *cantons,* 154 communes, 98 500 habitants.
Cantons et communes principales : 1. *Meaux,* 13 300 habitants; Montceaux, Nanteuil-lès-Meaux, Vareddes. — 2. *Claye-Souilly,* 2 000; Mitry-Mory, 1 820; Nantouillet, le Plessis-aux-Bois. — 3. *Crécy-en-Brie,* 890; la Chapelle-sous-Crécy, Quincy-Ségy, 1 500. — 4. *Dammartin-en-Goële,* 1 700; Juilly, Monthyon. — 5. *La Ferté-sous-Jouarre,* 4 700; Jouarre, 2 300; Saacy-sur-Marne. — 6. *Lagny,* 5 000; Chelles, 2 900; Ferrières, Noisiel, Thorigny, Torcy. — 7. *Lizy-sur-Ourcq,* 1 750; Crouy, Dhuisy, May.

dont on voit le tombeau dans l'église, et le cabinet de travail sur la terrasse de l'évêché, dominant les restes de l'enceinte gallo-romaine. En 1853, le tombeau ayant été ouvert en présence de Mgr Allou et des autorités de la ville, le corps de Bossuet fut trouvé bien conservé en chair : nous tenons ce détail d'un témoin oculaire.

Bossuet.

Meaux possède un ancien et curieux pont des moulins ; il rappelle le traité de 1229, qui mit fin à la guerre des Albigeois, la défaite des Jacques en 1358, sa prise par les Anglais en 1421, et la tentative d'enlèvement du jeune Charles IX par les protestants en 1567.

Nantouillet montre un beau château de la Renaissance, bâti par le chancelier de François Ier, le cardinal Duprat, qui y mourut en 1535. — DAMMARTIN-EN-GOELE, ancienne place forte, est situé sur une hauteur d'où l'on jouit d'une belle vue. L'église collégiale de Notre-Dame fut construite en 1480 par Antoine de Chabannes, chef des Écorcheurs.

Juilly possède un célèbre collège, fondé en 1638 par les Oratoriens, et dont furent élèves les maréchaux de Villars et de Berwick, Lamartine et Berryer. La chapelle renferme le tombeau du cardinal de Bérulle et celui d'Henri d'Albret, grand-père d'Henri IV. — *Monthyon*, autrefois baronnie, est le berceau de la famille à laquelle appartenait le fondateur du prix de vertus.

LA FERTÉ-SOUS-JOUARRE, sur la Marne, est une ville industrielle connue pour ses carrières de pierres meulières et ses meules de moulin, dont la fabrication occupe plus de 1 200 ouvriers. Située sur la Marne au confluent du Petit-Morin, elle doit son nom à l'ancienne forteresse (*firmitas*, fermeté, par abréviation *ferté*) construite au pied du coteau de Jouarre.

Jouarre, autrefois *Jotrum*, est célèbre par l'antique abbaye de bénédictines, fondée au VIe siècle par saint Adon, frère de saint Ouen, et qui fut jusqu'au Xe siècle une école de jeunes personnes appartenant aux grandes familles d'Angleterre, d'Irlande et du nord de la France. Il en reste une double crypte, monument mérovingien très remarquable.

LAGNY, sur la Marne, conserve les débris de l'abbaye de bénédictins fondée au VIIe siècle par l'Irlandais saint Fursy, dans la villa gallo-romaine de *Latiniacum*. Fortifiée par les abbés au XIIIe siècle, elle subit de nombreux sièges, notamment pendant la guerre de Cent ans et sous la Ligue ; ses foires étaient célèbres au moyen âge. En 1870, elle devint le quartier général des Prussiens. Fabriques de brosses, marbreries, pépinières.

Ferrières, à 8 kilomètres sud de Lagny, montre un magnifique château des Rothschild, qu'habita le roi Guillaume, et où eut lieu l'inutile entrevue de Jules Favre et du comte de Bismarck, les 19 et 20 septembre 1870.

A *Noisiel*, en aval de Lagny, l'usine à chocolat Menier occupe 800 ouvriers; c'est la plus importante en ce genre qui existe en France.

Chelles, près de la Marne, fut une résidence mérovingienne; Chilpéric Ier y fut assassiné en 584 par ordre de Frédégonde; une colonne de pierre, dite croix de Saint-Bauteur, rappelle ce meurtre. Les deux

Assassinat de Chilpéric dans la forêt de Chelles.

reines sainte Clotilde et sainte Bathilde fondèrent à Chelles une célèbre abbaye, dont les abbesses furent souvent de sang royal; il n'en reste que des vestiges. L'église, du XIIIe siècle, renferme les reliques des saintes Bathilde, Bertille, Rose et Radegonde.

III. **COULOMMIERS**, sous-préfecture de 6 200 habitants[1], située à 70 mètres d'altitude sur le Grand-Morin, fait le commerce de grains et de fromages de Brie. D'origine gallo-romaine, cette ville doit, paraît-il, son nom, *Columbarium*, aux nombreux nids de pigeons que l'on trouva dans ses environs; ses armes sont « d'azur à une tour de colombier d'or

---

[1] Arrondissement de COULOMMIERS : 4 *cantons*, 77 communes, 125 770 habitants.
Cantons et communes principales : 1. *Coulommiers*, 6 200 habitants; Boissy-le-Châtel, Celle-sur-Morin, Chailly-en-Brie, Guérard, Maisoncelles-en-Brie, Mouroux, 1 530; Pommeuse, Saint-Augustin. — 2. *Ferté-Gaucher*, 2 140; Choisy-en-Brie, Jouy-sur-Morin. — 3. *Rebais*, 1 290; Saint-Cyr-sur-Morin, Verdelot. — 4. *Rozoy-en-Brie*, 1 370; Crèvecœur, Faremoutiers, Fontenay-Trésigny, 1 500; la Houssaye, Lumigny.

entre quatre pigeons volant d'argent, deux en chef et deux aux flancs ». L'église Saint-Denis, ainsi que la commanderie de l'Hôpital transformée en ferme, date du moyen âge, alors que la ville appartenait aux comtes de Champagne. On y a élevé une statue au commandant Beaurepaire, défenseur de Verdun en 1792.

La Ferté-Gaucher conserve un Hôtel-Dieu, fondé en 1252, et la *Maison-Dieu*, autrefois prieuré. Marmont y fut défait en 1814 par les Alliés.

Jouy-sur-Morin possède la papeterie importante dite du *Marais*, qui fabrique le papier du Timbre et de la Banque de France, ainsi que des pains et de la cire à cacheter.

Rebais possède un orphelinat agricole occupant les bâtiments d'une abbaye de bénédictins, fondée vers 616 par saint Ouen, et dont saint Ail ou Agil fut le premier abbé.

Faremoutiers (*Faræ monasterium*) rappelle l'abbaye de bénédictines fondée en 617 par sainte Fare, qu'on vénère toujours dans le pays.

Fontenay-Trésigny possède les ruines du château royal du Vivier, où fut interné le roi Charles VI atteint de démence.

IV. **PROVINS**, sous-préfecture de 8 400 habitants[1], sur la Voulzie, est la « ville des roses », qu'elle cultive surtout pour la pharmacie et la parfumerie ; elle fabrique aussi des porcelaines artistiques, des verres à lunettes, et possède une source froide ferrugineuse carbonatée. Divisée en ville haute (140 mètres d'altitude) et ville basse ou ville neuve (75 mètres), Provins est bien déchue de sa splendeur du moyen âge, alors qu'elle comptait 60 000 habitants et était devenue l'une des deux capitales des comtes champenois. Ceux-ci y avaient établi, comme à Troyes, l'industrie des toiles et deux des six foires célèbres dites de Champagne. La réunion de cette province à la couronne fut le signal de la décadence de la ville, que hâtèrent les guerres de Religion. Du moins, Provins conserve de cette époque un grand nombre de monuments, une enceinte de 5 kilomètres, beaucoup trop grande pour son importance actuelle, plusieurs églises, la Grange-aux-Dîmes, l'une des plus belles caves voûtées du XIIIe siècle ; les débris du palais des comtes, englobés dans les bâtiments du collège communal ; un hôpital, un ancien couvent servant de palais de justice, enfin le donjon, dit tour de César, qui domine la ville.

V. **FONTAINEBLEAU**, sous-préfecture de 14 000 âmes[2], s'élève

[1] Arrondissement de Provins : 5 *cantons*, 101 communes, 51 990 habitants.
Cantons et communes principales : *Provins*, 8 400 habitants; Chenoise, Saint-Loup-de-Naud. — 2. *Bray-sur-Seine*, 1 590; Fontaine-Foucher. — 3. *Donnemarie-en-Montois*, 990; Montigny-Lencoup. — 4. *Nangis*, 2 890; Châteaubleau, Jouy-le-Châtel. — 5. *Villiers-Saint-Georges*, 990.
[2] Arrondissement de Fontainebleau : 7 *cantons*, 108 communes, 86 300 habitants.
Cantons et communes principales : 1. *Fontainebleau*, 14 200 habitants; Avon, 2 550; Boisle-Roi, Sannois.— 2. *Chapelle-la-Reine*, 880; Larchant. — 3. *Château-Landon*, 2 920; Beaumont-en-Gâtinais, Chaintreaux, Souppes, 3 420. — 4. *Lorrez-le-Bocage*, 980; Diant, Égreville, 1 810; Thoury, Voulz. — 5. *Montereau-faut-Yonne*, 7 680; la Grande-Paroisse. — 6. *Moret*, 2 070; Dormelles, Montigny-sur-Loing, Saint-Mammès, Thomery. — 7. *Nemours*, 4 530; Bagneaux, Bourron, Saint-Pierre-lès-Nemours.

par 80 mètres d'altitude au milieu d'une superbe forêt, à 3 kilomètres de la rive gauche de la Seine. Cette ville doit son origine et sa célébrité à son château, qui remonte au roi Robert, mais fut presque entièrement reconstruit par François Ier, puis agrandi et embelli par divers souverains. Il se compose d'un grand nombre de bâtiments, d'un ensemble assez irrégulier, avec trois entrées principales, et séparés par cinq cours. L'intérieur en a été somptueusement décoré par Philibert Delorme, Léonard de Vinci, le Primatice et autres célèbres artistes; un superbe parc en dépend. Ce château fut témoin de nombreux événements. Là habitèrent la plupart de nos rois, notamment François Ier, qui y reçut magnifiquement Charles-Quint, et après lui Henri II, Henri IV et Napoléon Ier. Là naquirent Philippe le Bel, François II, Henri III, Louis XIII. La reine Christine de Suède, pendant son séjour, y fit assassiner son ministre Monaldeschi (1657); Louis XIV y signa la révocation de l'édit de Nantes (1685); Napoléon y retint prisonnier le saint pape Pie VII, en 1812-1813, et lui arracha un concordat par lequel le souverain pontife résignait la souveraineté de ses États, mais il dut y signer lui-même sa première abdication, le 5 avril 1814.

La ville de Fontainebleau présente en elle-même un médiocre intérêt. On y remarque principalement un grand obélisque, élevé en 1786 à l'occasion du mariage de Louis XVI et de Marie-Antoinette, la statue du général Damesme, et l'école d'application de l'artillerie et du génie, qui était placée à Metz avant 1870. Elle exploite des sables pour la verrerie et la construction, des grès pour le pavage des villes et fait le commerce d'excellents chasselas, provenant de la célèbre *treille du Roi* (François Ier), qui couvre 1 400 mètres de murs, et surtout du village de *Thomery ;* du reste, Fontainebleau vit principalement de l'affluence des visiteurs parisiens et étrangers, attirés à la belle saison par son château, son parc et sa forêt.

Abdication de Napoléon Ier. — « Après la prise de Paris et l'avènement de Louis XVIII, Napoléon pouvait encore continuer la guerre, et se replier sur la Loire. Pendant trois jours il hésita, passant d'une incertitude à l'autre, et témoin des défections nouvelles que chaque heure faisait éclater autour de lui. Au dernier moment, une étincelle de son génie parut se réveiller : « Eh bien ! dit-il, puisqu'il faut renoncer à défendre plus long-
« temps la France, l'Italie ne m'offre-t-elle pas encore une retraite digne de
« moi ? Veut-on m'y suivre encore une fois ? Marchons vers les Alpes ! »
Un silence morne répondit seul à son appel : la fortune de tous était faite, lui seul pouvait vouloir recommencer la sienne. Alors, voyant les cœurs froids, les yeux éteints, les visages glacés, il se résigna à accorder à ceux qui l'entouraient encore cette abdication qu'ils sollicitaient de lui, afin d'avoir un prétexte honorable de l'abandonner. Il prit une plume, et écrivit les lignes suivantes :

« Les puissances alliées ayant proclamé que l'empereur était le seul
« obstacle au rétablissement de la paix en Europe, l'empereur, fidèle à son

Château de Fontainebleau (salle Henri II).

« serment, déclare qu'il renonce pour lui et ses enfants aux trônes de
« France et d'Italie, et qu'il n'est aucun sacrifice, même celui de la vie,
« qu'il ne soit prêt à faire aux intérêts de la France.

« Napoléon. »

« La cérémonie de ses adieux à ses compagnons d'armes rappelle, par sa touchante simplicité, les grands drames de l'histoire ancienne. Sa garde impériale, composée de l'élite de l'armée, et qui comptait dans ses rangs des soldats de toutes les batailles de la Révolution et de l'Empire, avait été rangée dans la cour du palais de Fontainebleau pour cette dernière et célèbre revue. Lorsque Napoléon parut, et descendit lentement l'escalier du perron, des acclamations, des cris, des plaintes partirent de toutes les bouches, des larmes coulèrent de tous les yeux. Il n'y eut entre ces vieux grenadiers et leur chef qu'un même sentiment d'amour et de consternation; on eût dit une famille étroitement unie recevant les derniers soupirs d'un père, et, pour cette foule d'hommes vieillis dans les camps, Napoléon était plus qu'un père idolâtré, il était en quelque sorte l'objet de leur culte.

« Soldats de ma vieille garde, leur dit-il, je vous fais mes adieux! Depuis
« vingt ans que nous sommes ensemble, je suis content de vous; je
« vous ai constamment trouvés sur le chemin de la gloire. Toutes les
« puissances de l'Europe se sont armées contre moi; quelques-uns de mes
« généraux ont trahi leur devoir, et la France elle-même a voulu d'autres
« destinées. Avec vous et les braves qui me sont restés fidèles, j'aurais pu
« entretenir la guerre civile; mais la France eût été malheureuse. J'ai donc
« sacrifié tous mes intérêts à ceux de la nation. Je pars!... Ne plaignez pas
« mon sort... J'écrirai les grandes choses que nous avons faites ensemble.
« Soldats, je ne puis vous embrasser tous, mais j'embrasse votre chef.
« Venez, général Petit, que je vous presse sur mon cœur. Qu'on m'apporte
« l'aigle, que je l'embrasse aussi... Ah! chère aigle, puisse le baiser que
« je te donne retentir dans la postérité!... »

« Il dit, et, se dérobant aux transports des officiers qui baignaient de pleurs ses mains et ses vêtements, il donna le double signal du départ et de l'exil pour l'île d'Elbe. » (A. Gabourd, *Hist. de la Rév. et de l'Empire.*)

La forêt de Fontainebleau. — « Cette forêt, qui appartient à l'État, heureusement pour ses nombreux admirateurs, a 80 kilomètres de tour et couvre 16 900 hectares, divisés en massifs et en sous-massifs par plus de 2 000 kilomètres de routes et de chemins. Ce qui en fait la grande beauté, c'est moins la taille de ses arbres, dont quelques-uns sont pourtant magnifiques, que la grandeur, l'entassement, le pittoresque de ses roches de grès, auxquelles manque malheureusement le contraste des eaux vives: bordés par la Seine et le Loing, ces vastes bois n'ont à l'intérieur aucune rivière, même aucun ruisseau, car c'est à peine si l'on peut accorder ce dernier nom à la Solle, espèce de ravin sans eau qui gagne la Seine près de la station de Bois-le-Roi. On n'y trouve non plus ni lacs ni étangs, mais seulement des mares sans profondeur, où viennent s'abreuver les cerfs et les sangliers, simples dépressions de la carapace de grès qui forme le sous-sol de cette forêt, dont le sol, en général assez stérile, est sablonneux et provient précisément de la décomposition des grès. Ces grès aux formes pittoresques, semés sur les plateaux ou amoncelés en masses énormes au penchant des collines, au-dessus des vallons sans une goutte d'eau, occupent près du quart de toute la forêt, environ 4 000 hectares sur moins de 17 000 ; ils forment des chaînes à peu près parallèles, dans la direction est-ouest, chaînes dont les plus élevées peuvent avoir 140 mètres d'altitude. Les sites les plus renommés sont : les gorges d'Apremont et de Francard, les futaies du Bas-Bréau et du Gros-Fouteau, le Mont-Ussy et la vallée du Nid de l'Aigle, le Fort-l'Empereur, tertre couronné d'une tour à deux étages d'où l'on découvre, par un temps clair, 240 kilomètres d'horizon ; la vallée de la Solle, la Gorge-aux-Loups, la Mare-aux-Fées, le Long-Rocher, etc. Des colonies de peintres se sont établies au bord de cette forêt, aussi chère aux paysagistes que les côtes mêmes de la Bretagne. *Barbizon* est à la lisière occidentale, dans la commune de Chailly-en-Bière, à 13 kilomètres sud-sud-ouest de Melun, près d'Apremont, de Francard, des gorges de la Solle, etc. *Marlotte* est à la lisière du sud-est dans la commune de Bourron, tout près de la station de Montigny, à une petite distance du Loing, dans le voisinage du Long-Rocher et de la Gorge-aux-Loups. La forêt de Fontainebleau rapporte de 350 000 à 500 000 francs à l'État. » (Donnet et Levallois.)

Château-Landon, dans un site pittoresque, sur le Fusain, est une bourgade renommée par ses pierres de taille d'une extrême dureté : de là proviennent celles qui ont servi à la construction de l'arc de triomphe de l'Étoile et de la basilique du Sacré-Cœur, à Paris. Fabrique de blanc d'Espagne et de papier. — Cette ville était déjà importante sous les Romains, qui la nommèrent *Castrum Landonis*, et fut quelque temps capitale du Gâtinais ; aussi est-elle riche en monuments du moyen âge : église Notre-Dame, tour romane Saint-Ugalde, maison abbatiale de Saint-Séverin, restes du château occupés par la mairie, maison appelée la Monnaie.

Beaumont-en-Gâtinais, ancien duché, montre un château ruiné ayant appartenu à Jacques Cœur. — *Souppes* exploite des pierres calcaires, dites de Château-Landon. On y a trouvé des polissoirs préhistoriques. Ancienne abbaye cistercienne de Cercanceau, fondée par Philippe-Auguste, actuellement occupée par une papeterie.

Montereau-faut-Yonne est situé, ainsi que l'indique son verbe, à l'endroit où l'Yonne « faillit » ou se perd, par 52 mètres d'altitude, dans la Seine. Son nom primitif de *Condate*, mot celtique signifiant confluent, rappelle la même circonstance ; celui de Montereau, *Monasteriolum*, vient d'un monastère de saint Martin qui a disparu. Sa forteresse, remplacée aujourd'hui sur la hauteur par le château de Surville, fut un objet de dispute entre les Bourguignons et les Armagnacs. C'est à cette époque (1419) que le duc Jean sans Peur fut assassiné dans une entrevue avec le Dauphin Charles VIII sur le pont de Montereau, où se lit encore l'inscription :

EN L'AN MIL QUATRE CENT DIX-NEUF
SUR UN PONT AGENCÉ A NEUF
FUT MEURTRI JEHAN DE BOURGOGNE
A MONTRAULT OU FAULT L'YONNE

A la voûte de la grande et belle église paroissiale, on voit suspendue une épée ayant appartenu au duc assassiné. Son fils Philippe le Bon, allié des Anglais, s'empara en 1420 de la ville, que Charles VII reprit en 1437 après un siège mémorable. Prise et reprise plusieurs fois dans les guerres de Religion, Montereau fut témoin, le 18 février 1814, de la brillante mais inutile victoire remportée par Napoléon sur le prince de Schwarzenberg. Une statue de l'empereur y rappelle ce fait d'armes; elle fut élevée par le général Pajol, dont le père s'était distingué dans la bataille. — Montereau doit à sa situation de faire un grand trafic par bateaux. Il a aussi une importante manufacture de porcelaine opaque, des fabriques de poterie brune, de tuiles et briques de Bourgogne.

Moret, au confluent du Loing, du canal de même nom et de l'Orvanne, conserve des restes de fortifications qui attestent son ancienne importance, et un imposant donjon du château de Louis VI. Cette ville possède aussi une belle église des XIIe et XVe siècles, un pont sur le Loing du XIVe et des maisons de la Renaissance. — Moret, jadis comté, fabrique de la bonneterie et du sucre d'orge renommé.

Nemours (*Nemoracum*), situé sur le Loing et le canal de ce nom. exploite des sables pour verreries et des grès dits de Fontainebleau. On y voit une église et un château du moyen âge, ainsi que la statue du mathématicien Bezout. Aux environs est la magnifique source de Chaintreauville, captée pour Paris. — Nemours, dont le nom indiquerait son antique situation au milieu des forêts (*nemora*), fut un duché-pairie qui appartint notamment au traître Jacques d'Armagnac, au célèbre Gaston de Foix, aux comtes de Savoie et à la famille d'Orléans, dont un membre porte encore le titre de duc de Nemours. Henri III y signa un traité avec les Ligueurs en 1585.

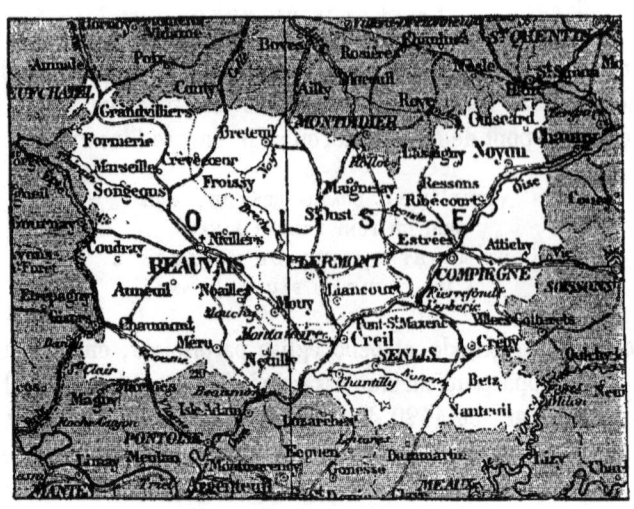

OISE

4 ARRONDISSEMENTS, 35 CANTONS, 701 COMMUNES, 402 000 HABITANTS

Géographie. — Le département de l'*Oise* est ainsi appelé de sa rivière principale, qui le traverse du nord-est au sud. De forme sensiblement rectangulaire, il a une superficie de 5 855 kilomètres carrés, ce qui, à ce point de vue, lui donne le 50e rang. Un peu plus des trois quarts ont été fournis par d'anciens pays de l'Ile-de-France : le *Beauvaisis* et morceau du pays de Bray, capitale Beauvais; le *Noyonnais*, capitale Noyon; le *Valois*, capitale Crépy; le Soissonnais et le Vexin français; le reste vient de la Picardie (Amiénois et Santerre).

De nature crayeuse, calcaire ou tertiaire, le sol de ce département, vu de haut, présente un plateau peu accidenté, d'une altitude moyenne de 110 mètres; ses collines majeures s'élèvent au sud-ouest, entre le Thérain et l'Epte, avec un point culminant de 235 mètres à peine; son point le plus bas, 20 mètres, est marqué par la sortie de l'Oise. Beauvais est à 70 mètres, Compiègne à 40.

A l'exception d'une petite partie du bassin de la Somme (la Noye) et de celui de la Bresle, ce département appartient entièrement au bassin de la Seine. Il est arrosé par l'*Ourcq*, sur la frontière sud-est; par l'*Epte* et la Troesne, au sud-ouest, mais surtout par l'Oise et ses affluents.

L'Oise, grande et belle rivière, prend sa source en Belgique, au sud de Chimay, dans des collines de 300 mètres d'altitude. Au-dessous de Guise (Aisne), elle prend pour toujours la direction sud-ouest, recueillant la *Serre*, près de la Fère, place forte importante; la *Lette*, entre Chauny et la colline de Noyon (Oise) et l'*Aisne*, son plus grand tributaire, à la lisière septentrionale de la forêt de Compiègne. L'Oise baigne ensuite cette ville célèbre, la cité carolingienne de Pont-Sainte-Maxence et l'industrieuse Creil, aux environs de laquelle confluent la Brèche, qui frôle la colline de Clermont, et le *Thérain* venant de Beauvais. Elle s'adjoint encore la Nonette, qui passe à Senlis et à Chantilly, la Viosne à Pontoise (S.-et-O.) et s'achève par 17 mètres d'altitude à Conflans-Sainte-Honorine, dans le méandre de la Seine qui circonscrit la forêt de Saint-Germain-en-Laye.

L'*Oise* et son canal latéral, ainsi que l'Aisne, sont comptés parmi les voies navigables les plus actives de la France.

Pays de plateaux boisés, battu des vents et rapproché de la mer, ce département a un *climat* assez froid, — bien que *séquanien*, — humide et brumeux pendant une partie de l'année. Les vallées sont presque toutes marécageuses, et les pluies fréquentes, mais peu abondantes; aussi la hauteur moyenne d'eau tombée chaque année est-elle à peine de 60 à 70 centimètres. Le département de l'Oise, naturellement assez fertile, a fait de si grands progrès agricoles depuis quarante ans, que le rendement du sol a presque doublé. Il produit principalement des céréales, des betteraves à sucre, des fourrages, des légumes estimés, et renferme de belles prairies dans ses vallées et dans le pays de Bray; aussi élève-t-il passablement de bestiaux. En outre ses pommiers lui donnent beaucoup de cidre, surtout à l'ouest, tandis qu'à l'est principalement se trouvent 100 000 hectares de forêts, dont les plus considérables sont celles d'Ermenonville, de Halatte, de Laigue, de Chantilly et de Compiègne.

L'*industrie*, très active, produit annuellement pour plus de 130 000 000 de francs; elle comprend la métallurgie, exercée surtout à Montataire, la filature et la fabrication des draps et toiles, des tapis de Beauvais, des dentelles de Chantilly, l'extraction des terres et sables pour ses nombreuses fabriques de faïence, porcelaine opaque (Creil|), tuiles réfractaires et poteries de grès, enfin la fabrication du sucre de betterave, la boissellerie des environs de Compiègne et la tabletterie de l'arrondissement de Beauvais.

Les habitants. — D'après le recensement de 1891, le département compte 402 000 habitants, dont 15 900 étrangers, soit une augmentation de 43 000 habitants sur 1801 et de 5 000 sur 1871. Il est ainsi au 35e rang pour la population absolue et au 30e pour la densité avec 69 habitants par kilomètre carré. Le français y est parlé correctement, excepté au nord, où il est mélangé de quelques expressions picardes. Toute la population est catholique, sauf un millier de protestants.

Personnages. — Saint Médard, évêque de Soissons, né à Salency, mort en 545. Saint Yves, évêque de Chartres, mort en 1115. Vincent de Beauvais, philosophe catholique, mort en 1264. Philippe de Beaumanoir, jurisconsulte, né à Remy, mort en 1296. Caillet, chef de la Jacquerie, né à Mello, mort en 1359. Le Grand Ferré, qui signala sa force herculéenne contre les Anglais, né à Rivecourt, mort en 1359. Le cardinal Pierre d'Ailly, savant controversiste, né à Compiègne, mort en 1420. Jeanne Hachette, l'héroïne du siège de Beauvais, née à Beauvoir, xve siècle. Le prétendu réformateur Calvin, né à Noyon, mort en 1564. Le philosophe protestant la Ramée, dit Ramus, né à Cuts, mort en 1572. Le connétable Henri Ier de Montmorency et son fils Henri II, nés à Chantilly, morts en 1614, 1632. Le sculpteur Sarrazin, né à Noyon, mort en 1679. Le conventionnel Bourdon de l'Oise, né à Remy, mort en 1797. Le duc d'Enghien, né à Chantilly, fusillé à Vincennes en 1804. Le cardinal de Belloy, archevêque de Paris, né à Morangles, mort en 1808. Le minéralogiste Just Haüy et son frère Valentin, instituteur des jeunes aveugles, nés à Saint-Just-en-Chaussée, morts en 1822. Le philanthrope de la Rochefoucauld-Liancourt, né à Liancourt, mort en 1827.

Administrations. — Le département de l'Oise forme le diocèse de Beauvais, Noyon et Senlis, fait partie du 2e corps d'armée (Amiens) et ressortit à la cour d'appel d'Amiens, à l'académie de Paris, à l'arrondissement minéralogique de Paris (nord-est), à la 1re conservation forestière (Paris) et à la 3e région agricole (Nord).

Il comprend 4 arrondissements : *Beauvais, Clermont, Compiègne, Senlis,* avec 35 cantons et 701 communes.

I. BEAUVAIS, chef-lieu du département [1], est une ville de 19 500 habitants, bâtie à 70 mètres d'altitude sur une colline dominant l'humide vallée du Thérain.

A l'époque gallo-romaine, cette ancienne capitale des Bellovaques était, sous le nom de *Cæsaromagus,* une des cités les plus fortes de la première Belgique : dix voies romaines en rayonnaient. Évangélisée vers 250 par saint Lucien, qui fonda son évêché, elle reçut une charte communale en 1099 et devint florissante par son industrie drapière, qui déchut lors de la jacquerie au xive siècle. Parmi les sièges qu'elle soutint, le plus remarquable est celui de 1472, où s'illustra **Jeanne Hachette**.

---

[1] Arrondissement de Beauvais : 12 *cantons,* 242 communes, 125 770 habitants.
Cantons et communes principales : 1-2. *Beauvais,* 19 500 habitants; Allonne, 2300 ; Marissel, Notre-Dame-du-Thil, 1700 ; Saint-Just-les-Marais, Savignies. — 3. *Auneuil,* 340 ; Auteuil Beaumont-les-Nonains, Frocourt, Jouy-sous-Thelle, Onsembray, Saint-Paul. — 4. *Chaumont* 1440 ; Boury, Montjavoult, Trie-Château, Trie-la-Ville. — 5. *Coudray-Saint-Germer,* 420 Saint-Germer-de-Fly, Sérifontaine. — 6. *Formerie,* 1370 ; Campeaux, Lannoy-Cuillère, Romescamps, Saint-Samson. — 7. *Grandvilliers,* 1650 ; Feuquières, le Hamel, Sarcus. — 8. *Marseille-le-Petit,* 700; Fontaine-Lavaganne, Milly. — 9. *Méru,* 4700 ; Amblainville. — 10. *Nivillers,* 170 ; Bailleul-sur-Thérain, Bresles, 2200. — 11. *Noailles,* 1500 ; Hermes, Mouchy-le-Châtel, Sainte-Geneviève, 1720 ; Villers-Saint-Sépulcre. — 12. *Songeons,* 1060 ; Gerberoy, Senantes.

— Le duc de Bourgogne, Charles le Téméraire, avait repris les armes contre Louis XI, qu'il accusait d'avoir fait périr par le poison son frère, Charles de Guyenne. Il s'avança avec 30 000 hommes sous les murs de Beauvais. La place n'avait qu'une faible garnison, mais les habitants résolurent de se défendre. Le duc fit donner deux assauts dans la même

Jeanne Hachette défendant Beauvais.

journée. Déjà la porte de Bresle et le faubourg de Saint-Quentin sont en feu, les remparts battus en brèche; les hommes n'étant pas assez nombreux, les femmes se portent à leur secours, versant sur les ennemis de l'huile bouillante, faisant écrouler sur eux des monceaux de pierres, combattant même les armes à la main. Une d'entre elles, *Jeanne Laisné,* se distingua plus que toutes les autres. Un soldat bourguignon, parvenu à l'extrémité d'une échelle, plantait son étendard sur la muraille; Jeanne l'abat d'un coup de hache, et se saisit de l'étendard, glorieux trophée que Beauvais conserve encore aujourd'hui dans son hôtel de ville. Les Bourguignons cédèrent devant tant de courage et se retirèrent. —

Chaque année, à la procession de Sainte-Angadresme, instituée en souvenir de ce brillant fait d'armes, les femmes ont le pas sur les hommes et marchent immédiatement après le clergé; les jeunes filles tirent le canon. L'héroïne du siège retint le nom de *Jeanne Hachette;* Louis XI la maria, et, en récompense de sa valeur, l'exempta à jamais, elle, son mari et ses enfants, de toute taille et de toute charge publique. De nos jours, la ville lui a érigé une statue sur la plus belle de ses places.

La *cathédrale Saint-Pierre,* bien qu'inachevée, est une des gloires de l'ogive, surtout le chœur, haut de 48 mètres sous voûte; elle a remplacé comme cathédrale l'antique église romane, dite par comparaison la *Basse-Œuvre,* et bâtie elle-même sur les ruines d'un temple romain.

Elle renferme particulièrement une célèbre horloge astronomique, construite de 1860 à 1868 par M. Vérité, de Beauvais. Cette horloge ne comprend pas moins de 90 000 mouvements divers : les évolutions de la terre, de la lune, des planètes, des étoiles, les marées, les heures des principales villes du monde, les années, les siècles, les cycles solaires, etc., y sont exactement indiqués. Un mouvement spécial, qui se produit à toutes les heures du jour, met en scène plusieurs personnages qui figurent le Jugement dernier.

Beauvais offre encore la belle église romano-ogivale de Saint-Etienne, des xiie et xve siècles, de curieuses maisons de la même époque, et l'ancien palais épiscopal, converti en palais de justice.

Cette ville fabrique activement des lainages, des toiles de coton, des faïences et poteries de grès; mais on connaît surtout sa manufacture nationale de tapisseries, fondée en 1664 et rivale des Gobelins à Paris.

A *Notre-Dame du Thil,* on trouve de nombreux débris romains, des sarcophages mérovingiens et les restes de l'abbaye de Saint-Lucien, fondée en 583 par Chilpéric et dont Bossuet fut abbé.

Chaumont-en-Vexin, sur la Troesne, fut une ville forte importante au moyen âge. — *Boury* a des monuments druidiques et un beau château construit par Mansart sur l'emplacement d'une forteresse, dont Richard Cœur-de-Lion s'empara en 1198. — A *Montjavoult* existe une belle église de la Renaissance; sur la colline d'Hérouval, on trouva en 1842 des antiquités gauloises et l'emplacement d'un temple de Jupiter.

Trie-Château, ancienne forteresse, possède un château du xive siècle et une église monumentale, dont le chœur est le plus curieux spécimen du style roman dans le département; dolmen dit la Pierre-Trouée. — *Trie-la-Ville,* ancienne abbaye cistercienne de Gomerfontaine.

Saint-Germer-de-Fly (*Flaviacum*) eut une célèbre abbaye de bénédictins, fondée au vi[e] siècle par saint Germer, un des patrons du Beauvaisis; on y voit une porte fortifiée et une église magnifique du xiie siècle, ainsi qu'une élégante *Sainte-Chapelle* du xiiie, construite sur le modèle de celle de Paris.

Méru est, avec Noailles, le centre d'une grande fabrication de tabletterie : objets d'ivoire, brins d'éventails, boutons, dominos, dés, tabatières, brosses, etc. — *Bailleul-sur-Thérain,* camp romain de Mont-César, à 140 mètres d'altitude; chapelle du xve siècle. — *Bresles* a aussi un camp romain et les ruines de l'abbaye de Froidmont.

Noailles, centre industriel pour la tabletterie, les sucreries, les scieries mécaniques, prit son nom, au siècle dernier, d'un château des ducs de Noailles-Mouchy, dont la maison est originaire de Noailles (Corrèze).

A 3 kilomètres E., se trouve *Mouchy-le-Châtel,* qui conserve une tour de son ancien château fort et possède un château princier de la Renaissance, magnifiquement restauré par le duc de Mouchy. L'église (monument historique) renferme le caveau des ducs de Noailles et le cœur du cardinal de ce nom, archevêque de Paris.

Gerberoy fut jadis une place importante, où Guillaume le Conquérant assiégea son fils Robert Courte-Heuse en 1079. Elle fut, dans les guerres de Cent ans et de Religion, souvent prise et reprise par les Anglais, les Bourguignons et les Français. Par un traité de 946, Louis d'Outre-mer y reconnut Richard Ier comme duc de Normandie et de Bretagne.

II. **CLERMONT-EN-BEAUVAISIS,** chef-lieu d'arrondissement[1], est une ville de 5 600 âmes, bâtie à 118 mètres d'altitude sur un coteau de la rive droite de la Brèche, d'où l'on jouit d'une belle vue. Elle conserve du moyen âge notamment un hôtel de ville du xive siècle (monument historique) et un grand donjon du xie. Celui-ci est un reste de l'ancien château sur l'emplacement duquel s'élève la maison centrale de détention (environ 600 femmes). Vaste maison de santé pour douze cents malades. Ancien *castrum* romain, puis ville forte, Clermont subit plusieurs sièges pendant les guerres de Cent ans et de Religion; il fut au moyen âge le siège d'un puissant comté que François Ier réunit définitivement à la couronne.

Fitz-James, qui a un château remarquable, fut érigé en duché-pairie en 1710, en faveur du duc de Berwick, fils du roi Jacques II d'Angleterre. — *La Neuville-en-Hez* conserve les restes d'un aqueduc romain et d'un château qu'habita saint Louis dès son enfance, et où d'aucuns prétendent qu'il serait né.

Breteuil-sur-Noye, autrefois fortifié, fut assiégé inutilement par les Anglais en 1355. Restes d'une célèbre abbaye bénédictine fondée au vi[e] siècle. — *Vendeuil-Caply,* petit village, passe pour être l'ancienne *Bratuspantium,* qui fut, avant Beauvais, la capitale des Bellovaques, prise par César. On y a trouvé de nombreuses antiquités celtiques et gallo-romaines.

---

[1] Arrondissement de Clermont : 8 *cantons,* 169 communes, 83 770 habitants.
Cantons et communes principales : 1. *Clermont,* 5620 habitants; Agnetz, Fitz-James, La Neuville-en-Hez. — 2. *Breteuil,* 3410 ; Esquennoy, Vendeuil-Caply. — 3. *Crèvecœur-le-Grand,* 2300 ; Cormeilles, Fontaine-Bonneleau. — 4. *Froissy,* 610; Noyers-Saint-Martin. — 5. *Liancourt,* 4040 ; Catenoy, Rantigny. — 6. *Maignelay,* 710. — 7. *Mouy,* 3350 ; Bury, 2370 ; Cambronne-lès-Clermont, Heilles, Thury-sous-Clermont. — 8. *Saint-Just-en-Chaussée,* 2410 ; Ravenel.

CRÈVECŒUR-LE-GRAND fabrique des cachemires mérinos, de la mousseline et des faïences. Château du XVᵉ siècle avec joli parc et vastes jardins.

Liancourt est connu pour ses importantes fabriques d'instruments aratoires et de chaussures. Église remarquable; restes du château des ducs de la Rochefoucauld, et statue de la Rochefoucauld-Liancourt, qui y fonda l'école des Arts et Métiers, aujourd'hui transférée à Châlons. — MAI-

L'île des Peupliers à Ermenonville. V. p. 118.)

GNELAY a une église remarquable par ses voûtes en contre-courbe, uniques en ce genre. Restes d'un château qui fut chef-lieu du duché-pairie d'Alluin, et qui appartint aux familles de Clermont-Tonnerre et de la Rochefoucauld.

MOUY, en amphithéâtre sur le Thérain, est une localité industrielle ayant des fabriques de draps, de couvertures, de boutons. Restes d'un château fort; ancien prieuré de Saint-Jean-des-Viviers converti en ferme.

Thury-sous-Clermont montre le château où fut l'observatoire du célèbre César Cassini, auteur de la première carte de France en cent quatre-vingt-deux feuilles. Cette représentation du pays, la plus fidèle alors, faite à l'échelle d'une ligne pour cent toises (1 pour 86 400), fut publiée par l'Académie des sciences de 1744 à 1793. Elle est remplacée aujourd'hui par la grande carte dite de l'état-major, à l'échelle du 80000e. César Cassini était le petit-fils du grand astronome Dominique Cassini, originaire du comté de Nice.

Saint-Just-en-Chaussée tire son nom d'un évêque du IVe siècle qui y souffrit le martyre, et son surnom de deux chaussées romaines qui s'y croisaient, mais dont il ne reste que le souvenir.

III. **COMPIÈGNE**, sous-préfecture de 14500 habitants [1], s'élève par 40 mètres d'altitude sur la rive gauche de l'Oise, en aval du confluent de l'Aisne. Ancienne *Compendium* des Romains, cette ville est célèbre par son château royal et sa forêt giboyeuse, lieu de chasses princières, que Clovis légua par indivis à ses enfants, afin que chacun d'eux pût en jouir. Charles le Chauve y fonda l'abbaye de *Saint-Corneille*, qui reçut les orgues grecques données à Pépin le Bref et surtout le saint suaire de Notre-Seigneur, qui devint l'objet d'un pèlerinage national. Pendant la guerre de Cent ans, elle fut plusieurs fois aux mains de l'ennemi. — En 1430, les Anglais et les Bourguignons l'assiégèrent de nouveau. **Jeanne d'Arc**, qui venait de sauver la France, croyant sa mission finie, voulait regagner son village et vivre dans la retraite; ses compagnons d'armes lui firent de si vives instances, qu'elle consentit encore à défendre Compiègne. Les ennemis avaient assis leur camp devant la place et la bloquaient de toutes parts; ce blocus durait depuis un mois, et les vivres commençaient à manquer; Jeanne résolut de tenter une sortie. Le 24 mai 1430, accompagnée de la Hire et de cinq cents soldats, elle tombe à l'improviste sur les Bourguignons, qui fuient épouvantés; mais les Anglais arrivent, et les troupes françaises sont forcées de regagner leurs murailles. C'est alors que le gouverneur de la ville, Guillaume de Flavy, fait baisser précipitamment la herse, et Jeanne, qui était restée la dernière, fut assaillie par tous les ennemis à la fois; elle parvint cependant à se dégager et à se sauver du côté de la campagne; mais le soir, accablée de faim et de lassitude, sans force pour se défendre, elle fut prise par Lyonnel, qui la livra à Jean de Luxembourg, son suzerain, et celui-ci la vendit aux Anglais pour dix mille livres (soixante et un mille francs de notre monnaie). La *porte du Pont*, où ce combat eut lieu, a été détruite sous l'empire.

Louis XIII signa à Compiègne deux traités avec la Suède et la Hollande; un autre traité y fut conclu en 1768 pour l'annexion de la Corse, et en 1832 le roi des Belges, Léopold Ier, y épousa Marie-Louise d'Orléans, fille de Louis-Philippe.

[1] Arrondissement de Compiègne : 8 *cantons,* 157 communes, 93 000 habitants.
Cantons et communes principales : 1. *Compiègne,* 14 500 habitants; Choisy-au-Bac, la Croix-Saint-Ouen, 1530; Marigny-lès-Compiègne, 1570; Saint-Jean-aux-Bois, Venette. — 2. *Attichy,* 810; Chelles, Cuise-la-Motte, Pierrefonds, 1750; Tracy-le-Mont, 1760. — 3. *Estrées-Saint-Denis,* 1500; Longueil-Sainte-Marie, Remy, Rivecourt. — 4. *Guiscard,* 1450; Quesmy. — 5. *Lassigny,* 900; Avricourt, Beaulieu-les-Fontaines. — 6. *Noyon,* 6150; Cuts, Saleney. — 7. *Ressons-sur-Matz,* 860; Baugy, Monchy-Humières. — 8. *Ribécourt,* 850; Carlepont, Chiry-Ourscamp, 2150.

Château de Pierrefonds, restauré sous Napoléon III par Viollet-le-Duc.

La ville conserve plusieurs beaux monuments historiques : les deux églises Saint-Jacques et Saint-Antoine, des XIIIe-XVIe siècles; l'hôtel de ville, bâti en style gothique de 1502 à 1510; en outre, plusieurs maisons du XVe siècle; la tour dite de Jeanne d'Arc, à qui une statue a été érigée en 1884.

Le **château de Compiègne** fut mis dans son état actuel par Gabriel, architecte de Louis XV. Ce n'est pas, malgré ses colonnades, une œuvre d'architecture, mais sa façade de 193 mètres sur le parc, sa belle cour, son ameublement somptueux, ses peintures, ses objets d'art et surtout son parc et le voisinage de la forêt, avec laquelle il communique par un berceau en fer de 1400 mètres de longueur, dû à Napoléon III, font de ce palais une demeure véritablement royale.

La **forêt de Compiègne**, l'ancienne *Cotia sylva*, s'appelait encore *forêt de Cuise* au XIVe siècle. C'est une des plus grandes de France, et l'une des plus giboyeuses. Les hêtres, les chênes, les charmes en sont les principaux éléments. Elle a environ 14 500 hectares de superficie et 94 kilomètres de circuit. Les routes qui s'y croisent ont un développement de 1 350 kilomètres. Sa valeur est estimée à plus de 60 millions, dont les deux tiers pour le bois même; son rapport est de 650 000 francs par an, et sa production de 100 000 stères de bois. Traversée par plusieurs ruisseaux, semée d'une quinzaine d'étangs, accidentée par des collines et des rochers, elle présente des promenades et des excursions intéressantes, entre autres celles du château de *Pierrefonds*, du prieuré de *Saint-Corneille*, des édifices, théâtres et thermes gallo-romains de *Champlieu*, de Saint-Jean-aux-Bois, de la Faisanderie, des carrefours de la Michelette et du Puits-du-Roi, le hameau très pittoresque de la Brévière-Sainte-Périne; au nord, le mont *Ganelon*, 152 mètres, qui rappelle les légendes carolingiennes, et où l'on a trouvé des restes d'antiquités gallo-romaines; enfin l'antique domaine de *Maumaques*, sur l'Oise, qui fut habité par les derniers rois fainéants.

Le village de *Cuise-la-Motte* porte le nom primitif de la forêt de Compiègne (Cuise) et celui d'une villa mérovingienne (la Motte). Beau cromlech du Parc-aux-Loups, parallélogramme de 32 mètres de long sur 28 de large; grottes celtiques et voie romaine dite chaussée Brunehaut, traversant la forêt.

Pierrefonds, sur la lisière orientale de la forêt de Compiègne, doit son nom (*petræ fontes*) sans doute à ses sources d'eaux sulfureuses froides; mais sa célébrité lui vient de son superbe château féodal, l'un des plus beaux spécimens de l'architecture militaire du XVe siècle.

Le **château de Pierrefonds**, bâti sur un monticule, au milieu d'une vallée encaissée, est une des merveilles du moyen âge. Il fut construit de 1395 à 1407 par Louis d'Orléans, frère du roi Charles VI. A peine terminée, cette forteresse colossale fut assiégée par les Bourguignons (1411). Le capitaine des Rieux s'y maintint contre Henri IV et essaya même de s'emparer de ce roi. Devenue un asile d'aventuriers, Louis XIII la fit démanteler en 1622. Le château, acheté par Napo-

L'évêque Baudry de Sarchainville instituant la commune de Noyon en 1098.

léon Ier en 1813, fut entièrement restauré par ordre de Napoléon III, sous la direction de Viollet-le-Duc.

« Ce magnifique château forme un quadrilatère irrégulier de 6 270 mètres carrés de surface, présentant sur chaque front trois grosses tours à mâchicoulis, et séparé au sud par un fossé du plateau dont il occupe l'extrémité. Deux portes donnent entrée du dehors dans la *baille* ou *basse-cour*, qui renferme les communs; l'une, au sud-ouest, est accessible seulement aux piétons; l'autre principale, au sud-est, conduit à une lice qui se replie

Abside de la cathédrale de Noyon.

sur elle-même autour d'une muraille, au pied des défenses du flanc oriental. Au delà de la basse-cour, une porte, sous un ouvrage avancé, un pont de bois soutenu par deux piles, et deux ponts-levis conduisant à une porte avec poterne, donnent accès au *donjon*, qui se relie par sa grosse tour avec celle de l'angle sud-est, et, par une tour carrée attenante, avec la tour du milieu soutenant la chapelle. A chacune des tours est pratiquée extérieurement une niche renfermant la statue d'un des neuf Preux. Deux autres statues, ornant le front principal, figurent l'*Annonciation*. De vastes salles à larges cheminées, communiquant par des escaliers monumentaux, composent la distribution intérieure du château, qui recouvre des caves ou des souterrains en ogive, se prolongeant au delà de l'enceinte fortifiée. » (Joanne.)

Noyon, simple chef-lieu de canton situé sur la Verse, à 2 kilomètres de l'Oise, est l'ancien *Noviomagus* romain. Puissante et célèbre sous les mérovingiens et les carolingiens, cette cité rappelle l'épiscopat de saint Médard et de saint Éloi, le couronnement de Charlemagne en 768, deux conciles tenus sous le règne de Louis le Débonnaire, l'élection à la royauté de Hugues Capet en 987, l'établissement de ses franchises communales par l'évêque Baudry de Sarchainville en 1098, ainsi que le traité de paix entre François Ier et Charles-Quint en 1516. — Noyon, dont l'évêché fut supprimé en 1790, a conservé des vestiges de son enceinte gallo-romaine et de nombreux souvenirs du moyen âge. Sa cathédrale, des XIIe-XVIe siècles, longue de 105 mètres, présente un triple porche, deux tours et un transept remarquables; une salle capitulaire et un cloître charmant du XIIIe siècle y sont attenants. Hôtel de ville de la Renaissance et statue du sculpteur Sarrazin. — Noyon est peu industrielle; mais en aval de la ville se voit l'antique abbaye d'Ourscamp (commune de *Chiry*), convertie en une manufacture importante de velours dit d'Amiens.

La Rosière. — Le village de *Salency*, patrie de saint Médard, est connu aussi par l'institution de la Rosière. On nommait ainsi une jeune personne réputée pour sa bonne conduite et celle de ses parents, et qui, dans une fête annuelle instituée à Salency en 535, par saint Médard, recevait des mains de l'évêque une couronne de roses blanches et une dot de vingt-cinq livres. La fête se perpétua, mais le seigneur de Salency remplaça l'évêque. Le 8 juin, jour de la Saint-Médard, le seigneur conduisait la jeune fille à l'église, où l'on entendait les vêpres; de là on se rendait processionnellement à la chapelle de Saint-Médard, où la couronne était déposée sur l'autel. L'officiant, après l'avoir bénite, la plaçait sur la tête de la rosière agenouillée, et lui remettait la dot. On revenait processionnellement à la paroisse, où l'on chantait un *Te Deum*. — Des fêtes semblables furent établies dans plusieurs localités par des seigneurs de paroisses, et subsistèrent jusqu'à la Révolution. Au XIXe siècle, quelques communes ont rétabli cette fête, notamment Nanterre, près de Paris.

IV. SENLIS, chef-lieu d'arrondissement[1], est une petite ville de 7 000 âmes, située à 75 mètres d'altitude sur la Nonette, entre les forêts d'Hallatte au nord, de Chantilly et d'Ermenonville au sud. — Carrières de pierre, pépinières, cressonnières artificielles, ateliers de constructions mécaniques, scieries mécaniques. — Senlis est, pour les archéologues, une des villes les plus curieuses de France. Les restes de son amphithéâtre, retrouvés en 1864, sont soigneusement entretenus. Son enceinte de rem-

---

[1] Arrondissement de SENLIS : 7 *cantons*, 133 communes, 99 260 habitants.
Cantons et communes principales : 1. *Senlis*, 7 120 habitants; Montépilloy, Mont-l'Évêque, Mortefontaine, Orry-la-Ville. — 2. *Betz*, 640; Acy-en-Multien. — 3. *Creil*, 8 190; Chantilly, 4 240; Gouvieux, 2 120; Montataire, 5 300; Nogent-les-Vierges, 2 630; Saint-Leu-d'Esserent, 1 610; Saint-Maximin. — 4. *Crépy-en-Valois*, 4 130; Béthisy-Saint-Pierre, 1 700; Orrouy, Vez. — 5. *Nanteuil-le-Haudouin*, 1 530; Ermenonville. — 6. *Neuilly-en-Thelle*, 1 640; Balagny-sur-Thérain, Chambly, 1 640; Crouy, Morangles. — 7. *Pont-Saint-Maxence*, 2 640; Verberie, 1 700; Verneuil.

parts gallo-romains est la mieux conservée que nous possédions; dans son périmètre de 840 mètres, où seize tours sont encore en partie debout, elle se confond en un endroit avec les murs d'un ancien château royal (VIe au XVIe siècle), en même temps qu'elle englobe une partie des maisons et l'ancienne cathédrale (XIIe siècle), dont la flèche mesure 78 mètres de haut. Plusieurs autres églises, pour être sécularisées, n'en sont pas moins des monuments historiques. Aux abords de la ville, il subsiste de l'abbaye de Saint-Vincent, fondée en 1065 par Anne de Russie, femme de Henri Ier, des bâtiments convertis en collège et une église avec un élégant clocher. — Senlis, l'antique *Ratumacos*, plus tard *Sylvanectum*, capitale des Sylvanectes (habitants des forêts, *sylva*), paraît avoir existé à l'époque celtique sur l'emplacement des ruines de Champlieu. Elle reçut des Romains le nom d'*Augustomagus* et devint, au IIIe siècle, le siège d'un évêché qui subsista jusqu'à la Révolution. La présence fréquente des rois et les privilèges accordés par eux furent pour la ville une source de prospérité. Elle eut sa charte de franchises en 1173;

Arènes de Senlis.

ses milices communales, conduites par l'évêque Guérin, contribuèrent beaucoup au gain de la bataille de Bouvines. Ancienne place forte, elle fut plusieurs fois prise dans les guerres du XIVe au XVIe siècle; de nombreux conciles s'y réunirent et deux traités y furent signés : l'un en 1473, entre Louis XI et le duc de Bretagne; l'autre en 1493, entre Charles VIII et Maximilien d'Autriche. Elle avait titre de comté en 1789.

Creil, sur l'Oise, est une localité industrielle très prospère, qui possède une grande manufacture de faïence fine, des fabriques de briques réfractaires, des verreries et de nombreux établissements métallurgiques, surtout les ateliers des chemins de fer de la compagnie du Nord. Carrières de pierres. Dans une île de l'Oise, église Saint-Évremont du xiie siècle, et

Château de Chantilly.

débris d'un château fort, où Charles VI résida souvent pendant sa longue folie.

Chantilly, sur la Nonette, n'est même pas un chef-lieu de canton; mais il est célèbre par son domaine princier, ses courses aux chevaux, ses écuries d'éleveurs, sa fabrication de porcelaine et de dentelles de soie dites *blondes*. Son beau viaduc du chemin de fer a trente-six arches de 21 mètres de hauteur et 440 mètres de longueur totale.

Le **domaine de Chantilly** appartint aux ducs de Montmorency et, depuis 1632, à la famille des Condé. C'était, avant la Révolution, une résidence vraiment princière, au centre de jardins dessinés par Le Nôtre, et d'un vaste parc sillonné de tous côtés par des dérivations de la Nonette, à proximité d'une immense et giboyeuse forêt, qui communique avec celles d'Hallatte et d'Ermenonville. Après 1872, le duc d'Aumale, héritier des Condé, a fait reconstruire, sur des plans un peu modifiés, l'ancien château de Chantilly, qu'il a légué, en 1886, avec ses dépendances, à l'Institut de France, ne se réservant que l'usufruit. Il renferme aujourd'hui une curieuse bibliothèque et une riche collection d'objets d'art, principalement de peintures et de dessins.

Depuis 1834 il s'est établi, sur la vaste pelouse de Chantilly, des courses qui attirent, chaque année, l'élite de la fashion parisienne. Outre l'écurie monumentale du château (XVIIIe siècle), qui peut contenir deux cent trente chevaux, et qui était tellement belle, que les princes de Condé en faisaient un salon au besoin, Chantilly possède dans la ville ou aux environs les écuries particulières des principaux éleveurs et entraîneurs français, et même anglais.

Montataire, près du confluent du Thérain avec l'Oise, a des carrières de pierres, ainsi que deux importantes usines métallurgiques occupant 1 800 ouvriers et comprenant : forges, fonderies, laminoirs, fabrique de ponts en fer. Église et château flanqué de tours, sur une hauteur de 104 mètres.

Nogent-les-Vierges doit son surnom à deux saintes, Maure et Brigitte, venues d'Irlande au VIe siècle. Curieuse église romane sur crypte, et grotte celtique du Retiro, de 12 mètres de profondeur, où l'on a trouvé des ossements, haches et couteaux en silex.

Crépy-en-Valois, ancienne capitale du duché de Valois érigé en 1402, doit son origine à un château et à une abbaye de Saint-Arnould, fondés en 960 par Gauthier le Blanc, et aujourd'hui en ruines. Belles promenades.

Ermenonville, érigé en vicomté par Henri IV, est célèbre par le château qui fut habité par Gabrielle d'Estrées et où mourut J.-J. Rousseau; avant d'être transporté au Panthéon, ce philosophe irréligieux fut d'abord inhumé dans l'île des Peupliers, où l'on voit son tombeau vide. Forêt, « désert » et parc, avec pièces d'eau.

Pont-Saint-Maxence doit son nom à un pont romain bâti sur l'Oise. Le beau pont actuel, dû à Perronnet, est à trois arches et orné de quatre pyramides reposant sur des groupes de quatre colonnes qui tiennent lieu de piles. Pont-Saint-Maxence conserve de nombreuses curiosités, de même que *Verberie,* au confluent de l'Automne, où les rois francs eurent un palais, et où il s'est tenu plusieurs conciles.

AISNE

5 ARRONDISSEMENTS, 37 CANTONS, 840 COMMUNES, 545540 HABITANTS

Géographie. — Le département de l'*Aisne* tire son nom de la rivière qui le traverse de l'est à l'ouest en baignant Soissons. Sa forme est celle d'un triangle isocèle renversé, dont le sommet est au sud, à la même latitude que Paris, tandis que l'angle nord-est confine à la Belgique. Les 7 352 kilomètres carrés de son territoire lui donnent le 14e rang pour l'étendue ; ils comprennent, en tout ou en partie : le *Laonnais*, capitale Laon ; le *Soissonnais*, capitale Soissons, et le Valois, pays de l'Ile-de-France ; la *Brie pouilleuse*, capitale Château-Thierry, et le *Tardenois*, capitale Fère-en-Tardenois, pays champenois ; la *Thiérache*, capitale Guise, et le *Vermandois*, capitale Saint-Quentin, pays picards.

Le département de l'Aisne, schisteux au nord-est, crayeux presque partout ailleurs, est un pays de plaines et de collines peu élevées, d'une altitude moyenne de 120 mètres, et que séparent des vallées agréables et fertiles mais parfois trop humides. Son point culminant (284 mètres) est dans le bois de Watigny, près de la frontière belge, et son point le plus bas (37 mètres) l'endroit où l'Oise quitte le territoire. Laon est à 180 mètres, Saint-Quentin à 115, Soissons à 45.

Presque toutes les eaux du département vont à la *Seine* par la Marne et l'Oise. — La *Marne*, qui passe à Château-Thierry, reçoit le *Surmelin*, grossi de la Dhuys, dont la source a été en partie captée pour Paris; le *Petit-Morin* et l'*Ourcq*. — L'*Oise*, qui arrose Hirson, Guise, la Fère et Chauny, ne reçoit d'affluents notables que sur la rive gauche ; ce sont : le *Gland*, le *Thon*, la *Serre*, qui recueille le *Vilpion* de Vervins ; la *Lette* ou Ailette et l'*Aisne*. Trois autres cours d'eau considérables ont leurs sources ou leur cours supérieur dans le nord du département, savoir : la *Sambre*, affluent de la Meuse ; l'*Escaut*, passant au Catelet, et la *Somme* à Saint-Quentin.

L'**Aisne** prend sa source au hameau de Sommaisne (tête de l'Aisne), à 230 mètres d'altitude (Meuse). Elle serpente d'abord vers le N.-O., en côtoyant la belle forêt d'Argonne et en arrosant Sainte-Menehould, puis elle pénètre dans les Ardennes pour y décrire une courbe et se diriger à l'O., en même temps qu'elle reçoit l'*Aire*, baigne Vouziers, Rethel et Château-Porcien, où elle est réputée navigable. Passant ensuite dans le département de son nom, l'Aisne recueille la Suippe, le canal de l'Aisne à la Marne et la *Vesle*, puis elle arrose l'antique cité royale de Soissons et va s'unir à l'Oise, par 35 mètres d'altitude, en amont de Compiègne.

La Marne et l'Aisne sont entièrement navigables ; l'Oise ne l'est que depuis Chauny, et l'Ourcq depuis Port-aux-Perches. — Les principaux *canaux* sont ceux de Saint-Quentin, de Crozat, de la Sambre à l'Oise, de Manicamp, de l'Oise à l'Aisne, et le canal latéral à l'Aisne.

Le département appartient au *climat séquanien ;* cependant le froid est bien moins sensible au sud qu'au nord, où le sol est schisteux et plus élevé, et dans les vallées marécageuses de l'Oise et de ses affluents supérieurs. De même, la hauteur des pluies varie, année commune, entre 6 décimètres au sud et 13 au nord.

Très bien cultivé, et d'ailleurs favorable à l'agriculture, le département de l'Aisne est, après ceux du Nord et du Pas-de-Calais, le plus important pour les céréales et les plantes industrielles : lin, chanvre, colza, œillette et betteraves ; on y récolte également d'excellents légumes, tels que les haricots de Soissons, les artichauts et asperges des environs de Laon. En outre, de nombreuses prairies naturelles et artificielles servent à l'élevage d'une grande quantité de chevaux, bêtes à cornes, moutons mérinos et autres ; enfin notons les oseraies de l'arrondissement de Vervins et plus de 100 000 hectares de bois, comprenant, entre autres forêts, celles de Villers-Cotterets, de Saint-Gobain, du Tardenois, de Saint-Michel et de Nouvion-en-Thiérache. L'enseignement agricole a pour organe principal la Société d'agriculture de Saint-Quentin.

La fabrication des tissus de laine, de coton, de soie et coton mêlés, est très importante dans ce département ; elle a Saint-Quentin pour centre. On y fait aussi beaucoup de sucre de betteraves ; le département du Nord seul le produit en plus grande quantité. La verrerie y est représentée par les usines de Quiquengrogne, de Folembray et surtout par la manufacture de glaces de Saint-Gobain. Viennent ensuite la fabrication de machines industrielles et agricoles (Saint-Quentin), d'appareils de chauffage (Guise), de produits chimiques (Saint-Quentin, Chauny), la boissellerie, la vannerie de la Thiérache, la filature, les huiles de colza et d'œillette.

Les habitants. — D'après le recensement de 1891, le département de l'Aisne comptait 545 500 habitants, dont 12 000 étrangers, soit 123 000 âmes de plus qu'en 1801, mais 6 950 de moins qu'en 1871. Il occupe le 18e rang pour la population absolue, le 20e pour la densité, qui est de 74 habitants par kilomètre carré. Il s'y trouve environ 5 400

La Fontaine.

Racine.

protestants, résidant surtout à Saint-Quentin. Le patois picard est encore parlé dans les campagnes des arrondissements de Saint-Quentin et de Vervins.

Personnages. — Saint Remi, évêque de Reims, né à Cerny-en-Laonnais, mort en 533. Les rois Caribert, Chilpéric Ier et Clotaire II, nés à Soissons, morts en 567, 584 et 613. Saint Ouen, évêque de Rouen, né à Sancy, mort en 686. Saint Rigobert, évêque de Reims, né à Ribemont, VIIIe siècle. La reine Bertrade, mère de Charlemagne, née à Laon (morte en 783), ainsi que les rois Louis d'Outre-mer, 954, Lothaire, 986, et Louis le Fainéant, 987. Le cardinal de Bourbon (appelé quelque temps Charles X), né à Gandelu, mort en 1590. Le duc de Mayenne, chef de la Ligue, né à Soissons, mort en 1611. Les trois frères Lenain, peintres, nés à Laon, XVIIe siècle. Le jésuite Marquette, l'un des premiers explorateurs du Mississipi et de la Louisiane, né à Laon, mort en 1675. L'architecte Blondel, né à Ribemont, mort en 1686. Jean de la Fontaine, le fabuliste inimitable, né à Château-Thierry, mort en 1695. Jean Racine, l'un de nos plus grands poètes tragiques, né à la Ferté-Milon, mort en 1699. Le chirurgien Lecat, né à Blérancourt, mort en 1768. Quentin de Latour, portraitiste au pastel, né à Saint-Quentin, mort en 1788. Condorcet, mathématicien et philosophe voltairien, né à Ribemont, mort en 1794. Les révolutionnaires : Camille Desmoulins, né à Guise, mort en 1794; Fouquier-Tinville, né à Hérouelles, mort en 1795, et Babeuf, né à Saint-Quentin, mort en 1797. L'astronome Méchain et le maréchal Sérurier, nés à Laon, morts en 1805, 1819. Le poète classique Luce de Lancival, né à Saint-Gobain, mort en 1810. Le général de Caulaincourt, diplomate, né à Caulaincourt, mort en 1827. Alexandre Dumas père, romancier et auteur dramatique, né à Villers-Cotterets, mort en 1870.

Administrations. — Le département de l'Aisne forme le diocèse de Soissons; il fait partie de la 2e région militaire, de la 7e conservation des forêts (Amiens), de l'arrondissement minéralogique de Paris et de la 3e région agricole (Nord); il ressortit à la cour d'appel d'Amiens et à l'académie de Lille.

Il comprend 5 arrondissements : *Laon, Saint-Quentin, Vervins, Soissons, Château-Thierry,* avec 37 cantons et 840 communes.

I. **LAON**, chef-lieu du département[1] et place forte avec citadelle, est une de nos villes secondaires (14 200 habitants) les plus intéressantes par sa situation, ses monuments et son histoire. Elle occupe, à 180 mètres d'altitude, le sommet d'une colline isolée au milieu d'une vaste plaine, où s'étalent ses six faubourgs. Du haut des promenades, qui ont remplacé une partie de ses remparts, on jouit d'un panorama très étendu. Ses environs produisent, outre le vin de la « Cuve Saint-Vincent », des asperges et artichauts renommés. Toutefois le commerce de Laon a surtout pour objet les grains, les tissus de Saint-Quentin et les glaces de Saint-Gobain.

Son monument principal est l'ancienne cathédrale Notre-Dame, l'un des édifices les plus remarquables du style ogival naissant (XIIe siècle). Aux abords subsistent un beau cloître du XIIIe siècle et l'ancien palais épiscopal, devenu palais de justice depuis la Révolution. A cette époque, Laon possédait quatre grandes abbayes : Montreuil, aujourd'hui hospice d'aliénés; Saint-Vincent, dont il reste des remparts du XIIIe siècle; Saint-Jean, aujourd'hui la préfecture, et Saint-Martin, devenu l'Hôtel-Dieu. Il y a aussi une maison de Templiers, dont la chapelle, bâtie en 1134, est souvent citée pour sa forme en rotonde. La bibliothèque de la ville renferme de curieux manuscrits, et plus de 2 000 autographes, la plupart

---

[1] Arrondissement de LAON : 11 *cantons,* 291 communes, 162 150 habitants.
Cantons et communes principales: 1. *Laon,* 14 130 habitants; Athies, Crépy, 1670. — 2. *Anizy-le-Château,* 1100. — 3. *Chauny,* 9315; Autreville, Friares, Sinceny, 1930; Viry-Noureuil, 1520. — 4. *Coucy-le-Château,* 710; Bichancourt, Blérancourt, Folembray, 1840; Prémontré, Quierzy. — 5. *Craonne,* 670; Cerny-en-Laonnais. — 6. *Crécy-sur-Serre,* 1930. — 7. *La Fère,* 5400; Fargniers, 1930; Quessy, Saint-Gobain, 2350; Tergnier, 3740. — 8. *Marle,* 2510; Tavaux. — 9. *Neufchâtel,* 650. — 10. *Rozoy-sur-Serre,* 1450; Dizy-le-Gros, Montcornet, 1550. — 11. *Sissonne,* 1480; Liesse, Saint-Erme.

des rois de France; le musée comprend surtout des antiquités gallo-romaines provenant des « creults » ou « boves », anciens villages souterrains des environs.

Laon, qui porte le nom visiblement gaulois de *Laudunum,* est très probablement distinct du fameux oppidum de Bibrax, qu'il est préférable de placer au Vieux-Laon, colline jadis fortifiée, située à 16 kilomètres sud-est. Saint Remi, trouvant son diocèse trop vaste, y établit en 497 saint Génebaud comme premier évêque. Les évêques de Laon jouèrent dans l'histoire de France un rôle considérable, en favorisant l'avènement

Laon et sa cathédrale.

de la dynastie capétienne. Mais, après avoir pris Laon (991), Hugues Capet en garda pour lui la souveraineté; ses successeurs la restituèrent aux évêques, en y attachant la seconde pairie ecclésiastique du royaume. Elle fut définitivement érigée en commune en 1128.

Située sur la route naturelle de Paris à la vallée moyenne de la Meuse, dans la position qu'on lui connaît, Laon devait être souvent disputée par les armées. C'est ce qui eut lieu dans la longue lutte contre les Anglais, dans les guerres bourguignonnes et celles de la Réforme. En 1814, la ville fut témoin d'une bataille meurtrière entre Blücher et Napoléon, qui dut se replier sur Soissons. Elle fut prise encore l'année suivante par les Alliés, et elle l'a été par les Prussiens en 1870.

Crépy-en-Laonnais, au nord-ouest de Laon, donna son nom au traité de 1544, qui mit fin aux guerres entre François Ier et Charles-Quint.

Chauny, sur l'Oise, qui y devient navigable, et sur un canal, a de grandes usines pour le polissage des glaces de Saint-Gobain. *Les deux* localités sont reliées par un chemin de fer, qui traverse une manufacture de produits chimiques, à l'usage des deux établissements. Chauny a aussi des fabriques de toiles et de treillis, des filatures de laine et des blanchisseries. — Bâtie au IXe siècle, autour du château de *Calniacum,* appartenant aux comtes de Vermandois, cette ville fut prise et incendiée en 1552 par Antoine de Croy, comte de Rœulx (Hainaut belge); Philippe II d'Espagne la prit également en 1557.

Coucy-le-Château, sur une colline, à deux kilomètres de la Lette,

Ruines de Coucy.

possède les ruines du fameux château féodal, bâti de 1225 à 1230 par Enguerrand III. Quoique démantelé depuis 1652 et bien que les gens du pays et des environs s'y soient fournis de pierres depuis cette époque, il est néanmoins resté un édifice prodigieux; du reste, l'État, qui l'a acquis, y a fait faire d'intelligentes réparations par l'archéologue Viollet-le-Duc. Son donjon, qui n'a pas moins de 100 mètres de tour et 55 de hauteur, est « la plus belle construction militaire du moyen âge qui existe en Europe ». Le château est traversé dans ses fondations par de nombreux et vastes souterrains, qui établissaient des communications entre tous les points de la défense intérieure et les dehors.

« Tout est colossal dans cette forteresse, dit encore Viollet-le-Duc; il semble que les habitants de cette demeure devaient appartenir à une race de géants, car tout ce qui tient à l'usage habituel est à une échelle supérieure à celle admise aujourd'hui : les marches des escaliers, les allèges des créneaux, les bancs, sont faits pour des hommes d'une taille au-dessus de l'ordinaire. » On connaît la fière devise de ses seigneurs : « Roy ne suis ; ne duc ne comte aussy : je suis le sire de Coucy. »

Quierzy-sur-Oise possédait jadis un palais des seigneurs d'Héristal. Là mourut Charles Martel en 741, et Charles le Chauve y promulgua en 877 l'édit célèbre qui consacrait l'hérédité des fiefs : c'était l'inauguration officielle du régime féodal.

Prémontré, au sud de Saint-Gobain, est connu pour sa célèbre abbaye fondée en 1120 par saint Norbert, et qui devint la maison mère de mille autres communautés, tant d'hommes que de femmes, en France et en Allemagne. Dévastée par les huguenots en 1567 et rétablie au XVIIIe siècle, elle est actuellement occupée par un asile d'aliénés pour les départements de l'Aisne et des Ardennes.

La Fère est une place forte située dans les prairies quelque peu marécageuses où s'unissent la Serre et l'Oise. Elle possède une école d'artillerie, fondée en 1719, un arsenal de construction et des fabriques de produits chimiques et d'huiles. La Fère (*Fara*, hameau), qui appartint d'abord aux évêques de Laon, était tombée au XIIe siècle entre les mains des sires de Coucy ; Louis le Gros la leur arracha. Cette place joua un grand rôle dans les guerres de Religion, et Henri IV ne s'en rendit maître en 1596 qu'après un siège de sept mois. Prise par les Alliés en 1814, elle fut assiégée inutilement par les Prussiens en 1815, mais se rendit à eux en 1870. Depuis cette dernière époque, elle a reçu de nouveaux forts.

Tergnier possède une gare importante et les ateliers de construction des chemins de fer du Nord.

Saint-Gobain, célèbre par sa manufacture de glaces, est situé sur une colline de 175 mètres d'altitude, au milieu d'une forêt. Cette ville doit son nom à un solitaire nommé Gobain, qui y fut martyrisé au VIIe siècle. Il y eut au moyen âge un château qui devait être fort remarquable, car il avait été construit au XIIIe siècle, en même temps que celui de Coucy et par le même seigneur. — Aux abords de la ville, le long des tranchées, s'ouvrent dans le calcaire tendre à nummulites (petits coquillages) de nombreuses grottes ou habitations souterraines, dans lesquelles, de nos jours encore, vivent de génération en génération plusieurs familles de *troglodytes* (habitants des cavernes), qui d'ailleurs ne diffèrent pas du reste de la population picarde.

Dans sa manufacture de glaces, fondée en 1665, et visitée par plusieurs souverains, voire par le pape Pie VII, fut, dit-on, inventé le *coulage* du verre : ce qui nous invite à parler de cette fabrication.

Fabrication du verre. — Pour préparer le verre, on fait un mélange de la *pierre à fondre* (sable) et de son *fondant* (soude, potasse, oxyde de plomb) ; ce mélange, introduit dans un creuset de terre réfractaire, est porté dans un four spécial et chauffé à la température rouge vif. La pâte liquide qui en sort, étendue, façonnée par divers moyens et refroidie, constitue le *verre*, dont on forme les glaces (verre coulé) et les vitres (verre soufflé).

Pour fabriquer une *glace*, quand la fusion est complète, on *coule* le

Entrée des souterrains de Saint-Gobain.

verre sur des tables en bronze préalablement chauffées; on l'étend uniformément avec des cylindres en bronze, reposant sur les tringles en fer qui bordent ces tables, et dont l'épaisseur égale celle que doit avoir la glace. Ces glaces refroidies sont polies, soit par un polissoir spécial, soit en les frottant l'une contre l'autre avec du savon, de l'émeri très fin, et un sel de fer appelé colcothar; on procède ensuite à l'*étamage*, qui constitue les glaces-miroirs. Pour étamer la glace, on étend une feuille d'étain sur une table bien unie et on la recouvre d'une couche de mercure. On fait alors glisser la glace sur la couche de mercure, de manière qu'aucune bulle d'air ne puisse s'interposer; on charge uniformément la glace; l'excès de mercure s'écoule, et l'amalgame ou tain, formé de mercure et d'étain, se fixe sur

Fabrication du verre soufflé.

le verre. Comme cet amalgame est très brillant, il produit un miroir parfait. L'art d'étamer les glaces remonte à la fin du XIIIe siècle.

Dans la plupart des usines, le *verre à vitres* s'obtient de la manière suivante. Quand la fusion est complète, un ouvrier appelé *souffleur* trempe dans le creuset l'extrémité d'une *canne* creuse en fer; il cueille ainsi une certaine quantité de verre liquide, qu'il souffle et grossit en le replongeant dans le creuset; il en fait une boule allongée qui prend peu à peu la forme d'un cylindre, dont il enlève les deux calottes extrêmes; c'est le *canon*, qu'il fend ensuite dans toute sa longueur, à l'aide d'une pointe de fer trempée dans l'eau froide. Le cylindre de verre, placé ensuite dans un four chaud, se ramollit et s'ouvre; on l'étend en feuilles planes avec une sorte de plane en bois. On laisse refroidir lentement, et, après le recuit, la fabrication est terminée.

Liesse ou **Notre-Dame de Liesse** (*Lætitia*), à 15 kilomètres nord-est de Laon, est célèbre par son pèlerinage en l'honneur de la Mère de Dieu, dont la statue fut miraculeusement apportée en ce lieu au temps des premières croisades, et repose depuis dans une belle église bâtie pour la recevoir. Près de cette église est un petit séminaire. — Voici ce que rapporte la légende au sujet de la statue de Notre-Dame de Liesse :

En 1131, trois chevaliers de la maison d'Eppes, qui guerroyaient en Palestine, furent faits prisonniers par le soudan d'Égypte. Ce prince avait une fille nommée Ismérie qui, en cherchant à convertir les trois chevaliers à la foi musulmane et à la cause de son père, se laissa gagner elle-même au christianisme; l'apparition miraculeuse d'une statue de la sainte Vierge acheva sa conversion et détermina sa fuite avec les chevaliers. En effet, la nuit suivante les portes de la prison s'ouvrirent d'elles-mêmes, puis un batelier, qui se trouva au bord du Nil, les passa tous les quatre et disparut après. Cependant la fatigue les obligea au repos. Pendant leur sommeil un nouveau miracle les transporta en Europe, dans le Laonnais, près le château de Marchais. Étonnés d'une telle merveille, ils reconnurent la puissante intercession de la Vierge, mais sa statue devint bientôt d'un poids insurmontable; ils comprirent que ce lieu était celui où la Mère de Dieu devait être honorée. L'image y fut déposée et, plus tard, placée sur l'autel d'une église que leur piété fit construire en 1134, sous le vocable de Notre-Dame de la Joie ou de Liesse. Le récit de la merveilleuse histoire, les prodiges nombreux qui la confirmèrent, rendirent bientôt le lieu célèbre; un village s'y forma, à peine suffisant pour offrir l'hospitalité aux innombrables pèlerins accourus de tous côtés; l'église fut enrichie par les offrandes du peuple, les riches présents des seigneurs et les libéralités des rois, qui se placèrent eux-mêmes sous la protection de Notre-Dame de Liesse. Louis XI y jura en 1469 le traité de Péronne. François Ier fit le pèlerinage avec toute sa famille en 1538, lors de la trêve conclue avec Charles-Quint; enfin Louis XIII et Anne d'Autriche y vinrent implorer la naissance d'un fils, qui fut Louis XIV. Un ex-voto porte l'inscription suivante : « Donné par Louis XIII, le 14 octobre 1632, lors de son second pèlerinage à Liesse. »

II. **SAINT-QUENTIN**, chef-lieu d'arrondissement[1], peuplé de

---

[1] Arrondissement de SAINT-QUENTIN : 7 *cantons*, 128 communes, 146 000 habitants.
Cantons et communes principales : 1. *Saint-Quentin*, 47 560 habitants; Homblières. — 2. *Bohain*, 6 980; Brancourt, Étaves, Fresnoy-le-Grand, 3 660; Montigny, Montbrehain, 1 570; Prémont, 1 530; Seboncourt, 2 220; Serain. — 3. *Le Catelet*, 510; Beaurevoir, 2 010; Bellicourt, Estrées, Gouy, Hargicourt, Levergies, Nauroy, Vendhuile, 1 690. — 4. *Moy,* 1 040; Vendeuil. — 5. *Ribemont,* 2 940; la Ferté, Mont-d'Origny, Origny-Sainte-Benoîte, 2 550; Sery, Thenelles. — 6. *Saint-Simon,* 620; Flavy-le-Martel, 2 020; Jussy, Séraucourt. — 7. *Vermand,* 1 270; Caulaincourt, Étreillers.

48 000 âmes, est de beaucoup la ville la plus importante du département : elle est située par environ 115 mètres d'altitude sur une colline dominant la Somme et les canaux de Crozat et de Saint-Quentin. L'industrie qui la distingue, et fait en même temps la richesse de son district si considérable, comprend principalement la filature et le tissage des étoffes de coton, de laine, ou laine et soie : châles, mousselines unies et brochées, percales,

Saint-Quentin, sa collégiale et la rivière de Somme.

piqués, guipures, linge damassé. La broderie y a aussi d'importantes maisons, dont les ouvrières pour le travail à la main se trouvent dans les Vosges. Citons également les ateliers de construction mécanique, de grosse chaudronnerie et les raffineries de sucre, produit que l'arrondissement fabrique en grande quantité. — Saint-Quentin possède un monument très remarquable : c'est son ancienne collégiale gothique, des XIIe-XVe siècles, ayant un fort beau vaisseau et deux transepts, ce qui lui donne la forme d'une croix archiépiscopale ; la crypte, du XIe siècle, renferme dans des sarcophages antiques les corps de saint Quentin et de ses deux compagnons de martyre. L'hôtel de ville, aussi très intéressant, est construit dans le style ogival, comme ceux des villes flamandes. Dans le musée Lécuyer se trouve la magnifique collection de pastels de Quentin de Latour, comprenant 85 portraits de personnages marquants du temps de Louis XV.

Saint-Quentin est l'*Augusta Veromanduorum* des Romains, qui en firent, après la prise de Vermand, la capitale de la nation des Véromanduens. Elle doit son nom actuel au prêtre chrétien Quintinus, qui y fut martyrisé pour la foi en 287, avec ses deux diacres. Détruite par les Barbares du ve siècle, elle ne se releva qu'au viie, après que saint Éloi y eut édifié un oratoire en l'honneur de son apôtre-martyr. Au ixe siècle, elle était assez considérable pour que les comtes de Vermandois la choisissent pour leur capitale, en attendant que la fabrication des draps vînt augmenter sa richesse. Réunie à la couronne et fortifiée en 1215, elle fut cédée au duc de Bourgogne par le traité d'Arras en 1435, puis revint à la France à la mort du Téméraire, en 1477. Les Espagnols la prirent le 27 août 1557, quelques jours après avoir défait sous ses murs le connétable de Montmorency; mais ils nous la rendirent au bout de deux ans. Le 8 octobre 1870, la garde nationale de Saint-Quentin repoussa une première attaque des Prussiens ; mais, le 19 janvier suivant, le général Faidherbe, après avoir livré dans le voisinage la bataille dite de Saint-Quentin, fut obligé de battre en retraite devant des forces supérieures. — Un monument commémoratif, avec groupe en bronze, rappelle ces deux derniers faits d'armes.

Bohain, près de la forêt de même nom, et *Fresnoy-le-Grand*, plus au sud, sont après Saint-Quentin les principaux lieux de production de l'arrondissement : tissus de laine, soie et coton mélangés, dits *articles de Lyon*. — Ribemont, également industriel, s'occupe surtout de vannerie. Parmi les nombreux siéges que subit cette ancienne ville forte, le plus célèbre est celui de 1587, entrepris par Condé avec 30 000 hommes, et à la suite duquel elle fut brûlée.

Vermand, au nord-ouest de Saint-Quentin, fut avant cette ville la capitale des Véromanduens et, comme elle, ruinée par les Barbares. Les Romains y eurent un camp fortifié, dont il subsiste une enceinte de terre presque carrée, avec fossés encore très visibles entourant le village de trois côtés. Des fouilles exécutées en 1825-1828 y ont fait découvrir un grand nombre de médailles, de fragments antiques et la substruction d'une des portes du camp.

III. **VERVINS**, sous-préfecture de 3 300 habitants [1], est située sur le Vilpion, sous-affluent de l'Oise, par 175 mètres d'altitude. Cette petite ville fabrique de la vannerie, de même que tout son arrondissement. Autrefois fortifiée, elle appartint à la maison de Coucy jusqu'au xve siècle

---

[1] Arrondissement de Vervins : 8 *cantons*, 132 communes, 109 900 habitants.

Cantons et communes principales : 1. *Vervins*, 3 240 habitants; Plomion. — 2. *Aubenton*, 1 400; Landouzy. — 3. *La Capelle*, 2 350; Buironfosse, 2 150; Étréaupont, 1 700 ; la Flamengrie, 1 510. — 4. *Guise*, 8 200; Bernot, Flavigny-le-Grand, Lesquielles. — 5. *Hirson*, 6 300 ; Mondrepuis, 1 540 ; Origny-en-Thiérache, 2 540 ; Saint-Michel, 4 530 ; Watigny. — 6. *Le Nouvion*, 3 110 ; Boue, 1 520 ; Esquehéries, 1 610. — 7. *Sains-Richaumont*, 2 150 ; Landifay, Lemé. — 8. *Wassigny*, 1 180 ; Étreux, 1 760 ; Grougis, Mennevret, 2 110 ; Vaux-Andigny, 1 620.

et fut prise à diverses époques ; mais elle est surtout connue dans l'histoire par le traité qu'Henri IV et Philippe II d'Espagne y signèrent en 1598.

Guise, sur l'Oise, est la première ville de l'arrondissement pour la population, l'industrie et l'histoire. Elle a une grande manufacture de calorifères et de poêles émaillés, de laquelle dépend un familistère pour plus de 400 familles : cet édifice, parfaitement aménagé, est unique en France. — Déjà place forte au IXe siècle, Guise subit de nombreux sièges jusqu'à Louis XIV, entre autres celui de 1557, tenté inutilement par les Espagnols, et celui de 1650 par Turenne, qui renonça à prendre le château. Capitale de la Thiérache, Guise fut aussi le siège d'un comté, qui passa à la maison de Lorraine en 1333. François Ier l'érigea en duché-pairie en 1527 pour Claude de Lorraine, qui devint ainsi le chef de la célèbre famille ducale à laquelle Guise donna son nom. Le duché passa à la maison de Condé en 1704.

Hirson, au confluent de l'Oise et du Gland, fabrique en grand la vannerie dite de Thiérache, et possède des ferronneries, tuileries et scieries à vapeur. D'abord ville féodale, puis érigée en commune en 1156, Hirson fut attaquée vainement par les Impériaux en 1530. Démantelée en 1637, elle est aujourd'hui munie d'un fort et de batteries annexes, qui commandent un important nœud de voies ferrées, en arrière de l'épaisse zone de forêts couvrant la frontière belge.

Origny, sur le Thon, est le centre d'une fabrication considérable de vannerie fine et commune. Église fortifiée des XIVe et XVe siècles.

Saint-Michel, sur le Gland, a des forges, filatures et ateliers de tissage, ainsi qu'une belle église (XIIe et XVIIe siècles), reste d'une abbaye bénédictine fondée en 944. Les bâtiments sont maintenant occupés par une filature.

Le Nouvion, sur l'ancien cours de la Sambre, fabrique de la boissellerie, ainsi que des flanelles et lainages dits *articles de Reims*.

Sains se livre à l'industrie des laines peignées, filées et tissées.

IV. **SOISSONS**, chef-lieu d'arrondissement[1], est une ancienne mais jolie ville de 12 000 âmes, située à 45 mètres d'altitude dans l'agréable et fertile vallée de l'Aisne. Aussi fait-elle un grand commerce de grains, ainsi que de haricots estimés. Comme monuments, elle conserve du moyen âge une belle cathédrale gothique et des restes d'abbayes célèbres à divers titres, savoir : l'abbaye de Saint-Médard, témoin des sacres de Pépin le Bref et de Raoul, ainsi que de la déposition de Louis le Débonnaire par ses fils, en 833 ; l'abbaye de Saint-Jean-des-Vignes, où saint Thomas Becket passa le temps de son exil (1161-1170) et dont il reste un splendide portail couronné de deux belles flèches ayant 70 et 75 mètres de hauteur ; l'abbaye de Saint-Crépin-en-Chaye, bâtie en 1135 sur le

[1] Arrondissement de Soissons : 6 *cantons*, 165 communes, 70 950 habitants.
Cantons et communes principales : 1. *Soissons*, 12 080 habitants ; Crouy, Cuffies. — 2. *Braisne*, 1 520. — 3. *Oulchy-le-Château*, 700. — 4. *Vailly*, 1 590 ; Chavignon, Laffaux, Sancy. — 5. *Vic-sur-Aisne*, 980 ; Ambleny. — 6. *Villers-Cotterets*, 4 590.

lieu du martyre de saint Crépin ; ce n'est plus qu'un amas de ruines. — Soissons est probablement l'antique *Noviodunum*, capitale des Gaulois Suessions, que César assiégea et prit en 57 avant Jésus-Christ ; plus tard cette ville fut appelée successivement *Augusta Suessionum* et *Suessiones*. Les voies au christianisme y furent préparées par les deux frères Crépin et Crépinien, cordonniers, qui y souffrirent le martyre en 297. Soissons fut la résidence du dernier gouverneur romain Syagrius, que défit Clovis sous

Soissons. Restes de l'abbaye de Saint-Médard.

ses murs en 486. Celui-ci en fit la capitale de ses États avant la prise de Paris ; sous ses fils et petits-fils il y eut deux fois un *royaume de Soissons*, que possédèrent Clotaire Ier, Chilpéric Ier et Clotaire II. En 719, Charles Martel battit les Neustriens à Soissons, et en 923 Charles le Simple y perdit une bataille qui lui coûta le trône, et à son compétiteur Robert la vie ; ce fut Raoul de Bourgogne qui recueillit le fruit de la lutte. Beaucoup plus tard, Soissons forma un comté, qui passa successivement aux maisons de Luxembourg, de Bourbon, de Savoie, d'Orléans, et ne fut rattaché à la couronne qu'en 1734. La ville avait obtenu sa charte communale en 1131. Elle a été témoin de plusieurs conciles, notamment celui où fut condamnée la doctrine d'Abélard (1121). Du xve siècle à la guerre de 1870-1871, Soissons subit de nombreux sièges, dont l'issue lui a presque toujours été fatale, à cause de sa situation désavantageuse dans une plaine entourée de collines.

Braisne, sur la Vesle, est l'ancien *Brennacum*, séjour favori des rois mérovingiens ; on y remarque la belle église abbatiale de Saint-Yved, les restes d'un château fort bâti par Hugues le Grand, en 931, et un intéressant musée archéologique. — *Laffaux*, appelé autrefois *Latofao*, au nord-est de Soissons, est un village célèbre par deux batailles, dont l'une fut gagnée par Frédégonde sur les Austrasiens, en 596, et l'autre par Ébroïn sur Pépin d'Héristal, en 680.

Villers-Cotterets, à la lisière occidentale de la forêt de même nom, possède d'importantes scieries mécaniques, ainsi qu'un vaste asile départemental, occupant les bâtiments d'un château royal commencé sous François Ier. En 1539, ce prince y promulgua l'édit qui créait les registres de l'état civil et prescrivait que tous les actes publics fussent prononcés et rédigés en français, au lieu du latin précédemment employé.

V. **CHATEAU-THIERRY**, sous-préfecture de 7 000 habitants [1], est bâtie au pied et sur le penchant d'une colline, baignée par la Marne à 60 mètres d'altitude, et que couronnent les ruines majestueuses du château construit par Charles Martel pour le jeune Thierry IV. La ville, qui prend son nom de ce château, fabrique notamment des instruments de musique et fait le commerce de grains et farines. Mais ses habitants s'honorent surtout de leur concitoyen *Jean de la Fontaine*, l'inimitable fabuliste, dont on voit encore la maison du xviie siècle, transformée en musée, ainsi qu'une statue en marbre, dressée en face du pont de la Marne. Le 12 février 1814 eut lieu aux environs un sanglant combat, à la suite duquel Château-Thierry fut trois fois livré au pillage.

Fère-en-Tardenois, sur l'Ourcq, travaille la laine et conserve les restes d'un château fort, qui fut pris plusieurs fois pendant les guerres de religion. Aux environs, on a découvert plus de mille tombes renfermant des vases, médailles, poteries, appartenant aux divers âges qui se sont succédés depuis celui de la pierre polie jusqu'aux temps mérovingiens.

La Ferté-Milon, en amphithéâtre sur l'Ourcq, conserve des restes de son château fort, bâti par Louis d'Orléans en 1400, et démoli par Henri IV en 1594. Mais, comme Château-Thierry, cette petite ville doit sa célébrité à l'un de ses enfants : l'immortel *Jean Racine*, qui y a sa statue, sculptée par David d'Angers.

[1] Arrondissement de Chateau-Thierry : 5 *cantons*, 124 communes, 56 530 habitants.
Cantons et communes principales : 1. *Château-Thierry*, 6 870 habitants; Essommes, 1 630. — 2. *Charly*, 1 690 ; Chézy-sur-Marne, Nogent-l'Artaud. — 3. *Condé-en-Brie*, 660 ; Tréloup. — 4. *Fère-en-Tardenois*, 2 270 ; Coincy. — 5. *Neuilly-Saint-Front*, 1 480 ; la Ferté-Milon, 1 600 ; Gandelu.

Campagne de France. Bataille de Montmirail, 11 février 1814.

CHAMPAGNE

4 DÉPARTEMENTS

AUBE, HAUTE-MARNE, MARNE, ARDENNES

Sommaire géographique. — La Champagne, comme son nom l'indique (au moyen âge *Campania*, champ, campagne), est essentiellement un pays de plaines, assez unies et monotones. D'une altitude moyenne de 100 mètres dans le centre (Champagne pouilleuse), le sol se relève à l'ouest dans la Brie, et plus encore au nord de Mézières avec le plateau de l'Ardenne (504 mètres), et au sud-est, avec le plateau de Langres, où se trouve le Haut-du-Sec, 516 mètres, qui est le point culminant. Le point le plus bas est de 50 mètres, à la sortie de l'Aisne.

Cette province appartient aux trois bassins fluviaux de la *Seine* (Seine, Aube, Marne, Aisne), de la *Meuse* et du *Rhône* (par quelques tributaires de la Saône supérieure). Son climat, en grande partie *séquanien* et tempéré, est *vosgien*, c'est-à-dire plus froid dans les Ardennes et sur le plateau de Langres.

Dans la Champagne pouilleuse, qui s'étend à travers les départements de l'Aube et de la Marne, jusque dans le sud des Ardennes, le sol, crayeux et stérile, mais déjà amélioré, se couvre de sapinières et nourrit spécialement des moutons ; plus fertile ailleurs, il produit en abondance du froment, surtout dans la Brie, d'ailleurs restreinte, et du vin, principalement le vin mousseux d'Épernay et de Reims. L'industrie des tissus de laine est active à Reims et à Sedan, celle de la bonneterie de laine et de coton à Troyes. Les hauts fourneaux, fonderies et usines métallurgiques sont nombreux dans la Haute-Marne et les Ardennes, relativement riches en minerais de fer et en bois.

Historique. — La Champagne, capitale Troyes, était un grand gouvernement qui avait pour limites : au nord, le territoire belge ; à l'est, la Lorraine ; au sud, la Franche-Comté, la Bourgogne et l'Orléanais ; à l'ouest, l'Ile-de-France et la Picardie. Elle comprenait deux parties principales : la Brie et la Champagne. — La *Brie*[1] se divisait en Haute-Brie ou Multien, capitale Meaux ; en Basse-Brie, capitale Provins, et en Brie Pouilleuse ou Gallevesse, capitale Château-Thierry. — La *Champagne* se divisait en haute et basse Champagne. La Haute-Champagne comprenait le Rethélois, capitale Rethel ; le Rémois, capitale Reims ; le Perthois, capitale Vitry-le-François (ces deux derniers pays renfermaient la partie de l'Argonne où se trouve Sainte-Menehould). La Basse-Champagne comprenait la Champagne propre ou Champagne Pouilleuse, capitale Troyes ; le Vallage, capitale Joinville ; le Bassigny, capitale Langres, et le Sénonais, capitale Sens.

Le territoire de la Champagne était habité, avant la conquête romaine, par diverses tribus gauloises : les *Rèmes*, ayant pour capitale Reims ; les *Catalaunes* (Châlons), les *Meldes* (Meaux), les *Tricasses* (Troyes), les *Sénons* (Sens) et les *Lingons* (Langres). Ces tribus, comprises sous Auguste dans la Belgique et la Celtique, font plus tard partie de la Belgique IIe, de la Lyonnaise Ire et de la Lyonnaise IVe ou Sénonaise. Aux IVe et Ve siècles, elles sont dévastées par des hordes de Barbares, entre autres les Huns d'Attila, qui, arrêtés ou détournés de Troyes par l'évêque saint Loup, furent écrasés dans les Champs catalauniques en 451. Vient ensuite Clovis, chef des Francs saliens, qui fait la conquête du territoire champenois, préludant ainsi à celle de presque toute la Gaule. C'est à Reims qu'il reçut la grâce du baptême des mains du grand évêque saint Remi. Sous ses successeurs, la province devient le partage des rois de Neustrie et d'Austrasie. L'histoire signale, de 570 à 714, des ducs de Champagne (*duces campanienses*), nommés par ces princes ; mais ce n'est qu'au commencement du Xe siècle, par suite du morcellement en fiefs de l'empire de Charlemagne, que commence la série des *comtes héréditaires de Troyes*.

D'abord maîtres du pays tricassin ou Champagne propre, ces seigneurs, dans la personne de Thibaut Ier, deviennent au XIe siècle, par l'annexion de la Brie, les véritables comtes de Champagne. Ils ne cessent d'étendre

---

[1] *Brie*, mot désignant un terrain boueux, argileux.

leur domination, pacifiquement ou par les armes : aussi les voyons-nous figurer parmi les principaux feudataires de la couronne et joindre à leur titre de comte palatin celui de pair du royaume. On cite notamment Thibaut II, qui eut à soutenir une guerre sanglante contre Louis le Jeune, l'incendiaire de Vitry; Henri II, qui devint roi de Jérusalem; Thibaut IV, le chansonnier, qui, malgré sa versalité politique, fut le plus ferme appui de la royauté pendant la minorité de saint Louis, et devint ensuite roi de Navarre. Sa petite-fille, Jeanne, ayant épousé Philippe le Bel en 1284, on

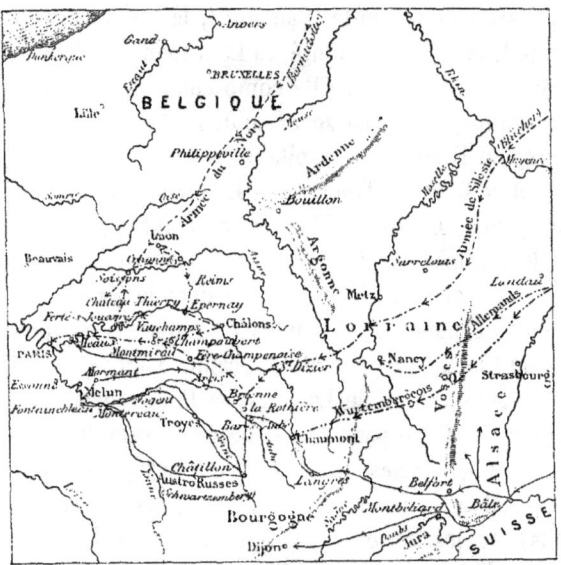

Carte pour la Campagne de France (1814)

peut dire que le comté de Champagne-et-Brie fut alors réuni à la couronne, bien que sa réunion « définitive et sans remise » n'ait eu lieu qu'en 1361, sous Jean le Bon.

Quant au comté de Sens, il faisait déjà partie du domaine royal depuis 1015; la plupart des autres fiefs champenois subsistèrent jusqu'en 1789 : comtés de Rethel, de Tonnerre, de Vertus, seigneurie de Joinville, etc. La principauté de Sedan, qui formait un gouvernement particulier, fut réunie en 1642.

En 1790, la Champagne forma les départements de l'Aube, de la Haute-Marne, de la Marne, des Ardennes, avec des portions considérables de l'Yonne, de Seine-et-Marne et de l'arrondissement de Château-Thierry (Aisne).

Au moyen âge, la Champagne acquit une grande renommée par ses foires de Troyes, Reims et Provins, dans lesquelles les provinces du nord-ouest, aussi bien que l'Allemagne, s'approvisionnaient de marchandises venues en général du midi par le Rhône et la Saône. Durant la guerre de Cent ans, un honteux traité fut signé à Troyes en 1420; mais aussi en 1429 Charles VII fut sacré à Reims, après les victoires de Jeanne d'Arc sur l'Anglais envahisseur. En 1521, les Impériaux, voulant à leur tour s'emparer de la Champagne, assiégèrent Mézières, que Bayard défendit avec autant de courage que de succès. Les guerres de religion y prirent naissance par le soi-disant massacre de Vassy (1562), et donnèrent lieu à la bataille de Dormans (1574). En 1643, le duc d'Enghien, connu depuis sous le nom de grand Condé, remporta sur les Espagnols la célèbre victoire de Rocroi, qui sauva la France d'une invasion. De même, en 1792, Dumouriez repoussa à Valmy les Prussiens, qui avaient déjà franchi plusieurs défilés de l'Argonne. Dans la mémorable campagne de 1814, Napoléon, défendant pied à pied le territoire français, livra aux Alliés plusieurs batailles, qui furent presque toutes aussi glorieuses qu'inutiles : Bar-sur-Aube, Brienne, Champaubert, Montmirail, Fère-Champenoise, etc. Le pays revit encore l'ennemi l'année suivante. Quant à la dernière guerre (1870-71), chacun sait qu'après nous avoir infligé la défaite de Sedan, les Allemands firent de Reims leur quartier général et marchèrent sur Paris, en foulant de nouveau le sol champenois.

Napoléon en Champagne, 1814. — « Le 2 janvier, les troupes alliées pénétraient en Alsace et traversaient les Vosges. L'empereur n'avait que 45 000 jeunes recrues et les débris de sa vieille garde à opposer à 500 000 combattants. Il quitte Paris le 22 et se rend à Châlons, où il établit son quartier général. — « Le 27 janvier, Napoléon attaque Blücher à Saint-Dizier et le chasse de cette ville; le 29, il lui livre la bataille de Brienne; le 30, il occupe cette localité, mais bientôt il est obligé de se replier sur Troyes. Les Alliés, profitant de leurs avantages, adoptent un plan qui consistait à mettre Napoléon et sa faible troupe entre deux grandes armées. L'un de ces deux corps, commandé par Blücher, devait se diriger sur la Marne; l'autre, placé sous les ordres de Schwarzenberg, devait suivre la Seine jusqu'à Paris. Ils avaient affaire à un ennemi aussi intrépide à concevoir les résolutions que prompt à les exécuter, et dont l'imminence du péril ne faisait que redoubler l'audace.

« L'empereur retrouva le génie qu'il avait déployé dans la mémorable campagne d'Italie : il fit face sur tous les points. Mais que pouvait un petit nombre de vétérans ou de conscrits contre des masses qu'on se fatiguait à décimer, et qui reparaissaient toujours aussi considérables? Le courage et le talent furent paralysés par le nombre. Le 1ᵉʳ février eut lieu le sanglant combat de la Rothière, mais ce même jour Maison évacua Bruxelles; le 2, on se battit à Sens; le 3 et le 4, Napoléon força l'ennemi à se retirer vers Bar-sur-Aube; par contre, le 5, Macdonald fut forcé d'abandonner Châlons. Blücher s'avançait rapidement vers Paris, et déjà il atteignait la ville de Meaux. Napoléon, par une de ces résolutions hardies qui lui étaient si familières, se mit à sa poursuite, et, après avoir vaincu l'ennemi à Champaubert, le 10 février, il réussit le 11 à remporter sur Blücher la bataille de Montmirail. Ce jour-là, le général Marmont, enveloppé à Nogent-sur-Seine par des forces immenses, parvint à les contenir après une résistance justement célèbre. Mais les Alliés étaient entrés à Troyes, puis à Avesnes, puis à Laon. L'armée française leur livra successivement les combats de Château-Thierry, de Vauchamp, de Janvillier et de Guines. Le 17, Napoléon attaqua Schwarzenberg devant Nangis, et lui fit éprouver une déroute complète; le 18, après un combat meurtrier, il chassa de Montereau les troupes wurtembergeoises. Surpris de ces efforts héroïques, les souverains alliés ouvrirent des négociations à Châtillon; ils offrirent la paix à Napoléon, une paix inacceptable. Le 20 février, on se battit à Méry-sur-Seine; le 23, sous les murs de Troyes, et Napoléon, vainqueur, rentra dans cette ville; le 27 août eut lieu le combat de Bar-sur-Aube; le 28, celui de Sézanne; le 2 mars, Soissons ouvrit ses portes aux Prussiens; la nuit suivante, l'empereur passa la Marne.

« Mais Blücher, qui avait repris l'offensive, poussa devant lui les maréchaux Marmont et Mortier, et se dirigea sur Laon; le 7, les Russes furent battus à Craonne, et les Français rentrèrent à Soissons, le 9, Marmont fut surpris à Laon, et ses troupes dispersées; le 13, l'empereur s'empara de Reims. Le 18 mars, il entra à Fère-Champenoise à la suite d'un combat; le 20, il battit l'ennemi à Arcis-sur-Aube; le 23, il revint de nouveau établir son quartier général à Saint-Dizier. Pendant qu'il poursuivait ses avantages du côté de l'est, Blücher, qui avait opéré à Châlons sa jonction avec Schwarzenberg, prit avec lui la route de la capitale. Le 25, 6 000 conscrits vendéens, à peine armés et encore pour la plupart habillés en paysans, soutinrent à Fère-Champenoise l'attaque des armées alliées, et périrent tous les armes à la main, sans vouloir se rendre. Le 26, les Alliés occupèrent Saint-Dizier; mais Napoléon les en chassa, et, après ce combat, se dirigea à marches forcées sur Paris, pour leur en couper la route. Mais déjà la capitale était investie, et le 31 elle avait fait sa reddition, alors que l'empereur n'était plus qu'à deux heures de l'ennemi, et qu'un coup de main pouvait la sauver... L'empereur fut contraint de se retirer sur Fontainebleau. »   (A. GABOURD, *Hist. de France*.)

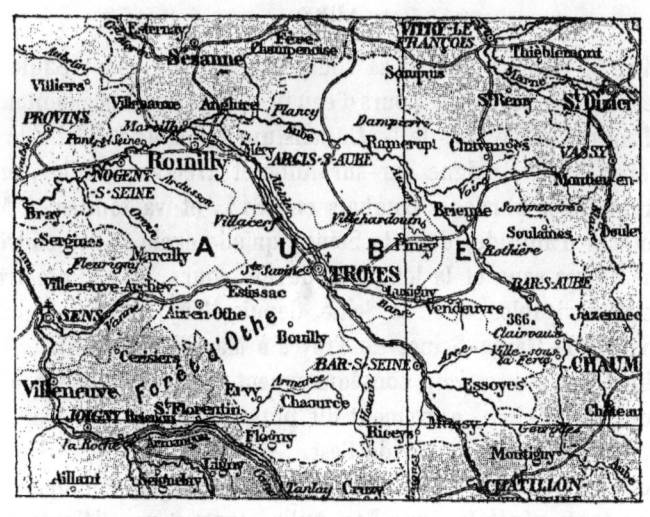

AUBE

5 ARRONDISSEMENTS, 26 CANTONS, 446 COMMUNES, 255 550 HABITANTS

Géographie. — Le département de l'*Aube* est ainsi nommé de la rivière qui le traverse du sud-est au nord-ouest. Il a été formé pour les quatorze quinzièmes de la *Champagne propre*, capitale Troyes, et d'une partie du *Vallage*, pays champenois, auxquels on ajouta le *bailliage* bourguignon de *la Montagne*. Les 6 000 kilomètres carrés de son territoire lui assignent le 46ᵉ rang pour l'étendue.

La nature du sol partage ce département en deux régions essentiellement distinctes, bien qu'elles forment ensemble un plan incliné régulier; ce sont : au nord, à l'ouest et même au midi de Troyes, les plaines crayeuses, naturellement peu fertiles, de la Champagne pouilleuse; tandis qu'au sud et à l'est règnent des collines calcaires, boisées et entrecoupées de plaines d'alluvion. L'altitude moyenne est de 140 mètres; le point culminant, le Bois-du-Mont (366 mètres), se trouve à l'extrémité sud-est, dans la forêt de Clairvaux, et le point le plus bas (65 mètres), à la sortie de la Seine, au nord-ouest. Troyes est à 105 mètres, Bar-sur-Aube à 165.

Le département fait partie du bassin de la *Seine*, qui y baigne Bar-sur-Seine, Troyes, Romilly, Nogent-sur-Seine, et y reçoit la *Laignes*, l'*Hozain*, la *Barse* et, en dehors du territoire, l'Aube, la Vanne et l'Armance, ces deux dernières par l'intermédiaire de l'Yonne.

L'*Aube*, dont les eaux transparentes lui ont valu son nom d'*Alba*, c'est-à-dire la Blanche, prend sa source au pied du mont Saule (Haute-Marne) et, comme les autres cours d'eau nés sur la pente occidentale du plateau de Langres, coule vers le N.-O. dans une agréable vallée. Elle y reçoit l'*Aujon* et la *Voire*, baigne Bar-sur-Aube et Arcis-sur-Aube, entre lesquels furent livrés plusieurs combats en 1814, et va tomber à Marcilly, par 70 mètres d'altitude, dans la Seine, qu'elle égale en cet endroit pour le volume de ses eaux et la longueur de son cours, 225 kilomètres.

Les voies navigables sont : la Seine, depuis Méry; l'Aube, depuis Arcis, et le canal de la Haute-Seine, de Troyes à Marcilly (Marne).

Le climat est *séquanien*, conséquemment modéré, surtout à l'ouest; mais il devient *vosgien*, autrement dit plus humide et plus froid, dans la région montagneuse et boisée de l'est.

Au nord et au nord-est se trouve la Champagne Pouilleuse, région pauvre en terre végétale, que l'on utilise surtout par l'élevage de nombreux moutons et les plantations de pins. La région du sud, au contraire, produit en abondance toutes sortes de céréales, ainsi que de bon vin, des légumes, du chanvre et autres plantes oléagineuses; les prairies naturelles, qui s'étendent principalement dans les vallées de la Seine et de l'Aube, nourrissent un grand nombre de vaches donnant le fromage renommé de Troyes. Le gibier, la volaille, les porcs, les moutons, surtout les mérinos, produisent aussi un revenu considérable; enfin il existe de vastes forêts, dont les plus importantes sont celles de Clairvaux, de Chaource, de Soulaines, d'Othe et du Grand-Orient.

Ce département exploite un peu de minerai de fer, qu'il utilise dans ses usines, de la tourbe, des pierres, de l'argile, de la craie, pour la fabrication du blanc de Troyes. Il s'occupe aussi de tannerie, de poterie, du tissage des toiles, surtout de la filature et du tissage des laines et du coton, et de la fabrication de la bonneterie, qui a pour centres Troyes et Romilly; la charcuterie de Troyes est renommée.

Les habitants. — En 1891, la population de l'Aube s'élevait à 255 550 habitants, soit une augmentation de 24 100 sur 1801 et une diminution de 140 sur 1871. Ce nombre, qui comprend 4 500 étrangers, le place au 75e rang pour la population absolue et au 76e pour la densité, avec 43 habitants par kilomètre carré. Il s'y trouve quelques centaines de protestants.

Personnages. — Sainte Germaine, vierge-martyre (451), née à Bar-sur-Aube. Saint Robert, fondateur de l'ordre de Cîteaux, né à Troyes ou aux environs, mort en 1108. Le trouvère Chrestien de Troyes, mort en 1191. Le chroniqueur des croisades Geoffroy de Villehardouin, mort en 1213. Jean de Brienne, roi de Jérusalem et empereur de Constantinople, mort en 1237. Thibaut IV, comte de Champagne et roi de Navarre, né à Troyes, mort en 1253. Le pape Urbain IV, né à Troyes, mort en 1264. Jeanne de Navarre, reine de France, née à Bar-sur-Seine, morte en 1305. Le magistrat Juvénal des Ursins et le jurisconsulte Pithou, nés à Troyes, morts en 1431, 1596. Le peintre Mignard, né à Troyes, mort en 1668. Le poète Boursault, né à Mussy-sur-Seine, mort en 1701. Le sculpteur Girardon, né à Troyes, mort en 1715. Le sanguinaire conventionnel Danton, né à Arcis-sur-Aube, mort en 1794. Le maréchal Beurnonville, né à Champignol, mort en 1821. Le ministre comte Beugnot, né à Bar-sur-Aube, mort en 1835. Le maréchal Valée, né à Brienne, mort en 1846. Le chimiste Thénard, né à la Louptière, mort en 1857. Le sculpteur Simart, né à Troyes, mort en 1860.

Administrations. — Ce département forme le diocèse de Troyes, ressortit à la cour d'appel de Paris, à l'académie de Dijon et fait partie des divisions suivantes : 6e région militaire (Châlons), 8e conservation forestière (Troyes) et région agricole du Nord-Est.

Il est divisé en cinq arrondissements : *Troyes, Nogent-sur-Seine, Arcis-sur-Aube, Bar-sur-Aube, Bar-sur-Seine,* avec 26 cantons et 446 communes.

I. **TROYES,** chef-lieu du département[1], est une ville de 50 000 âmes, agréablement située sur la haute Seine et son canal, dans une vaste plaine d'environ 100 mètres d'altitude. Fidèle à son activité du moyen âge, elle fait un grand commerce de craie, de charcuterie et de fromages renommés. Mais elle est surtout un centre important pour la fabrication d'objets de bonneterie en laine et en coton : bas, tricots, gants, qu'elle exporte jusqu'en Amérique; elle a aussi des usines pour la construction des machines et métiers, et de belles pépinières dont les produits s'expédient dans toute la France. — Troyes possède une cathédrale à cinq nefs, commencée en 1212 et remarquable par la beauté de son architecture gothique, la richesse de son portail, la hardiesse de ses voûtes et la magnificence de ses vitraux. L'ancienne collégiale Saint-Urbain est un modèle d'élégance et de légèreté. La bibliothèque, placée dans l'antique abbaye de Saint-Loup, est très riche, tandis que le musée renferme diverses collections d'antiquités et une grande partie des œuvres du sculpteur Simart. De jolies promenades, ornées de jardins anglais, remplacent les fortifications du moyen âge.

Ancienne *Augustobona*, capitale des Tricasses, Troyes dut à sa position, privée de défenses naturelles, d'éprouver souvent les calamités de la guerre. Au Ve siècle, elle échappa aux coups d'Attila, mais ce fut grâce à l'intervention de saint Loup, son évêque. En 889, les Normands la saccagèrent. Elle devint plus tard la capitale des comtes de Champagne et reçut,

---

[1] Arrondissement de TROYES : 9 *cantons,* 121 communes, 110 990 habitants.
Cantons et communes principales : 1-3. *Troyes,* 50 330 habitants; Saint-André, Saint-Julien, Sainte-Savine, 5 260 ; Sainte-Maure. — 4. *Aix-en-Othe,* 3 050 ; Rigny-le-Ferron, Saint-Mards-en-Othe. — 5. *Bouilly,* 710 ; Lirey. — 6. *Ervy,* 1 960 ; Auxon, Chessy. — 7. *Estissac,* 2 000 ; Villemaur. — 8. *Lusigny,* 1 110 ; Clérey. — 9. *Piney,* 1 400 ; Brevonnes, Villehardouin.

en 1230, de Thibaut IV, une charte communale et de nombreux privilèges qui lui donnèrent une grande importance industrielle et commerciale : ses foires attiraient des étrangers de toute l'Europe; mais les guerres contre les Anglais, les Bourguignons et celles de la Ligue lui furent funestes, ainsi que la révocation de l'édit de Nantes.

Troyes est tristement célèbre dans notre histoire par le traité de 1420,

Saint Loup arrêtant Attila.

qui déshéritait le dauphin Charles VII au profit du roi d'Angleterre. En 1814, placée au centre des opérations stratégiques, elle fut occupée plusieurs fois par les Alliés et par Napoléon.

Le commerce champenois au moyen âge. — « Les villes, essentiellement démocratiques et antiféodales, de Troyes, Bar-sur-Seine, Reims et autres, ont été l'appui principal de la monarchie; elles devaient sympathiser avec le pouvoir pacifique et régulier des rois, plus qu'avec la turbulence militaire des seigneurs. Le parti du roi, c'était le parti de la paix, de l'ordre, de la sûreté des routes. Ceci explique la haine furieuse des seigneurs contre la Champagne, qui avait de bonne heure abandonné leur ligue.

« La *coutume* de Troyes, qui consacrait l'égalité des partages, a contribué aussi à diviser et à anéantir les forces de la noblesse. Telle seigneurie, qui allait toujours se divisant, put se trouver morcelée en cinquante, en cent parts à la quatrième génération. Les nobles appauvris essayèrent de se relever en mariant leurs filles à de riches roturiers. La noblesse n'y gagna pas : les nobles roturiers jetèrent enfin la vaine honte et se firent commerçants. Le malheur, c'est que le commerce ne se relevait ni par l'objet ni par la forme. L'industrie champenoise était profondément plébéienne. Aux foires de Troyes, fréquentées de toute l'Europe, on vendait

Le jubé de la Madeleine, à Troyes.

du fil, de petites étoffes, des bonnets de coton, des cuirs : nos tanneurs du faubourg Saint-Marceau (à Paris) sont originairement une colonie troyenne. Ces vils produits, si nécessaires à tous, firent la richesse du pays. Les nobles s'assirent de bonne grâce au comptoir et firent politesse au manant. Ils ne pouvaient, dans ce tourbillon d'étrangers qui affluaient aux foires, s'informer de la généalogie des acheteurs, et disputer du cérémonial. Ainsi peu à peu commença l'égalité. Et le grand comte de Champagne aussi, Thibaut, tantôt roi de Jérusalem et tantôt de Navarre, se trouvait fort bien de l'amitié de ces marchands. Il est vrai qu'il était mal vu des seigneurs, et qu'ils le traitaient comme un marchand lui-même, témoin l'insulte brutale du fromage mou, que Robert d'Artois lui fit jeter au visage. Il n'en fut pas moins le plus puissant appui de la royauté après la mort de Louis VIII. » (MICHELET, *Notre France*.)

Sainte-Savine, faubourg de Troyes, possède de nombreuses fabriques de bonneterie, et *Sainte-Maure,* une belle église du XVIe siècle, renfermant dans un sarcophage du IXe siècle, recouvert de lames de cuivre doré, le corps de sainte Maure, patronne du lieu.

Aix-en-Othe, qui fabrique activement de la bonneterie, doit son nom à ses fontaines, près desquelles on voit encore des restes de bains gallo-romains; c'était au moyen âge la principale localité du pays d'Othe, que recouvre partiellement une grande forêt.

Lirey, près de la Marne, posséda aux XIIIe et XIVe siècles le saint suaire

La Seine à Saint-Julien, près de Troyes.

de Notre-Seigneur; cette insigne relique, après y avoir attiré de nombreux pèlerins, fut, par suite des guerres, transportée à Turin en 1418.

Ervy était anciennement une baronnie et une ville forte; du haut de sa colline, baignée par l'Armance, on jouit d'un beau point de vue.

Estissac, sur la Vanne, s'appelait Saint-Liébault avant 1737, année où il fut érigé en duché-pairie pour Louis de Roucy, comte d'Estissac, en Périgord.

A Lusigny, sur la Barse, les Alliés tinrent, en 1814, des conférences à la suite desquelles ils proposèrent à Napoléon sa déchéance et la réduction de la France à ses limites de 1792 : propositions qui furent rejetées.

Piney-Luxembourg, à deux kilomètres de l'Auzon, était jadis un duché-pairie, érigé en 1581 en faveur de François de Luxembourg. — *Villehardouin* montre les restes du château où naquit Geoffroy de Villehardouin, le premier chroniqueur qui ait écrit en français (1213).

II. **NOGENT-SUR-SEINE**, chef-lieu d'arrondissement[1], s'élève à 72 mètres d'altitude, sur la Seine, qui y forme une île réunie aux rives par deux ponts; c'est une petite ville de 3 700 habitants, ayant une belle église des XVe et XVIe siècles, dédiée à saint Laurent; elle fait le commerce de grains, bestiaux, chanvre et bois pour l'approvisionnement de Paris. Nogent, dont l'existence est constatée au IXe siècle, fut illustrée en 1814 par la défense héroïque du général Marmont, qui, avec 1 000 hommes, y tint en échec, pendant deux jours, une grande partie de l'armée autrichienne. Par vengeance, l'ennemi brûla la moitié de la ville.

A *Saint-Aubin*, près Nogent, était la fameuse abbaye du *Paraclet*, dont Héloïse fut abbesse, et où Abélard se retira. Le tombeau de ce dernier a été transféré au cimetière du Père-Lachaise, à Paris.

Pont-sur-Seine fut important sous les Romains, et devint au moyen âge chef-lieu d'une seigneurie. Son château, du XVIIe siècle, a été habité par la mère de Napoléon Ier et détruit par les Cosaques en 1814. On y voit un long souterrain dont les parois sont tapissées de brillantes stalactites calcaires.

Romilly-sur-Seine est la ville la plus considérable de l'arrondissement, et le second centre du département pour la fabrication de la bonneterie de laine et de coton. Elle possède aussi de grands ateliers de la compagnie des chemins de fer de l'Est et d'importants moulins. A 3 kilomètres N.-O. se voient les restes de l'abbaye cistercienne de Sellières, où Voltaire fut inhumé furtivement en 1778, malgré l'opposition de l'évêque de Troyes; en 1791, son corps fut transporté dans la crypte du Panthéon, à Paris.

VILLENAUXE, qui fabrique de la bonneterie, des faïences et poteries, fut fondée au XIe siècle et fortifiée dans la suite; elle a une remarquable église.

III. **ARCIS-SUR-AUBE**, chef-lieu d'arrondissement[2], est une jolie petite ville de 2 850 habitants, située sur l'Aube, qui commence à y être navigable par 95 mètres d'altitude. Elle a quelque importance par son commerce de grains et ses fabriques de bonneterie de coton. — Arcis est une ville très ancienne, mentionnée dans l'Itinéraire d'Antonin sous le nom d'*Arciaca*. Au moyen âge, son territoire s'appelait *Pagus Arcia-*

---

[1] Arrondissement de NOGENT-SUR-SEINE : 4 *cantons*, 60 communes, 36 340 habitants.
Cantons et communes principales : 1. *Nogent-sur-Seine*, 3 710 habitants; la Louptière, Pont-sur-Seine, Saint-Aubin, Traînel. — 2. *Marcilly-le-Hayer*, 650; Marigny, Pâlis. — 3. *Romilly-sur-Seine*, 7 250; Maizières-la-Grande-Paroisse, Origny-le-Sec. — 4. *Villenauxe*, 2 350; la Saulsotte.

[2] Arrondissement d'ARCIS-SUR-AUBE : 4 *cantons*, 93 communes, 29 960 habitants.
Cantons et communes principales : 1. *Arcis-sur-Aube*, 2 850 habitants; Pouan. — 2. *Chavanges*, 910; Lentilles. — 3. *Méry-sur-Seine*, 1 370; Plancy, Savières. — 4. *Ramerupt*, 500; Dampierre, Nogent-sur-Aube.

centis. Les 20 et 21 mars 1814, Napoléon y livra une sanglante bataille à l'armée de Bohême, commandée par Schwarzenberg ; ce fut la dernière avant son abdication.

Méry-sur-Seine est traversée par deux bras de la Seine, qui y devient navigable, et par le canal de la Haute-Seine. Elle fabrique en grand la bonneterie et fait le commerce de planches et de grains. — Fortifiée par Philippe-Auguste, Méry fut presque entièrement brûlée dans un combat livré, le 22 février 1814, par Napoléon aux Prussiens sous les ordres de

Château de Dampierre.

Blücher. — Le canton de Méry est l'un de ceux où l'on se livre avec le plus de succès à l'éducation des abeilles. — *Plancy*, sur l'Aube, avait autrefois titre de marquisat et un chapitre de Saint-Laurent, fondé en 1200.

Ramerupt, sur l'Aube, est une ancienne baronnie ; de son château fort il reste de vastes souterrains. — *Dampierre* fut le berceau d'une illustre famille, qui donna naissance à une dynastie des comtes de Flandre. Dans l'église, on remarque le magnifique tombeau de Pierre de Launoy, baron de Dampierre. Au château, bâti par Mansart, l'empereur Alexandre et Schwarzenberg, passèrent la nuit du 22 au 23 mars 1814.

IV. **BAR-SUR-AUBE**, sous-préfecture de 4 400 habitants[1], est irrégulièrement bâtie par 165 mètres d'altitude sur la rive droite de l'Aube, au pied d'une colline vignoble. Elle a d'importants marchés aux grains et des fabriques de bonneterie. — Déjà existante sous les Romains, Bar fut considérable aux temps carolingiens et entourée plus tard de bonnes mu-

---

[1] Arrondissement de Bar-sur-Aube : 4 *cantons*, 88 communes, 36 560 habitants.
Cantons et communes principales : 1. *Bar-sur-Aube*, 4 350 habitants; Bayelle, Champignol, Ville-sous-la-Ferté, 2 770 (Clairvaux). — 2. *Brienne-le-Château*, 1 740; Dienville. — 3. *Soulaines*, 670 ; la Rothière, Morvilliers. — 4. *Vendeuvre-sur-Barse*, 2 020 ; Spoy.

railles. Elle fut réunie à la Champagne vers 1095, et eut dans les siècles suivants des foires célèbres, qui attiraient des marchands de diverses contrées. En 1814, il s'y livra un violent combat entre le maréchal Mortier et les Autrichiens.

L'ancienne et célèbre **abbaye de Clairvaux**, au territoire actuel de *Ville-sous-la-Ferté*, est située dans un ravin boisé, sur la rive gauche de l'Aube. « En 1115, une colonie de douze moines partait sous la conduite de saint Bernard, se dirigeant vers cette vallée triste et marécageuse du diocèse de Langres. Des abords difficiles, au sein d'un pays inhabité, en avaient fait un repaire de voleurs. Ce lieu sauvage et mal hanté avait été nommé la *vallée d'Absinthe;* saint Bernard l'appela Clairvaux (*clara vallis*).

« La *vallée d'Absinthe* était devenue un jardin béni du ciel, embaumé des fleurs de toutes les vertus chrétiennes. Beaucoup d'hommes du monde y venaient, attirés par la curiosité : subissant bientôt un charme irrésistible, ils renonçaient au monde, séduits par l'attrait de la solitude. Prenant en dégoût les plaisirs même légitimes, ils aspiraient aux jouissances supérieures de la retraite, de l'oubli, de la piété, de la pénitence et des mortifications. Des chevaliers accoutumés aux occupations tumultueuses de la guerre, aux plaisirs étourdissants des tournois, jetaient bas les armes, congédiant leur écuyer, ce fidèle compagnon de leurs hauts faits, et vendaient, quelquefois en pleurant, leur coursier, ce noble et intelligent animal, auquel le guerrier s'attache, pour ainsi dire, comme à un ami. Sous la rude discipline du cloître, ils s'exerçaient jour et nuit à remporter des victoires plus difficiles à gagner que sur les champs de bataille : il s'agissait de se vaincre soi-même, avec les convoitises mauvaises que chacun porte en son propre cœur. Ainsi Reinard, fils de Milon, comte de Bar-sur-Seine, s'enrôle sous la bannière déployée à Clairvaux par saint Bernard. Un autre jour, le prince Henri, frère de Louis VII, roi de France, arrive à Clairvaux, accompagné d'une nombreuse et brillante escorte. Tandis qu'il converse avec saint Bernard, il éprouve soudain un vif désir de rester dans la solitude. Sa résolution est prise sur-le-champ; il congédie les chevaliers qui forment sa cour, et, au grand étonnement de tous, il déclare qu'il ne quittera plus le monastère.

« Plus tard, Guntar, roi de Sardaigne, vient à Tours en pèlerinage au tombeau de saint Martin. Retournant vers l'Italie, il s'écarte de sa route pour visiter le moine dont la renommée publiait tant de merveilles. Il voit Bernard quelques instants et regarde, d'un œil distrait en apparence, les religieux de Clairvaux. A peine revenu dans son royaume, sa pensée est continuellement obsédée de ce souvenir; enfin il remet la couronne à son fils et va terminer ses jours à Clairvaux. — Quand saint Bernard mourut, le 20 août 1153, âgé de soixante-trois ans, il était abbé de Clairvaux depuis trente-huit ans. Il laissa plus de sept cents religieux à Clairvaux, et cent soixante monastères dépendant de cette abbaye. » (BOURASSÉ, *Abbayes.*)

Supprimée en 1789, l'abbaye de Clairvaux est aujourd'hui convertie en maison de détention pour les départements de l'Aube et de la Haute-Marne. Environ 1 500 détenus y sont occupés dans de vastes ateliers à des travaux de toutes sortes. En 1891, le jeune duc d'Orléans y fut incarcéré, pour être rentré en France malgré la défense du gouvernement de la République.

Abbaye de Clairvaux.

Brienne-le-Château, non loin de l'Aube, fut le berceau d'une famille célèbre, et posséda, au siècle dernier, une école militaire où Bonaparte fit ses premières études de 1779 à 1784, sous la direction des religieux Minimes. Le 29 janvier 1814, l'illustre élève devenu empereur y livra victorieusement un combat acharné aux Prussiens et aux Russes, quatre fois plus nombreux. « L'action s'engagea par un feu d'artillerie et de mousqueterie, et se prolongea jusqu'à près de cinq heures du soir, sans avantage de part et d'autre. Napoléon, impatient, prescrit à ses troupes de s'avancer sur Brienne, afin de s'emparer du château. Les mouvements s'exécutent; mais Blücher fait charger par quarante escadrons les bataillons français, qui sont ramenés en désordre et perdent une partie de leur artillerie. Toutefois le maréchal Victor pénètre juqu'au château et descend dans Brienne. A neuf heures du soir, la mêlée devient affreuse; chaque maison est prise et reprise plusieurs fois. Tous les corps se trouvent confondus, et Brienne, éclairée par l'incendie, offre moins le tableau d'un combat que celui d'une effroyable boucherie. Enfin, à onze heures et demie, Blücher ordonne à ses troupes de se retirer sur la route de Bar-sur-Aube. » (A. MALTE-BRUN.)

A *la Rothière*, le 1er février suivant, Napoléon, à la tête de 36 000 hommes, livra un combat sanglant aux Alliés, qui en comptaient 100 000. Mais il dut se replier sur Troyes, après avoir perdu un sixième de son armée et cinquante-quatre pièces de canon. — VENDEUVRE, sur la Barse, est renommée pour sa faïencerie, ses poteries et dallages mosaïques. On y remarque un château et une belle église du xvie siècle.

V. **BAR-SUR-SEINE**, chef-lieu d'arrondissement [1], est située à 160 mètres d'altitude, sur la rive gauche de la Seine, qui vient de recevoir l'Arce. C'est une petite ville de 3 200 habitants, bien bâtie et ayant de charmantes promenades. Elle possède une importante verrerie-cristallerie, des distilleries d'eaux-de-vie et fait le commerce de chanvre d'excellente qualité; son église gothique de Saint-Étienne a de remarquables vitraux de la Renaissance. — Bar, ancien comté, fut une place très forte aux confins de la Champagne et de la Bourgogne, dont elle fit successivement partie. Louis XI la réunit à la couronne en 1477. Il y eut près de cette ville un combat entre les Français et les Alliés en 1814.

CHAOURCE, sur l'Armance et près d'une forêt, fut une seigneurie achetée en 1601 par Charles de Praslin, marquis de Choiseul. — *Praslin*, petit village voisin, conserve son château fort.

MUSSY-SUR-SEINE, ou Mussy-l'Évêque, ancienne résidence d'été des évêques de Langres, fut pris par les Bourguignons en 1433. Il y a une belle et ancienne église. — A *Gyé*, ruines d'un château où la reine Blanche habitait souvent. — LES RICEYS, qui possèdent un beau château du xvie siècle, se composent de trois bourgs contigus et très anciens situés sur la Laigne, au milieu de vignobles qui produisent d'excellents vins de Bourgogne. Près de là, on visite l'enceinte druidique de *Champlisson*.

---

[1] Arrondissement de BAR-SUR-SEINE : 5 *cantons*, 84 communes, 41 730 habitants.
Cantons et communes principales : 1. *Bar-sur-Seine*, 3 240 habitants; Ville-sur-Arce. — 2. *Chaource*, 1 430; Praslin, Vanlay. — 3. *Essoyes*, 1 580; Landreville, Loches. — 4. *Mussy-sur-Seine*, 1 540; Celles, Gyé-sur-Seine. — 5. *Les Riceys*, 2 510; Avirey-Lingey.

HAUTE-MARNE

3 ARRONDISSEMENTS, 28 CANTONS, 550 COMMUNES, 243 500 HABITANTS

Géographie. — Le département de la *Haute-Marne* est ainsi désigné à cause de sa situation sur le cours supérieur de la Marne, rivière qui le traverse dans sa plus grande longueur du sud au nord, en passant au pied de Langres, de Chaumont et à Saint-Dizier. Sa superficie, de 6 220 kilomètres carrés, le place au 36ᵉ rang sous ce rapport. Il est formé pour près des neuf dixièmes de pays champenois: le *Bassigny,* capitale Langres, une partie du *Vallage,* capitale Joinville, et quelque peu du Perthois; le reste vient de la Lorraine, de la Franche-Comté et de la Bourgogne.

Élevé au sud dans le plateau de Langres et les Faucilles, le sol de la Haute-Marne s'abaisse graduellement vers le nord, donnant lieu aux régions naturelles désignées sous les noms de Bassigny, Vallage, Perthois, etc., différentes d'altitude et de formation géologique. L'altitude moyenne est de 300 mètres; le point culminant, appelé *Haut-du-Sec* (516 mètres), se trouve au sud-ouest de Langres; le point le plus bas (110 mètres) marque le passage de la Voire dans le département de l'Aube; le mont Saule s'élève à 512 mètres, Langres à 473 mètres, Chaumont à 325 mètres.

Le territoire appartient à trois bassins fluviaux: Seine, Meuse et Rhône. Celui de la Seine est arrosé par l'*Aube* supérieure et ses tribulaires l'*Auzon* et la *Voire*; — par la **Marne**, qui y naît au plateau de Langres par 380 mètres d'altitude, passe au pied de cette place forte et de Chaumont, puis à Joinville et à Saint-Dizier, où commence sa navigation. Elle recueille la *Suize*, que franchit un viaduc célèbre; le *Rognon*, qui double son débit, et, hors du territoire, la *Blaise*, qui passe à Wassy, puis la *Saulx*. — La *Meuse* y prend également sa source au plateau de Langres par 409 mètres d'altitude, et passe en vue de Montigny, Clefmont et Bourmont. — Le bassin du Rhône y est représenté par plusieurs tributaires de la Saône : l'*Apance*, l'*Amance*, le *Salon* et la *Vingeanne*.

La Marne est seule *navigable*; mais il y a le canal de la Haute-Marne, dont le prolongement joint la Marne à la Saône.

Le nord du département appartient au climat modéré dit *séquanien*; le centre et l'est, y compris les hauts plateaux, relèvent du climat *vosgien*, continental, à variations brusques. Enfin le sud-est, sur le versant de la Saône, dépend du climat *rhodanien*, relativement chaud. En moyenne, la température est d'environ 10° 5, et la hauteur des pluies de 60 centimètres (1 mètre et plus sur certains points).

La propriété étant très divisée dans la Haute-Marne, il n'y a presque pas de terres en friche. Le sol produit beaucoup de froment, d'avoine et de pommes de terre, surtout dans les parties fertiles du Bassigny et du Perthois; on y fait aussi passablement de vin. Les chevaux, moutons et porcs sont assez nombreux, la volaille abondante. Près du tiers du territoire est couvert de bois, notamment dans les arrondissements de Chaumont et de Wassy: forêts du Der, du Val, de Châteauvillain, de l'Étoile, etc.

La Haute-Marne était autrefois le deuxième département pour la production du minerai de fer et le septième pour celle de la fonte. Ses minières se trouvent presque toutes dans l'arrondissement de Wassy, ainsi que les usines métallurgiques qu'elles alimentent : hauts fourneaux, fonderies, forges, fabriques d'outils et d'ustensiles de toutes sortes. Les autres industries sont : la coutellerie dite de Langres, fabriquée dans les environs, surtout à Nogent, dans l'arrondissement de Chaumont; la filature et le tissage des laines, la ganterie de Chaumont, la vannerie. Les environs de Langres extraient aussi des pierres à émoudre, et Bourbonne-les-Bains possède des sources minérales renommées.

Les habitants. — D'après le recensement de 1891, le département compte 243 500 habitants, y compris 3 500 étrangers; soit une augmentation de 17 000 âmes sur 1801, mais aussi une perte de 7 660 sur 1871. Il est ainsi au 77e rang pour la population absolue et au 82e pour la densité, avec 39 habitants par kilomètre carré. La langue française y est partout en usage, et la religion catholique exclusivement professée, si ce n'est par un millier de protestants et 300 israélites.

Personnages. — Julius Sabinus, dernier défenseur de la liberté des Gaules, né au pays des Lingons, mort en 78. Sont nés au château de Joinville : le sire de Joinville, historien de saint Louis, mort en 1319 ; le duc François de Guise, 1563, le cardinal Charles de Lorraine, 1574, le duc Henri de Guise, chef des ligueurs, et son frère le cardinal Louis de Guise, tous deux assassinés à Blois en 1588 ; leurs sœurs, la duchesse de Montpensier, 1596, et Marie de Lorraine, reine d'Écosse et mère de Marie Stuart, 1560. — Les trois Tassel, peintres, nés à Langres, XVIIe siècle. Le sculpteur Bouchardon, né à Chaumont, mort en 1762. Diderot, philosophe athée et encyclopédiste, né à Langres, mort en 1784. Ph. Lebon, inventeur de l'éclairage au gaz, né à Brachay, mort en 1804. Mgr Duvoisin, évêque de Nantes et apologiste, né à Langres, mort en 1813. L'amiral Decrès, né à Châteauvillain, mort en 1820. Le général Defrance, né à Wassy, mort en 1835. Le général de Damrémont, né à Chaumont, mort en 1837. Le général comte de Vaubois, né à Châteauvillain, mort en 1839. Le peintre Ziégler, né à Langres, mort en 1856. Mgr Darboy, archevêque de Paris, né à Fays-Billot, fusillé par la Commune de 1871.

Administrations. — La Haute-Marne forme le diocèse de Langres, ressortit à la cour d'appel et à l'académie de Dijon, et fait partie des divisions suivantes : 7e région militaire (Besançon), arrondissement minéralogique de Chaumont (nord-est), 31e conservation forestière (Chaumont), région agricole du Nord-Est.

Il forme 3 arrondissements : *Chaumont, Langres, Wassy*, avec 28 cantons et 550 communes.

I. **CHAUMONT-EN-BASSIGNY**, chef-lieu du département [1], est une ville de 13 000 âmes, qui doit son nom, *Calvus mons*, ou mont chauve, à sa position sur une colline calcaire et autrefois aride de 325 mètres d'altitude. Il domine le confluent de la Marne et de la Suize, dont les vallées parallèles fort encaissées sont verdoyantes et très pittoresques ; de plus, un magnifique viaduc du chemin de fer y franchit la vallée de la Suize pour aboutir à la gare. Ce viaduc, long de 600 mètres et haut de 50, se compose de trois rangées d'arcades superposées. On compte vingt-quatre arches au rez-de-chaussée, dans le fond de la vallée où coule la Suize, quarante-six au premier étage et cinquante au deuxième. Ces dernières supportent sur leurs voûtes la double voie ferrée, troisième et dernier étage, terrasse à ciel ouvert, où circulent jour et nuit les

---

[1] Arrondissement de CHAUMONT : 10 *cantons*, 195 communes, 79 790 habitants.
Cantons et communes principales : 1. *Chaumont*, 13 280 habitants ; Luzy. — 2. *Andelot*, 1 010 ; Rimaucourt. — 3. *Arc-en-Barrois*, 1 080 ; Leffonds. — 4. *Bourmont*, 770 ; Graffigny-Chemin, Outremécourt. — 5. *Châteauvillain*, 1 380 ; la Ferté-sur-Aube. — 6. *Clefmont*, 400 ; Breuvannes, Choiseul. — 7. *Juzennecourt*, 300 ; Colombey-les-Deux-Églises. — 8. *Nogent-en-Bassigny*, 3 400 ; Biesles, Is-en-Bassigny. — 9. *Saint-Blin*, 560 ; Manois. — 10. *Vignory*, 550 ; Bologne, Champcourt (Saint-Bon), Froncles, Viéville.

locomotives. Pour se faire une idée de ce prodigieux édifice, qui a coûté six millions et absorbé 60 000 mètres cubes de maçonnerie, il faut se rendre dans la vallée de la Suize, sur la route de Châtillon.

La ville, assez mal bâtie, est dominée par la tour Hautefeuille, reste de son château féodal; elle possède une belle église ogivale de style flamboyant. Son industrie consiste dans la fabrication des gants de peau et de la coutellerie. — Chaumont, seigneurie de la famille de Choiseul au Xe siècle, fut réunie au comté de Champagne en 1130 et à la couronne en 1328. C'est à Chaumont que les souverains alliés signèrent, en 1814, ce traité par lequel ils s'engageaient à poursuivre « pendant vingt ans la guerre avec vigueur et dans un parfait accord ». Chaque puissance continentale devait tenir en campagne active 150 000 hommes, et l'Angleterre fournir un subside annuel de 4 800 000 livres sterling (121 millions de francs), à répartir entre ses trois alliées. Aucune négociation séparée ne pouvait avoir lieu avec l'ennemi commun. Telle fut l'origine de la *Sainte-Alliance*, qui avait valu quarante ans de paix à l'Europe, lorsque Napoléon III parvint à la détruire, mais sans profit pour la France.

Viaduc de Chaumont, à trois étages, sur la vallée de la Suize.

Andelot, sur le Rognon, est dominé par le Montéclair (343 mètres), que couronnent les restes d'une forteresse féodale, mêlés de débris romains. A l'époque gallo-romaine, *Andeloüs* fut le chef-lieu du *Pagus Andelocensis*. C'est là que fut signé, en 587, un traité entre Childebert,

Brunehaut et Gontran, traité qui déterminait les possessions de l'Austrasie et de la Bourgogne dans l'Aquitaine, et qui garantissait à chacun des leudes la propriété des domaines qui leur avaient été concédés après la conquête. Voici les principales clauses de ce traité, traduites de Grégoire de Tours :

« Les très excellents seigneurs et rois Gontran et Childebert, et la très glorieuse dame Brunehaut, se promettent une foi et un attachement purs et sincères. Ils conviennent que Gontran aura le tiers de Paris, Châteaudun, Vendôme, le pays d'Étampes, de Chartres; que Childebert aura Meaux, les trois quarts de Senlis, les cités de Tours, Poitiers, Avranches, Aire, Couserans, Bayonne et Albi, avec leurs territoires. Si l'un des deux rois meurt sans postérité, le survivant héritera du défunt. Il est spécialement convenu que tout ce que Gontran a donné ou donnera à sa fille Clotilde en biens quelconques, ou en hommes, villes, champs ou rentes, demeurera en la puissance et la propriété de celle-ci. »

Arc-en-Barrois et Chateauvillain, sur l'Aujon et aux confins d'une forêt qu'elles se partagent, sont d'anciennes villes fortes encore ceintes de murs. Châteauvillain fut érigé en duché-pairie par Louis XIV pour le comte de Toulouse. Sa commune est la plus étendue du département (7 263 hectares).

La vallée de la Meuse renferme : Bourmont, à 459 mètres d'altitude, ancienne bourgade gallo-romaine et seigneurie du Bassigny; — Clefmont, qui possède un vieux château, des fabriques de limes et de coutellerie; — *Choiseul,* ancien duché-pairie, qui a donné son nom à une famille célèbre.

C'est dans la commune d'*Outremécourt* que se trouvait, au XVIIe siècle, sur une colline isolée de 506 mètres d'altitude, la ville de *Lamothe,* l'une des plus fortes places de la Lorraine. Elle fut prise par les Français, après un siège où l'on fit pour la première fois usage de la bombe; rendue en 1641, elle fut reprise en 1645 et complètement rasée.

Nogent est, dans le département de la Haute-Marne, le centre de la fabrication et du commerce de la coutellerie, si renommée autrefois sous le nom de *coutellerie de Langres.* « Nogent, écrivait en 1878 Arthur Daguin, fabrique la coutellerie commune, la coutellerie ordinaire, la coutellerie fine et les articles de luxe. Sa fabrication se distingue par l'élégance, l'extrême variété, la qualité de ses produits; elle jouit de la réputation méritée de fournir la plus belle coutellerie du monde entier. Avec ses vingt usines mues par l'eau ou par la vapeur, ses 10 000 ouvriers habitant la ville ou les environs, ses quarante maisons de commerce en gros, Nogent alimente les marchands couteliers de toute la France et fait des exportations considérables à l'étranger. »

Vignory, autrefois baronnie, conserve les ruines de son château fort et une belle église du XVe siècle (monument historique). — A *Viéville,* se trouve, au milieu de rochers pittoresques, la grotte de la « Cuve de la Roche », — et à *Saint-Bon* une école pratique d'agriculture.

II. **LANGRES**, sous-préfecture de près de 11 000 âmes[1], est une place forte qui défend le *plateau* dit *de Langres,* dont la réputation et l'importance viennent, non de son élévation, mais de sa position stratégique, qui en fait la porte d'entrée ou le seuil de jonction des bassins de la Saône et de la Seine. Elle est assise à 473 mètres, sur un promontoire battu des vents froids, élevé de 130 à 140 mètres au-dessus de la vallée de la Marne; ses forts détachés couronnent d'autres collines, de 450 mètres environ d'altitude absolue, et constituent un camp retranché de plus de 50 kilomètres de circonférence

Langres fabrique des meules à émoudre et de la coutellerie renommée. Ses principaux monuments historiques sont : la porte dite Gallo-Romaine, reste de l'antique cité des Lingons, et la cathédrale romano-ogivale de Saint-Mammès, des XIIe-XVe siècles, avec tours et façade du XVIIIe.

Ancienne capitale des Lingons, désignée sous le nom d'*Andomaturum,* puis de *Civitas Lingorum,* cette ville s'allia aux Romains, qui repoussèrent les Alamans sous ses murs en 301. Dévastée par les Vandales en 407, par Attila en 451, elle devint la capitale du Bassigny et fut érigée en duché-pairie par Louis VII en faveur de ses évêques, dont le diocèse comprit, jusqu'au XVIIIe siècle, outre le territoire actuel de la Haute-Marne, ceux de la Côte-d'Or, des Vosges, et en partie ceux de la Meuse et de Meurthe-et-Moselle. Langres n'ouvrit jamais ses portes aux Anglais durant la guerre de Cent ans. Les Alliés y entrèrent en 1814 et 1815; mais elle fut respectée en 1870.

Patriotisme des Lingons. — D'abord alliés des Romains, les Lingons combattirent plus tard pour leur indépendance. « Vitellius et Vespasien se disputaient l'empire; les légions étaient divisées; le sang de Vercingétorix avait engendré des vengeurs dans les Gaules. Ce n'était plus seulement l'indépendance qu'on réclamait, c'était l'empire; les druides sortant de leurs retraites prêchaient la guerre sacrée; sur les bords du Rhin, Velléda, la prophétesse, avait parlé : ses oracles promettaient la victoire aux fils des vieux Celtes. De toutes parts on courait aux armes. Conduits par *Julius Sabinus,* leur chef, les Lingons se rallièrent à « l'empire gaulois » et jurèrent de le défendre. — Julius Sabinus était d'une famille illustre, peut-être alliée de Jules César. Proclamé empereur, l'an 71, Sabinus marcha contre les *Sequani,* restés fidèles aux Romains. Après plusieurs combats, il fut vaincu. Réduit à la dernière extrémité, il hésita sur ce qu'il deviendrait. La fuite en Germanie lui était facile; mais, uni à une femme gauloise nommée Éponine, il préféra braver tous

---

[1] Arrondissement de LANGRES : 10 *cantons,* 210 communes, 88 610 habitants.
Cantons et communes principales : 1. *Langres,* 10 720 habitants; Balesmes, Saint-Geosmes. — 2. *Auberive,* 710. — 3. *Bourbonne-les-Bains,* 4 150; Aigremont, Coiffy, Fresnes-sur-Apance, Melay, Pouilly, Serqueux. — 4. *Fays-Billot,* 2 250; Bussières-lès-Belmont, Pressigny. — 5. *La Ferté-sur-Amance,* 510; Voisey. — 6. *Longeau,* 370; Chalindrey, 1 740. — 7. *Montigny-le-Roi,* 1 090; Fresnoy. — 8. *Neuilly-l'Évêque,* 1 100; Dampierre, Rolampont. — 9. *Prauthoy,* 640. — 10. *Varennes-sur-Amance,* 970; Hortes.

les périls plutôt que de se séparer de celle qu'il ne pouvait ni abandonner, ni emmener avec lui. Dans une de ses maisons de campagne existaient de vastes souterrains, construits jadis pour les usages de la guerre, et propres à recevoir des vivres, des meubles, tout ce qui était nécessaire à la vie de plusieurs personnes. L'entrée en était secrète et connue seulement de deux affranchis dévoués à Sabinus. Ce fut dans cette maison que se rendit

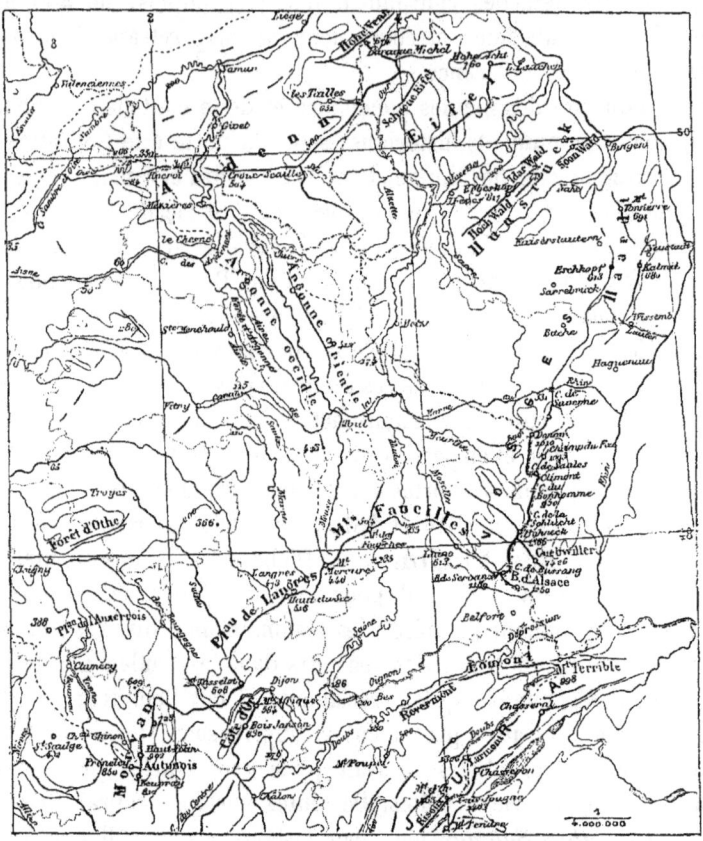

Schéma (figuré) des montagnes du nord-est de la France et jusqu'au Rhin.

le noble gaulois, et, pour mieux se cacher, il congédia ses serviteurs, ses esclaves, faisant répandre le bruit de sa mort. — Mais les deux époux furent enfin découverts et conduits prisonniers à Rome. Amenée devant l'empereur, Éponine se prosterna à ses pieds, et lui montrant ses enfants : « César, dit-elle, je les ai élevés dans les tombeaux et amenés devant toi, « afin que plus de suppliants vinssent embrasser tes genoux. » Ses paroles, sa douceur, son héroïsme, arrachèrent des larmes à tous les assistants ; mais Vespasien, inflexible, ordonna de traîner sur-le-champ Sabinus et son épouse au supplice... Le sang des deux victimes fut le dernier versé pour la cause de la vieille indépendance gauloise. La Gaule se résigna à devenir romaine. »   (AMÉDÉE THIERRY, *Hist. des Gaulois.*)

Cependant les Lingons résistèrent encore et ne firent la paix avec Rome que sous Domitien. Toujours libres et indépendants, Valentinien voulut les rendre tributaires. « Que l'empereur sache, lui répondirent-ils, que les Lingons aiment avant tout la liberté. S'il veut les forcer à faire quelque chose qui y soit contraire, il verra combien ils sont prompts à prendre les armes ! » Cette réponse fière et courageuse arrêta les desseins de l'empereur, et les Lingons continuèrent d'envoyer, selon leur coutume, une main d'argent aux légions romaines en signe d'alliance. — Le pays de Langres fut converti au christianisme par saint Bénigne, l'apôtre de la Bourgogne, envoyé par saint Irénée au milieu du second siècle. On place vers l'an 200 l'épiscopat de saint Sénateur, premier évêque de Langres.

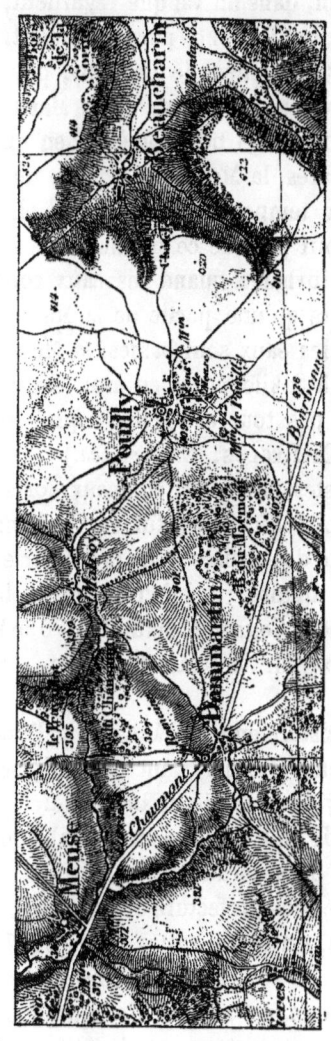

Sources de la Meuse à Pouilly, au plateau de Langres, par 409 mètres d'altitude.

A *Balesmes*, se voit la fontaine de « la Marnotte », source de la Marne, près d'une grotte qui fut, suivant la tradition locale, l'asile de Sabinus, dont on vient de parler. Là aussi le canal de la Marne à la Saône traverse le plateau par un tunnel de 4820 mètres de longueur. — AUBERIVE, sur l'Aube supérieure, non loin du mont Saule (512 mètres), eut une abbaye de Cisterciens, convertie aujourd'hui en maison de force pour les femmes. Il y a des restes gallo-romains au hameau d'Allofroy.

Bourbonne-les-Bains est une petite ville qui se trouve dans la vallée de l'Apance, sur le talus oriental du plateau de Langres. Cette ancienne *Aquæ Borbonis*, ou *Borbonia*, dont les eaux chlorurées sodiques (38° à 65°) étaient déjà connues des Romains, a un établissement thermal très fréquenté. Louis XV y fonda un hôpital militaire pour six cents malades. On y voit des débris de thermes, ceux d'un château du VIIe siècle et une église du XIIe.

La Meuse naissante. — Au village de *Pouilly*, canton de Bourbonne, entre cette ville et Montigny-le-Roi, la Meuse prend sa source dans une fontaine, sur un plateau boisé, se dirigeant de là à l'ouest vers le village de Meuse. Là elle débute dans le lias, pour se continuer dans l'oolithe et se terminer dans le schiste. « Elle puise ses premières gouttes à 410 mètres au-dessus du niveau des mers, au pied des collines reliant les Faucilles à ce plateau de Langres qui, tout bas qu'il est, comparé à tant d'autres, voit cependant douze rivières sortir de ses collines. — Née à Pouilly, à 25 kilomètres au nord-est de Langres, la Meuse coule bien modeste, et en été presque réduite à rien, dans un val que regardent, du haut de leur colline, Montigny-le-Roi, puis Clefmont, puis Bourmont. A ce val et à ses sous-vaux se bornait originairement le Bassigny, pays dont l'usage étendit ensuite le nom sur la vallée supérieure de la Marne jusqu'en aval de Chaumont. Bien qu'ayant fait déjà 60 kilomètres en un bassin d'une cinquantaine de milliers d'hectares, la Meuse est à peine une riviérette de cinq cents litres par seconde en temps ordinaire, quand elle arrive au moulin de Bazoilles. En aval et tout près de ce moulin, elle se perd dans des fêlures de l'oolithe : perte invisible quand les eaux sont hautes, car les fentes du sol ne boivent alors qu'une partie de la Meuse, et le reste coule à ciel ouvert; mais quand les eaux sont basses, la Meuse disparaît en entier pour n'aller rejaillir qu'à 3 kilomètres en aval. On dit que les fontaines de Noncourt ne rendent pas tout ce qu'ont aspiré les failles de Bazoilles. » (O. RECLUS, *En France*.)

Aigremont et *Coiffy* conservent les restes de leurs châteaux forts, détruits, le premier en 1650, le second en 1635. Coiffy fut saccagé par les Suédois en 1638. — FAYS-BILLOT fabrique des chaises et de la vannerie, — et *Chalindrey*, des meules à moudre et à aiguiser; celui-ci est situé à la bifurcation de chemins de fer, au pied du mont Cognelot, haut de 470 mètres et commandé par le fort Vercingétorix, sur la ligne de partage des eaux de la Seine et de la Saône.

A *Fresnoy*, restes de la célèbre abbaye cistercienne de Morimont, l'une des « quatre filles de Cîteaux ». Fondée en 1115 par saint Bernard, ses bâtiments ont été reconstruits de nos jours pour servir de brasserie.

NEUILLY-L'ÉVÊQUE au pied de coteaux de 400 à 500 mètres, fabrique des instruments de chirurgie et des objets de quincaillerie.

III. **Wassy**, improprement *Vassy*, est une sous-préfecture de 4 000 âmes[1], située à 170 mètres d'altitude sur la Blaise, entre les vastes forêts du Val et du Der. Elle possède une belle église des XIe-XVIe siècles et conserve des restes de remparts. Sa vallée, très pittoresque, est remplie de hauts fourneaux, forges et usines, qui malheureusement sont souvent inactifs. « Le 1er mars 1562, le duc de Guise, se rendant à Paris, traversa Wassy, où huit à neuf cents protestants se trouvaient assemblés en armes, pour assister

---

[1] Arrondissement de WASSY : 8 *cantons*, 145 communes, 75 150 habitants.
Cantons et communes principales : 1. *Wassy*, 3 990 habitants; Brousseval, Louvemont. — 2. *Chevillon*, 1180; Eurville, Osne-le-Val, Rachecourt-sur-Marne. — 3. *Doulaincourt*, 940; Saint-Urbain. — 4. *Doulevant-le-Château*, 610; Brachay, Cirey-sur-Blaise. — 5. *Joinville*, 4480; Thonnance-lès-Joinville. — 6. *Montier-en-Der*, 1450; Sommevoire. — 7. *Poissons*, 1 300. — 8. *Saint-Dizier*, 13 380; Éclaron, Perthes.

au prêche. Les gens de la suite du duc ayant pris querelle avec les huguenots, des injures on en vint à se lancer des pierres, et le duc de Guise fut atteint. Le voyant blessé, ses hommes se jetèrent sur les réformés, et dans la lutte il y eut des morts de part et d'autre. C'est cet événement fortuit que les protestants ont appelé le *massacre de Wassy*. Ce fut le signal des guerres de religion. » (GIRARD, *Hist. de France*.)

CHEVILLON, sur la Marne, conserve un château de la famille de Joinville. — *Osne* possède l'importante fonderie du *Val-d'Osne*, où sont coulées en grand nombre les statues, fontaines publiques, etc. — DOULAINCOURT et DOULEVANT-LE-CHATEAU ont aussi des hauts fourneaux et des usines métallurgiques plus ou moins inactifs, de même que *Cirey-sur-Blaise*, dont le château fut habité par Voltaire. — A *Saint-Urbain* se trouvent une colonie pénitentiaire agricole et les restes d'une abbaye de bénédictins, fondée en 855.

Joinville, sur la rive gauche de la Marne, fut le chef-lieu du Vallage, et une seigneurie qui rappelle surtout le célèbre sire de Joinville, compagnon et historien de saint Louis. « Suivant les uns, dit Malte-Brun, cette ville serait aussi ancienne que le dieu Janus, à qui elle devrait son nom : *Janivilla*. D'autres veulent qu'elle ait été fondée par Junon, et l'appellent *Junonis villa* ou *Junopolis;* mais l'opinion la plus commune est celle qui fait de Jovinus, lieutenant de Valentinien, empereur d'Occident, le seul et véritable fondateur de Joinville. Vers l'an 369, en effet, Jovinus y fit bâtir une tour ou forteresse, dont on voyait encore les ruines dans le dernier siècle. Jovinus lui laissa son nom ; de là celui de *Jovini villa,* donné à la ville. Ce fut un saint personnage, car c'est ainsi que saint Remi, archevêque de Reims, le qualifie dans son testament. Il y avait anciennement à Joinville une église consacrée en son honneur; on y voyait sa statue et celle de sa femme au grand portail de l'église.

Joinville.

« Avant d'être aux Guises, cette ville eut ses seigneurs particuliers, du nom de Joinville, et dont le plus illustre fut ce Jean, **sire de Joinville**, sénéchal de Champagne, qui a écrit la vie de saint Louis. Ami de ce prince, il le suivit dans sa première croisade, en 1248. Saint Louis se servait de lui pour rendre la justice. « A sa porte, dit le célèbre chroni-
« queur, il nous envoyoit, les sieurs de Nesles, de Soissons et moi, ouïr
« les plaids, et puis il nous envoyoit quérir et demander comme tout se
« portoit, et s'il y avoit aucune affaire qu'on pust despêcher sans lui.
« Et plusieurs fois, selon notre rapport, il envoyoit quérir les plaidoyants
« et les contenoit, les mettant en raison et droiture. » — On aime surtout dans Joinville son amitié pour le roi, sa sensibilité naïve, son imagination

vive, qui trouve les couleurs les plus naturelles pour peindre. Favorisé par une merveilleuse précision de langage, il décrit tout sans rien altérer, quoique les objets soient pour lui nés le jour où il les a vus.

Charles-Quint assiégea Joinville en 1544, la prit et la livra aux flammes. Rebâtie en 1552, d'après les ordres de François Ier, par les soins de Claude de Lorraine, alors baron de Joinville, elle fut érigée en principauté par Henri II en faveur des ducs de Guise, qui venaient y passer la belle

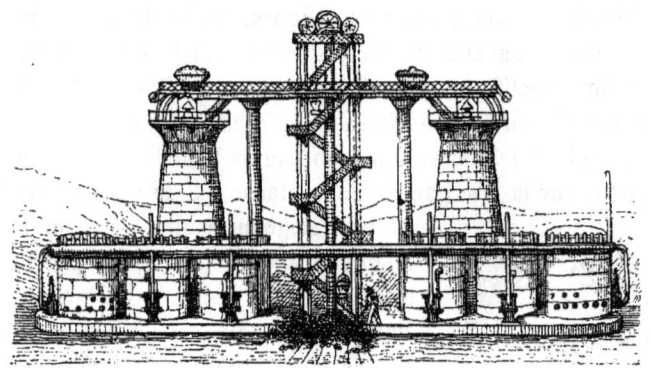

Hauts fourneaux modernes (croquis).

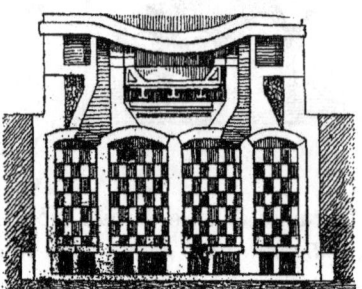

Fer et acier. Disposition générale des fours Siemens.

saison. De la maison de Lorraine, la principauté passa à la famille d'Orléans, dont un membre porte encore le titre de « prince de Joinville ». Dans le cimetière, Louis-Philippe fit élever un monument commémoratif recouvrant les restes, dispersés pendant la Révolution, des sires de Joinville, des ducs de Lorraine et de Guise, dont les magnifiques tombeaux formaient jadis l'ornement de l'église. Joinville possède en outre la statue de l'historien de saint Louis et le « petit château » des ducs de Guise.

MONTIER-EN-DER doit son nom à la forêt et au pays de *Der*, *Dervensis pagus*, dont il était jadis le chef-lieu, ainsi qu'à un moustier (monastère) de bénédictins, fondé en 671 par saint Berchaire. Il en reste une église intéressante des XIe-XIIIe siècles.

Sommevoire, ancienne baronnie, a une église remarquable et, comme le Val-d'Osne, des fonderies d'objets d'art.

Saint-Dizier (*Sanctum Desiderium*), sur la Marne, qui y devient navigable par 157 mètres d'altitude, doit son nom à un évêque de Langres, saint Didier, martyrisé au IIIe siècle. Cette ville, la plus populeuse du département (13 400 âmes), est l'un des marchés régulateurs de la métallurgie française et le centre de cette industrie dans la région : hauts fourneaux, forges, fonderies, aciéries, chaîneteries, tréfileries, clouteries, ateliers de construction. Il y a de plus un port où la construction des bateaux est assez active. — Autrefois fortifiée, Saint-Dizier fut prise en 1544, par Charles-Quint, qui fit parvenir de fausses nouvelles dans la place et rendit ainsi inutile la belle défense du comte de Sancerre. Napoléon remporta sous ses murs deux victoires sur les Alliés, les 27 janvier et 26 mars 1814.

En aval, *Perthes,* ruiné par les Huns en 451, fut avant Vitry-le-François, la capitale du Perthois, auquel il donna son nom. — Au sud, *Eclaron,* sur la Blaise, possède des distilleries et une fabrique de sucre.

Le caractère champenois. — « Dans cette naïve et maligne Champagne, » dit Michelet, « dans cette zone vineuse et littéraire, l'esprit a toujours gagné en netteté, en sobriété. Nous y avons distingué trois degrés : la fougue et l'ivresse spirituelle du Midi, l'éloquence et la rhétorique bourguignonnes, la grâce et l'ironie champenoise. C'est le dernier fruit de la France et le plus délicat. » — « Le caractère champenois, lisons-nous dans Joanne, montre un grand fond de douceur, beaucoup de bon sens et de droiture, une bonhomie narquoise qui peut aller jusqu'à l'ironie. Ce caractère, également éloigné de tout extrême, semble avoir encore une autre cause que l'esprit de race, et l'on doit l'attribuer en grande partie à l'état dans lequel vécut la Champagne au moyen âge. En effet, ses habitants, émancipés de bonne heure, n'ont connu du régime féodal que ce qu'il avait d'utile ; ils ont toujours possédé, et ont accru leur avoir par le travail et le commerce. Aussi, chez eux, les périodes tourmentées de l'histoire de la France ne présentent pas les excès qu'elles offrent dans d'autres provinces. »

MARNE

5 arrondissements, 33 cantons, 661 communes, 434700 habitants

Géographie. — Le département de la *Marne* tire son nom de la rivière qui le traverse du sud-est à l'ouest, en baignant Vitry-le-François, Châlons et Épernay. Ses 8180 kilomètres carrés lui assignent le 9e rang pour l'étendue. Il a été formé d'une partie de la *Champagne Pouilleuse* pour la moitié, au centre; d'une partie du *Perthois*, capitale Vitry-le-François, et du *Vallage*, à l'est; du *Rémois*, capitale Reims, et d'une partie de la *Brie*, à l'ouest.

Le *sol* de la Marne est généralement plat, notamment dans la grande plaine crayeuse de la Champagne; toutefois deux lignes de hauteurs longent cette plaine : à l'est, les collines crétacées inférieures de l'Argonne (267 mètres), du Perthois et du Vallage; à l'ouest, les collines tertiaires, dites Montagnes de *Reims*, de *Vertus* et de *Sézanne* (240 mètres). Le point culminant est la Montagne de *Verzy* (280 mètres), au sud-est de Reims, tandis que le point le plus bas (50 mètres) est au nord-est, à la sortie de l'Aisne. L'altitude moyenne est de 130 mètres. Reims est à 85 m., Châlons à 90, Sainte-Menehould à 140.

Ce département fait partie du bassin de la Seine. Il est arrosé au sud-ouest par ce fleuve, qui y reçoit l'*Aube*, grossie de la *Superbe*; au nord, par l'*Aisne*, qui arrose Sainte-Menehould et recueille la *Biesme*, la *Suippe* et la *Vesle* passant à Reims.

La **Marne**, qui le traverse dans la direction du nord-ouest, y pénètre en amont du confluent de la *Blaise;* elle arrose d'abord Vitry-le-François, à la jonction de son canal latéral et du canal de la Marne au Rhin, un peu au-dessus du confluent de la *Saulx*, qui lui apporte aussi les eaux de l'*Ornain;* puis elle traverse la plaine de la Champagne Pouilleuse, où elle baigne CHALONS et reçoit la *Somme-Soude*, tandis que vers Ay et Epernay elle pénètre entre les vignobles de la Montagne de Reims et le plateau de Brie, qu'elle limite au nord pendant le reste de son cours. Le département lui envoie encore, mais au dehors, le *Surmelin*, le *Petit-Morin* et le *Grand-Morin*.

La Seine, l'Aube et la Marne servent à la navigation, ainsi que les *canaux* de la Marne au Rhin et de la Haute-Marne, le canal latéral à la Marne, les canaux de l'Aisne à la Marne et de la Haute-Seine. Des étangs nombreux se trouvent à l'est, dans l'Argonne et le Vallage, ainsi qu'à l'ouest, entre la Marne et le Petit-Morin.

Compris dans la zone du climat *séquanien*, ce département jouit d'une douce température, dont la moyenne est de 18° 5. La hauteur des pluies est généralement très inférieure à la moyenne de la France, qui est de 77 centimètres.

Le sol, très fertile au sud-est, est au contraire à peu près naturellement stérile dans la partie centrale du département, où le fond crayeux n'est recouvert que d'une mince couche de terre végétale: c'est la *Champagne Pouilleuse*, que de récents progrès agricoles transforment de plus en plus en vastes sapinières et en pâturages pour de nombreux moutons. Néanmoins la Marne récolte beaucoup de céréales ; mais sa richesse principale lui vient des vignobles de la Montagne de Reims, des côtes d'Épernay, d'Avize et de Vertus, qui servent à la fabrication des célèbres vins mousseux de Champagne. Ce département possède aussi de nombreuses forêts, dont les principales sont celles des Montagnes de Reims et de Vertus, de la Traconne, de l'Argonne et des Trois-Fontaines.

Les deux grandes *industries* du département sont celles des vins mousseux et des lainages. — Ces vins, fabriqués principalement à Épernay, sont entreposés dans cette ville, ainsi qu'à Reims et à Châlons, et de là expédiés dans tout l'univers. En moyenne, chaque année la production s'élève à plus de 22 000 000 de bouteilles, rapportant 60 millions de francs. L'industrie des lainages, qui a Reims pour centre, est encore plus importante : le peignage, la filature et le tissage occupent plus de 30 000 ouvriers dans le département, qui produit des tissus pour une valeur d'environ 160 millions. Citons aussi les biscuits, pains d'épice et macarons de Reims, les verreries, tuileries, fabriques de chaussures et de papiers peints. On extrait du minerai de fer au sud-est ; il y a des carrières à l'ouest, et des tourbières dans les marais de Saint-Gond, sur le Petit-Morin.

Les habitants étaient, en 1891, au nombre de 434 700, dont 16 200 étrangers, soit une augmentation de 130 000 âmes depuis 1801, et de 48 500 depuis 1871. La Marne est ainsi notre 28e département pour la population absolue et le 57e pour la densité, avec 53 habitants par kilomètre carré. — La langue française seule est en usage, et toute la population est catholique, sauf 1 600 protestants et 500 israélites.

Administrations. — Le département de la Marne relève de l'arche-

Colbert.

vêché de Reims (arrondissement de Reims) et de l'évêché de Châlons (les quatre autres arrondissements). Il ressortit à la cour d'appel et à l'académie de Paris et fait partie des divisions suivantes : 6e corps d'armée (Châlons), région agricole du Nord-Est, 10e conservation forestière (Châlons).

Il comprend 5 arrondissements : *Châlons-sur-Marne, Epernay, Reims, Sainte-Menehould, Vitry-le-François,* avec 33 cantons et 661 communes.

Personnages. — Jovinus, consul romain, né à Reims, mort en 379. Flodoard, chroniqueur, né à Épernay, mort en 966. Le bienheureux Urbain II, pape, né à Lagery, mort en 1099. Le connétable Gaucher de Châtillon, né à Châtillon-sur-Marne, mort en 1330. Le cardinal de Dormans, chancelier, né à Dormans, mort en 1370. Le teinturier Gilles Gobelin, né à Reims, XVIe siècle. Nanteuil, graveur du cabinet de Louis XIV, né à Reims, mort en 1678. Le cardinal de Retz, chef de la Fronde, né à Montmirail, mort en 1679. Le ministre Colbert, né à Reims, mort en 1683. Le maréchal de Joyeuse, né à Ville-sur-Tourbe, mort en 1713. Le bénédictin Pérignon, qui trouva le secret de rendre mousseux les vins de Champagne, né à Sainte-Menehould, mort en 1715. Le bienheureux Jean-Baptiste de la Salle, fondateur de l'institut des Frères des Écoles chrétiennes, né à Reims, mort en 1719. Sont aussi nés à Reims : le bénédictin dom Ruinart, mort en 1719; l'avocat Tronson du Coudray, défenseur de Louis XVI et de Marie-Antoinette, 1798, et le maréchal Drouet d'Erlon, 1814. Le P. Loriquet, historien, né à Épernay, mort en 1845. Le philosophe Royer-Collard, né à Sompuis, mort en 1845. L'ingénieur Polonceau, qui traça le premier chemin de fer français, né à Reims, mort en 1847. L'ingénieur-hydrographe Beautemps-Beaupré, né à la Neuville-au-Pont, mort en 1854. Billet, colonel du 4e cuirassiers, dont la charge à Reichshoffen est célèbre, né à Fismes, mort en 1870.

I. **CHALONS-SUR-MARNE**, chef-lieu du département[1], peuplé de 26 000 âmes, est bâtie par 90 mètres d'altitude dans une vallée large et marécageuse, que traversent la Marne et son canal latéral. Parmi les belles promenades publiques qui l'entourent et la dédommagent de sa situation peu brillante, la principale porte le nom de Jard.

C'est une ville déchue, quoique commerçante encore en laines, en céréales et en vins de Champagne : aux environs se voient des caves de plusieurs kilomètres d'étendue, renfermant plus de trois millions de bouteilles. Elle a aussi des fabriques de chaussures, de papiers peints, et possède une école des arts et métiers. Quartier général du 6e corps d'armée, elle n'est plus comme jadis ville de guerre, bien que située sur le chemin de Paris à la frontière du nord-est.

Ancienne *Durocatalaunum,* capitale des *Catalauni,* Châlons fut témoin de la défaite de Tétricus par Aurélien en 273, et de celle des Alamans par Jovinus en 366. Attila s'en écarta à la prière de l'évêque saint Alpin, pour aller se faire battre en 451 par les Romains, les Francs et les Westgoths coalisés, dans la plaine appelée les *champs Catalauniques,* laquelle s'étendait au sud jusque vers Troyes. Châlons, qui se montra toujours fidèle à la royauté, fut érigée en comté-pairie au XIIe siècle, en faveur de ses évêques. Elle reçut une charte communale vers la même époque, alors qu'enrichie par ses foires et la fabrication des draps, elle comptait 60 000 habitants et construisait les superbes monuments religieux qu'elle conserve encore, notamment la cathédrale Saint-Étienne et l'église Notre-Dame. En 1147, saint Bernard y prêcha la deuxième croisade devant Louis VII et le pape Eugène III ; elle devint momentanément siège du parlement de Paris en

---

[1] Arrondissement de CHALONS-SUR-MARNE : 5 *cantons,* 104 communes, 62 620 habitants.
Cantons et communes principales : 1. *Châlons-sur-Marne,* 25 870 habitants; Saint-Memmie. — 2. *Écury-sur-Coole,* 350 ; Athis. — 3. *Marson,* 300 ; Courtisols, 1 530 ; Lépine. — 4. *Suippes,* 2740 ; la Cheppe, Mourmelon-le-Grand, 5 330 ; Mourmelon-le-Petit. — 5. *Vertus,* 2790 ; Bergères-lès-Vertus.

1589, et chef-lieu de l'intendance de Champagne, en 1629. Napoléon Ier la choisit en 1814 pour son quartier général, et Napoléon III établit un camp permanent dans son arrondissement.

Le **camp de Châlons**, créé sous le second empire, est à 20 kilo-

Châlons-sur-Marne.

mètres au nord de cette ville, dans une plaine crayeuse de 1 200 hectares, dépendant des communes de *Mourmelon-le-Grand*, de *Mourmelon-le-Petit* et de plusieurs autres du canton de *Suippes*.

Il est traversé par l'ancienne voie romaine de Reims à Bar-le-Duc.

« Figurez-vous, dit un historien du temps, une grande plaine nue, montant par une pente douce à partir du village de Mourmelon. Sur le point le plus élevé de cette plaine est le quartier général ; placez-vous là, vous embrasserez la ligne du camp, qui s'étend à une demi-lieue devant vous dans une largeur de 7 kilomètres. Là-bas, à droite, ces tentes blanches sur plusieurs rangs, entremêlées de quelques baraques de bois, pour la cantine, les salles à manger des officiers, les bureaux de l'état-major, etc. : ce sont les deux divisions d'infanterie ; à gauche, où vous voyez une quantité de chevaux attachés autour des tentes, c'est la division de cavalerie ; les chevaux restent en plein air jour et nuit, comme en Afrique, et ils ne s'en portent que mieux ; c'est cette méthode imitée des Arabes qui nous a permis de conserver nos chevaux en Crimée. En arrière de la cavalerie, ces chariots alignés, ces caissons, ces canons, c'est le parc d'artillerie : soixante et douze pièces qui, lorsqu'elles tonnent ensemble, déchirent l'air à faire tinter les oreilles. Enfin, derrière encore, et tout à fait à gauche, ces baraques, ces bâtiments longs, ces hangars, ce sont les équipages, les ambulances, la manutention, les magasins à fourrages, etc., le complément indispensable d'un camp. — Maintenant, faites un demi-tour sur vous-même, sans changer de place, pour donner un coup d'œil au quartier général ; c'est aussi simple que sévère : ces deux baraques en bois, peintes, en coutil, comme une tente, servent de logement à l'empereur ; une troisième, en forme de chalet, est la salle à manger ; à droite de l'empereur, cette baraque un peu plus grande est la demeure du maréchal Canrobert, commandant en chef du camp ; derrière, les bureaux de l'intendance et de l'état-major ; enfin, en avant du quartier général, ce petit édifice à jour, couvert d'un dôme et élevé d'une vingtaine de marches, c'est l'autel, qui domine tout le camp, et où l'on célèbre la messe, très solennelle, surtout les jours de grandes manœuvres. »

(Eugène Loudun.)

Au canton de Marson s'élève le sanctuaire de *Notre Dame de l'Épine*, magnifique église gothique renfermant un jubé remarquable, et dont le portail à trois vestibules est surmonté de deux belles tours. C'est le but d'un pèlerinage très fréquenté, dont l'origine remonte à l'apparition d'une statue miraculeuse de la très sainte Vierge dans un buisson d'épines en 1400, et qui a été récemment couronnée par le cardinal Langénieux. — *Courtisols*, sur la Vesle, est un joli village qui possède une très importante fromagerie. Ses habitants, ayant des mœurs et un idiome particuliers, paraissent être d'origine suisse.

Suippes, sur la rivière de ce nom, a d'importantes filatures de laine peignée, une église du XIIIe siècle et des restes de remparts.

Au village de *la Cheppe* se trouve le *camp* dit *d'Attila* (monument historique), attribué aux Romains, utilisé peut-être par les Huns. De forme elliptique et dominant le cours de la Noblette, il est défendu de trois côtés par un fossé de 10 mètres de profondeur sur 20 de largeur ; son pourtour est de 1 765 mètres et sa surface de 30 hectares. Quelques auteurs pensent que ce fut d'abord l'*oppidum* gaulois du Châlonnais.

Vertus, entourée d'excellents vignobles, a une belle église du xie siècle (monument historique) avec une crypte curieuse. Une vieille porte rappelle ses fortifications. Érigée en comté-pairie par Jean le Bon, elle fut prise d'assaut par le général anglais Salisbury, qui la saccagea en punition de sa fidélité au Dauphin.

II. **ÉPERNAY** est une ville de 18 000 âmes, située par 70 mètres d'altitude, entre la Marne et le pied des coteaux de la rive gauche, à l'extrémité nord de l'arrondissement dont elle est le chef-lieu[1]. « Épernay est la ville du vin de Champagne, rien de plus, rien de moins, » a dit Victor Hugo. La vérité est qu'elle en vend annuellement pour plus de 20 millions, et que de plus elle possède des fabriques de bouteilles, de bouchons, et en général tout ce qui sert à renfermer et à emmagasiner les vins. Ceux-ci occupent d'immenses caves creusées dans le tuf, sous les coteaux vignobles. Notons aussi les vastes ateliers de la Compagnie des chemins de fer de l'Est. — Autrefois place forte, Épernay (*Sparnacum*) fut prise par Henri IV en 1592, après un siège où périt le maréchal de Biron père. Elle a aujourd'hui une belle église, ainsi que de nombreux hôtels et châteaux.

Les vins de Champagne. — La grande région viticole de la Champagne comprend les coteaux de la Marne aux alentours d'Épernay, depuis Verzy, au nord, jusqu'à Vertus, au sud, ainsi que la ligne des coteaux dite *Montagne de Reims*, située au sud de cette ville. D'un côté, sur le versant nord-est qui descend vers la Vesle, ce sont les vins dits de la *Montagne*, fournis par les communes de *Sillery*, de *Rilly*, de *Ludes*, de *Mailly*, de *Verzenay*, de *Verzy*; les pentes qui s'abaissent sur la Marne produisent les vins dits de *Rivière*, d'*Ay*, de *Mareuil*, de *Cumières*, de *Bouzy*, d'*Ambonnay*, et au sud de la Marne, ceux des côtes d'*Épernay*, d'*Avize* et de *Vertus*. Il y a là environ 14 000 hectares de vignobles produisant un demi-million d'hectolitres de vins.

Les vins de Champagne doivent leur délicatesse, leur saveur piquante, leur mousse pétillante, non seulement au sol sec, léger, formé de quatre cinquièmes de carbonate de chaux et d'un cinquième de silice et d'argile, qui les produit, mais aussi aux procédés très soignés de fabrication dont ils sont l'objet. La mousse provient de ce que la fermentation, ne s'achevant que dans la bouteille, produit un fort dégagement d'acide carbonique au débouchage. La nature du sol et le choix des cépages ne donnent pas à la liqueur toutes ses qualités, sa délicatesse, son esprit, son efferves-

---

[1] Arrondissement d'Épernay : 9 *cantons*, 174 communes, 99 070 habitants.
Cantons et communes principales : 1. *Épernay*, 18 370 habitants; Ablois, Chouilly, Damery, 1840; Pierry, Venteuil. — 2. *Anglure*, 770; Marcilly-sur-Seine, Saint-Just-Sauvage. — 3. *Avize*, 2450; Cramant, le Mesnil-sur-Oger, 1530. — 4. *Dormans*, 2270; Mareuil-le-Port, Troissy, Verneuil. — 5. *Esternay*, 1750; Bethon, Villeneuve-la-Lionne. — 6. *Fère-Champenoise*, 2130; Faux-Fresnay. — 7. *Montmirail*, 2380; le Gault, Vauchamps. — 8. *Montmort*, 670; Baye, Champaubert, Orbais. — 9. *Sézanne*, 4780; Barbonne-Fayel, Fontaine-Denis-Nuisy.

cence soudaine; l'art y est pour beaucoup. Le vigneron s'occupe seulement de la culture, l'industriel achète la récolte et la met en œuvre, pour préparer diversement le vin suivant le goût des consommateurs; aussi doit-il s'entourer de tout un monde de travailleurs; ses caves sont de véritables usines.

Voici les *opérations qui constituent la manutention* du vin de Champagne. Les raisins sont écrasés mécaniquement au moyen d'excellents pressoirs, et le moût immédiatement versé dans les tonneaux où, par suite de la fermentation, il se transforme en vin. Pendant les mois de décembre et de janvier, on mélange entre eux les différents crus de la Champagne, car, pour obtenir un vin parfait, il faut mélanger les différents crus dans diverses proportions; c'est ce qu'on appelle faire la cuvée. Le vin est mis en bouteilles au printemps suivant; le bouchage est hermétique et se compose d'un bouchon de fort calibre et d'une agrafe de fer résistante.

Peu de temps après la mise en bouteilles, la fermentation se produit, et le sucre naturel du vin se transforme en alcool et en acide carbonique. La fermentation produisant dans la bouteille un dépôt qu'il faut extraire, on met les bouteilles la tête en bas sur des pupitres percés de trous, et chaque jour pendant six semaines elles sont remuées, une à une, légèrement. Le dépôt tombe alors sur le bouchon et on l'extrait par le dégorgement, opération qui consiste à déboucher et à relever brusquement la bouteille pour en chasser le dépôt, que la force du gaz pousse violemment au dehors.

Par suite de la fermentation, le vin ayant perdu son sucre naturel, il faut le remplacer par la « liqueur », qui n'est autre qu'un mélange de vin et de sucre de canne. La bouteille est ensuite ficelée, ornée de feuilles de plomb, d'étiquette, etc.; elle est prête à l'expédition.

Le grand atelier de fabrication des vins de Champagne est la ville d'Épernay. Là, dans des caves immenses préparées dans un roc crayeux, se conservent les précieux vins en bouteilles rangées par millions. A Châlons, les galeries d'une seule cave n'ont pas moins de 10 kilomètres de développement et peuvent contenir plus de 3 millions de bouteilles. Les vins de Champagne entreposés à Épernay, à Reims, à Châlons, sont expédiés de là dans toutes les parties du monde. Les acheteurs les plus empressés sont ceux de l'Angleterre, de l'Allemagne, de la Russie, des États-Unis, de l'Amérique méridionale, des Indes et des îles de la Sonde; la France n'en garde que la cinquième ou sixième partie. La fabrication du champagne s'élève annuellement à 22 000 000 de bouteilles, dont 18 000 000 sont exportées.

ANGLURE, sur l'Aube, que joint une dérivation du canal de la Haute-Seine, était jadis une baronnie de l'évêché de Troyes; une île de la rivière renferme les restes du château fort. — AVIZE, au pied d'une colline de 240 mètres, produit un vin mousseux qui se distingue par sa blancheur, sa finesse et sa légèreté. Son vignoble est de 175 hectares, et le rendement moyen de 20 hectolitres à l'hectare.

Dormans, sur la Marne, rappelle la victoire de Henri de Guise sur les reîtres allemands, en 1575; c'est dans cette affaire que le duc reçut la blessure qui lui valut le surnom de *balafré*. La ville montre des restes

Porte de Mars à Reims.

de remparts et une église avec un élégant clocher à quatre pignons, du XIIIe siècle.

Montmort, sur le Surmelin, traversant un plateau rempli d'étangs, conserve le château de Sully, construit sur un massif fortifié du XIIe siècle, et dominé par un donjon carré flanqué de quatre tours. L'église, du XIIIe siècle, renferme le tombeau de la duchesse d'Angoulême, bru de Charles IX. Aux environs se trouvent l'ancien prieuré de *Montarmé*, converti en habitations particulières, et des restes de l'abbaye cistercienne de la *Charmoye*, fondée en 1167 par Thibaut IV.

Montmirail, sur le Petit-Morin; Fère-Champenoise, sur la Vaure; Sézanne, près du Grand-Morin, et leurs environs, rappellent plusieurs faits de la campagne de 1814. Les Français, vainqueurs des Alliés à *Champaubert*, le 10 février; à Montmirail, le 11; à *Vauchamps*, le 14, furent vaincus le 25 mars à Fère-Champenoise. Sézanne, dépôt des approvisionnements de Napoléon, fut prise et pillée quatre fois par l'ennemi.

Ancienne place forte, **Sézanne** avait déjà été prise en 1423 par les Anglais et en 1566 par les huguenots. Son église de Saint-Denis est un monument historique du XIIe siècle, et son hôpital un ancien couvent de Récollets. Ville industrielle, elle a des carrières de pierres de taille et surtout de terres réfractaires, d'importantes fabriques de verres de lunettes, de porcelaines et d'instruments aratoires, des ateliers de constructions et des scieries mécaniques.

La brèche du plateau dans laquelle se trouve Sézanne est fort curieuse par un *phénomène de géographie physique* : le Grand-Morin, qui naît au nord de la ville et se rend dans la Marne, forme une dérivation, la rivière des Auges, qui passe à Sézanne et va rejoindre la Superbe, affluent de l'Aube. Ainsi, en cet endroit, les bassins de la Marne et de l'Aube sont réunis par une bifurcation de cours d'eau analogue à celle du Cassiquiaré, dans le bassin de l'Orénoque. Les travertins éocènes de Sézanne sont bien connus des géologues, à cause des fossiles si délicats d'insectes, de larves, de nymphes, et même de fleurs en boutons, épanouies ou à demi fanées, qu'on y a trouvées dans la pierre.

III. **REIMS**, chef-lieu d'arrondissement[1], peuplé de 105 000 âmes, est de beaucoup la ville la plus importante du département, et, depuis la perte de Strasbourg, de tout le nord-est de la France. Aussi, dès 1872, l'a-t-on entourée de plusieurs forts. Assise à 85 mètres d'altitude, sur une rivière insignifiante, la Vesle, elle y a d'abord suppléé par l'établissement du canal qui unit l'Aisne à la Marne, en contournant l'extrémité occidentale de la « Montagne de Reims »; aujourd'hui elle est surtout desservie par de nombreuses voies ferrées. Située dans une vaste plaine, à proximité d'une célèbre région viticole et au centre d'un grand élevage de moutons, Reims est avant tout une cité industrielle, qu'enrichissent les vins de Champagne et plus encore le travail de la laine. En effet, cette ville importe annuellement pour 75 millions du précieux textile, qu'elle peigne, carde, file et transforme en tissus de toutes sortes : draperies, casimirs, mérinos, flanelles, cachemires, molletons, hautes nouveautés. On connaît aussi les biscuits, pains d'épice et macarons de Reims, qui possède en outre des verreries, des fonderies et des ateliers de petite chaudronnerie; en un mot, sa production totale est évaluée à plus de 100 millions de francs.

Reims est l'antique capitale de l'importante nation des *Rèmes*, dont elle prit

[1] Arrondissement de REIMS : 11 *cantons*, 180 communes, 198 120 habitants.
Cantons et communes principales : 1. *Reims*, 4 cantons, 104 190 habitants; Cormontreuil, Bétheny, Saint-Brice-et-Courcelles. — 5. *Ay*, 6 710; Avenay, Cumières, Dizy-Magenta, 2 470; Hautvillers, Mareuil-sur-Ay. — 6. *Beine,* 790; Béthéniville, Pont-Faverger, 2 240. — 7. *Bourgogne,* 800; Bazancourt, Boult-sur-Suippe, Cormicy, Loivre, Warmériville, Witry-lès-Reims. — 8. *Châtillon-sur-Marne,* 1 020; Passy-Grigny. — 9. *Fismes,* 3 310; Hermonville. — 10. *Verzy,* 1 360; Ludes, Rilly, 1 530; Sillery, Verzenay, 1 930. — 11. *Ville-en-Tardenois,* 520; Chaumusy, Gueux, Lagery.

le nom vers le IIIe siècle, après avoir porté jusque-là celui de *Durocorto-rum*. Déjà florissante pendant la période gauloise, elle le devint bien davantage sous les Césars, qui, en récompense de sa fidélité, se plurent à l'embellir et la créèrent chef-lieu de la Belgique seconde. Dans la deuxième moitié du IIIe siècle, saint Sixte y établit un évêché qui devint très célèbre dans la suite. En effet, après avoir été pillée par les Vandales en 406, par Attila en 451, Reims eut pour évêque de 459 à 533 le grand **saint Remi**, qui baptisa Clovis et ses leudes en 496. Ce baptême solennel du premier souverain de France désignant la cité rémoise pour le sacre des rois, celui-ci eut désormais presque toujours lieu d'abord à l'église Saint-Remi,

Place du Marché à Reims.

ensuite à la cathédrale Notre-Dame : depuis Philippe-Auguste jusqu'à Charles X, il n'y eut d'exception que pour Henri IV, Napoléon et Louis XVIII. Aussi les archevêques de Reims devinrent-ils les premiers pairs ecclésiastiques du royaume. La ville, après avoir obtenu une charte en 1138, vit accorder à ses fabricants de draps le privilège de posséder deux des célèbres foires dites de Champagne.

Toute dévouée aux rois, Reims combattit avec énergie les Anglais, qu'elle repoussa en 1359. Elle fut prise par eux en 1421, puis reprise le 16 juillet 1429 par Jeanne d'Arc, qui le lendemain assista, bannière déployée, au sacre de Charles VII. Les écoles y étaient déjà florissantes, lorsque par les soins du cardinal de Lorraine une université y fut créée en 1547.

Les écoles chrétiennes. — C'est à Reims que furent établies en 1680 les premières écoles chrétiennes congréganistes pour les garçons. Leur fondateur, **Jean-Baptiste de la Salle**, y naquit le 30 avril 1651, de parents distingués par leur noblesse. La maison où il reçut le jour se voit encore dans la petite rue de l'Arbalète; elle se remarque par son importance autant que par son caractère architectural, la décoration de sa façade et une élégante tourelle à trois étages. Le jeune de La Salle commença ses études ecclésiastiques au séminaire de Saint-Sulpice, à Paris, et les continua à Reims, où il prit le grade de docteur en théologie, puis reçut les ordres sacrés et s'appliqua tout entier aux œuvres charitables. Animé d'un zèle ardent et éclairé pour le salut des âmes, il s'attacha surtout à l'éducation chrétienne des enfants du peuple. A cet effet, il établit d'abord dans sa ville natale une sorte de noviciat pour la formation de maîtres d'école, leur donna, avec le costume religieux, le nom de Frères des Écoles chrétiennes, et se joignit à eux, pour montrer à tous les exemples les plus héroïques d'abnégation, notamment en se dépouillant de son canonicat et en distribuant tous ses biens aux pauvres. Il fit lui-même la classe à Reims, dans une maison qui est redevenue la propriété de son Institut; puis il fonda successivement des écoles à Rethel, à Château-Porcien, à Guise, à Laon, à Paris, où il organisa la première école *dominicale;* à Rouen, où il établit le siège de sa Congrégation et le premier pensionnat, ainsi qu'en d'autres villes des différents points de la France. Dieu bénit son œuvre. A sa mort, arrivée le 7 avril 1719, il laissait 27 maisons, 274 Frères et 9 885 élèves. Son Institut, reconnu en 1725 par lettres patentes de Louis XV et par une bulle d'approbation de Benoît XIII, grandit jusqu'à la Révolution, qui le supprima. Rétabli en 1802 et reconnu légalement par Napoléon Ier en 1808, il n'a cessé de prospérer, et de nos jours il compte plus de 1 400 écoles renfermant 330 000 élèves, tant en France qu'à l'étranger. Jean-Baptiste de la Salle fut déclaré vénérable par Grégoire XVI en 1840, et béatifié par Léon XIII en 1888.

La **cathédrale** de Reims, édifice du XIIIe siècle, passe pour un chef-d'œuvre de l'architecture gothique : c'est l'un des plus grands, des plus beaux et des plus achevés de tous les monuments de ce genre en Europe. Construite de 1212 à 1242, sa longueur est de 146 mètres; sa largeur de 30 mètres dans œuvre à la nef, et de 50 mètres à la croisée; l'élévation de sa voûte est de 38 mètres, et celle des clochers de 80. Le portail, de forme pyramidale, a trois porches, dont le central, qui est le plus grand, est orné de 550 statues grandes et petites; une multitude d'autres statues entourent l'édifice. — Les deux tours se composent d'arcades, de piliers, de chapiteaux, de pyramides, etc.; elles sont sculptées à jour avec une merveilleuse richesse, et se terminent par de petites pyramides à plusieurs pans, remplaçant les flèches qu'elles devaient porter. — L'une des tours renferme un bourdon appelé la *Charlotte,* fondu en 1570 et pesant 11 500 kilogrammes. Au-dessus du rond-point s'élève une flèche aiguë qui porte un ange doré. — L'intérieur de l'église, divisé en trois nefs par des colonnes et des colonnettes, renferme notamment de magnifiques vitraux, quarante tapisseries anciennes, un orgue très complet et une curieuse horloge en bois peint. Le trésor possède les débris de la sainte *ampoule,* qui contenait l'huile avec laquelle on sacrait les rois de France.

Après la cathédrale, la principale église de Reims est celle de *Saint-*

Cathédrale de Reims.

Remi, qui fut reconstruite au XIe siècle; elle conserve, dans un magnifique mausolée entouré des statues en marbre des douze pairs de France, les reliques du saint évêque qui baptisa Clovis.

L'hôtel de ville, l'un des plus beaux de notre pays, fut commencé en 1627 et continué de 1825 à 1880; c'est un monument historique, de même que la *Porte-de-Mars,* arc de triomphe gallo-romain; la maison dite des Musiciens et la chapelle de l'archevêché (XIVe siècle), qui renferme aussi l'appartement où logeaient les rois lors du sacre; le sarcophage de Jovinus, placé au musée; sept anciennes *portes* et plusieurs *maisons* du moyen âge. Sur les principales places de la ville, se trouvent deux fontaines monumentales et les statues de Louis XV, de Colbert et du maréchal Drouet d'Erlon.

Le sacre du roi à Reims. — Après le baptême de Clovis (Chlodwig), le premier sacre sur lequel l'histoire nous ait transmis des souvenirs précis est celui de Philippe Ier, en 1059. C'était le jour de la Pentecôte; la messe

La sainte ampoule du sacre des rois.

fut célébrée dans la cathédrale de Notre-Dame, par l'archevêque Gervais, car les archevêques de Reims prétendaient qu'à eux seuls appartenait le droit de bénir la couronne et de la placer sur le front des rois de France.

« A dater de Philippe-Auguste, le cérémonial du sacre, qui jusque-là avait été réglé par la tradition, fut soumis, par édit royal, à des formes fixes et à une invariable étiquette. Quand le jour de la cérémonie était arrêté, le roi en informait par lettres closes les échevins ou le conseil de ville. Il était d'usage que le prince se présentât aux portes de la cité monté sur un cheval blanc; là les clefs lui étaient offertes par les magistrats municipaux; mais, à partir du règne de Charles VII, les magistrats furent remplacés par une jeune fille, très probablement en mémoire de Jeanne d'Arc. Le roi se rendait directement à la cathédrale; il s'agenouillait à la porte, l'archevêque lui donnait l'Évangile à baiser et le conduisait dans le chœur; on chantait le *Te Deum*, ce *cantique des rois*, et le monarque se retirait ensuite à l'archevêché. Le jour du sacre, les évêques de Laon et de Beauvais allaient, en grande cérémonie, chercher le prince dans ses appartements. Le cortège royal se rendait ensuite en grande pompe à la cathédrale; là, l'archevêque requérait le roi de conserver au clergé et aux églises leur juridiction et leurs privilèges. Le roi le jurait : alors les évêques de Laon et de Beauvais le présentaient à la foule et

Saint-Remi de Reims.

demandaient aux assistants s'ils l'acceptaient pour souverain. Quand la foule avait donné son assentiment, le roi, la main sur les Évangiles, prêtait devant l'archevêque, en latin et à haute voix, le serment du sacre, qui était de conserver la paix à l'Église, de réprimer les violences, de faire respecter la justice, d'exterminer l'hérésie. Pendant ce temps, on disposait sur l'autel les vêtements d'apparat, la camisole de satin rouge garnie d'or, la dalmatique, le manteau de velours blanc semé de fleurs de lis et les insignes de la royauté, la couronne, le sceptre, l'épée, les éperons. Bientôt l'archevêque, s'approchant du roi, faisait les onctions saintes : il élevait ensuite la couronne au-dessus de la tête du monarque, et le conduisait à un trône élevé sur le jubé. Après l'avoir fait asseoir, il s'inclinait devant lui, le baisait et criait par trois fois : *Vivat rex in æternum*. Les douze pairs du royaume répétaient la même cérémonie. Le peuple entrait bientôt. Les oiseleurs lâchaient du haut du jubé les « oiseaux du sacre », et le roi était reconduit en grande pompe à l'archevêché, où l'attendait un somptueux repas. Sa table était servie par les officiers de sa maison, et les autres tables par les membres de l'échevinage de Reims et les notables bourgeois, qui tous portaient l'habit noir avec une fleur de lis brodée d'or, le manteau et le rabat. — Après le sacre, le roi allait en cavalcade à Saint-Denis, pour entendre la messe et toucher les écrouelles.

Au sacre de Charles X, le 29 mai 1825, le roi ne parlait plus des hérétiques : il disait encore « mon peuple »; mais des mots nouveaux, la « Charte constitutionnelle », démentaient cette tradition de l'ancienne monarchie... C'était sans doute un insigne honneur pour Reims que la royauté française fût ainsi consacrée dans ses murs, mais cet honneur la grevait d'une lourde charge; car les frais du sacre, sous l'ancienne monarchie, étaient payés par la ville. Du reste, elle était assez riche pour subvenir à ces dépenses, assez importante pour donner pendant quelques jours l'hospitalité aux rois. » (Ch. LOUANDRE, *Hist. des villes de France*.)

Au sud-est de la ville, commencent les célèbres coteaux de la Montagne de Reims, avec les crus de *Sillery*, *Verzenay*, VERZY et autres, qui se rattachent à ceux plus importants encore d'*Ay* et de *Mareuil*; ces derniers sont en face d'Épernay, dont la Marne et son canal les séparent.

Ay, sur la Marne, fabrique les vins mousseux les plus estimés; déjà existante au VIe siècle, elle fut érigée en commune et se fortifia au XVe siècle, mais souffrit beaucoup des guerres de religion.

CHATILLON-SUR-MARNE est un ancien comté, qui donna son nom à la plus célèbre des familles dites de Châtillon, laquelle fut alliée aux familles royales et eut pour principaux membres le bienheureux Urbain II, pape, les connétables Arnauld et Gaucher de Châtillon. — FISMES, l'ancienne station romaine de *Fines Suessionum*, sur la Vesle, conserve de nombreux souvenirs du moyen âge et s'occupe de la filature et de la fabrication du sucre. — *Pont-Faverger*, incendié par les Espagnols en 1650, et *Warmériville* (célèbre usine du Val-des-Bois), sur la Suippe, ont des filatures de laine et des ateliers de tissage mécanique.

IV. **SAINTE-MENEHOULD**, sous-préfecture [1], est une pittoresque petite ville de 5 300 habitants, située sur l'Aisne et près d'une forêt par 140 mètres d'altitude. Réputée pour ses asperges et ses pieds de cochon désossés, elle possède des pépinières et d'importantes fabriques de tuyaux

---

[1] Arrondissement de SAINTE-MENEHOULD : 3 *cantons*, 80 communes, 29 530 habitants.
Cantons et communes principales : 1. *Sainte-Menehould*, 5 300 habitants; la Neuville-au-Pont, Passavant, Valmy. — 2. *Dommartin-sur-Yèvre*, 220; Givry-en-Argonne. — 3. *Ville-sur-Tourbe*, 540; Sommepy, Vienne-le-Château, 1 550.

de drainage. Son nom n'est autre que celui de sainte Menechilde, fille d'un seigneur du Perthois, qui y vécut et mourut au temps de Clovis. — Ancienne capitale de l'Argonne, au voisinage de la Lorraine, Sainte-Menehould subit de nombreux sièges et fut prise notamment par Condé et les Espagnols en 1652, reprise l'année suivante par Louis XIV et du Plessis-Praslin. Concini y avait traité en 1614 avec les nobles révoltés. Incendiée en 1719, il n'en resta que deux maisons en bois, qu'on y voit encore,

La bataille de Valmy.

ainsi que son église du XIIIe siècle et les débris de l'ancien château fort.

Sur les hauteurs de *Valmy*, à l'ouest de Sainte-Menehould et à 20 kilomètres du défilé des Islettes, Dumouriez et Kellermann remportèrent cette célèbre victoire du 20 septembre 1792, qui fit reculer l'invasion des Prussiens. Une pyramide commémorative y a été dressée et renferme le cœur de Kellermann, qui fut créé duc de Valmy par Napoléon.

V. **VITRY-LE-FRANÇOIS** est une sous-préfecture de 8 000 âmes [1], dont le surnom vient de François Ier, qui la bâtit sur un plan régulier, pour y réfugier les habitants de Vitry-le-Brûlé. Place forte récemment dé-

---

[1] Arrondissement de VITRY-LE-FRANÇOIS : 5 *cantons*, 123 communes, 45 380 habitants.
Cantons et communes principales : 1. *Vitry-le-François*, 8 030 habitants; Saint-Amand, Vitry-en-Perthois. — 2. *Heiltz-le-Maurupt*, 740; Chamont. — 3. *Saint-Remy-en-Bouzemont*, 770; Giffaumont. — 4. *Sompuis*, 430; Sommesous. — 5. *Thieblemont-Farémont*, 330; Cheminon, Maurnat-et-le-Montois, Fargny-sur-Saulx, Sermaize, 3 390.

mantelée, cette ville est fort bien située, par 90 mètres d'altitude, près du confluent de la Marne et de la Saulx, à la bifurcation du canal de la Marne au Rhin avec celui de la Haute-Marne et à la jonction de quatre chemins de fer. Les Alliés l'occupèrent en 1814 et les Prussiens en 1870. — Elle fabrique du ciment, des instruments agricoles et possède des pépinières, une fonderie de cloches et des chantiers de construction de bateaux.

Vitry-en-Perthois ou *Vitry-le-Brûlé*, sur la Saulx, à 4 kilomètres N.-E. de Vitry-le-François, était jadis une place importante, qui fut incendiée en 1142 par Louis le Jeune : 1 300 personnes qui s'étaient réfugiées dans l'église périrent dans les flammes. Relevée de ses ruines, la ville fut de nouveau brûlée en 1544 par Charles-Quint ; ce n'est plus aujourd'hui qu'un simple village, conservant toutefois une belle église du xve siècle. On y voit aussi les vestiges d'un ouvrage romain dit camp de *Louvières*, les restes de deux monastères et les souterrains de l'ancien château.

Sompuis, à la « source du Puits », possède un tumulus romain et des restes de remparts. — Heiltz-le-Maurupt, dans la vallée de la Saulx, est réputé pour ses fromages. — *Sermaize*, sur la Saulx, possède des eaux ferrugineuses assez fréquentées, des fabriques de pièces d'horlogerie et de boissellerie, des fonderies et hauts fourneaux.

Champagne sèche : craie blanche. — La triste réputation de la Champagne Pouilleuse est trop connue pour qu'il soit nécessaire d'insister beaucoup sur l'aspect désolé et stérile des vastes plaines ondulées, qui s'étendent presque sans interruption entre l'Yonne et l'Aisne ; la bruyère, le genêt, ne se montrent même plus sur les terres en friche. Quelques plantations de pins sylvestres, de saules, s'offrent de loin en loin à la vue ; presque toutes les vallées secondaires sont sèches et semblent stériles comme le reste du pays. — Mais si les eaux d'un ruisseau rafraîchissent ce sol aride, la végétation la plus vigoureuse l'envahit partout ; une zone de prairies malheureusement presque toujours trop humides, de nombreuses plantations de frênes et de peupliers, d'une vigueur extraordinaire, dessinent de loin à l'œil les méandres du cours d'eau. — Les grandes vallées de la Seine, de l'Aube, de la Marne, de l'Aisne et de l'Oise, qui traversent toute la plaine crayeuse, sont remarquables par la largeur de cette zone, qui dépasse parfois 4 kilomètres. Tous les voyageurs qui ont traversé la Champagne ont remarqué la forêt de peupliers qui cache la Seine entre Nogent et Troyes. (Belgrand, *la Seine*.)

ARDENNES

5 ARRONDISSEMENTS, 31 CANTONS, 503 COMMUNES, 325 000 HABITANTS

Géographie. — Le département des *Ardennes* est ainsi nommé du plateau montagneux et boisé qui occupe sa partie septentrionale, sur la frontière de la Belgique. Il a été formé, pour les quatre cinquièmes, de pays champenois : le *Rethélois,* capitale Rethel, et partie du *Rémois;* pour le reste, de la principauté de *Sedan* et de petits morceaux de la Thiérache et du Hainaut français. Sa superficie, évaluée à 5 233 kilomètres carrés, lui assigne le 68e rang sous ce rapport.

Trois régions, de constitution géologique différente, se partagent le territoire : au nord, le plateau schisteux et humide de l'Ardenne, où se trouvent le point culminant, la Croix-Scaille (504 mètres), et le plateau de Rocroi (390 mètres); — au nord-est et au sud-est, les hauteurs jurassiques de l'Argonne; — au sud-ouest, les plaines crétacées de la *Champagne Pouilleuse,* où la sortie de l'Aisne marque le point le plus bas (58 mètres). L'altitude moyenne est de 240 mètres. Sedan est à 160 mètres, Rethel à 90.

Au point de vue hydrographique, les Ardennes font partie du bassin de la Seine par l'*Aisne,* baignant Vouziers, Rethel, et par ses affluents, l'*Aire,* la *Vaux* et la *Retourne.* Le bassin de la *Meuse* comprend tout le reste du territoire, que ce fleuve traverse de l'est au nord en arrosant Sedan, Mézières, Charleville, Givet, et en recueillant la *Chiers*, la *Bar*, la *Sormonne*, la *Semois* et la *Houille*.

La Meuse, la Chiers, la Semois et l'Aisne sont navigables. Les canaux sont : celui de l'Est, autrement dit la Meuse canalisée; celui des Ardennes, qui va de Pont-à-Bar à Vieux-lès-Asfeld et envoie un embranchement sur Vouziers; le canal latéral à l'Aisne.

Le climat, tempéré au sud (*climat séquanien*), est plus froid dans la région montagneuse et schisteuse du nord et de l'est, qui appartient au *climat vosgien*. La moyenne d'eau, pluie ou neige, qui tombe chaque année sur le département, est d'environ 77 centimètres; mais le plateau ardennais seul en reçoit 1 mètre.

A part le plateau boisé de l'Ardenne et la Champagne Pouilleuse, propre seulement aux plantations de pins et à l'élevage des moutons, le sol est généralement fertile en blé, avoine, pommes de terre, betteraves et fruits; il nourrit d'assez nombreux animaux domestiques, entre autres des chevaux vigoureux et des moutons renommés pour leur chair et leur toison. Quant aux forêts, qui occupent plus du cinquième du territoire, les principales sont : la vaste forêt des Ardennes, celle de Signy-le-Petit et celle de Boult ou de l'Argonne occidentale.

L'exploitation *minérale* est très importante : on extrait notamment les ardoises de Fumay et de Rimogne, les phosphates de chaux de l'arrondissement de Vouziers, les pierres à bâtir, les marbres des environs de Givet, le minerai de fer de la vallée de la Meuse. Aussi la métallurgie est-elle très active dans cette dernière région, principalement à Charleville, à Nouzon, à Carignan et dans leur voisinage : les forges, fonderies, hauts fourneaux, laminoirs, tréfileries, clouteries, visseries, boulonneries, etc., occupent 15 000 ouvriers et donnent pour 25 millions de produits.

Cependant le travail de la laine est encore plus important; outre des filatures nombreuses, il comprend la fabrication des draps de Sedan, d'une réputation européenne, celle des flanelles et mérinos de Rethel : industries qui emploient 17 000 ouvriers et produisent chaque année pour 35 millions de francs. Il faut y ajouter les tanneries, les vanneries et, dans l'arrondissement de Rethel, la fabrication du sucre.

Les habitants. — De 260 000 âmes, en 1801, la population est montée en 1871 à 320 000, dont 32 700 étrangers, soit une augmentation de 60 000 habitants; mais ensuite elle n'en a plus gagné que 5 000 jusqu'en 1891. — Le département occupe le 55e rang pour la population totale, et le 36e pour la densité, qui est de 62 habitants par kilomètre carré. — La langue française, partout en usage, est parlée assez correctement dans les campagnes. Toute la population est catholique, sauf un millier de protestants.

Personnages. — Robert de Sorbon, fondateur de la Sorbonne, né à Sorbon, mort en 1274. Le chancelier Gerson, né à Gerson (Barby), mort en 1429. Turenne, illustre maréchal de France, né à Sedan, mort en 1675. Le bénédictin Mabillon, né au Chesne, mort en 1707. Le savant abbé de Longuerue, né à Charleville, mort en 1733. Le théologien Billuart, né à Revin, mort en 1757. L'astronome Lacaille, né à Rumigny, mort en 1762. Le conventionnel Dubois de Crancé, né à Charleville, mort en 1814. Lefèvre-Gineau, physicien, né à Authe, mort en 1829. Corvisart, médecin de Napoléon Ier, né à Dricourt, mort en 1821. Le compositeur Méhul, né à Givet, mort en 1817. L'industriel Ternaux, né à Sedan, mort en 1833. Le général Savary, duc de Rovigo, né à Marcq, mort en 1833. Le physicien Savart, né à Mézières, mort en 1841. L'amiral Baudin, né à Sedan, mort en 1854. L'éditeur L. Hachette, né à Rethel, mort en 1864. Le général Chanzy, né à Nouart, mort en 1883.

Administrations. — Le département fait partie du diocèse de Reims, ressortit à la cour d'appel de Nancy et à l'académie de Lille. Les autres divisions dont il dépend sont les suivantes : 6e région militaire (Châlons-sur-Marne), région agricole du Nord-Est, arrondissement minéralogique de Nancy, 6e conservation forestière (Charleville).

Il forme 5 arrondissements : *Mézières, Sedan, Vouziers, Rethel, Rocroi,* avec 31 cantons et 503 communes.

I. **MÉZIÈRES**, chef-lieu du département[1], est une ville de 6 700 âmes, bâtie par 170 mètres d'altitude, au col d'un long méandre de la Meuse ; ce fleuve, après l'avoir traversé deux fois, se recourbe aussitôt pour envelopper Charleville. Ses fortifications, édifiées par Vauban, viennent d'être démolies, sauf la citadelle, qui servira avec le fort des Ayvelles, construit à 3 kilomètres sud-est.

Mézières était dans l'origine un château des archevêques de Reims, qui le donnèrent vers la fin du Xe siècle aux comtes de Rethel. Elle fut de bonne heure destinée à jouer un rôle militaire et subit de nombreux sièges, dont le plus célèbre est celui de 1521, dans lequel Bayard la défendit victorieusement contre les Impériaux. Moins heureuse en 1815, elle dut se rendre aux Allemands au bout de quarante-deux jours : un boulet des assiégeants se voit encore encastré dans la voûte de l'église, bel édifice ogival du XVe siècle. En 1870-71, Mézières, trois fois investie, n'ouvrit ses portes qu'après un bombardement de trois jours.

La défense de Mézières par Bayard. — Mézières était devenue une des plus fortes places de guerre de la frontière de Champagne, quand

---

[1] Arrondissement de MÉZIÈRES : 7 *cantons*, 106 communes, 94 950 habitants.
Cantons et communes principales : 1. *Mézières*, 6 700 habitants; Mohon, 3 970 ; Villers-Semeuse, Vivier-au-Court, 2 030. — 2. *Charleville*, 17 390 ; Gespunsart, 1 830 ; Neufmanil, 1 580 ; Nouzon, 6 750. — 3. *Flize*, 540 ; Boulzicourt, Dom-le-Mesnil. — 4. *Monthermé*, 3 870 ; Braux, 2 840 ; Château-Regnault-Bogny, 2 380 ; Deville, les Hautes-Rivières, 2 010 ; Laifour, Thilay, 1 620. — 5. *Omont*, 310 ; Vendresse. — 6. *Renwez*, 1 580 ; Harcy, les Mazures. — 7. *Signy, l'Abbaye,* 2 860 ; Launois, Thin-le-Moutier.

la querelle du duc de Bouillon avec Charles-Quint l'exposa à un siège mémorable (1521). Le roi de France François Ier, ayant pris parti pour le duc, envoya à son secours Bayard, qui se jeta dans la place deux jours avant qu'elle fût investie par les Impériaux. Le comte de Nassau et le chevalier le plus célèbre de l'Allemagne, son Bayard, Franz de Sickingen, arrivèrent devant la place avec 35 000 hommes.

Nous donnerons quelques détails sur ce *siège*, d'après le « loyal servi-

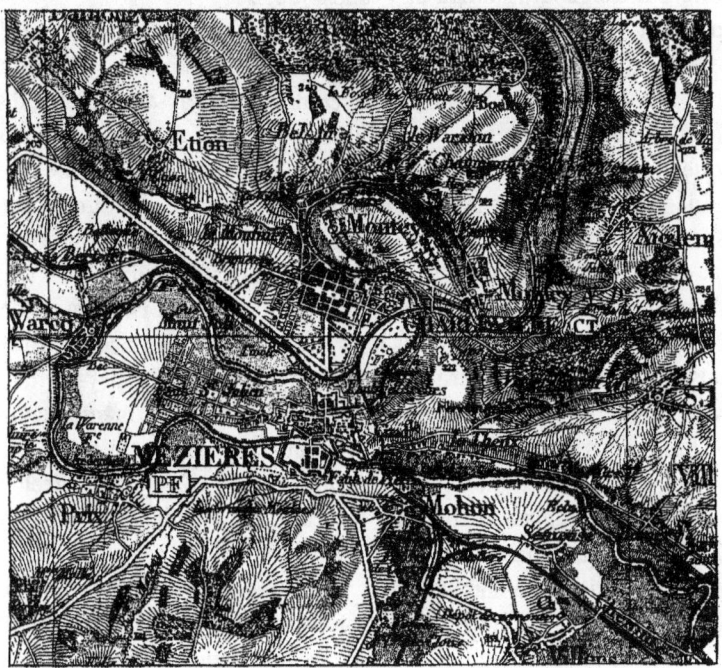

Mézières-Charleville et les méandres de la Meuse.

teur », qui écrivit la « très plaisante et récréative histoire » de son maître. « Le siège fut assis en deux lieux, l'un deçà l'eau, l'autre delà. L'un tenoit le comte Francisque (Franz de Sickingen), qui avoit avec lui quatorze ou quinze mille hommes, et en l'autre estoit le comte de Nassau avec plus de vingt mille. Le lendemain, ils envoyèrent un héraut d'armes devers le bon chevalier pour lui remontrer qu'il eust à rendre la ville de Mézières, qui n'estoit pas tenable contre leur puissance, et que, pour la grande et merveilleuse chevalerie qu'il y avoit en lui, seroit moult fort déplaisant qu'il fust pris d'assaut.

« Plusieurs autres beaux propos lui mandèrent par ce héraut, qui après avoir été ouï et bien entendu par le bon chevalier, celui-ci se prit à sourire et lui dit : « Mon ami, je m'esbahis de la gracieuseté que me font
« messeigneurs de Nassau et Francisque, considéré que jamais n'eus pra-
« tique ni grande connoissance avec eux, et ics (eux) ont si grand'peur

« de ma personne. Héraut, mon ami, vous vous retournerez et leur direz
« que le roi mon maître m'a fait l'honneur de s'en fier à moi, et j'espère,
« avec l'aide de Notre-Seigneur, lui conserver la place si longuement qu'il
« ennuiera beaucoup plus à vos maîtres d'être au siège qu'à moi d'être
« assiégé, et que je ne suis plus enfant qu'on estonne de paroles. » Si
commande qu'on festoyât bien le héraut et qu'on le mist hors de la ville,
lequel rapporta au camp la réponse du bon chevalier, qui ne fut guère
plaisante aux seigneurs Nassau et Francisque. »

Cependant Bayard « si avisa en soi-même comment il pourroit faire
repasser l'eau au seigneur Francisque ». Il écrivit une lettre à Robert de
la Mark, qui était alors à Sedan, et la confia à un paysan, comptant bien
qu'elle lui serait enlevée par les assiégeants : ce qui arriva. Bayard mandait que douze mille Suisses, de connivence avec lui et même avec le
comte de Nassau, arrivaient pour attaquer Francisque. Celui-ci, ayant lu
la lettre et se croyant trahi par le comte de Nassau, se brouilla avec lui,
et tous deux, levant le camp, se retirèrent vers la Picardie.

« Ainsi par la manière que dessus avez ouïe, fut levé le siège de devant
Mézières, où le bon chevalier sans peur et sans reproche acquit couronne
de lauriers, et il se prit à rire à pleine gorge lorsque le paysan du faux
message revint lui conter le succès du stratagème. En même temps, le
roi de France arrivoit avec une grosse armée qui acheva la victoire. »

Le nom de Bayard est toujours populaire à Mézières, et autrefois, le
27 septembre, on promenait dans les rues un étendard qu'on prétend
être le sien, et que l'on conserve au musée.

Mohon, localité tout industrielle, a un atelier des chemins de fer de
l'Est, d'importantes clouteries et ferronneries, des fonderies de cloches et
autres. Ancien franc-alleu, elle conserve les vestiges d'un camp romain
et une belle église du XVe siècle, où se vénèrent les reliques de saint Lié.

Charleville est une ville agréable et industrielle, bâtie dans un
méandre de la Meuse, en face de Mézières la guerrière, dont elle n'est
séparée que par un pont-viaduc de vingt-six arches. Elle s'élève sur un
plan régulier autour d'une grande et belle place, dite place Ducale, sans
doute en l'honneur du duc de Nevers, Charles de Gonzague, qui fonda la
ville en 1606. Sœur cadette de Mézières, elle la complète par ses établissements d'administration et d'instruction, car elle possède les tribunaux
de l'arrondissement, l'école normale primaire, le collège, le petit séminaire; de plus, sa population de 17 000 âmes est presque le triple de celle du
chef-lieu. Ses usines ou fabriques comprennent la ferronnerie, la quincaillerie, la fonderie, la construction des machines, la clouterie, la tannerie, qui s'exercent aussi dans toute la vallée de la Meuse. On y remarque
une belle église romane, bâtie en 1863, et le monument érigé à la mémoire des Ardennais tués pendant la guerre de 1870-71.

Nouzon, sur la Meuse, est un centre industriel actif pour les fonderies, les forges, la ferronnerie, la clouterie et les machines agricoles. — Flize, sur la rive gauche de la Meuse, a un beau château du xviie siècle, des forges et des gisements de cendres sulfureuses.

Monthermé, dans une pittoresque presqu'île de la Meuse, au confluent de la Semois venant de Belgique, a des clouteries, des ferronneries et exploite des ardoises, ainsi que *Deville*, commune voisine. Son église, du xviie siècle, est un reste de l'ancienne abbaye de la *Val-Dieu*. — *Chateau-Regnault*, autrefois principauté souveraine, avait un château du xiiie siècle, qui fut démoli par ordre de Richelieu. On montre au milieu des rochers la « table de Maugis », considérée comme un monument druidique. — Près de *Laifour*, la Meuse est encaissée entre de superbes escarpements rocheux à pic, hauts de 270 mètres, appelés *Dames de Meuse*, ou *Rochers de Notre-Dame de Meuse*. On y voit aussi une source minérale formant une belle cascade de 10 mètres de hauteur.

Omont eut un château très fort, qui appartenait au duc de Bouillon lorsque Henri IV en fit le siège en 1591. Le roi, dit-on, pointa lui-même une pièce d'artillerie, qui tua d'un coup le commandant de la place, son lieutenant et un enseigne, ce qui détermina la garnison à se rendre. — — Signy-l'Abbaye est situé sur la Vaux, qui s'y forme de deux sources remarquables : le Gibergeon, donnant quatre cents litres d'eau par seconde, et la Fosse-aux-Mortiers, lac minuscule mais profond. La ville travaille le fer et la laine, et conserve des bâtiments d'une abbaye de Cîteaux, fondée en 1134 par saint Bernard.

II. **SEDAN**, sous-préfecture de 20 000 âmes [1], est située par 160 mètres d'altitude sur la rive droite de la Meuse, au pied de coteaux boisés. La fabrication des draps, qui fait sa richesse depuis trois siècles, y fut apportée en 1546 par Nicolas Codeau; mais ce fut le maréchal Fabert, nommé gouverneur de la ville en 1658, qui y fixa la fabrication des draps fins, devenus la gloire de cette métropole des Ardennes. A cette industrie s'ajoutent les filatures, les forges et les fonderies, les ateliers de construction de métiers et la grosse chaudronnerie. La ville n'a pas de monuments; on y remarque seulement la statue en bronze de Turenne et, parmi les restes de l'ancien château, la chambre où il naquit.

Simple dépendance de l'abbaye de Mouzon au moyen âge, Sedan forma une principauté indépendante sous les seigneurs de la Marck, lorsque ceux-ci eurent acquis le duché de Bouillon sur la fin du xve siècle. En 1593, elle passa par mariage dans la maison de Turenne; mais le frère aîné de l'illustre maréchal, ayant conspiré contre Richelieu, se vit

---

[1] Arrondissement de Sedan : 5 *cantons*, 83 communes, 72 630 habitants.
Cantons et communes principales : 1-2. *Sedan*, 20 300 habitants; Balan, 1 610; Bazeilles, 1 530; Donchery, 1 930; Floing, Francheval, Givonne, Glaire, Pouru-Saint-Remy, Saint-Menges, 1 720; Vrigne-aux-Bois, 2 890. — 3. *Carignan*, 2 130; Bièvres, Margut, Matton-et-Clémency, Messincourt. — 4. *Mouzon*, 1 750; Beaumont, Brévilly, Douzy, 1 520. — 5. *Raucourt*, 1 840; Haraucourt, le Mont-Dieu, Remilly-et-Aillicourt.

forcé d'échanger sa principauté contre plusieurs villes de la Normandie. La révocation de l'édit de Nantes fut désastreuse pour la cité, qui était devenue depuis 1555 un foyer de protestantisme. Il y existe encore un

Méandre de la Meuse à Monthermé. Montagne schisteuse des Ardennes.

consistoire protestant pour les départements des Ardennes et de la Marne. — De nos jours, Sedan a donné son nom à l'un des plus grands désastres militaires de la France. Un monument en pierre, élevé au faubourg de Cassal, en rappelle le triste souvenir.

La bataille de Sedan. — « Après la sanglante bataille de Fræschwiller, le maréchal de Mac-Mahon réunit au camp de Châlons les débris de son armée avec les régiments échappés au désastre de Wissembourg; il groupa autour de ce noyau de nouvelles troupes, composées des éléments les plus disparates. Se trouvant ainsi à la tête de 100 000 hommes, il se décida à marcher au secours du maréchal Bazaine, qui s'était laissé enfermer autour de Metz, et se dirigea sur Montmédy. Les deux armées du prince royal de Prusse et du prince de Saxe, fortes ensemble de 240 000 hommes, se mirent immédiatement à sa poursuite, l'inquiétèrent dans sa marche et battirent le corps du général de Failly, qu'elles avaient surpris à Beaumont.

« Lorsque l'armée de Mac-Mahon arriva à Sedan, la route de Metz lui était déjà fermée, et bientôt les deux armées ennemies s'échelonnèrent sur les hauteurs environnant le demi-cercle du plateau où campaient nos soldats. — Le 1er septembre, dès quatre heures du matin, le canon se fait entendre, la lutte commence du côté de Bazeilles, malheureux village qui devait être réduit en cendres, et où les marins du général des Paillères résistent avec la plus héroïque énergie. La bataille s'engage bientôt vers Daigny et Givonne. Le maréchal de Mac-Mahon est blessé à la Moncelle; le général Ducrot prend le commandement. Les deux armées allemandes, qui enlacent Sedan, ont opéré leur jonction vers le milieu du jour. Le cercle de fer est formé. En vain le général Ducrot tente de le rompre sur le plateau d'Illy; ses troupes sont foudroyées par un ouragan de projectiles. Des batteries démasquées de tous côtés ouvrent un feu terrible. Des charges héroïques de cavalerie, dirigées par le général Margueritte, qui tombe mortellement blessé, et ensuite par le général de Galliffet, arrachent des cris d'admiration à l'ennemi lui-même, mais demeurent impuissantes. Le général de Wimpffen, qui remplace le général Ducrot, tente vainement un dernier effort : la bataille est perdue !

« Alors Napoléon III fait hisser le drapeau parlementaire, qu'aussitôt le général Faure ordonne d'abattre. Mais toute lutte est désormais inutile. Les généraux se résignent à se rendre. La capitulation, qui fut signée le lendemain dans le château de Bellevue, livra avec armes et bagages l'armée française aux vainqueurs... Après avoir campé pendant dix jours dans la presqu'île d'Iges, où ils endurèrent mille souffrances, nos soldats, comme l'empereur lui-même, partirent pour l'Allemagne. »

(JOANNE, *les Ardennes*.)

Le champ de carnage. — « Après Givonne, un coteau s'élève qui mène par une pente douce à un plateau de terres labourées. C'est là que cette bataille formidable, commencée à la Moncelle, s'était terminée. A la Moncelle, nos troupes avaient fait des Bavarois un véritable carnage. De ce côté, au contraire, les canons ennemis avaient labouré et enfoncé nos rangs. On retrouvait, en déchiffrant les numéros des régiments sur les képis des morts, la place où les nôtres avaient combattu. Nous avions, dans cette dernière journée, subi des pertes plus considérables que l'ennemi, tandis que même à Mouzon et à Carignan, vainqueur, il ne nous avait fait reculer qu'à prix d'hommes. Des boulets avaient couché, em-

Monument de Sedan.

porté par files, des soldats du premier régiment de ligne, des zouaves, des chasseurs à pied, des soldats d'infanterie de marine. Les malheureux, dans ces positions tourmentées que donne la mort soudaine, étaient étendus côte à côte ou par petits tas sanglants, abattus dans des sillons, tombés dans des fossés, morts sur des plants de betteraves!

« Nos morts gardaient encore, mais glacés et muets, l'attitude de la vie : les uns foudroyés tandis qu'ils épaulaient leur fusil, les autres tombés et restés à genoux, quelques-uns égorgés en repoussant l'arme qui les allait frapper; nos pauvres soldats semblaient, par l'expression fièrement résolue de leurs visages, protester contre la défaite de la France et le triomphe de l'étranger.

« Je revois encore et je n'oublierai jamais un coin sanglant de ce champ de bataille. C'était un ravin de terre poudreuse, teintée de brique, derrière la crête duquel s'étaient abrités nos chasseurs à pied, placés en tirailleurs. Les Prussiens les avaient abordés en cet endroit à l'arme blanche; on s'était battu corps à corps, et nul n'avait reculé. Tous, frappés par devant, faisant face à la mort, étaient tombés dans le ravin, chaque mourant entraînant avec lui, de ses mains crispées, un ennemi. Des soldats allemands et français semblaient s'embrasser dans le trépas, après s'être enterrés les uns les autres! Au fond de ce ravin, dans la terre rouge, un tas de cadavres gisaient dans des poses étranges et horribles. Sur cet amas lugubre de corps, un beau et fier jeune homme, un Français, presque imberbe, portant encore son uniforme de Saint-Cyr, un officier de vingt ans, frappé au front, était étendu, paraissant reposer d'un sommeil grave et plein de nobles rêves. Les mains croisées sur la poitrine, ce jeune homme avait expiré comme s'il se fût endormi. Sa face pâle était belle comme un beau marbre, et je me rappelais, en le contemplant ainsi, cette parole de Bossuet : « Il y a des occasions où la gloire de mourir vaut mieux que « la victoire. » (Froisset.)

Bazeilles, dont il a été parlé plus haut, est la localité qui a le plus souffert de la bataille de Sedan. Ce malheureux bourg, après avoir été le théâtre de luttes héroïques le 31 août et le 1er septembre, fut incendié le 2 par les Bavarois. Une souscription nationale permit de le rebâtir presque entièrement à partir de 1872. Musée et monuments rappelant ces luttes.

Donchery, sur la Meuse, possède des fonderies, des filatures de laine, des fabriques de draps, d'outils de maréchalerie et de quincaillerie. — C'est là que le 1er septembre, au soir de la bataille de Sedan, eut lieu, dans la maison dite « Four à chaux », l'entrevue de Napoléon III et de Bismarck pour les préliminaires de la reddition de Sedan, laquelle fut signée le lendemain au château de Bellevue, commune de *Glaire*.

Carignan, sur la Chiers, est l'ancienne *Epoissum*, station militaire des Romains, qui porta plus tard le nom d'*Yvoy* ou *Yvoi*. Acquise à la France par le traité des Pyrénées, elle fut érigée en duché en 1662 pour un prince de la maison de Savoie, qui lui donna le nom de Carignan. On y trouve de nombreuses usines à fer et des scieries mécaniques, de même qu'aux environs : à *Margut, Messincourt, Vrigne-aux-Bois*, etc. — De la commune de *Bièvres* dépend la chapelle Saint-Walfroy, située sur une haute colline, et but d'un pèlerinage fréquenté.

Mouzon, sur la Meuse, où l'on admire une magnifique église du xiiie siècle bâtie par les bénédictins, existait déjà sous les Romains. Clovis II la donna aux archevêques de Reims et il s'y tint deux conciles en 948 et 995. Fortifiée, la ville fut prise successivement par Charles-Quint, Bayard, les Espagnols et Turenne.

Exploitation de l'ardoise dans les Ardennes. (P. 194.)

Beaumont, à 2500 mètres de la Meuse, est célèbre par la charte communale qui lui fut octroyée en 1182 par Guillaume aux Blanches-Mains, archevêque de Reims; cette charte, appliquée à plusieurs villes et villages, était connue sous le nom de « loi de Beaumont ». — Le 30 août 1870, le corps d'armée du général de Failly s'y laissa surprendre par les Prussiens, qui lui tuèrent 1800 hommes et en prirent 3000 avec une partie de l'artillerie. — A *Brévilly,* le pape Calixte II eut, en 1120, une entrevue avec Henri V, empereur d'Allemagne. — *Douzy* fut une résidence de Clovis et de Charlemagne, et il s'y tint deux conciles en 871 et 874. — Raucourt, de même que ses environs, fabrique des boucles, des mors, des éperons en acier ou en nickel, de la ferronnerie. — *Le Mont-Dieu*, petite commune de 55 habitants, près d'une colline boisée, eut un couvent de chartreux entouré de fossés, où l'on accédait par des ponts-levis.

III. **VOUZIERS** est une petite sous-préfecture de 3 800 habitants [1], assise sur l'Aisne et un embranchement du canal des Ardennes. Cette ville, qui doit son origine et son nom à deux fermes mérovingiennes, fait un assez grand commerce de grains et fabrique de la vannerie fine. Le portail de son église a été reconstruit comme monument commémoratif de la dernière guerre. — *La Croix-aux-Bois* garde un défilé de l'Argonne, qui, d'abord faiblement occupé par nos troupes, fut franchi par les Autrichiens le 15 septembre 1792.

Attigny est l'ancienne *Attiniacum* des rois mérovingiens et carolingiens, qui y eurent un vaste palais, disparu seulement depuis le xvie siècle. Sa belle église, du xiiie siècle, est située sur l'emplacement de celle où fut baptisé, en présence de Charlemagne, le chef saxon Witikind (785), et où Louis le Débonnaire fut soumis à la pénitence publique en 822. Il se tint aussi à Attigny plusieurs assemblées nationales et deux conciles en 765 et 870.

Buzancy possède le magnifique château de la *Cour*, ancienne résidence des ducs de Lorraine; un curieux édifice carré, appelé Mosquée ou Mahomet, bâti par un seigneur croisé, en souvenir de sa captivité en Palestine, et la statue du général Chanzy, né dans le canton, à *Nouart*.

Le Chesne, sur le bief de partage du canal des Ardennes, est célèbre par son défilé, dit du *Chesne-Populeux* (*populus*, peuplier). Avant la victoire de Valmy, en 1792, Dumouriez le fit occuper, ainsi que les quatre autres défilés de l'Argonne, dits de la Croix-aux-Bois, de Grand-Pré (Ardennes), de la Chalade et des Islettes (Meuse).

Grandpré, sur l'Aire, possède des carrières de phosphates de chaux et des usines métallurgiques. Il avait autrefois titre de comté-pairie.

IV. **RETHEL**, chef-lieu d'arrondissement [2], est une ville de 7 000 habitants, située, par 90 mètres d'altitude, sur l'Aisne et son canal latéral. C'est, après Sedan, le principal centre du département pour le travail de la laine, qu'elle file et transforme en mérinos et flanelles. Son église Saint-Nicolas, des xiiie et xve siècles, porte une tour massive plus récente; mais de l'ancien château il ne reste que peu de chose. — Rethel, le *Castrum Retextum* ou *Retectum* des Romains, fut dès le xie siècle la

---

[1] Arrondissement de Vouziers : 8 *cantons*, 131 communes, 51 400 habitants.
Cantons et communes principales : 1. *Vouziers*, 3 810 habitants; Condé-lès-Vouziers, la Croix-aux-Bois. — 2. *Attigny*, 1 890; Voncq. — 3. *Buzancy*, 740; Nouart. — 4. *Le Chesne*, 1 540; Authe, Sauville. — 5. *Grandpré*, 1 150; Apremont, Marcq. — 6. *Machault*, 660; Dricourt, Hauviné. — 7. *Monthois*, 550; Savigny. — 8. *Tourteron*, 560; Ecordal.

[2] Arrondissement de Rethel : 6 *cantons*, 112 communes, 53 550 habitants.
Cantons et communes principales : 1. *Rethel*, 7 140 habitants; Barby, Novy-Chevrières, Sorbon. — 2. *Asfeld*, 970; Saint-Germainmont. — 3. *Château-Porcien*, 1 430; Seraincourt, Sévigny-Waleppe. — 4. *Chaumont-Porcien*, 900; Fraillicourt, Rocquigny. — 5. *Juniville*, 1 110; Neuflize, Tagnon. — 6. *Novion-Porcien*, 870; Saulces-Monclin, Sery, Vieil-Saint-Remy, Wasigny.

capitale du Rethélois. Il se livra sous ses murs, le 15 décembre 1650, une bataille où le maréchal du Plessis-Praslin, après avoir pris la ville, vainquit Turenne, uni aux Espagnols contre Mazarin. Neuf ans après, le cardinal acheta Rethel et le Rethélois à Charles III de Gonzague et le fit ériger en duché-pairie, sous le titre de Mazarin. Sa famille le conserva jusqu'en 1738; à la Révolution, il appartenait aux Durfort-Duras.

Givet et le fort de Charlemont.

Asfeld, appelée autrefois *Écri*, sur l'Aisne, rappelle une défaite des Normands en 883. Cette petite ville a une église bâtie sur le modèle de Saint-Pierre de Rome, ainsi que d'importants moulins à farine.

Chateau-Porcien, sur l'Aisne, qui y devient navigable, et sur son canal latéral, fut le *castrum Portianum* des Romains et devint la capitale du petit pays de Porcien. Il eut d'abord le titre de comté, puis de principauté, et appartint en dernier lieu à Mazarin; son château fort, dont il reste des vestiges, a soutenu plusieurs sièges contre les Espagnols et les Français. Importantes filatures de laine.

V. **ROCROI** (2300 âmes) est l'un de nos plus petits chefs-lieux d'arrondissement, car il n'a même pas un millier d'habitants agglomérés. Il est situé à 3 kilomètres de la frontière belge, sur un plateau froid, de

390 mètres d'altitude, couvert de bois et de landes marécageuses appelées « rièzes »[1]. Il n'a de valeur que comme place de guerre, et d'intérêt que par son histoire. En effet, fortifié par François Ier, il subit plusieurs sièges, notamment en 1643 par les Espagnols. C'est alors que le duc d'Enghien (plus tard prince de Condé), âgé de vingt-deux ans, marcha à son secours, et gagna, le 19 mai, entre cette ville et Maubertfontaine, une sanglante bataille sur la fameuse infanterie espagnole, commandée par le comte de Fuentes. En 1815, Rocroi, assiégé par 10 000 Prussiens, se rendit au bout d'un mois; il fut encore pris par les Allemands, le 5 janvier 1871. — *Rimogne*, situé au sud de Rocroi, est connu par ses ardoisières produisant annuellement environ 40 millions d'ardoises. — FUMAY, dans une gorge de la Meuse, en possède de beaucoup plus importantes encore, déjà exploitées au XIIe siècle par les moines de Prum, à qui appartenait la ville. — En amont, *Revin* compte un grand nombre d'ateliers de ferronnerie et de clouterie. Belle église du XVIIe siècle, fondée par un prince de Chimay.

Givet est une place forte, occupant, au confluent de la Meuse et de Houille, l'extrémité de la pointe que fait en Belgique le département des Ardennes. Il se compose de deux parties : Givet-Notre-Dame, avec le camp retranché naturel du Mont-d'Haurs sur la rive droite du fleuve, et Givet-Saint-Hilaire, sur la rive gauche, où se trouvent des cuivreries et tanneries, des fabriques de colle-forte, de crayons, etc. Les habitants exploitent aussi des carrières de moellons et de calcaires bleus; ils ont élevé une statue en 1892 au plus célèbre de leurs compatriotes, le musicien Méhul. — Avant sa réunion à la France en 1699, la ville avait reçu de Charles-Quint des fortifications qui furent remaniées par Vauban; il en reste principalement la forteresse de *Charlemont,* située sur un rocher dominant d'environ 120 mètres la rive gauche de la Meuse.

Vireux-Molhain, au confluent du Viroin et de la Meuse, a des hauts fourneaux et laminoirs; — *Fromelennes*, près Givet, une importante fonderie de cuivre, — et SIGNY-LE-PETIT, des forges et fonderies.

En descendant la Meuse de Monthermé à Givet, les plus charmants points de vue, les paysages les plus variés se succèdent et se développent. Ici, s'étendent de vertes prairies égayées par les travaux des faneurs; là, dans un vallon agreste, on voit poindre le clocher de quelque ancienne abbaye, et à côté le haut obélisque de briques, au-dessus duquel ondoie un noir panache de fumée, annonçant au loin que l'ancien asile de la prière est devenu celui de l'industrie. Aux fabriques se mêlent les maisons de campagne blanches dispersées dans l'épaisse verdure.

La forêt des Ardennes. — On ne saurait douter que la Gaule,

---

[1] Arrondissement de ROCROI : 5 *cantons*, 71 communes, 54 420 habitants.

Cantons et communes principales : 1. *Rocroi,* 2 270 habitants; Bourg-Fidèle, Maubert-Fontaine, Rimogne, 1 850. — 2. *Fumay,* 5 100; Hargnies, Haybes, 1 990; Revin, 4 300. — 3. *Givet,* 7 100; Fromelennes, Vireux-Molhain, 1 500; Vireux-Wallerand. — 4. *Rumigny,* 830; Liart. — 5. *Signy-le-Petit,* 2 030; la Neuville-aux-Joûtes.

à l'époque de la conquête romaine, ne présentât encore sur beaucoup de points l'aspect d'une vaste forêt; elle devait offrir alors à peu près la même physionomie que l'Amérique du Nord il y a un siècle. Malgré les progrès de l'agriculture, la Gaule demeura pendant bien des siècles une

Les bords de la Meuse en Ardenne.

contrée essentiellement forestière, dont le climat âpre était aussi redouté des Romains que nous redoutons maintenant celui de la Norvège.

« *La forêt de l'Ardenne*, la plus considérable de toute la Gaule-Belgique, s'étendait des bords du Rhin à travers le pays des Trévires, jusque chez les Nerviens, sur une longueur de plus de 100 lieues. Déjà, à l'époque de la conquête romaine, elle devait être traversée par quelques grandes routes. Elle subit, au ve et au vi[e] siècle, de nombreux défrichements, quand Trèves fut devenue une des villes les plus importantes de l'empire. — Malgré tous ces démembrements, la forêt des Ardennes, surtout dans sa partie centrale, garda pendant des siècles son aspect formidable ; elle produisait une impression si profonde sur les imaginations, qu'on la voit figurer sans cesse dans les aventures *fablées* par nos trouvères. On la dépeignait comme le repaire de bêtes féroces étrangères à notre climat : lions, tigres, léopards. « Devers Ardenne vit venir un leuparz, » dit la *Chanson de Roland*. — Le roman si populaire des *Quatre fils Aymon* nous représente Renaud et ses frères s'y retirant pour mener la vie de voleurs, et y restant jusqu'au moment où leur mère vient à leur secours.

« Le christianisme pénétra difficilement dans cette contrée. Les descendants de ces Nerviens, que César nous représente comme les plus braves d'entre les Belges, résistèrent avec obstination à la prédication de l'Évangile, attachés qu'ils étaient au culte des divinités forestières, dont la nature semblait prendre soin de renouveler autour d'eux les monuments. Aux environs de Trèves, le culte de Diane se conservait encore au ve siècle. C'est seulement au siècle suivant que saint Hubert et saint Bérégise réussirent à déraciner de ce pays des superstitions aussi vivaces. Celles surtout qui tiennent à la croyance aux esprits des bois ont eu longtemps cours. Les paysans s'imaginaient entendre le bruit du cor et de la meute du chasseur nocturne, et voir tout à coup tomber morts des sangliers, des daims et des cerfs frappés par son invisible épée. D'autres disaient que c'était saint Hubert, apôtre de la contrée, qui continuait son ancien métier de chasseur. Les vestiges de superstitions analogues ont longtemps persisté dans la Belgique ; elles furent comme les dernières traces des forêts disparues. Le peuple croyait encore jadis aux *Woudmannen* ou *Boschgoden*, génies des bois qui viennent la nuit prendre leurs ébats sous les arbres. Le souvenir de ces divinités se retrouvait également dans l'usage de conjurer, la nuit de Noël, le diable qui faisait son apparition dans les forêts. Les *Pfingstanem* ou *sapins de la Pentecôte*, longtemps en usage, ont été les héritiers des arbres sacrés et réputés prophétiques, dont l'Ardenne, comme du reste toutes les régions forestières de la France, était sans doute originairement toute remplie. »

(ALFRED MAURY, *les Forêts de la France*.)

FLANDRE ET HAINAUT

1 DÉPARTEMENT

NORD

7 ARRONDISSEMENTS, 62 CANTONS, 665 COMMUNES, 1 736 000 HABITANTS

Historique[1]. — Le département du Nord ne répond à aucune ancienne division politique ou ecclésiastique; ce sont des portions de territoire enlevées aux principautés belges par Louis XIV : la plus grande partie appartenait à la *Flandre*, le reste relevait du *Cambrésis* et du *Hainaut*.

A l'arrivée de César, ces pays étaient habités par les *Atrébates*, les *Morins*, les *Ménapiens* et surtout les *Nerviens*, qui opposèrent aux Romains une résistance désespérée, mais furent défaits par eux sur les bords de la Sambre, l'an 57 avant Jésus-Christ.

[1] Voir la carte historique, page 222.

La domination romaine fut un temps de prospérité pour la région, qui vit ses forêts incultes se défricher et des routes la sillonner en tous sens. C'est alors surtout que les saints Piat, Chrysole et Eucher y apportent la bonne nouvelle de l'Évangile, auquel ils devaient rendre témoignage par l'effusion même de leur sang.

A cette époque on compte deux villes importantes : *Bagacum* ou Bavai, capitale des Nerviens, et *Castellum* ou Cassel, capitale et place forte des Ménapiens. Celle-ci garda toute son importance stratégique jusqu'au XVIIe siècle, mais la prépondérance politique et ecclésiastique passa peu à peu à *Cameracum* ou Cambrai, qui fut une des résidences de Clodion, roi des Francs. — La partie au nord de la Scarpe et de l'Escaut, adjointe à la Neustrie sous les Mérovingiens, appartint ensuite aux comtes de Flandre, tandis que le sud fit partie de l'Austrasie et forma le comté de Hainaut.

La *Flandre* (en flamand *Vlaanderen*), dont le nom fut appliqué d'abord au pays de Bruges, échut au royaume de France par le traité de Verdun. Elle fut érigée en comté par Charles le Chauve, en faveur de Baudouin Bras-de-fer, son gendre. Les comtes de Flandre étaient, en 987, au nombre des six pairs de Hugues Capet. Deux d'entre eux furent régents de France sous les minorités de Philippe Ier et de Philippe-Auguste; un troisième, Baudouin IX, fut, pendant les Croisades, empereur de Constantinople.

A partir du XIIIe siècle, les communes flamandes de Bruges, Gand, Lille, Ypres et autres, brillent du plus vif éclat par leur richesse industrielle et commerciale. En relation surtout avec l'Angleterre, qui leur fournit des laines pour la fabrication des draps, elles prennent souvent les intérêts de cette puissance au détriment de la France, leur suzeraine. En même temps, jalouses de leurs libertés municipales, elles sont sans cesse en lutte, soit contre leurs seigneurs, soit contre les rois de France eux-mêmes. C'est ainsi que Philippe-Auguste remporte la grande victoire de Bouvines sur l'empereur Othon et les Flamands, en 1214. Ceux-ci, vainqueurs de Philippe le Bel à Courtrai en 1302, sont battus par lui à Mons-en-Puelle (1304). Défaits de nouveau par Philippe de Valois à Cassel (1328), ils reconnaissent, à l'instigation de Jacques van Artevelde, Édouard III d'Angleterre comme roi de France, ce qui contribua beaucoup à la guerre de Cent ans. Enfin, excités à la révolte par Philippe van Artevelde contre Louis de Mâle, leur comte, ils s'attirent de la part des Français la défaite de Roosebeke (1382).

Au XVe siècle, la Flandre passa par mariage dans la maison de Bourgogne, puis dans celles d'Autriche et d'Espagne. Charles-Quint la dégagea de la vassalité française (1526), mais les luttes internationales se portèrent de nouveau sur ces contrées belges, riches et couvertes de places fortes, qui virent s'accomplir des journées importantes dans l'histoire de notre patrie. Notre fortune y subit les vicissitudes les plus diverses. Néanmoins l'*annexion* de la Flandre française, commencée au traité des Pyrénées (1659), fut achevée et confirmée par le traité d'Aix-la-Chapelle (1668), qui mit fin à la guerre de Dévolution, et par celui de Nimègue (1678), après la guerre de Hollande.

Ce dernier traité nous garantissait aussi la possession du *Cambrésis* et du *Hainaut* méridional, conquis l'année précédente. Depuis le traité de Verdun, en 843, ces provinces avaient fait partie de l'empire d'Allemagne.

Le *Hainaut*, qui doit son nom à la rivière *Haine*, comprenait le pays des Nerviens, situé entre l'Escaut, la Sambre et la Meuse. Il forma un

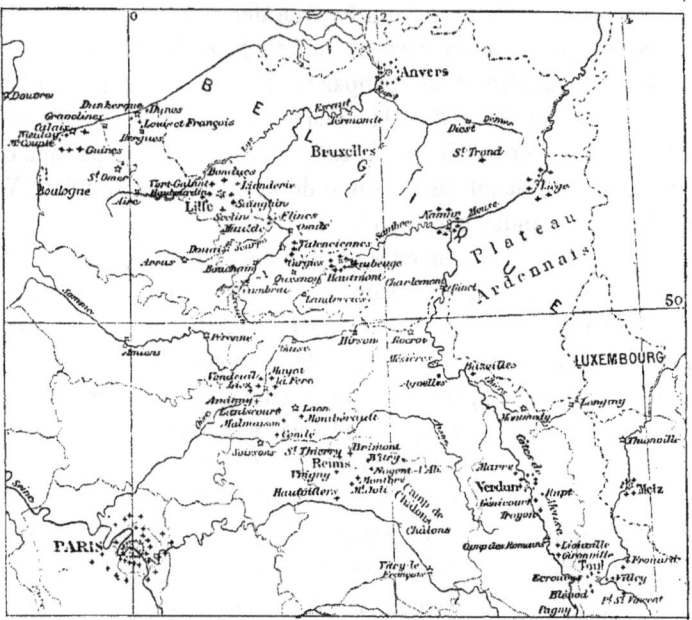

Places fortes et forts de la frontière du Nord ou de la Belgique.

comté héréditaire dès le IXe siècle, et fut souvent allié par mariages avec la Flandre. La partie réunie à la France en 1678 comprend les villes de Valenciennes, qui en devint la capitale, Condé, Maubeuge, le Quesnoy, Landrecies et Avesnes.

La funeste guerre de la succession d'Espagne nous fit perdre un instant Lille, Douai et Bouchain ; il fallut la victoire de Villars à Denain (1712) pour les reprendre et affermir les récentes conquêtes. Le même danger reparut pendant les guerres de la Révolution. Les Autrichiens, repoussés de Lille en 1792, avaient été plus heureux l'année suivante à Valenciennes, à Condé et au Quesnoy ; mais ils furent battus à Wattignies, de même que les Hollandais à Tourcoing (1794), et perdirent ces villes peu après. Dans le même temps, une autre victoire sur les Alliés, à Hondschoote, les contraignait de lever le siège de Dunkerque. Les invasions de 1814, de 1815 et de 1870 n'ont pas laissé dans le département du Nord de souvenirs notables ; la dernière, contenue par le général Faidherbe, se borna à quelques apparitions passagères des Prussiens.

Défense de la frontière du Nord. — La frontière franco-belge, étant formée de plaines et de collines facilement accessibles, est très vulnérable ; c'est pourquoi depuis des siècles elle est couverte de places fortes. Après 1872, plusieurs anciennes places ont été déclassées; mais on en a fortifié d'autres, d'après les exigences de l'art militaire moderne.

Elles peuvent se ranger en plusieurs secteurs [1].

1er SECTEUR. — La zone comprise entre la mer et la Lys est défendue par *Dunkerque*, qui a une enceinte ; le fort des *Dunes*, les forts *Louis* et *François*, qui relient Dunkerque à Bergues ; les places fortifiées de *Gravelines* et de *Calais*, appuyées en arrière par la place d'*Aire*. Cet ensemble couvre la plaine inondable des anciens polders, et commande les nombreux canaux de cette région.

2e SECTEUR. — Entre la Lys et la Scarpe, la frontière est défendue par la grande place de **Lille**, entourée de nombreux forts, situés à 6 et 7 kilomètres de distance, sur des collines de 40 à 55 mètres d'altitude; ce sont : les forts de *Vert-Galant*, sur la basse Deûle; de *Bondues*, de la *Lionderie* (à Roubaix); de *Sainghin*, près de Bouvines; de *Seclin* et d'*Haubourdin*. Lille est une position avancée, avantageuse pour prendre l'offensive, mais très exposée aux premiers coups de l'ennemi; elle s'appuie à l'est aux forts de la Scarpe.

3e SECTEUR. — Entre la Scarpe et la Sambre, on a constitué, sous le nom de *position centrale de défense du Nord*, une sorte de quadrilatère analogue à celui de la Vénétie. Pays plat, populeux, industriel et bien canalisé, où aboutissent les lignes internationales de Bruxelles et de Cologne à Paris, c'est un point très important à défendre. Il l'est par les forts de *Maulde* et de *Flines*, sur l'Escaut; à la frontière, par *Condé* et par les ouvrages détachés de *Valenciennes;* au sud, se trouvent *Bouchain* et la citadelle de *Cambrai*, sur l'Escaut, ainsi que *le Quesnoy;* puis, sur la Sambre, **Maubeuge**, entourée de forts, notamment celui de *Hautmont*, situé à 183 mètres d'altitude. Excellente pour l'attaque comme pour la défense, cette position centrale de Valenciennes-Maubeuge est appelée à jouer un grand rôle dans l'avenir.

4e SECTEUR. — Entre la Sambre et la Meuse, le plateau de la pointe ardennaise, peu praticable, n'est défendu que par le fort d'*Hirson*, sur l'Oise, et par *Rocroi*, situé à 390 mètres d'altitude.

---

[1] Voici une liste des forts et places fortes du Nord, dont le Conseil supérieur de la guerre a, paraît-il, décidé le déclassement :

« Redoute de Bernard-Seclet, fort Louis et fort François (*Dunkerque*); fort Suisse et fort Lapin (*Bergues*); fort Nieulay, redoutes des Crabes, des Salins et du Vivier (*Calais*); place d'*Aire* et fort Saint-François; citadelle de *Montreuil*; place de *Cambrai* et sa citadelle; place de *Bouchain;* place de *Douai*, fort de Scarpe; place d'*Arras* et sa citadelle; place de *Landrecies*. »

Géographie. — Le département du *Nord* doit cette appellation à la position qu'il occupe à l'extrémité septentrionale de la France. Il a été formé en 1790 du gouvernement de *Flandre et Hainaut,* qui comprenait : 1° la Flandre française, divisée en *Flandre wallonne*, capitale Lille, et *Flandre flamingante* ou flamande, capitale Dunkerque ; 2° le *Cambrésis,* capitale Cambrai, et 3° le *Hainaut français*, capitale Valenciennes.

Bien que le plus allongé de nos départements (190 kilomètres), il n'est que le soixantième sous le rapport de la superficie (5680 kilomètres carrés), à cause de son peu de largeur, notamment vers Armentières, où il forme une espèce d'isthme de 6 kilomètres seulement.

Étant donnée sa grande population, on pourrait très bien en former deux départements, dont les chefs-lieux seraient Lille et Valenciennes, et qui compteraient encore parmi les plus importants de France.

Physiquement, le Nord est une *vaste plaine* de 60 mètres d'altitude

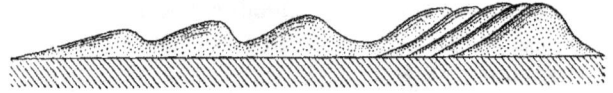

Formation des dunes.

moyenne, se relevant au sud-est, où le point culminant est de 266 mètres dans la forêt de Saint-Hubert, à l'extrémité occidentale de l'Ardenne, sur la frontière belge. De là, de faibles collines courent à travers l'arrondissement d'Avesnes jusqu'à Valenciennes, sur l'Escaut, et se rattachent au sud par les hauteurs du Cambrésis avec les collines de l'Artois et de la Picardie. Dans le versant gauche de l'Escaut, au contraire, c'est la plaine, que sillonnent de légères ondulations s'abaissant graduellement au nord-ouest. Toutefois, vers Hazebrouck s'élèvent le mont Cassel (175 mètres) et d'autres sommets isolés, d'où le regard s'étend au loin ; puis la plaine recommence plus basse que jamais jusqu'aux *dunes*, collines sablonneuses qui bordent la mer du Nord. Entre Bergues et Dunkerque, ce sont les *polders* ou les *moëres*, anciens marais de 40 000 hectares, aujourd'hui coupés de *wateringues*, canaux de dessèchement qui conduisent les eaux à la mer. — Lille est à 23 mètres, Valenciennes à 30 mètres d'altitude.

Sur le *littoral*, entre Calais et la côte belge, se remarquent les **dunes**, accumulations de sable formées sous l'action du vent. En effet, sur les plages plates, pendant la durée du flux, chaque lame dépose le sable ténu qu'elle apporte ; celui-ci est alors mouillé et cohérent, mais sous un soleil ardent ou un vent froid et vif il sèche avec rapidité et devient très meuble. Quand la brise souffle de la mer, le sable, poussé vers les terres, hors de portée de l'Océan, est amoncelé en monticules appelés *dunes* (du mot celtique *dun*, qui signifie élévation) ; il remonte le long de la pente douce de la dune en formation, puis, arrivé au sommet, il tombe de l'autre côté par son propre poids. Au fur et à mesure que le sable est enlevé à la crête par le vent, il s'accumule en une seconde dune derrière la première; puis il s'en forme une troisième, et ainsi de suite. De là cette progression constante, cette marche des dunes vers l'intérieur. On a calculé qu'elles avançaient en Gascogne de 25 mètres par an, et sur quelques points, en Bretagne, de 500. En Flandre, elles forment une bordure large de 4 à 5 kilomètres et sont élevées de 10 à 40 mètres. On en a fixé une partie par des plantations de pins ou des semis d'hoyats, graminée à forte racine.

Trois bassins hydrographiques se partagent le territoire. Le bassin de la Meuse est représenté par la *Sambre*, qui arrose Landrecies et Maubeuge; elle reçoit la *Petite-Helpe*, la *Grande-Helpe*, baignant Avesnes, et la *Solre*. — Le bassin de l'*Escaut*, plus étendu, est arrosé par ce fleuve, qui passe à Cambrai, à Valenciennes, et reçoit la *Sensée*, la *Selle*, la *Haine* à Condé, la *Scarpe*, baignant Douai, et (en Belgique) la *Lys*, grossie de la *Deûle*, arrosant Lille. — Le bassin côtier comprend l'*Yser*, qui se termine en Belgique, et l'*Aa*, qui finit à Gravelines.

Les voies navigables, plus nombreuses que partout ailleurs, sont: la Sambre, l'Escaut, la Scarpe, la Lys, la Lawe et l'Aa, rivières canalisées, et les *canaux* de Bourbourg à Dunkerque, de Dunkerque à Furnes, de la Colme, de Neuffossé, d'Hazebrouck, de la Deûle, de Roubaix, de la Sensée, de Mons à Condé, de la Sambre à l'Oise, de Saint-Quentin, etc.

A cause de la proximité de la mer et de l'absence de hauteurs à l'ouest et au centre du département, ces régions ont une température très modérée relativement à la latitude, soit en moyenne 9°7 à Lille : c'est le climat maritime. La partie orientale relève au contraire du climat continental. L'atmosphère est généralement humide, et les pluies fréquentes mais fines, de sorte que leur hauteur moyenne annuelle atteint à peine 70 centimètres.

Le Nord est le premier département agricole de la France. Le sol, fertile et admirablement cultivé, produit avec abondance les céréales, insuffisantes pourtant à sa nombreuse population ; les betteraves à sucre, les plantes textiles et oléagineuses, le houblon, le tabac, les légumes et les plantes fourragères. — Ses belles prairies naturelles et artificielles nourrissent d'excellentes vaches laitières ; les gros chevaux de labour, les chèvres, les porcs sont aussi très nombreux ; les moutons sont remarquables par leur grande taille. L'arrondissement d'Avesnes, moins fertile que le reste du département, possède les belles forêts de Mormal, de Fourmies et de Trélon.

Le Nord est, après la Seine, le plus important département industriel de France[1], sa production annuelle montant à plus d'un milliard de francs. Il exploite de nombreuses carrières de pierres, de marbre, de craie, de

---

[1] *Production en* 1890. — *Fonte*, 7 000 000 de tonnes; *fer*, 287 000 tonnes; *acier*, 170 000 tonnes; *houille*, 5 000 000 de tonnes. — *Coton*, 228 filatures, 1 325 000 broches, 3 200 métiers à tisser. — *Chanvre, lin et jute*, 346 établissements de filature et tissage, plus de 500 000 broches. — *Laine*, 376 établissements de filature et tissage, avec 1 400 000 broches et 30 000 métiers.

sable, des tourbières et surtout l'important *bassin houiller* dit de Valenciennes, fournissant à lui seul le quart de notre production totale en charbon. Les établissements industriels, aussi nombreux qu'importants, comprennent les forges, fonderies, aciéries, ateliers de construction de machines, à Anzin, Denain, Fives-Lille, Valenciennes, Fourmies, Trélon, etc. Ajoutons la filature et le tissage en grand du lin, du jute, du coton, des laines; de nombreuses sucreries, distilleries, brasseries, huileries, savonneries, teintureries, tuileries, imprimeries, fabriques de produits chimiques, verreries, etc.

Le mouvement du commerce par les frontières de terre est très considérable. Les chemins de fer qui se ramifient dans le département sont presque aussi nombreux que ceux des districts belges avoisinants, mais ils ne suffisent point encore aux villes si rapprochées et si actives qui parsèment le territoire et se rattachent les unes aux autres par de longs faubourgs et des groupes d'usines.

Les habitants. — Après le département de la Seine, qui renferme Paris, celui du Nord a la plus forte population absolue et spécifique de France : en 1891, il comptait 305 habitants par kilomètre carré et 1 736 000 habitants au total; soit une augmentation de 290 000 sur 1871, et de près d'un million sur 1801, époque du premier recensement officiel. Il est vrai qu'il renferme 300 000 étrangers, belges pour la plupart, sans compter 200 000 autres naturalisés dans ces derniers temps. Deux races distinctes se partagent le département : l'une, française de mœurs et de caractère, est au sud-est de Lille, dans l'ancien Hainaut, tandis que l'autre, la flamande, peuple le nord-ouest; dans les arrondissements d'Hazebrouck et de Dunkerque, 150 000 personnes parlent encore leur idiome maternel. Au moyen âge, le flamand se parlait aussi dans l'Artois et dans une partie de la Picardie.

Les Flamands descendent des Germains, qui dès l'époque romaine s'établirent dans les régions occidentales de la Belgique, alors marécageuses et inhabitées. Les Flamands purs ont un type très distinct : yeux clairs, chevelure blonde ou châtain, teint d'une grande fraîcheur. En dépit de la tradition et de l'expression proverbiale de grand « Flandrin », ils ne sont généralement pas de haute taille. « D'apparence flegmatique, dit E. Reclus, ils sont cependant très passionnés : ils ont hérité de leurs ancêtres, qui défendirent tant de fois leurs libertés par les armes, une grande tradition de vaillance et de force, qu'ils emploient maintenant au travail.

« L'industrie et la ténacité des Flamands luttent depuis des siècles contre cette force irrésistible appelée la mer, et d'un golfe aux émanations malfaisantes, de vases, de sables mouvants, ont réussi à créer des campagnes renommées pour leur fertilité. »

Les habitants du Nord sont catholiques : à peine s'il y a parmi eux 8 000 protestants et un millier d'israélites.

Personnages. — Le poète Gauthier de Lille, mort en 1201. Le théologien Alain de Lille, mort en 1203. Jacquemart Gielée, l'un des auteurs du roman du *Renard*, né à Lille (XIIIe siècle). Vilard de Honnecourt, architecte de plusieurs cathédrales du XIIIe siècle. Le chroniqueur Froissart, né à Valenciennes, mort en 1410. Enguerrand de Monstrelet, autre chroniqueur, mort en 1453. Le chevalier Jacques de Lalain ou Lallaing, né au château de Lallaing, mort en 1453. L'historien Philippe de Comines, mort en 1509. Le sculpteur Jean de Bologne, né à Douai, mort en 1602.

Fénelon.

Le peintre J.-B. Monnoyer, né à Lille, mort en 1699. Jean Bart, l'intrépide marin, né à Dunkerque, mort en 1702. Le peintre Watteau, né à Valenciennes, mort en 1721. Dupleix, gouverneur de l'Inde française, né à Landrecies, mort en 1763. De Calonne, ministre de Louis XVI, né à Douai, mort en 1802. Le général Dumouriez, né à Cambrai, mort en 1824. Le général Vandamme, né à Cassel, mort en 1830. Le peintre Wicar, né à Lille, mort en 1834. Le maréchal Mortier, duc de Trévise, né au Cateau-Cambrésis, mort en 1835. Merlin, dit de Douai, conventionnel et jurisconsulte, né à Arleux, mort en 1838. Le général Corbineau, né à Marchiennes, mort en 1848. Le peintre Ducornet, qui, né sans mains, peignait avec les pieds, né à Lille, mort en 1856. Mme Desbordes-Valmore, poète, née à Douai, morte en 1859. Le peintre Abel de Pujol, né à Valenciennes, mort en 1861. L'archéologue de Saulcy, né à Lille, mort en 1880. Le P. Félix, prédicateur, né à Neuville, mort en 1887.

Administrations. — Ce département forme le diocèse de Cambrai et fait partie des divisions suivantes : 1re région militaire (Lille), arrondissement maritime de Cherbourg (sous-arrondissement de Dunkerque), académie de Lille, cour d'appel et cour d'assises de Douai ; arrondissements minéralogiques de Lille et de Valenciennes, 7e conservation forestière (Amiens), 3e région agricole (Nord).

Il comprend 7 arrondissements : *Lille, Douai, Valenciennes, Cambrai, Avesnes, Hazebrouck, Dunkerque*, avec 62 cantons et 665 communes.

I. LILLE, chef-lieu du département[1], s'étale par 23 mètres d'altitude,

---

[1] Arrondissement de LILLE : 20 *cantons*, 129 communes, 732 870 habitants.
Cantons et communes principales : 1-8. *Lille*, 201 220 habitants ; Faches, 3 420 ; Hellemmes-Lille, 5 430 ; Lambersart, 4 030 ; Lezennes, 1 730 ; la Madeleine, 9 690 ; Marquette, 4 730 ; Mons-en-Barœul, 2 840 ; Ronchin, 3 170 ; Saint-André, 2 530 ; Wambrechies, 4 340. — 9. *Armentières*, 28 640 ; Chapelle-d'Armentières, 3 860 ; Erquinghem-Lys, 2 390 ; Frelinghien, 2 530 ; Houplines, 7 500. — 10. *La Bassée*, 3 910 ; Aubers, 1 830 ; Fournes, 1 840 ; Sainghin-en-Weppes, 2 620. — 11. *Cysoing*, 3 320 ; Bouvines, Mouchin, 1 500 ; Sainghin-en-Mélantois, 1 870 ;

dans une immense plaine, arrosée par différents bras canalisés de la Deûle. C'est la cinquième ville de France pour sa population (201 000 habitants), dont un quart est belge. Grande ville industrielle, Lille se distingue par la filature du lin, du chanvre et du coton, la fabrication des toiles écrues blanches pour sarraux, des linges de table, coutils et rubans de fil, par la confection de fournitures en toileries pour la troupe, les blanchisseries et les teintureries. Viennent ensuite les ateliers de construction de machines

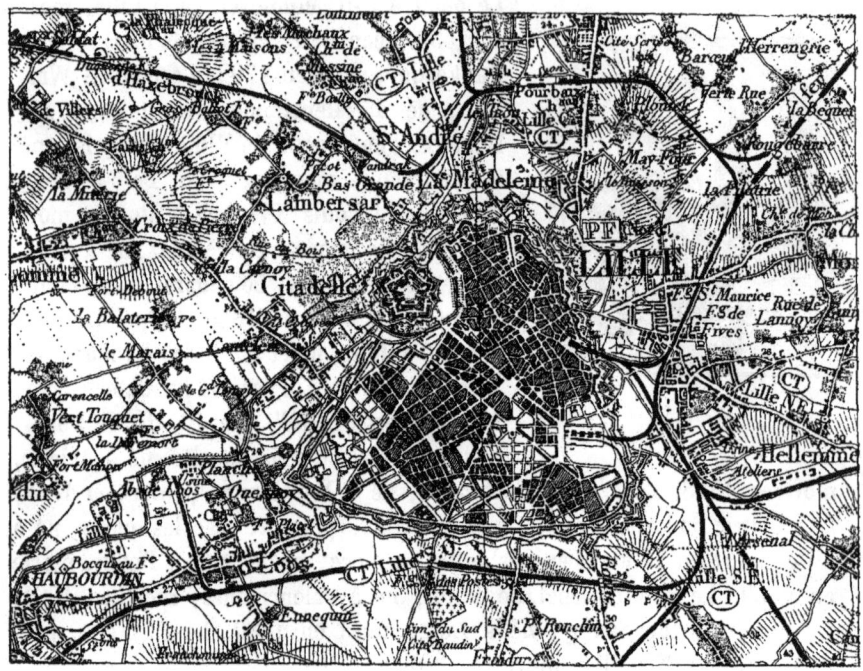

et métiers, les fonderies de fer, d'acier, de cuivre; les fabriques de sucre, de produits chimiques, de papier; les brasseries, la préparation des huiles et du tabac. Aussi bien, ces travaux sont partagés par les grands faubourgs *extra muros*, plusieurs bourgs indépendants du voisinage et d'autres grandes villes de l'arrondissement : Roubaix, Tourcoing, Armentières, etc.

Il en résulte que Lille fait un commerce considérable, dont l'importance

Templeuve, 3010. — 12. *Haubourdin*, 7460; Emmerin, 1590; Ennetières-en-Weppes, 1690; Lomme, 5250; Loos, 7930; Santes, 2100; Wavrin, 3680. — 13. *Lannoy*, 1950; Annappes, 2860; Ascq, 2440; Baisieux, 2040; Flers, 3970; Hem, 4190; Leers, 3680; Lys-lès-Lannoy, 4900; Toufflers, 1740; Willems, 2070. — 14. *Pont-à-Marcq*, 920; Avelin, 1550; Bersée, 1810; Ennevelin, 1510; Fretin, 2150; Mons-en-Pévèle, 1890; Phalempin, 1560. — 15. *Quesnoy-sur-Deûle*, 5330; Comines, 7430; Deulémont, 1920; Pérenchies, 2690; Verlinghem, 1540; Warneton, Wervicq, 2320. — 16-17. *Roubaix*, 114920; Croix, 12440; Wasquehal, 4410; Wattrelos, 19770. — 18. *Seclin*, 6150; Annœullin, 4750; Bauvin, 2290; Gondecourt, 2150; Houplin, 1810; Provin, 1790; Wattignies, 2710. — 19-20. *Tourcoing*, 65480; Halluin, 14850; Linselles, 4650; Marcq-en-Barœul, 9760; Mouveaux, 4910; Neuville-en-Ferrain, 4310; Roncq, 6740.

est accusée par le mouvement exceptionnel de navigation de la Deûle (1 000 000 de tonnes) et celui des chemins de fer (250 000 tonnes). Les gares, qui se trouvent à l'est, dans l'enceinte des fortifications, sont le rendez-vous de sept voies ferrées qui en font l'une de nos stations les plus animées, celle où les voyageurs (2 000 000) sont le plus nombreux après Paris.

Lille fut longtemps redevable à Vauban d'être le boulevard de notre frontière du Nord par sa citadelle et son enceinte inexpugnable, qui, agrandie sous Napoléon III, englobe les anciennes communes d'*Esquermes*, de *Wazemmes*, de *Moulins-Lille* et de *Fives*. Depuis 1872 on l'a entouré d'une douzaine de forts détachés qui en font de nouveau une place de guerre de première classe.

Bien percé et régulièrement bâti, du moins dans sa partie moderne, Lille possède plusieurs monuments remarquables. Citons : la magnifique église moderne de Notre-Dame-de-la-Treille, but de pèlerinage ; l'église ogivale Saint-Maurice, des XVe, XVIIe et XIXe siècles ; la Bourse, le plus curieux des édifices civils, ayant sa façade principale sur la Grand'Place, où s'élève une colonne commémorative de la défense de Lille en 1792 ; sur l'emplacement de l'ancien palais comtal de Rihour, l'hôtel de ville, renfermant la bibliothèque et différents musées fort riches ; la préfecture, le palais des Arts, le palais Rousseau, ainsi que la plupart des établissements d'instruction supérieure ou secondaire.

Lille, en flamand *Rijsel*, commença au Xe siècle, dans une *île* de la Deûle, d'où son nom, qui s'écrivait autrefois l'*Isle*. Ce n'était d'abord qu'un château des comtes de Flandre, autour duquel se forma peu à peu un bourg fortifié, que Philippe-Auguste prit en 1212 et Philippe le Bel en 1359. Du reste, n'ayant jamais été capitale principale, Lille n'a joué qu'un rôle subalterne dans l'histoire. Il passa successivement avec le comté de Flandre dans les maisons de Bourgogne, d'Autriche et d'Espagne. Louis XIV, s'en étant emparé en 1667, le fortifia et en fit la capitale de la Flandre française. Le prince Eugène et Marlborough le reprirent en 1708, malgré l'héroïque défense de Boufflers, et il ne fut définitivement réuni à la France qu'au traité d'Utrecht, en 1713. Un dernier fait d'armes, le plus glorieux sans contredit pour la cité lilloise, c'est celui de 1792 ; car, après avoir essuyé un bombardement de neuf jours et neuf nuits, ses habitants, aidés d'une faible garnison, obligèrent à la retraite les 35 000 Autrichiens qui l'assiégeaient. Lille n'avait alors que le rang de sous-préfecture ; c'est seulement en 1802 qu'il remplaça Douai comme chef-lieu du département du Nord, de même qu'il l'a remplacé en 1887 comme siège d'académie universitaire.

Lille est partagé en 8 cantons, qui comprennent, avec une partie de la ville, quelques communes-faubourgs, toutes industrielles, telles que *la Madeleine*, *Lambersart*, *Marquette*, *Wambrechies*.

Après le département de la Seine, l'arrondissement de Lille est la partie du territoire français où la population est la plus dense : il renferme 840 habitants par kilomètre carré, population spécifique onze fois et demie supérieure à la moyenne générale du territoire français, qui est de 72. Lille, avec Roubaix, Tourcoing et leurs communes limitrophes, constitue un centre populeux et industriel de 450 000 âmes, comparable à ceux de Lyon et de Marseille, qu'il dépasse même par la rapidité de son accroissement.

Armentières (29 000 habitants), sur la Lys, est une ville industrielle très active, renommée pour ses toiles bleues et ses toiles de ménage. Elle existait déjà au IXe siècle, eut beaucoup à souffrir et fut incendiée cinq fois pendant les guerres du XVe au XVIIe siècle ; fortifiée par Charles-Quint en 1509, elle fut conquise et démantelée par Louis XIV en 1667. — *Houplines*, sur la frontière belge, est une localité industrielle, ainsi que La Bassée, ancienne place forte, souvent prise et reprise. — Cysoing eut une abbaye fondée en 838 par saint Everard, gendre de Louis le Débonnaire, et détruite en 1793 ; c'est là que Louis XV établit son quartier général, la veille de la bataille de Fontenoy ; une pyramide rappelle cet événement.

Bouvines est un village célèbre par la victoire que Philippe-Auguste, aidé de ses barons et des milices communales, remporta sur l'empereur Othon IV et ses alliés, le 27 août 1214. Un obélisque commémoratif de six mètres de haut y a été élevé en 1863.

Loos fabrique des produits chimiques, des toiles et des calicots. La célèbre abbaye de *Loos* (mot flamand qui signifie *bois*), fondée par Thierry d'Alsace et saint Bernard en 1147, a été transformée en une maison centrale de détention. La chapelle de Notre-Dame-de-Grâce est un but de pèlerinage. — Lannoy est le berceau d'une famille à laquelle appartenait Charles de Lannoy, vice-roi de Naples, le vainqueur de Pavie. Son territoire de 14 hectares en fait l'une des plus petites communes de France.

Mons-en-Pévèle, situé sur une colline au pied de laquelle naît la Marcq, est connu par la victoire que Philippe le Bel remporta sur les communes flamandes, le 18 août 1304. — *Comines* ou *Commines* est une ville ancienne, située sur la Lys, qui la divise en deux parties, l'une française et l'autre belge (*Warneton* et *Wervicq*, communes voisines, sont dans le même cas). Elle a des fabriques de toiles, de rubans, de fil à coudre, et montre les restes du château de la Brèche, où naquit l'historien de Louis XI, Philippe de Comines.

Roubaix, ville de 115 000 âmes, à 10 kilomètres nord-est de Lille et près de la frontière belge, est, avec Tourcoing, un des centres les plus importants de France sous le rapport de l'industrie des laines. Chaque semaine y voit entrer à l'état brut en moyenne 1 500 tonnes de ce précieux textile, qui, après avoir été travaillé dans de nombreux établissements, en sort moitié en fils destinés à être manufacturés ailleurs, moitié en tissus dits *nouveautés*, de pure laine, de laine et coton, ou de soie, laine et coton. — Le mouvement d'affaires traitées dans ce simple chef-lieu de canton s'élève annuellement à 200 000 000 de francs. Aussi Roubaix, dont la population a décuplé depuis le commencement du siècle, est-il, en France, l'exemple le plus frappant des développements rapides d'une cité industrielle. C'était, dès le xie siècle, une petite seigneurie qui fut érigée en marquisat par Philippe II d'Espagne, en 1579.

Wattrelos, près de la frontière belge *Croix* et *Wasquehal* sont de populeuses communes de la banlieue de Roubaix. — Seclin, bourg industriel au sud de Lille, a une église du xiiie siècle, avec crypte où jaillit une fontaine dédiée au martyr saint Piat.

Tourcoing, ville de 66 000 âmes, à deux kilomètres nord de Roubaix, possède comme elle de nombreux ateliers de peignage et de filature, fabrique les mêmes articles et, de plus, des tapis moquettes. Presque moitié moins peuplée que sa sœur cadette, et comme elle simple chef-lieu de canton, elle s'est aussi néanmoins beaucoup accrue depuis le commencement de ce siècle, puisqu'elle ne comptait alors que 12 000 âmes. C'est qu'aux avantages de leur position frontière et de l'ancienneté de leur industrie spéciale, qu'elles ont héritée de la Flandre belge, ces deux villes joignirent toujours celui de n'être jamais gênées dans leur développement par une enceinte de murailles trop étroite, comme le fut longtemps Lille fortifiée. Tourcoing a été témoin de deux victoires des Français : l'une, remportée sur les Hollandais en 1793 ; l'autre, sur les Coalisés l'année suivante : une pyramide rappelle cette dernière.

Halluin (15 000 habitants), près de la Lys et sur la frontière belge, est aussi une ville importante par ses blanchisseries et ses fabriques de tissus. C'était autrefois une seigneurie puissante, érigée en duché-pairie en 1587. — *Marcq-en-Barœul*, sur la Marcq canalisée, participe activement à la même industrie.

Filature et tissage. — La fabrication des tissus constitue une série d'opérations industrielles que nous résumerons :

1° *Préparation*. La laine des moutons doit être *dégraissée* à grande eau, pour enlever le suint ; puis *peignée*, si elle est longue, ou *cardée*, si elle est courte, au moyen de peignes et de cardes (brosses à dents de fer) qui démêlent les filaments et leur donnent le parallélisme nécessaire au filage. On carde aussi avec des têtes de chardon à foulon. — Les tiges de lin ou de chanvre sont soumises au *rouissage* dans l'eau, puis, étant séchées, au *teillage*, pour débarrasser les *filaments*, ou *filasse*, de leurs enveloppes. La filasse est ensuite *peignée*, et l'étoupe qui en résulte est *cardée*. — Le coton, duvet qui enveloppe les graines du cotonnier, nous arrive de l'étranger en *flocons*, qui doivent être cardés et nettoyés. — La soie des cocons du ver à soie est naturellement formée en un long fil (600 mètres et plus), qu'il suffit de *dévider* et de *doubler* en réunissant plusieurs fils. La bourre ou enveloppe des cocons est cardée. — 2° *Filage*. C'est

Bataille de Bouvines (Nord), en 1214.

la transformation des filaments peignés ou cardés en fils propres au tissage. Il se fait à la main ou à la mécanique, au moyen d'une machine munie de *broches* qui allongent, tordent et enroulent un grand nombre de fils à la fois. — 3° *Tissage*. Le tissage transforme les fils en tissus, en les entrelaçant de manière à former une pièce plus ou moins étendue. Le tissu ordinaire se fait au *métier à tisser*, au moyen de la *navette*, qui fait serpenter un fil appelé *trame* entre d'autres fils tendus parallèlement et formant la *chaîne*. — Dans la dentelle, faite au *carreau*, les fils de la chaîne sont entrelacés entre eux sans trame. — Le tricot n'a qu'un seul fil entrelacé avec lui-même. — 4° *Blanchiment*. Il se fait à l'eau, au soleil, à la vapeur, et aussi à l'aide d'acides ou de sels de potasse, de soude, de chlore, etc. — 5° *Teinture*. Elle s'obtient par des substances colorantes *bleues* : indigo, tournesol ; *rouges* : garance, brésillet, santal, campêche, cochenille ; *jaunes* : safran, gaude, etc. — L'aniline, extraite du goudron de houille, aide à obtenir toutes les nuances. — 6° *Impression*. Elle se fait au moyen de planches portant le dessin en relief et mues soit à la main, soit à la machine.

La fabrication des *draps* fins demande les meilleures laines étrangères de l'Allemagne, de la Plata, de l'Australie. — L'usage réserve plus particulièrement le nom de *toiles* aux seuls tissus de lin et de chanvre, et désigne sous le nom de *cotons* ou cotonnades ceux de coton. — Les premiers sont plus solides, les seconds meilleur marché. — Beaucoup de tissus sont *mi-coton mi-fil*, le fil désignant spécialement le lin ou le chanvre.

II. **DOUAI**, chef-lieu d'arrondissement [1], est une ville de 30 000 âmes située par 25 mètres d'altitude sur la Scarpe, près des canaux de la Sensée et de la Haute-Deûle. Ancienne place forte, Douai a également cessé d'être le siège d'une académie universitaire depuis 1887 ; mais elle conserve une cour d'appel, plusieurs écoles académiques, une école nationale de musique, une école d'artillerie et une de maîtres-mineurs. Son industrie comprend principalement des établissements houillers et métallurgiques, des fabriques de produits chimiques et de passementeries, des verreries, savonneries, corroieries et brasseries ; son marché au blé est considérable. On remarque à Douai le magnifique retable de l'église Notre-Dame, peint vers 1520 par Bellegambe, et un hôtel de ville gothique avec beffroi, haut de 40 mètres.

Douai, *Duacum*, existait, croit-on, à l'époque romaine ; ce fut du IXᵉ siècle à 1464 une seigneurie à laquelle ressortissait le petit pays d'Escrebieu. Elle fut érigée en commune en 1172 ; mais dès la fin du XVᵉ siècle, Douai,

---

[1] Arrondissement de Douai : 6 *cantons*, 66 communes, 133 040 habitants.
Cantons et communes principales : 1-3. *Douai*, 29 910 habitants ; Aniches, 6 770 ; Auberchicourt, 2 700 ; Auby, 2 370 ; Dechy, 2 250 ; Flers, 2 060 ; Flines-les-Raches, 4 020 ; Lallaing, 2 010 ; Lambres, 1 500 ; Raches, 1 580 ; Raimbeaucourt, 2 470 ; Roost-Warendein, 2 260 ; Sin, 6 510 ; Waziers, 2 300. — 4. *Arleux*, 1 690 ; Lécluse, 1 700. — 5. *Marchiennes*, 3 260 ; Bouvignies, 1 520 ; Fenain, 2 350 ; Somain, 6 030 ; Vred, 1 590. — 6. *Orchies*, 3 920 ; Beuvry, 1 730 ; Coutiches, 1 940 ; Faumont, 1 550 ; Landas, 2 070 ; Nomain, 2 410.

ville frontière, devint place forte et subit de nombreux sièges. C'est en mémoire de sa résistance à Coligny, qui, en 1556, tenta vainement de la prendre aux Espagnols, que Douai institua la fête annuelle et symbolique du *Gayant* (ou Géant, personnage légendaire), qui se célèbre encore. Louis XIV prit la ville en 1667, la perdit en 1710 et la reprit deux ans après. Elle eut une université célèbre, créée en 1561 par Philippe II d'Espagne, un parlement établi par Louis XIV en 1709, et fut jusqu'en 1802 le chef-lieu du département du Nord.

Aniches exploite d'importantes mines de houille et possède une manufacture de glaces coulées, plusieurs verreries et fabriques de produits chimiques. — MARCHIENNES, sur la Scarpe, est renommée pour ses asperges et ses arbres fruitiers; elle a aussi des filatures de lin et des fabriques de tulle. Cette ville, qui doit son origine à une abbaye fondée au VIIe siècle et donnée en 1204 aux bénédictins, eut beaucoup à souffrir des guerres par suite de sa situation sur les « marches » ou frontières de la Flandre et du Hainaut. Villars s'en empara en 1712. — ORCHIES, ancienne capitale de la Pévèle, fabrique du sucre, des huiles et des carreaux.

III. **VALENCIENNES**, chef-lieu d'arrondissement peuplé de 29 000 habitants[1], s'élève par 30 mètres d'altitude sur l'Escaut, à 10 kilomètres de la frontière belge. Cette ville est défendue par plusieurs ouvrages détachés, mais elle surtout industrielle ayant des fonderies, des ateliers de construction en fer et de nombreuses fabriques de batiste, linon, gaze, qui ont remplacé son ancienne fabrication des dentelles. Son district produit à lui seul la septième partie de tout le sucre de betterave qui se fabrique en France. Valenciennes a donné son nom au principal bassin houiller français, lequel, prolongement du grand bassin belge, s'étend à travers les départements du Nord et du Pas-de-Calais, sur une superficie de 123 000 hectares; il fournit à lui seul plus du tiers de notre production totale, soit environ 10 millions de tonnes de charbon par an. — On remarque à Valenciennes : l'église Notre-Dame du Saint-Cordon, but de pèlerinage, somptueusement rebâtie de 1850 à 1864; la porte de Lille, curieux spécimen d'architecture féodale, avec créneaux, meurtrières et mâchicoulis; le vaste hôtel de ville, renfermant un musée de peinture et près duquel s'élevait naguère un magnifique beffroi du XIIIe siècle; plusieurs façades de vieilles maisons en bois, les statues de Froissart et de Watteau.

[1] Arrondissement de VALENCIENNES : 8 *cantons*, 82 communes, 214 100 habitants.
Cantons et communes principales : 1-3. *Valenciennes*, 28 700 habitants; Anzin, 11 540; Aulnoy, 2250; Beuvrages, 1680; Bruay, 4940; Famars, Hérin, 2320; Maing, 2400; Marly, 2430; Onnaing, 4420; Préseau, 2090; Quarouble, 2560; Quiévrechain, 1800; Saint-Saulve, 2760; Sebourg, 1700; la Sentinelle, 2800; Thiant, 1740; Trith-Saint-Léger, 3540; Wallers, 3680. — 4. *Bouchain*, 1410; Avesnes-le-Sec, 1850; Haspres, 3010; Lourches, 4710; Marquette, 2440; Rœulx, 1780. — 5. *Condé-sur-l'Escaut*, 4780; Crespin, 2420; Escaupont, 1480; Fresnes, 6370; Hergnies, 3400; Vieux-Condé, 6980. — 6. *Denain*, 18 260; Abscon, 2810; Douchy, 2630; Escaudain, 3880; Haveluy, 1990. — 7-8. *Saint-Amand*, 12 050; Bruille-Saint-Amand, 1700; Flines-lès-Mortagne, 1890; Hasnon, 3160; Lecelles, 2210; Raismes, 6440; Rumegies, 1510.

Valenciennes était un village défendu par un château fort, quand Clodion s'en rendit maître vers 447. Le traité de Verdun, en 843, l'incorpora à l'empire d'Allemagne. Charles d'Anjou s'en empara en 1250, et Philippe II d'Espagne en 1567. Assiégée inutilement par Turenne en 1656, elle fut prise d'assaut par Louis XIV en 1677, et sa réunion confirmée par le traité de Nimègue. Les Autrichiens s'en emparèrent en 1793 après un bombardement de quarante et un jours ; reprise l'année suivante, elle dut encore se rendre aux Alliés en 1815.

Anzin est situé au milieu d'importantes mines de houille, concédées en 1717 à la *compagnie d'Anzin*, la plus importante de France, car elle emploie plus de 12 000 ouvriers. Anzin possède des hauts fourneaux et fonderies, de nombreuses usines à fer, des verreries, des fabriques de produits réfractaires, etc. — *Famars*, à 5 kilomètres de Valenciennes, est l'ancien *Fanum Martis* des Romains. Dans le *castellum*, dont il reste un mur épais, flanqué de tours rondes, on a découvert de nombreuses antiquités. En 1793, les Français y établirent un camp retranché pour la défense de Valenciennes; mais les Autrichiens les en chassèrent.

Bouchain est une petite place forte que protègent au besoin les inondations de l'Escaut et de la Sensée. Bâtie au VIIIe siècle par Pépin, elle fut la capitale du petit pays d'Ostrevant. Prise par les Français en 1676 et reprise par Marlborough en 1711, elle revint à la France par le traité d'Utrecht.

Condé, place forte au confluent de la Haine et de l'Escaut, non loin de la frontière belge, est un entrepôt des houilles de Belgique et du bassin de Valenciennes. La cité, elle-même dans une région houillère, fabrique aussi d'excellente chicorée à café et construit des bateaux. Condé (du celtique *Condate*, confluent) fut une seigneurie du comté de Flandre, qui donna son nom à une branche illustre de la maison de Bourbon. Souvent prise et reprise pendant les guerres avec les Impériaux, elle fut définitivement réunie à la France par le traité de Nimègue. Les Autrichiens l'occupèrent en 1793, mais ils en furent chassés l'année suivante par Pichegru, qui fit pour la première fois usage du télégraphe aérien Chappe, pour annoncer cette nouvelle à la Convention ; celle-ci, à cette occasion, baptisa la ville du nom de « Nord-Libre ». — A 2 kilomètres est, sur l'Escaut, *Vieux-Condé* fabrique des limes et des boulons. — *Fresnes* exploite de la houille, possède des verreries, des blanchisseries, et fait le commerce de bois de construction.

Denain, sur l'Escaut, au centre d'une importante exploitation de houille, a des hauts fourneaux, forges et laminoirs; on y construit des machines et des bateaux. Cette ville doit son origine à une abbaye de chanoinesses, fondée par le comte d'Ostrevant en 764 ; mais elle est surtout célèbre par la victoire que Villars y remporta sur le prince Eugène, le 24 juillet 1712. Un obélisque monolithe de 12 mètres rappelle cette bataille, qui fut le salut de la France.

Saint-Amand-les-Eaux (12 000 habitants), jolie ville sur la Scarpe, est un centre de culture pour le chanvre et le lin, dont on tisse les batistes fines. Elle fabrique de la faïence, des chaînes, câbles et clous pour la

Porte de Lille à Valenciennes.

marine, et construit des bateaux. Ses bains d'eaux sulfureuses et de boues, efficaces contre les rhumatismes, étaient déjà connus des Romains, qui l'appelaient Elnon. La source principale est la *Fontaine-Bouillon*, où, au XVIIe siècle, des travaux de captation firent apparaître plus de deux cents statues colossales mutilées, et qui furent détruites. — La ville doit son nom à un monastère bâti au VIIe siècle par l'évêque missionnaire saint

Amand. Il reste de ce monastère la tour monumentale de l'église, haute de 90 mètres et servant de beffroi. — *Raismes*, primitivement villa mérovingienne, devint une seigneurie des comtes de Hainaut et conserve les ruines de son château. On y trouve des mines de houille, des forges, des hauts fourneaux et des fabriques de chaînes. Il s'y est livré un combat acharné le 1er mai 1793. Au hameau de *Vicoigne*, existait autrefois une abbaye de Prémontrés.

IV. **CAMBRAI**, chef-lieu d'arrondissement[1], situé à 55 mètres d'altitude sur l'Escaut et le canal de Saint-Quentin, est une ville industrielle et commerçante de 24 000 habitants. Elle fabrique beaucoup de toiles fines, batistes, linons, tulles, dentelles, et possède des ateliers de construction, des savonneries, distilleries, huileries. On y remarque la cathédrale moderne de Notre-Dame, renfermant le tombeau de Fénelon ; l'église Saint-Géry, de 1745, surmontée d'un clocher de 76 mètres et possédant un beau jubé de la Renaissance ; l'hôtel de ville, construit en 1634, mais refait en 1876, et couronné d'un campanile au-devant duquel sont les deux personnages populaires Martin et Martine, jacquemarts de l'ancien beffroi ; le beffroi Saint-Martin, des XVe et XVIIIe siècles, également restauré de nos jours ; la citadelle et plusieurs portes de l'ancienne enceinte ; enfin l'esplanade, ornée des statues du chroniqueur Monstrelet et de Baptiste, inventeur présumé des toiles de ce nom.

Cambrai, en latin *Cameracum*, était importante à l'époque de l'invasion des Barbares. Clodion s'y établit en 445, et Clovis la prit à Ragnacaire en 508. Ses évêques, dont le premier, saint Vaast, siégea de 499 à 540, reçurent des rois mérovingiens la souveraineté temporelle de leur cité, qui leur fut plus tard confirmée par les empereurs d'Allemagne ; cependant les bourgeois obtinrent une charte communale en 1227. Lors des guerres de François Ier, de Henri II et de Louis XIV, Cambrai fut une des places les plus chaudement disputées entre les belligérants ; elle n'appartint définitivement à la France qu'en 1677. Deux traités y ont été signés au XVIe siècle : celui de 1510, qui constitua la « Ligue de Cambrai » contre les Vénitiens, et celui de 1529, dit *Paix des Dames*, de ce qu'il fut signé par la mère de François Ier et la tante de Charles-Quint. Le siège épiscopal de Cambrai, érigé en archevêché en 1559, a été illustré de 1695 à 1715 par Fénelon.

[1] Arrondissement de CAMBRAI : 7 *cantons*, 118 communes, 197 540 habitants.
Cantons et communes principales : 1-2. *Cambrai*, 24 130 habitants; Escaudœuvres, 2 700; Fontaine-Notre-Dame, 2 110; Iwuy, 3 880; Neuville-Saint-Remy, 1 540. — 3. *Carnières*, 1 690; Avesnes-les-Aubert, 4 580; Beauvois, 3 880; Béthencourt, 1 500; Fontaine-au-Pire, 2 240; Quiévy, 3 300; Rieux, 2 210; Saint-Aubert, 2 840; Saint-Hilaire, 2 370; Villers-en-Cauchies, 1 590. — 4. *Le Cateau*, 10 550; Catillon, 2 370; Neuvilly, 2 720; Saint-Souplet, 2 560; Troisvilles, 1 630. — 5. *Clary*, 2 530; Bertry, 2 910; Busigny, 3 050; Caudry, 8 030; Élincourt, 4 660; Esnes, 1 570; Ligny, 2 140; Maretz, 2 970; Villers-Outréaux, 2 880; Walincourt, 2 350. — 6. *Marcoing*, 1 960; Crèvecœur (Vaucelles), 2 350; Gouzeaucourt, 2 240; Honnecourt, 1 910; Masnières, 2 400; Rumilly, 2 100; Villers-Guislain, 1 830. — 7. *Solesmes*, 6 250; Haussy, 2 900; Saint-Python, 1 730; Saint-Vaast, 1 840; Saulzoir, 2 200; Viesly, 2 810.

Le Cateau-Cambrésis, sur la Selle, s'occupe de la filature du lin, du coton, de la laine et de la fabrication des châles. Cette ville, souvent prise et reprise dans les guerres du xve au xviiie siècle, est surtout célèbre par les deux traités que la France conclut en 1559, l'un avec l'Espagne, l'autre avec l'Angleterre. Son double nom vient du château de Sainte-Marie, élevé par un évêque de Cambrai, l'an 1000. Elle possède une belle église

Vieilles maisons à Valenciennes.

du xviie siècle, un hôtel de ville avec beffroi, et la statue en bronze du maréchal Mortier. — Carnières, Clary, Marcoing, chefs-lieux de cantons, sont des localités industrielles. — *Caudry* est un centre de fabrication de tulles et de dentelles. La chapelle de Sainte-Maxellende est un but de pèlerinage pour les affections de la peau et les maladies d'yeux. Dans le cimetière on trouve l'entrée d'anciens souterrains-refuges. — *Honnecourt*, ancienne place forte, rappelle la défaite du maréchal de Gramont par les Espagnols en 1642.

Crèvecœur, Crapicordium, montre des restes de constructions romaines, et fut une ville forte importante au moyen âge. Charles Martel y défit les Neustriens en 717, d'où son ancien nom de *Vinci* (victoire), qu'on attribue également au village d'*Inchy* (Pas-de-Calais). Sur le même territoire, subsiste un cloître de l'ancienne abbaye de *Vaucelles*, où fut signée, en 1556, une trêve de cinq ans, entre Henri II et Charles-Quint. — SOLESMES possède aussi un cloître, reste d'une abbaye de bénédictins fondée en 705, et une jolie église de 1780, surmontée d'une haute flèche. Industrie des tissus.

V. **AVESNES**, chef-lieu d'arrondissement [1] peuplé de 6 500 âmes, s'élève à 170 mètres d'altitude sur une colline dominant la Grande-Helpe. Cette ville forma une seigneurie importante dès le XIe siècle; elle fut prise par Louis XI en 1477, par les Espagnols en 1559, et cédée à la France en 1659. Les Prussiens s'en emparèrent en 1815, à la suite de l'explosion d'une poudrière qui fit sauter une grande partie de la ville. Reconstruite en une année, son seul monument est le clocher de l'église, haut de 60 mètres. Elle a des filatures de laine, des tanneries, et fait le commerce de bois et d'ardoises.

Bavai, près de la frontière belge, est l'ancienne *Bagacum,* capitale des Nerviens, qui fut très puissante sous les Césars. De la borne milliaire dressée sur une place, rayonnaient huit voies romaines vers Reims, Saint-Quentin, Amiens, Thérouanne et Boulogne, Tongres, Utrecht, Cologne, Trèves. Cette borne, détruite au XVIe siècle, est remplacée par une pyramide surmontée d'une statue de Brunehaut, à qui l'on attribue la réparation de ces routes, dites dès lors *chaussées de Brunehaut.* Il reste aussi d'autres vestiges romains, principalement de thermes et d'un aqueduc, ainsi qu'un beffroi du moyen âge. Ravagée par Attila en 451 et démantelée par Turenne en 1654, elle a aujourd'hui perdu son importance. — *Malplaquet,* commune de *Taisnières,* sur la frontière belge, fut le témoin de la glorieuse défaite de Villars par le prince Eugène et Marlborough en 1709. Elle marqua le terme de nos revers.

Landrecies, sur la Sambre, qui devient navigable en cet endroit, possède des marbreries et des corroieries. Charles-Quint l'assiégea vainement en 1543. Assiégée de nouveau par le prince Eugène en 1712, Villars livra, pour la dégager, la bataille de Denain. — *Maroilles,* eut une abbaye du VIIe au XVIIIe siècle. C'est là, et dans les vingt-cinq ou trente communes environnantes, que se fabriquent les fromages gras, petits et carrés, connus sous le nom de Marolles.

Maubeuge, place forte et vaste camp retranché sur la Sambre, est en même temps une ville industrielle ayant des hauts fourneaux, forges, laminoirs et de nombreuses usines, surtout pour le coulage des glaces et

---

[1] Arrondissement d'AVESNES : 10 *cantons,* 153 communes, 207 780 habitants.
Cantons et communes principales : 1-2. *Avesnes,* 6 500 habitants; Avesnelles, 2 360 ; Cartignies, 1 680 ; Étrœungt, 2 530 ; Felleries, 1 960 ; Sains-du-Nord, 4 250. — 3. *Bavai,* 1 860 ; Feignies, 2 660 ; Neuf-Mesnil, 1 520 ; Taisnières (Malplaquet). — 4. *Berlaimont,* 2 670 ; Pont-sur-Sambre, 1 640. — 5. *Landrecies,* 3 870 ; Bousies, 3 530 ; Maroilles, 1 950 ; Preux-au-Bois, 1 630. — 6. *Maubeuge,* 18 870 ; Ferrière-la-Grande, 3 480 ; Hautmont, 10 240 ; Jeumont, 3 200 ; Louvroil, 3 830 ; Wattignies. — 7-8. *Le Quesnoy,* 3 850 ; Englefontaine, 1 890 ; Gommegnies, 3 510 ; Poix-du-Nord, 2 390. — 9. *Solre-le-Château,* 2 680 ; Sars-Poteries, 2 400. — 10. *Trélon,* 4 350, Anor, 4 670 ; Fourmies, 15 900 ; Glageon, 2 710 ; Wignehies, 6 470.

la fabrication d'objets de quincaillerie, de métiers à filer et à tisser le lin; elle fait le commerce de houille, de marbre et de carreaux en céramique. Son origine fut le monastère fondé en 618 par sainte Aldegonde. Elle eut particulièrement à souffrir des guerres franco-espagnoles; prise par Louis XIV en 1655, Vauban la fortifia en 1685, et le prince de Cobourg, qui l'attaqua en 1793 avec 60 000 hommes, fut obligé de lever le siège par suite de la victoire de Jourdan à *Wattignies* (9 kilomètres au sudest). Elle dut capituler en 1815 après une vive résistance. — *Hautmont*,

Coupe d'un haut fourneau.

importante par ses usines métallurgiques, possédait jadis une abbaye de bénédictins, où les reliques de saint Marcel étaient l'objet d'un pèlerinage. — *Jeumont*, sur la frontière belge, a de grandes usines, des carrières et scieries de marbres, ainsi que des verreries à vitres.

Le Quesnoy, près de la forêt de Mormal, fortifié en 1150 par Baudouin, comte de Flandre, fut souvent assiégé et pris par les Français, notamment en 1447 par Louis XI, en 1654 par Turenne, et le 30 novembre 1794 par Scherer. — TRÉLON, *Anor* et surtout *Fourmies* sont des communes très prospères sur la frontière belge; cette dernière possède des mines de fer, des fonderies, des cristalleries et des filatures de laine, de soie et de coton.

VI. **HAZEBROUCK**, sous-préfecture de 12 000 âmes, s'étale à 18 mètres d'altitude, dans l'immense plaine de Flandre, où un canal la met en communication avec la Lys. Elle possède des filatures de lin, des fabriques de toile, des brasseries, savonneries, huileries, et fait le commerce de bestiaux, grains et houblons[1]. L'église Saint-Éloi est surmontée d'une belle flèche à jour de 80 mètres de haut. Ancienne châtellenie, Hazebrouck est néanmoins une ville toute moderne et bien bâtie; son nom vient du flamand *haas*, lièvre; *broek*, marais. C'est dans son arrondissement, tout agricole, que l'usage de la langue flamande s'est le mieux conservé dans notre pays.

Bailleul (13 000 habitants) est le centre principal de la fabrication des dentelles dites *valenciennes*. Cette ville, qui date des Romains, fut saccagée par les Normands en 882, fortifiée de nouveau en 1072, et démantelée par les Français en 1653.

Cassel est située sur une colline de 157 mètres d'altitude, isolée au milieu d'une plaine. Aussi y jouit-on d'un immense panorama, s'étendant sur trente-deux villes, une centaine de villages et, au delà, sur la mer du Nord. — Cassel était déjà sous les Romains une place forte importante, appelée *Castellum Morinorum;* il en reste des murs, ainsi que des vestiges de sept voies romaines qui y aboutissaient. Un monument commémoratif rappelle trois grandes batailles : en 1071, Robert le Frison y vainquit Philippe Ier, roi de France; en 1328, les Flamands révoltés furent défaits par Philippe de Valois, qu'ils provoquaient en montrant sur leurs drapeaux l'effigie d'un coq, avec cette fière devise : « Quand ce coq icy chantera, le roi cy entrera. » Enfin, le duc d'Orléans y défit le prince d'Orange en 1677.

Merville, sur la Lys, à la jonction du canal venant d'Hazebrouck, doit son origine à un monastère fondé en 647 par saint Maurand, chancelier de Thierry III, et sa prospérité à ses anciennes fabriques de draps, remplacées de nos jours par des industries diverses. — *Estaires*, sur la Lys, fabrique des toiles, du linge de table ouvré et damassé; c'est l'antique station romaine de *Minariacum*.

VII. **DUNKERQUE**, ville de 40 000 habitants, est à la fois un chef-lieu d'arrondissement[2] et notre principal port de commerce sur la mer du Nord. Défendu par plusieurs forts et batteries, et d'ailleurs situé dans un pays coupé de digues et de canaux, il comprend, en venant de la

---

[1] Arrondissement d'HAZEBROUCK : 7 *cantons*, 53 communes, 112750 habitants.
Cantons et communes principales : 1-2. *Hazebrouck*, 11680 habitants; Blaringhem, 1820; Caëstre, 1540; Morbecque, 3350; Renescure, 2130; Steenbecque, 1870.—3-4. *Bailleul*, 13280; Méteren, 2450; Nieppe, 5260; Steenwerck, 4020; Vieux-Berquin, 3110. — 5. *Cassel*, 3940; Arnèke, 1500. — 6. *Merville*, 7580; Estaires, 6750; la Gorgue, 3930; Haverskerque, 1580. — 7. *Steenwoorde*, 4410; Boeschèpe, 2240; Godewaersvelde, 1910.

[2] Arrondissement de DUNKERQUE : 7 *cantons*, 63 communes, 138300 habitants.
Cantons et communes principales: 1-2. *Dunkerque*, 39500 habitants; Coudekerque-Branche, 3540; Fort-Mardyck, 1610; Malo-les-Bains, 1670; Petite-Synthe, 2920; Rosendaël, 7440; Saint-Pol-sur-Mer, 6320; Teteghem, 1570. — 3. *Bergues*, 5380; Pitgam, 1550; Quaëdypre, 1540. — 4. *Bourbourg-Ville*, 2470; Bourbourg-Campagne, 2750; Watten, 1950. — 5. *Gravelines*, 5960; Grand-Fort-Philippe, 2850; Loon-Plage, 2470.—6. *Hondschoote*, 3430; Rexpoëde, 1810; Warhem, 2200. —7. *Wormhoudt*, 3580; Bollezeele, 1700; Esquelbecq, 1840; Herzeele, 1600; Zeggers-Cappel, 1570.

mer, un chenal, un avant-port et un port d'échouage, qui sont soumis aux mouvements de la marée; quatre bassins à flots accessibles aux bâtiments de plus de 1 000 tonneaux, communiquant avec les canaux navigables de Bergues, de Bourbourg et de Furnes; plus de 25 hectares d'eau sont destinés au stationnement des navires et bordés de quais pour le mouvement des marchandises. Les canaux de Mardyck et des Moëres mènent les eaux des wateringues, ou canaux de desséchement, dans le vaste bassin de chasse destiné à nettoyer le chenal. La rade de Dunkerque est la meilleure

Bataille des Dunes.

de la région, grâce aux bancs du large, à ses phares, à ses feux flottants et à ses balises. Son port est en relations régulières avec l'Angleterre, l'Espagne, la Suède, la Norvège, les États-Unis, la République Argentine, le Pérou et les Indes. Il importe principalement des fontes, bois, laines, suifs et vins, du plomb et du soufre, des guanos et nitrates de soude; il exporte surtout des denrées alimentaires, des huiles, du sucre et de la houille. Les entrées et sorties s'élèvent annuellement à 2 500 000 tonnes de jauge, tandis que la marine spéciale du port se compose de 160 navires à voiles et de 50 navires à vapeur; aussi Dunkerque est-il au quatrième rang parmi nos ports marchands; ajoutons que les 200 bateaux de pêche de son quartier ont capturé en 1890 pour 2 600 000 francs de poissons, la moitié en morue d'Islande. Quant à l'industrie dunkerquoise, elle comprend des filatures de lin, de jute et de coton; des fabriques de filets de pêche, de toiles à voiles et autres; des scieries et huileries, des raffineries de sucre et de pétrole; des parcs à huîtres et des chantiers de construction de navires. En outre, les plages voisines de *Rosendaël* et de *Malo-les-Bains* attirent beaucoup d'étrangers à la belle saison.

Cité toute flamande, Dunkerque est une ville propre et bien bâtie. Son monument principal est l'église Saint-Éloi, reconstruite au xvie siècle, et dont la magnifique tour occidentale, aujourd'hui beffroi où se trouve un célèbre carillon, servit à Cassini pour la triangulation de la France, puis à Arago pour la mesure du méridien. Inutile de dire qu'elle a élevé une statue à Jean Bart, le plus célèbre de ses enfants.

Dunkerque se forma au viie siècle autour de l'église bâtie au milieu des sables par saint Éloi, d'où son nom flamand: *Duinkerke,* église des dunes. Prise par les Français en 1646 et reprise par les Espagnols en 1653, cette ville nous revint en 1658 après la victoire *des Dunes,* remportée par Turenne sur les Espagnols. Puis Jean Bart et les marins dunkerquois firent éprouver de nombreux échecs aux flottes ennemies. Aussi l'une des conditions imposées par les Anglais aux traités d'Utrecht en 1713 et de Paris en 1763, fut le désarmement de Dunkerque et la démolition de son port, ce qui fut en partie exécuté. En 1783, le traité de Versailles mit fin à cet état de choses. Dix ans après, les Anglais essayèrent de s'emparer de nouveau de la place; mais la victoire d'Hondschoote les força à la retraite.

Jean Bart. — « Jean Bart était, non le fils d'un simple pêcheur, mais le descendant d'une famille d'armateurs à la course, très aimée en Flandre. En 1672, on le voit commander un bâtiment corsaire et se rendre tellement redoutable à ses ennemis, que l'attention de Colbert se fixe sur lui. En 1676, Louis XIV lui envoie une chaîne d'or comme témoignage de son estime, et bientôt, sur les instances de Vauban, le nomme lieutenant de vaisseau dans sa marine militaire. Chargé, avec le chevalier de Forbin, d'escorter un convoi marchand, il fut attaqué par des forces très supérieures. Son audace, son courage sauvèrent le convoi; mais il fut, ainsi que Forbin, cruellement blessé et emmené prisonnier. — La captivité ne dura pas longtemps. Rien de plus émouvant que le récit de l'évasion des deux indomptables marins. Ils osèrent traverser la Manche sur une pauvre chaloupe et vinrent aborder à Saint-Malo, où ils furent reçus avec des démonstrations d'autant plus enthousiastes, que le bruit de leur mort s'était répandu. En 1691, Jean Bart étant parvenu à sortir avec sept frégates du port de Dunkerque, sa ville bien-aimée, bloquée par les Anglais, il brûle un grand nombre des navires employés au blocus, et pousse l'audace jusqu'à faire une descente en Angleterre! Trois ans plus tard, il préservait encore Dunkerque de la famine en y conduisant une flotte chargée de grains.

« La légende s'est emparée de plusieurs traits de sa vie. Authentiques ou légèrement amplifiés, ils n'en peignent pas moins, avec la verve qui convient, le caractère plein de franchise, l'esprit d'à-propos de l'héroïque capitaine. On le voit, à bord d'un navire anglais, menacé, malgré la foi jurée, d'être retenu prisonnier. Jean Bart ne se trouble pas, il ne cherche pas à faire rougir son hôte d'un telle trahison; mais bondissant vers un baril plein de poudre : « J'y mettrai le feu et sauterai avec vous! » s'écrie-t-il. L'ennemi tressaille, Jean Bart est laissé libre. »

(AUBERT, *Littoral de la France*.)

Fort-Mardyck, à 12 kilomètres est de Dunkerque, fut un port assez important sous les Romains; fortifié au moyen âge, il fut ruiné par les

Beffroi de Bergues et maisons espagnoles.

guerres anglo-françaises; de plus, les sables l'ont encombré. En 1714, Louis XIV, pour remplacer le port de Dunkerque, tenta de reconstruire celui de Mardyck; mais les travaux furent arrêtés sur les réclamations de l'Angleterre et de la Hollande.

Bergues, place forte et port assez actif à la jonction de trois canaux, fait le commerce de grains, bestiaux et toiles. L'hôtel de ville, reconstruit dans le style flamand de la Renaissance, est surmonté d'un magnifique beffroi haut de 80 mètres : c'est une tour carrée gothique, tapissée d'arcatures trilobées, couronnée d'échauguettes (tourelles) et d'un beau dôme en charpente. Deux autres tours servant d'amer (repère) aux marins sont bâties sur l'emplacement de l'abbaye Saint-Winoc, fondée en 1028 par le comte Baudouin IV, au lieu qu'avait habité saint Winoc au VIIe siècle. Telle fut l'origine de Bergues, que l'on fortifia en 1206. Déjà florissante alors, cette ville fut souvent prise et dévastée dans la suite et réunie à la France en 1668. Elle fut chef-lieu d'arrondissement jusqu'au 3 thermidor de l'an XI.

Bourbourg-Ville, sur le canal de Bourbourg, est le marché principal des chevaux de race flamande. Ancienne vicomté, puis châtellenie, elle eut une abbaye de filles nobles fondée au XIe siècle par la femme de Robert de Jérusalem, et fut prise en 1328 par le Gantois Philippe van Artevelde.

Gravelines, sur l'Aa canalisée, à deux kilomètres de la mer, est une petite place forte. Son port, quoique déchu, fait le commerce d'œufs et de fruits pour l'Angleterre, ainsi que des armements pour la pêche de la morue et du hareng. — Gravelines n'était qu'un village nommé Saint-Wilbrod, lorsqu'au XIIe siècle le comte Philippe d'Alsace l'agrandit et fit canaliser l'Aa; ce canal, dit *canal du Comte* (*Graven-linghe*), donna à la ville son nom actuel. Les Français, commandés par le maréchal des Thermes, furent défaits sous ses murs en 1558 par les Espagnols; mais ils s'en emparèrent en 1644 et en 1658. Le traité des Pyrénées la réunit à la France.

Hondschoote, à 1 kilomètre de la frontière belge, fut, au moyen âge, une ville florissante qui compta jusqu'à 20 000 habitants. L'église, du XVIe siècle, est dominée par un magnifique clocher de 82 mètres de haut. En 1793, les Républicains y remportèrent sur les Coalisés une victoire qui délivra Dunkerque assiégée.

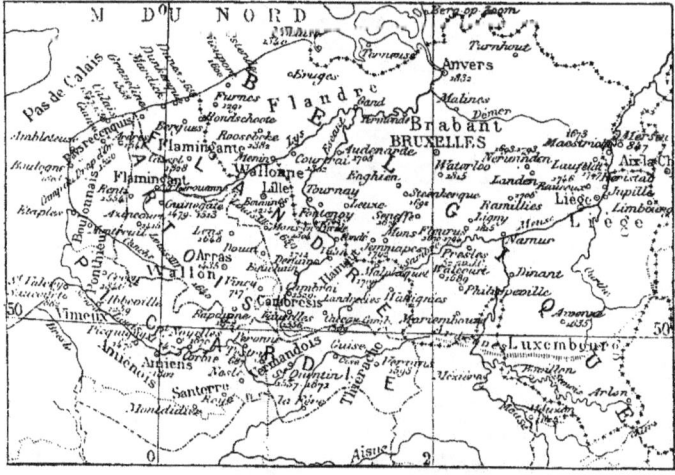

Carte historique des provinces de Flandre, d'Artois et de Picardie, dans leurs rapports avec la Belgique actuelle.

ARTOIS

1 DÉPARTEMENT

PAS-DE-CALAIS

6 ARRONDISSEMENTS, 44 CANTONS, 903 COMMUNES, 875000 HABITANTS

Historique. — La province d'Artois était limitée au nord par la Flandre française, à l'est par le Hainaut français et le Cambrésis, au sud et à l'ouest par la Picardie. Elle se divisait en *Artois flamingant*, au nord de la Lys, et en *Artois wallon*, au sud. Le premier eut d'abord Thérouanne pour capitale, puis Saint-Omer. Le second comprenait l'*Artois propre*, dont Arras était la capitale en même temps que de toute la province; l'*Ostrevant*, capitale Bouchain (Nord); le *Ternois*, capitale Saint-Pol; l'*Escrebieu*, villes principales Lens, Béthune, Hénin-Liétard.

Ces deux sections de l'Artois correspondaient assez bien avec les peuplades qui l'habitaient primitivement : les *Morins*, du côté de la mer, et les *Atrébates*, qui laissèrent leur nom à la province et à son chef-lieu. Rangées par les Romains dans la Belgique IIe, ces peuplades reçurent le christianisme au IVe siècle par un prêtre grec, puis au temps de Clovis par saint Vaast, qui fonda le diocèse d'Arras. Sous les descendants de ce prince, le pays fit successivement partie des royaumes de Soissons et de Neustrie. En 863, Judith, fille de Charles le Chauve, ayant épousé Baudouin Bras-de-Fer, premier comte de Flandre, l'Artois et le Boulonnais entrèrent dans cette maison et y restèrent jusqu'en 1180, époque où ils firent retour à la couronne par le mariage de Philippe-Auguste avec Isabelle de Hainaut. Mais alors l'Artois ne portait pas de titre féodal et s'appelait simplement *Atrebatensis terra*. En 1236, saint Louis l'érigea en comté pour son frère Robert, tige d'une famille funeste à la France pour avoir allumé la guerre de Cent ans. L'Artois passa ensuite par mariage dans les maisons de Flandre, 1328, et de Bourgogne, 1384. Louis XI le ressaisit après la mort de Charles le Téméraire, mais Charles VIII le rendit à Maximilien par le traité de Senlis (1493). Passé à l'Espagne au siècle suivant, il fut conquis par Louis XIII et Louis XIV, et cédé à la France par le traité des Pyrénées (1659), sauf Aire et Saint-Omer, qui furent acquis à la paix de Nimègue (1678). Depuis lors cette province fit partie des gouvernements de Flandre et de Picardie, jusqu'à son érection par Louis XV en gouvernement général (1765). Elle jouissait de ce privilège depuis vingt-cinq ans à peine, quand la Révolution en fit la plus grande partie du département du Pas-de-Calais. Charles X, avant de monter sur le trône (1824), portait le titre de comte d'Artois.

Géographie. — Le département du *Pas-de-Calais* doit son nom au détroit ou pas (passage) sur lequel il est situé, et qui sépare la France de l'Angleterre. Grand de 6605 kilomètres carrés (30e), il a été formé de la presque totalité de l'*Artois*, capitale Arras, et d'une portion de la basse Picardie : le *Boulonnais* et le *Pays Reconquis* (*Calaisis* et *Ardrésis*), qui formaient deux petits gouvernements particuliers, et une partie du *Ponthieu*.

A l'inverse des départements du Nord et de la Somme, formés de deux dépressions, le Pas-de-Calais est relevé par les collines dites de l'Artois, et par les plateaux qui constituent la ligne de partage des bassins de la Manche et de la mer du Nord. Son altitude moyenne est de 120 mètres, et son point culminant, le mont Hulin ou Pélé, de 212 mètres ; celui-ci est au sud-ouest de Desvres. Toutefois, en dehors de l'arrondissement de Boulogne, les autres parties sont peu élevées ; Arras n'est qu'à 66 mètres, Saint-Omer à 23. Entre Calais, Saint-Omer et l'Aa, s'étend une plaine basse et marécageuse, coupée de digues et de canaux de desséchement appelés *watergangs*, et prolongeant de ceux de l'arrondissement de Dunkerque.

A peu près rectiligne, le littoral affecte la forme d'un angle droit et mesure environ 100 kilomètres, dont les deux cinquièmes sur la mer du Nord et le Pas de Calais, le reste sur la Manche. Élevé au centre, où il est formé de blanches falaises jurassiques, il est ailleurs bas et bordé de dunes, que l'on fixe par des plantations de pins et d'hoyats. On y rencontre notamment les deux grands ports de Calais et de Boulogne, les caps Blanc-Nez (134 mètres), Gris-Nez (54 mètres) et d'Alprech, ainsi que les baies

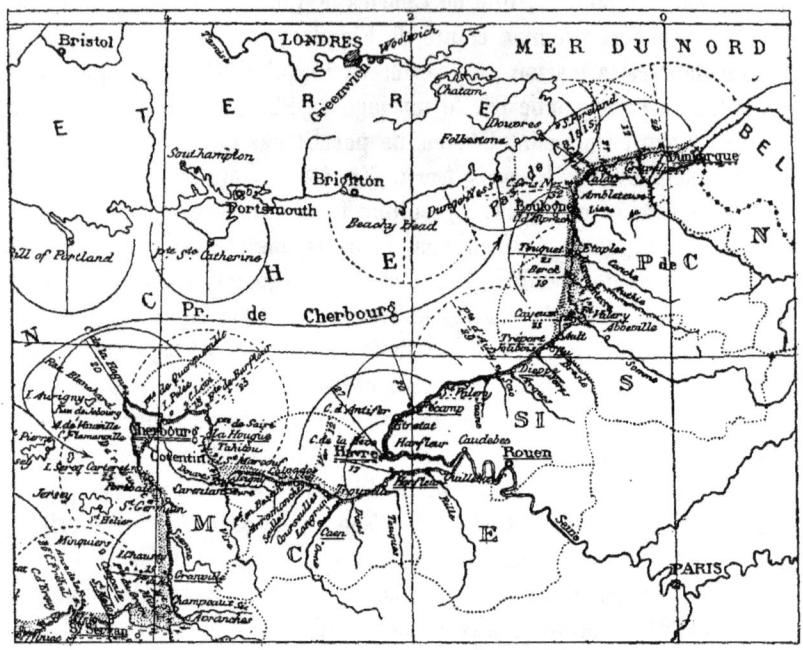

Carte des ports et des phares de la Manche.

de la Canche et de l'Authie. La distance entre le Gris-Nez et Douvres mesure l'étranglement minimum du détroit, qui est de 31 kilomètres.

Le Pas de Calais est le passage le plus fréquenté du globe par les navires : plus de deux cent mille bâtiments le parcourent chaque année ; le voyageur qui fait sa traversée peut en compter à la fois cinquante et plus.

Le passage est dangereux, les collisions y sont fréquentes par les tempêtes et les brouillards, d'autant que les courants y sont forts et les bancs de sable nombreux. Vingt-cinq phares distribués sur la côte française, de Dunkerque au cap d'Alprech, et sur la côte anglaise, du cap North-Foreland au cap Beachy Head, éclairent le détroit et guident les marins par leurs feux croisés de diverses couleurs.

« **Les bancs sous-marins**, dits « de Flandre », qui s'étendent au large, parallèlement à la plage, et que séparent des fosses suivies par les courants de flux et de reflux, paraissent ne s'être guère déplacés depuis un siècle. D'une régularité singulière, ils offrent en général la disposition d'un éventail, dont la poignée serait au Pas de Calais et dont les branches divergeraient à angles égaux vers la mer du Nord ; mais, par leur nombre et leurs sinuosités, les bancs et les fosses forment un véritable labyrinthe, où les marins doivent s'engager avec d'autant plus de précaution que les détours en changent à toute heure suivant les alternatives des marées, des courants et des brises. Évidemment, ces bancs d'alluvions marines qui occupent l'entrée de la mer du Nord doivent être attribués à la prépondérance des courants venus de la Manche. On a constaté que dans le Pas de Calais la marche des eaux est surtout de l'ouest à l'est : le flot y prédomine sur le jusant. En outre, les vents d'ouest y soufflent plus fréquemment et avec plus de violence que les vents d'est : les troubles tenus en suspension dans les eaux de la mer sont donc entraînés en quantité plus considérable vers la mer du Nord et se déposent surtout le long de la côte flamande, où le flot se porte plus directement que sur la rive anglaise ; les fonds de 20 mètres, que ne balayent pas les vagues de la surface, se sont exhaussés en moyenne de 1 ou 2 mètres depuis le commencement du siècle. Mais, des deux côtés de la mer du Nord, en France comme en Angleterre, une vaste rade, bien protégée contre la houle du large par le multiple rempart des bancs, s'étend le long du rivage. D'un côté les Goodwin-Sands protègent la grande rade des Dunes ; de l'autre, les bas-fonds parallèles des Flandres défendent la rade de Dunkerque, sorte de fosse régulière de 10 mètres de profondeur bordant la côte sur une distance d'environ 15 kilomètres. — Au défilé du Pas de Calais, les eaux resserrées qui se portent de l'une à l'autre mer ont maintenu leur lit presque entièrement libre d'obstacles ; du cap Gris-Nez au South-Foreland, les fonds s'inclinent graduellement jusqu'à une dépression médiane dont la plus grande profondeur est de 54 mètres, puis se relèvent peu à peu vers le littoral anglais ; seulement, à l'ouest du « Pas » proprement dit, se sont déposés les bancs allongés du Varne et du Colbart, dont la forme même indique la direction normale des courants. »   (Élisée Reclus.)

Le bassin de l'Escaut est représenté par la *Sensée*, la *Scarpe*, qui baigne Arras, la *Lys* grossie de la *Deûle* et de la *Lawe*, rivière de Béthune. Le bassin côtier comprend l'*Aa*, qui arrose Saint-Omer, se grossit du *Hem* et se jette dans la mer du Nord ; le *Slack*, qui aboutit dans la Manche, de même que le *Wimereux*, la *Liane*, s'achevant à Boulogne, la *Canche*, qui baigne Montreuil et se grossit de la *Ternoise*, rivière de Saint-Pol, enfin l'*Authie*, qui se termine en estuaire après avoir coulé sur la limite méridionale.

La Scarpe, la Lys, la Lawe, la Deûle et l'Aa sont canalisées ; la Canche et l'Authie sont peu navigables ; mais les canaux de Calais, d'Ardres et de Guines, ceux de Neuffossé, d'Aire à la Bassée et de la Haute-Deûle sont d'une navigation active.

Le climat est *séquanien*, mais plus chaud en été et plus froid en hiver qu'à Paris; les parties basses sont généralement humides; les pluies, fréquentes surtout sur la côte, donnent 80 centimètres d'eau par an.

L'emploi des procédés agricoles perfectionnés, joint à la fertilité du terroir, surtout dans les marais desséchés, donne d'abondantes récoltes de céréales, de légumes et de plantes industrielles : betteraves à sucre, lin, colza et œillette, houblon et tabac. Les nombreuses et grasses prairies des vallées humides nourrissent beaucoup de veaux et de moutons estimés; les chevaux de trait de la race boulonnaise sont renommés et la volaille très nombreuse. Le département possède une école pratique d'agriculture à Berthonval, commune de Mont-Saint-Éloi.

Ce département est, avec le Nord, celui qui produit le plus de houille (7 millions de tonnes), provenant du bassin de Lens-Béthune et de celui du Boulonnais; il exploite aussi de la tourbe, du minerai de fer, des phosphates de chaux pour engrais, du marbre aux environs de Marquise et de Rixent. Par contre, il n'occupe que le 84e rang pour la superficie boisée.

L'industrie manufacturière, qui est des plus actives, comprend en premier lieu la fabrication du tulle, concentrée à Saint-Pierre-lès-Calais, puis celle du sucre, de la bière, des huiles, des alcools; la filature du lin, le tissage de la soie et des toiles, les forges, fonderies et papeteries. On cite également les plumes métalliques et le ciment de Boulogne, les pipes de Saint-Omer, la poudre d'Esquerdes. La petite et la grande pêche maritime sont actives, les bains de mer assez fréquentés.

Les habitants. — Le Pas-de-Calais, qui avait 505 000 habitants en 1801 et 761 000 en 1871, en comptait, en 1891, 875 000, dont 24 000 étrangers. Il est ainsi au 3e rang pour la population absolue et au 6e pour la densité avec 132 habitants par kilomètre carré. Depuis son annexion à la France, notre langue y a remplacé l'ancien flamand, qui est encore parlé au nord dans quelques communes. Les protestants y sont environ 8 000.

Personnages. — Suger, abbé de Saint-Denis et ministre, né près de Saint-Omer, mort en 1152. Le trouvère Adam, dit le Bossu d'Arras, où il est né, mort en 1287. Eustache de Saint-Pierre, Jean d'Aire, Pierre et Jacques de Wissant, bourgeois de Calais, qui se dévouèrent pour cette ville lors du siège de 1347 par Édouard III. Le connétable de Saint-Pol, né dans cette ville, mort en 1475. Le saint pèlerin et mendiant Benoît Labre, né à Amettes, mort en 1783. Le sanguinaire Robespierre et le conventionnel Lebon, nés à Arras, morts en 1794, 1795. Le conventionnel Lebas, né à Frévent, mort en 1794. Bacler d'Albe, général, peintre et géographe, né à Saint-Pol, mort en 1824. Sont nés à Boulogne: le savant Daunou, mort en 1840, le mécanicien Sauvage, 1857, le critique Sainte-Beuve, 1869, et l'égyptologue Mariette, 1881.

Administrations. — Le département forme le diocèse d'Arras et ressortit à l'académie de Lille, à la cour d'appel de Douai, à la 1re région militaire (Lille) et au sous-arrondissement maritime de Dunkerque, du

1er arrondissement de Cherbourg. Il dépend de l'arrondissement minéralogique d'Arras, de la 3e région agricole (Nord) et de la 7e conservation des forêts (Amiens).

Il comprend 6 arrondissements : *Arras, Béthune, Saint-Pol, Saint-Omer, Boulogne-sur-Mer, Montreuil*, avec 44 cantons et 903 communes.

I. **ARRAS**, chef-lieu du département[1], est une ville de 26 000 habitants, située par 66 mètres d'altitude sur la Scarpe, traversant une plaine fertile. Divisée en ville haute et ville basse, elle est propre et bien bâtie ; son principal monument est l'hôtel de ville (XVIe siècle), surmonté d'un admirable beffroi de 75 mètres de haut ; la cathédrale est l'église de l'ancienne abbaye de Saint-Vaast, dont les superbes bâtiments sont occupés par l'évêché, le séminaire, le musée, avec jardin botanique. Ses deux curieuses places entourées d'arcades rappellent la domination espagnole ; mais ses fortifications, dues à Vauban, ont disparu, sauf la citadelle, dont la position est d'ailleurs désavantageuse. Elle a des fabriques de sucre, d'huiles, de produits chimiques, de pipes, de bonneterie et des ateliers de construction de machines à vapeur ; son marché aux grains est l'un des plus importants de France. Arras est l'antique *Nemetacum*, capitale des Atrébates, dont elle prit le nom sur la fin de la domination romaine. Elle eut dès lors des manufactures d'étoffes renommées qui, dans la suite, s'accompagnèrent de fabriques de tapisseries. Elle s'enrichit particulièrement sous la protection des comtes de Flandre et des ducs de Bourgogne, mais passa avec cette dernière province à l'empire d'Autriche, puis à l'Espagne. Il s'y conclut en 1435 un traité qui réconcilia Philippe le Bon avec Charles VII contre les Anglais. En 1477, Louis XI s'empara de cette ville et en chassa les habitants, que Charles VIII rappela ; cependant elle retourna volontairement en 1492 sous la domination de Maximilien d'Autriche. Reprise par les Français en 1640, elle résista énergiquement à l'armée espagnole en 1654 et fut réunie définitivement à la couronne en 1659.

Saint-Laurent-Blangy, sur la Scarpe, possède des forges, des fonderies, des ateliers de constructions mécaniques et de grosse chaudronnerie. — *Marœuil* ne conserve plus rien de l'abbaye fondée au VIIe siècle par sainte Bertille. Un autre couvent de Bénédictines nobles, à *Étrun*, est devenu maison de campagne des évêques d'Arras. On y voit aussi les restes d'un camp romain, dit camp de César.

[1] Arrondissement d'ARRAS : 10 *cantons*, 211 communes, 176 860 habitants.
Cantons et communes principales : 1-2. *Arras*, 25 710 habitants ; Achicourt, 1 740 ; Étrun, Marœuil, 1 570 ; Saint-Laurent-Blangy, 1 810. — 3. *Bapaume*, 3 010. — 4. *Beaumetz-les-Loges*, 550. — 5. *Bertincourt*, 1 370 ; Hermies, 2 590 ; Metz-en-Couture, 1 560. — 6. *Croisilles*, 1 550 ; Bucquoy, 2 180 ; Vaulx-Vraucourt, 1 580. — 7. *Marquion*, 820 ; Bourlon, 1 930 ; Écourt-Saint-Quentin, 1 940 ; Inchy, Oisy-le-Verger, 2 250. — 8. *Pas*, 850 ; Orville, 1 510. — 9. *Vimy*, 1 710 ; Avion, 3 630 ; Drocourt, 1 950 ; Givenchy-en-Gohelle, 1 610 ; Méricourt, 2 050 ; Mont-Saint-Éloi. — 10. *Vitry-en-Artois*, 2 910 ; Biache-Saint-Vaast, 1 960 ; Brebières, 1 810.

BAPAUME, sur un plateau près des sources de la Sensée, a des filatures, des fabriques de mousselines, de batistes et de châles. Fortifiée par Charles-Quint, cette ville subit plusieurs sièges et fut démantelée en 1847; elle vit la bataille du 3 janvier 1871, gagnée par le général Faidherbe sur les Prussiens. — *Mont-Saint-Éloi* conserve des restes de son abbaye, fondée par le saint de ce nom. — *Inchy*, au canton de MARQUION, serait, d'après certains

Hôtel de ville d'Arras.

auteurs, le *Vinci* où Charles Martel défit Chilpéric II en 717. D'autres désignent *Crèvecœur*, au sud de Cambrai (Nord). — C'est à VITRY, sur la Scarpe, que Sigebert, roi d'Austrasie, fut assassiné en 575 par deux émissaires de Frédégonde. — *Biache-Saint-Vaast* est une commune très importante pour le laminage du cuivre, du plomb et du zinc.

II. **BÉTHUNE**, sous-préfecture de 11 000 âmes [1], occupe une petite

---

[1] Arrondissement de BÉTHUNE : 8 *cantons*, 142 communes, 245 090 habitants.
Cantons et communes principales : 1. *Béthune*, 11 100 habitants; Allouagne, 1 710; Annezin, 1 620; Chocques, 1 870; la Couture, 1 900; Lapugnoy, 1 680. — 2. *Cambrin*, 430; Auchy-lès-la-Bassée, 1 780; Beuvry, 4 050; Billy-Berclau, 1 920; Douvrin, 2 410; Richebourg-l'Avoué, 1 920; Vermelles, 2 810. — 3. *Carvin*, 8 000; Courcelles-lès-Lens, 1 590; Cour-

élévation de 30 mètres, dominant les prairies marécageuses où coulent la Lawe canalisée et le canal d'Aire à la Bassée. C'est, avec Lens, le centre d'une grande exploitation de houille; mais la tourbe s'extrait également aux environs; ses établissements industriels comprennent des sucreries, des raffineries de sel, des tanneries, des fabriques d'huile, de pipes et de chaussures; elle fait aussi le commerce de toiles, céréales et graines oléagineuses. On y remarque l'église Saint-Vaast, avec une tour du temps d'Henri IV, et un beffroi de 1388, surmonté d'un curieux campanile en bois. — D'origine féodale, Béthune fut une seigneurie qui appartint à une illustre famille remontant à 970, et qui subsiste encore; le célèbre Sully en est sorti. Érigée en commune en 1202, cette ville suivit le sort de l'Artois et nous fut cédée au traité des Pyrénées. Prise en 1710 par le prince Eugène, elle nous revint définitivement trois ans après par le traité d'Utrecht. On rapporte à Béthune ou à Lillers le forage des premiers puits artésiens au XIIe siècle.

CARVIN-ÉPINOY, *Courrières, Dourges, Hénin-Liétard* sont d'importantes communes industrielles du bassin houiller de Lens, de même que *Bruay* et *Nœux*, au canton d'HOUDAIN. — La commune d'*Estrées-Cauchy* a donné ses noms à plusieurs familles célèbres. — *Fresnicourt* montre le dolmen de la Grise-Pierre, ou Table des Fées.

Lens, près de la Deûle, est le centre d'importantes exploitations de mines de houille; et possède des forges et ateliers de construction de machines, des fabriques de sucre et de toiles. Cette ville paraît être le *Vicus Helenæ*, où le roi Clodion fut défait par Aétius en 446. Elle fut évangélisée en 570 par saint Vulgan, moine irlandais dont les reliques y sont vénérées. Devenue place forte, elle fut souvent prise; mais elle rappelle surtout la victoire éclatante remportée par Condé en 1648 sur les Espagnols, victoire qui amena la fin de la guerre de Trente ans entre la France et l'Autriche.

Liévin est une populeuse commune qui exploite surtout de la houille, de même que *Bully-Grenay*. — LILLERS fabrique en grand des chaussures pour l'exportation. On y voit un puits artésien, creusé en 1126 dans l'ancien couvent des Dominicains, et une église du XIIe siècle, le plus bel édifice roman de l'Artois. — *Saint-Venant*, sur la Lys, doit son nom à un ermite belge qui y fut tué par un prince anglo-saxon au VIIIe siècle. Cette petite place, démantelée en 1867, fut souvent prise dans les guerres entre Français et Espagnols. — Le village d'*Amettes*, au canton de NORRENT,

rières; 3470; Dourges, Hénin-Liétard, 9470; Leforest, 1780; Montigny-en-Gohelle, 1960; Noyelle-Godault, 1610; Oignies, 2440. — 4. *Houdain*, 1500; Bruay, 9650; Estrées-Cauchy, Fresnicourt, Hersin-Coupigny, 4250; Marles, 1930; Nœux-les-Mines, 4970. — 5. *Laventie*, 3400; Fleurbaix, 2530; Lestrem, 2990; Sailly-sur-la-Lys, 2440. — 6. *Lens*, 13870; Annay, 2040; Billy-Montigny, 2790; Bully, 3830; Fouquières-lès-Lens, 1720; Harnes, 3680; Liévin, 12420; Loos, 3210; Mazingarbe, 4560; Sallau, 2060; Vendin-le-Vieil, 2290; Wingles, 2730. — 7. *Lillers*, 7610; Busnes, 1530; Calonne-sur-la-Lys, 1640; Gonnehem, 1700; Robecq, 1510; Saint-Venant, 3300. — 8. *Norrent-Fontes*, 1320; Amettes, Auchel, 7270; Burbure, 1560; Isbergues, 2300.

conserve la maison où naquit en 1748 saint Benoît-Joseph Labre, et qui est devenue un but de pèlerinage. — *Auchel* est un centre d'exploitation houillère.

Visite d'une mine de houille (à Lens, par exemple). « Supposons que nous ayons revêtu un costume spécial de mineur : fortes chaussures, vieux gants, camisole de laine, etc., et que nous nous disposions à visiter une mine du Pas-de-Calais. Près de l'orifice supérieur du puits sont des machines puissantes et variées, destinées à faire circuler dans la mine et à ramener au jour les hommes, le charbon, les bois, l'eau et l'air vicié.

Descente dans la mine (ancien système).

On entre dans la cage, recouverte par un parachute destiné à arrêter la cage, si le câble venait à casser. Le mécanicien descend la tonne avec précaution. C'est une sensation étrange, la première fois qu'on l'éprouve, que celle du sol se dérobant sous les pieds. La lampe de mine qu'on porte avec soi éclaire mal, et tant que l'œil n'est pas exercé, on ne distingue absolument rien. On arrive au fond; on sort de la cage et on fait une promenade de deux ou trois heures dans des galeries boisées, horizontales ou inclinées et plus ou moins hautes. Elles ne dépassent guère 2 mètres de hauteur, et c'est alors un plaisir d'y marcher; mais elles descendent parfois à 50 centimètres : il faut littéralement ramper, et la promenade n'est guère agréable, bien qu'elle ne manque pas de pittoresque. On rencontre des trains de wagonnets, remorqués par des chevaux vigoureux qui restent constamment dans la mine. Il est de règle d'aller visiter quelques chantiers d'abatage de charbon ou de perforation mécanique de galeries.

Les mineurs qui sont dans les galeries les plus basses travaillent à *col tordu*, c'est-à-dire piochent la houille de côté ou étant couchés sur le dos ou sur le ventre. — C'est un véritable plaisir pour les visiteurs de retrouver le pied du puits et de remonter au jour. On distingue alors nettement tout ce qu'on n'avait pas vu à l'entrée : les boisages ou le muraillement du puits,

Extraction de la houille (la hauteur de la galerie est ici exagérée).

la colonne des pompes, le compartiment des échelles, et quand on est remonté à la moitié du puits, le câble qui supporte l'autre cage, faisant contrepoids à celle dans laquelle on monte. En arrivant au jour, on est d'abord ébloui par la clarté ; chacun constate avec stupeur à quel point ses compagnons sont sales, et il faut consacrer une heure à se laver à l'eau chaude. Enfin, on va visiter une ou deux maisons ouvrières et les jardins qui les entourent. On est surpris de la propreté et du bien-être apparent qui y règnent. Voilà l'impression et le souvenir que vous laisserait une visite de mine. »   (BADOUREAU.)

III. **SAINT-POL** sous-préfecture de 3 700 habitants [1], s'élève par 90 mètres d'altitude sur la Ternoise naissante. Cette petite ville, qui exploite une source ferrugineuse et fait le commerce de produits agricoles, devint dès le roi Robert le chef-lieu d'un puissant comté, qui appartint à plusieurs maisons illustres: un de ses possesseurs, le fameux connétable Louis de Luxembourg, fut décapité par ordre de Louis XI pour ses rébellions et ses intrigues avec l'Angleterre. Saint-Pol était alors une place forte très importante; détruite par les Impériaux en 1537, elle fut définitivement réunie en 1659 et démantelée en 1709. — *Frévent* a une église remarquable et des usines installées dans l'ancienne abbaye de *Cercamp*, de l'ordre de Cîteaux. — A *Boyaval*, on signale un puits de 40 mètres souvent à sec pendant plusieurs semaines, et dont les eaux débordent lorsque le vent souffle du nord.

Azincourt, près de la source de la Lys, rappelle la bataille du 25 octobre 1415, gagnée par Henri V, roi d'Angleterre, sur les Français commandés par le connétable d'Albret.

IV. **SAINT-OMER**, chef-lieu d'arrondissement peuplé de 22 000 habitants [2], est situé dans une plaine marécageuse, à 23 mètres d'altitude, sur l'Aa canalisée et à l'embouchure du canal de Neuffossé. Cette ville possède de nombreux établissements industriels tels que sucreries, huileries, raffineries de sel et surtout une grande manufacture de pipes. Elle fait aussi un commerce actif de produits agricoles, entre autres des légumes provenant des faubourgs de Hautpont et de Lizel, sillonnés d'innombrables canaux. On l'a récemment dépouillée de son enceinte fortifiée. Sa belle et vaste église gothique de Notre-Dame, ancienne cathédrale, date des XIIe-XVe siècle; elle renferme de nombreux objets d'art du moyen âge, notamment la statue dite « le Grand-Dieu de Thérouanne », une madone en bois du XIIe siècle, dès lors but de pèlerinage, les tombeaux de saint Erkembode et de saint Omer. Cette église dépendait de l'abbaye de Saint-Omer, à laquelle fut attaché le titre d'évêché depuis la destruction de Thérouanne jusqu'en 1790. De la magnifique abbaye de Saint-Bertin, détruite à la Révolution, il reste des ruines imposantes. C'est là que le dernier mérovingien, Childéric III, finit son règne peu glorieux. Cette ville eut pour origine le village de *Sithiu*, où au VIIe siècle saint Omer, évêque de Thérouanne, fit bâtir trois monastères pour trois moines venus de l'abbaye de

---

[1] Arrondissement de SAINT-POL : 6 *cantons*, 191 communes, 75 440 habitants.
Cantons et communes principales : 1. *Saint-Pol*, 3 710 habitants. — 2. Aubigny, 670. — 3. *Auxi-le-Château*, 2 670; Frévent, 4 430. — 4. *Avesnes-le-Comte*, 1 500. — 5. *Heuchin*, 680; Boyaval. — 6. *Le Parcq*, 670; Auchy-lès-Hesdin, 1 510; Azincourt, Vieil-Hesdin.

[2] Arrondissement de SAINT-OMER : 7 *cantons*, 118 communes, 117 760 habitants.
Cantons et communes principales : 1-2. *Saint-Omer*, 21 670 habitants; Arques, 4 290; Blandecques, 2 350; Clairmarais, Moulle, 1 500; Wizernes, 2 110. — 3. *Aire*, 8 410; Thérouanne. — 4. *Ardres*, 2 480; Éperlecques, 2 310. — 5. *Audruick*, 2 870; Oye, 2 380; Sainte-Marie-Kerque, 1 570; Zutkerque, 1 600. — 6. *Fauquembergues*, 1 000; Enguinegatte, Renty. — 7. *Lumbres*, 1 350; Esquerdes.

Luxeuil, dont l'un était saint Bertin. Elle prit son nom actuel à la fin du
Xe siècle et reçùt une charte de commune en 1127. Déjà alors place forte,
elle subit depuis de nombreux sièges, dont le dernier par les Français fut
celui de 1677. Les Impériaux l'ayant assiégée en 1711, elle fut sauvée par
les stratagèmes d'une femme, Jacqueline Robin, à qui les Audomarois ont
élevé une statue en 1884.

Les marais de Saint-Omer s'étendent sur une largeur de 12 kilo-

Ruines de l'église Saint-Bertin, à Saint-Omer.

mètres, de Saint-Omer à Calais et à la frontière belge. Ils occupent ainsi
comme une poche fermée, qui est l'arrière-fond de cet ancien golfe de
la mer du Nord. L'eau marine ne pénétrait dans cette anse que par le
défilé de Watten; cet étroit goulet, où s'ouvrent les marais de Saint-Omer,
est aujourd'hui à 20 kilomètres de la côte. « La mer a envahi plusieurs
fois les environs de Saint-Omer et a couvert d'une couche de sable les
marais qui s'y étaient formés; lorsqu'elle s'est retirée pour la dernière fois,
la rivière l'Aa est venue se répandre sur la plage abandonnée par la mer,
apportant là son limon et les semences des plantes qui croissaient sur ses
bords. Un marais s'est alors formé, souvent inondé par les crues de la
rivière. On a rendu l'Aa navigable en lui creusant, à travers le marais, un

canal qu'on a endigué jusqu'à la mer pour s'opposer au reflux des hautes marées ; en même temps on a couvert le pays d'un réseau de wateringues pour conduire à la mer l'eau des marais ; il s'est alors formé des courants qui ont miné les rives de quelques wateringues ; certaines parties de ces rives se sont détachées de la terre ferme avec les arbres qu'elles portaient et ont ainsi formé des îles flottantes ; en d'autres endroits, par la retraite des eaux, les terres, ne trouvant plus d'appui, ont basculé, et les arbres qui s'y trouvaient sont tombés dans l'eau ; ce qui arrive journellement. La dernière des *îles flottantes*, qui existait encore près de Clairmarais vers l'année 1840, s'est échouée dans un bassin, et depuis il ne s'en est plus formé de nouvelles. » (JOANNE, *Dict. géographique*.)

Clairmarais est situé dans une immense plaine marécageuse et à la lisière de la forêt de même nom, au milieu de *clairs*, flaques d'eau et canaux ; elle montre encore la ferme et l'ancienne abbaye de Citeaux, fondée en 1140 par Thierry d'Alsace, ainsi que des arcades, les murs de son enceinte, et le puits dit de Saint-Bernard, creusé en 1172. Au hameau de *Scoubroucq*, une chapelle moderne est bâtie sur l'emplacement d'un ermitage où se retirait quelquefois saint Bernard ; auprès a été fondé en 1877, par les Pères de la Miséricorde, une pension secondaire ou *alumnat*, destiné à former des prêtres. — *Arques* possède une église et un château fort remarquables. En 1887, on y établit sur l'Aa une écluse avec un ascenseur hydraulique, qui rachète les 12 mètres de différence de niveau avec le canal de Neuffossé.

Aire, sur la Lys, qui commence à y être navigable, et à la jonction de trois canaux, est une ville industrielle qui raffine le sel, fabrique du savon, des cuirs, des huiles, et fait le commerce de grains, houblon, chanvre et lin. Sa belle église Saint-Pierre, des XVe et XVIe siècles, est peut-être la mieux décorée du nord de la France. Aire fut fondée en 630 par le seigneur flamand Liderick. Fortifiée et d'ailleurs entourée de marais, elle fut néanmoins prise et reprise plusieurs fois, notamment par les Français et les Espagnols ; elle revint définitivement à la France par le traité de Nimègue.

Thérouanne, sur la Lys, fut fondée par les Romains sous le nom de *Teruenna*, et devint une ville puissante, siège d'un évêché et d'un comté, mais fut très éprouvée. Maxime, compétiteur de Gratien, la prit d'assaut en 383 ; Clovis s'en empara et fit décapiter Cararic qui y régnait ; Mérovée, fils de Chilpéric Ier, s'y fit tuer pour ne pas tomber entre les mains de Frédégonde. Dévastée par les Normands, elle ne fut restaurée que par le roi Robert. Les Flamands la mirent à feu et à sang en 1303. Henri VIII d'Angleterre la prit et fit raser ses fortifications en 1513. Revenue à la France dès 1527, François Ier en fit sa principale forteresse sur la limite des Pays-Bas, mais Charles-Quint la détruisit de fond en comble en 1553. Réunie à la France six ans après, elle ne s'est point relevée de ses ruines, et son évêché, divisé en trois, fut réparti entre Saint-Omer, Boulogne et Ypres (Belgique).

ARDRES, en tête du canal de même nom et au centre de vastes marais tourbeux, a une église en partie du XIe siècle. C'est à 3 kilomètres à l'ouest, vers Guines, qu'eut lieu en 1520 la célèbre entrevue du camp du *Drap-d'Or*, entre François Ier et Henri VIII. — AUDRUICK, *Oye* et FAUQUEMBERGUES sont d'anciennes places fortes, ayant subi plusieurs sièges. — *Enguinegatte*, autrefois Guinegatte, rappelle deux défaites des Français : l'une sous Louis XI par Maximilien d'Autriche, en 1479 ; l'autre sous Louis XII par les Anglais, en 1513, à la *Journée des Éperons*. — *Renty*, sur l'Aa, est une ancienne place forte, dont le siège fut l'occasion d'une victoire, remportée en 1554 par Henri II sur les troupes de Charles-Quint ; toutefois la ville ne fut pas prise par les Français. — *Esquerdes*, dans une île de l'Aa, possède une importante poudrerie nationale.

V. **BOULOGNE-SUR-MER**, chef-lieu d'arrondissement[1] et d'un quartier maritime, est une ville de 45 000 habitants, — dont beaucoup d'Anglais, — bâtie au pied et sur le penchant d'une colline dominant l'embouchure de la Liane. Celle-ci forme un port très allongé, qui, précédé de deux longues jetées et défendu par plusieurs forts ou batteries, est après celui de Calais le plus fréquenté pour les communications entre la France et l'Angleterre. Il a aussi des rapports surtout avec la Suède et la Norvège, l'Espagne et le Portugal. Son mouvement est en moyenne de 2300 navires jaugeant 650 000 tonnes, à l'entrée comme à la sortie. Le neuvième des ports marchands français, il est au premier rang pour les armements de

Statue de Notre-Seigneur, dite le Grand-Dieu de Thérouanne.

---

[1] Arrondissement de BOULOGNE : 8 *cantons*, 100 communes, 183 880 habitants.
Cantons et communes principales : 1-2. *Boulogne*, 45 200 habitants ; Baincthun, 1900 ; Saint-Martin-Boulogne, 4670 ; Wimille, 2480. — 3-4. *Calais*, 56 870 ; les Attaques, 1620 ; Marck, 2790 ; Sangatte, 2030. — 5. *Desvres*, 4810. — 6. *Guines*, 4510 ; Hardinghen. — 7. *Marquise*, 3520 ; Ambleteuse, Audinghem, Rety, 1560 ; Rinxent, 1640 ; Wissant. — 8. *Samer*, 2130 ; Outreau, 3870 ; le Portel, 5330.

la pêche du hareng, de la morue et du maquereau. L'industrie boulonnaise comprend des usines métallurgiques, des scieries de marbre et de bois, la filature du lin, la fabrication d'un ciment renommé, celle des plumes métalliques et des produits chimiques. — Boulogne est divisé en deux quar-

Murs restaurés du castrum gallo-romain de Boulogne-sur-Mer.

tiers : la *ville haute*, aux rues tortueuses, ceinte de remparts et dominée par un vieux château où fut enfermé Louis-Napoléon en 1840; la *ville basse*, possédant le port, la plupart des fabriques, l'établissement des bains de mer, et reliée par trois ponts au faubourg de Capécure. Les édifices principaux, situés pour la plupart dans la ville haute, sont : l'hôtel de ville, du XVIIIe siècle; le beffroi, du XIIIe, et sur l'emplacement de la cathédrale, la nouvelle église *Notre-Dame* avec un splendide maître-autel et une vaste crypte renfermant une madone vénérée, objet d'un très ancien pèlerinage national. A citer également comme but de pèlerinage le sanctuaire de Notre-Dame du Saint-Sang, fondé par sainte Ide, mère de Godefroy de Bouillon.

Bourgade gauloise de *Gesoriacum*, cette ville fut appelée *Bononia* par les Romains, en souvenir de la ville italienne de Bologne. Elle fut le principal port d'embarquement gallo-romain pour les îles Britanniques, et devint au xe siècle le chef-lieu d'un important comté. Philippe le Bon la conquit en 1430, mais Louis XI la reprit en 1477; pour éviter l'aliénation de ce domaine important par sa position stratégique, il en fit don à la Vierge, dont il se reconnut vassal, et à laquelle lui et ses successeurs jusqu'à Louis XV prêtèrent serment de fidélité.

Voici la légende de *Notre-Dame de Boulogne*, protectrice des marins. Un jour que les fidèles priaient dévotement dans une petite chapelle, la Vierge leur apparut et les avertit qu'un vaisseau contenant son image entrait dans la rade; ils regardèrent et aperçurent effectivement qu'un vaisseau environné de lumières avançait lentement vers le rivage sans aucun secours humain. On y courut, et l'on trouva une statue de la sainte Vierge en bois, de trois pieds et demi de haut, avec l'Enfant Jésus dans les bras. Pieusement déposée dans une belle chapelle, dont on trouva tous les matériaux en creusant le sol à la place de l'ancienne, la statue de Notre-Dame de Boulogne devint l'objet de fréquents pèlerinages. Il y eut une célèbre confrérie de Notre-Dame de Boulogne dont une succursale alla se fixer près de Paris, d'où vint le nom de la ville et du bois de Boulogne-sur-Seine. En 1544, les Anglais, s'étant emparés de Boulogne-sur-Mer, la pillèrent et emportèrent la madone miraculeuse, qui, dit-on, revint seule dans son église après le rachat de la ville par Henri II, en 1550.

En 1566, Boulogne reçut un évêché, qui fut supprimé à la Révolution. Les guerres des xviie et xviiie siècles furent signalées par les exploits de ses hardis corsaires. De 1801 à 1805, Napoléon Ier en fit le centre de ses opérations contre l'Angleterre : une armée nombreuse y fut réunie, ainsi qu'une flotte considérable. Mais l'expédition résolue dut être ajournée, et le « camp de Boulogne » n'eut d'autre résultat qu'une distribution solennelle des aigles et des croix de la Légion d'honneur. Une colonne de 53 mètres de hauteur, surmontée de la statue de l'empereur, rappelle cet événement. En 1840, Boulogne vit échouer la tentative insurrectionnelle du prince Louis-Napoléon, plus tard Napoléon III, à la suite de laquelle il fut détenu au ci-devant château, puis à Ham. — Le gros bourg du *Portel* (canton de Samer), à 3 kilomètres sud-ouest, est peuplé presque exclusivement de pêcheurs.

Calais (57 000 habitants), sur le pas ou détroit de Calais et à l'embouchure du canal de Saint-Omer, est un port de commerce regardant obliquement Douvres, dont il n'est éloigné que de 39 kilomètres, soit un trajet d'une heure et quart; aussi plusieurs paquebots à vapeur font chaque jour un service régulier entre ces deux villes. Le port, muni de deux jetées et de deux bassins de chasse, se compose d'un chenal, d'un avant-port, d'un port d'échouage et de deux bassins à flot. Le plus rapproché des côtes anglaises, il est le premier de la Manche pour le nombre des voyageurs transportés (250 000 en 1889), et la presque totalité de son commerce a lieu avec l'Angleterre. Le mouvement y est d'environ 4000 navires jaugeant 1 000 000 de tonnes, ce qui en fait le huitième des ports français. Il importe surtout des laines, soies écrues, fils et tissus, bois du Nord, fers et fontes, machines et mécaniques; il exporte des tissus et rubans de laine, de coton, de soie, et pour l'approvisionnement de Londres, des vins, légumes, œufs et volailles. La pêche y est assez active.

La principale industrie calaisienne est la fabrication du tulle de coton et de soie, exclusivement fixée dans la section naguère indépendante de *Saint-Pierre,* réunie depuis 1885 à Calais. On signale aussi la construction des machines et des navires, la fabrication des engins de pêche, les filatures de lin, les fonderies et les brasseries, les scieries à vapeur et les bains de mer, qui sont très fréquentés. Parmi les monuments, citons l'église gothique Notre-Dame, avec un magnifique maître-autel et un clocher très élevé, qui sert de repère aux marins et s'aperçoit de Douvres; l'hôtel de ville, le beffroi, la haute tour du Guet. Calais est défendu du côté de la mer par une plaine inondable, plusieurs forts et batteries, ainsi qu'une citadelle; son enceinte, agrandie, englobe la nouvelle ville de Calais-Saint-Pierre, la plus considérable du département.

Calais fut un port important sous les comtes de Boulogne, qui l'érigèrent en commune au XIIe siècle. Édouard III le prit en 1347, après onze mois d'un siège célèbre, qui rappelle le dévouement d'Eustache de Saint-Pierre et de ses compagnons; il resta plus de deux siècles au pouvoir des Anglais, dont il était en quelque sorte la tête de pont sur le continent; le duc de Guise le leur ayant enlevé en 1558, il devint la capitale du *Pays-Reconquis.* Les Espagnols le prirent en 1596, mais la paix de Vervins nous le rendit deux ans après. Il fut bombardé quatre fois par les Anglais, sous Louis XIV et Napoléon Ier.

Sangatte est à 3 kilomètres nord-est du cap Blanc-Nez, en un lieu où le pas de Calais a 33 kilomètres de largeur. On y a fait les travaux préparatoires d'un tunnel sous-marin, projet qui peut-être sera remplacé par celui d'un pont métallique, analogue à celui du Forth, près d'Édimbourg, ou plutôt par un double tunnel tubulaire en fer, recouvert de parois en ciment et posé sur le fond de la mer.

Desvres, l'antique bourg de *Divernia,* et Guines, *Guisnæ,* entourée de marécages, sont d'anciennes places fortes ayant subi plusieurs sièges. — *Hardinghen,* sur le Slack naissant, possède le petit bassin houiller dit du Boulonnais, dont la production annuelle est d'environ 60 000 tonnes de houille grasse. — Marquise a de grands établissements métallurgiques:

hauts fourneaux, fonderies, forges, et l'on exploite du marbre aux environs.

Ambleteuse, port de pêche à l'embouchure du Slack, fut sous la domination anglaise une ville forte avec un port excellent, qu'Henri II détruisit en 1559. Jacques II d'Écosse put cependant y débarquer en 1688 ; mais depuis lors les sables ne cessèrent de le combler, et ce fut en vain que Louis XIV, et plus tard Napoléon Ier à l'occasion du camp de Boulogne, essayèrent de lui rendre son ancienne importance. — A *Audinghem*, camp romain. — *Wissant*, station balnéaire, sur la mer du Nord, à 5 kilomètres du cap Gris-Nez, paraît être l'ancien *Itius Portus* des Romains, où César s'embarqua pour la Grande-Bretagne. Ce port fut l'un des plus fréquentés pour le passage en Angleterre jusqu'au XIVe siècle, époque où il commença à s'ensabler. — Au canton de SAMER, *Outreau* possède des usines de la Société de Montataire et les ruines du fort Montplaisir, d'où l'on jouit d'un beau point de vue.

VI. **MONTREUIL** est une sous-préfecture de 3 600 âmes [1], située à 48 mètres d'altitude sur une petite colline baignée par la Canche. Maintenant que la côte en est éloignée de 15 kilomètres, la désignation de « sur-Mer », dont on la gratifie parfois, n'a plus sa raison d'être comme au XIIIe siècle, alors qu'elle était un port sur la Manche. Aujourd'hui elle n'a de renommés que ses pâtés de bécassines. Montreuil doit son existence et son nom à un petit monastère (*monasteriolum*) bâti au VIIe siècle par saint Saulve, évêque d'Amiens. Il s'y établit également vers 1040 une abbaye de religieuses, dite de Sainte-Austreberthe, dont les bâtiments sont occupés par un collège et une école d'infanterie. La ville, fortifiée au XIIIe siècle, subit entre autres sièges celui de 1537 contre les Impériaux. Elle conserve des restes considérables de ses remparts et de sa citadelle.

Berck, près de l'embouchure de l'Authie, a un établissement de bains de mer et un hôpital pour 600 enfants scrofuleux de la ville de Paris. — ÉTAPLES, à l'embouchure de la Canche, qu'ont envahi les sables, est aussi un petit port de cabotage et de pêche, en même temps qu'une station balnéaire. Un traité de paix y fut signé en 1492 entre Charles VIII et Henri VII. On y a découvert les substructions de soixante maisons, des médailles et autres objets antiques qui font supposer l'emplacement du port gallo-romain de *Quentovicus*. — HESDIN, sur la Canche, a d'importantes filatures de lin et des fabriques de toiles et de bas. Cette ville fut bâtie en 1554, pour remplacer la ville de même nom, détruite par Charles-Quint, et dont l'emplacement est marqué par le village du *Vieil-Hesdin*, à 6 kilomètres ouest (arrondissement de Saint-Pol). — *Créquy* conserve les ruines d'un château qui fut le berceau d'une illustre famille de France.

---

[1] Arrondissement de MONTREUIL : 6 *cantons*, 141 communes, 77360 habitants.
Cantons et communes principales : 1. *Montreuil*, 3610 habitants ; Berck, 5760. — 2. *Campagne-lès-Hesdin*, 1060. — 3. *Étaples*, 3820. — 4. *Fruges*, 3090 ; Créquy. — 5. *Hesdin*, 3410. — 6. *Hucqueliers*, 710.

PICARDIE

1 DÉPARTEMENT

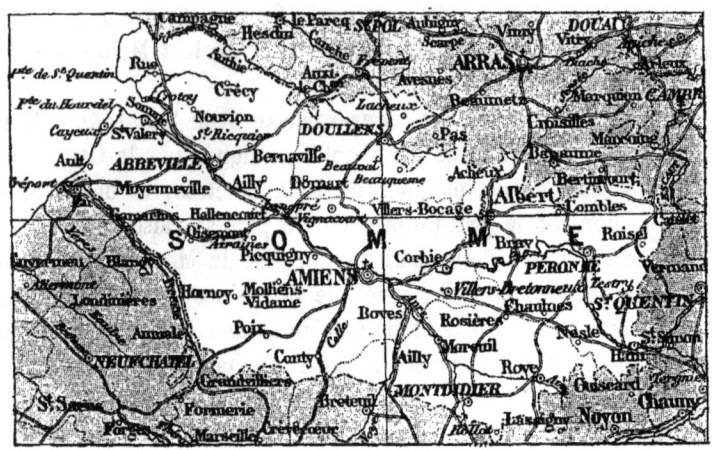

SOMME

5 ARRONDISSEMENTS, 41 CANTONS, 836 COMMUNES, 546 000 HABITANTS

Historique. — La province de *Picardie,* dont l'existence ne date que de Louis XI, était bornée au nord par le Pas de Calais, l'Artois et le Hainaut français, à l'est par la Champagne, au sud par l'Ile-de-France, au sud-ouest par la Normandie, à l'ouest par la Manche. Elle avait pour capitale Amiens, et se divisait en Haute et Basse-Picardie.

La Haute-Picardie comprenait la *Thiérache,* le *Vermandois,* le *Santerre* et l'*Amiénois*. Le Beauvaisis, le Laonnais, le Noyonnais, le Soissonnais et le comté de Clermont en furent détachés, au commencement du XVIIIe siècle, pour compléter le territoire du gouvernement militaire de l'Ile-de-France. La Basse-Picardie renfermait le *Boulonnais*, le *Ponthieu,* avec le *Vimeu* et le *Marquenterre,* enfin le *Pays-Reconquis* (Calaisis et Ardrésis), qui formait un petit gouvernement particulier.

La Picardie, telle qu'elle était avant son démembrement, comprenait presque en entier le pays des *Ambiens*, ceux des *Bellovaques*, des *Suessions*, des *Silvanectes*, des *Véromanduens*, la fraction du pays des *Rèmes* formant le diocèse de Laon, et la partie de la *Morinie* devenue au XVIe siècle le diocèse de Boulogne. Après une résistance désespérée de plusieurs de ces peuples contre les Romains, tous furent compris par leurs vainqueurs dans la Belgique. C'est alors qu'ils reçurent la bonne nouvelle du salut, apportée par les saints Quentin, Lucien, Firmin, Crépin et Crépinien, qui tous eurent le bonheur de souffrir la mort pour Jésus-Christ.

Les Barbares viennent ensuite, notamment les Francs, qui s'établissent dans la région après en avoir fait la conquête sous Clodion, et surtout sous Clovis, qui triomphe du général romain Syagrius à Soissons, en 486. Sous les descendants de Clovis, le pays fut alternativement englobé dans les royaumes de Soissons et de Neustrie. Plusieurs souverains de la première et de la seconde race eurent en outre à Compiègne, à Senlis, à Noyon et à Péronne des palais qu'ils habitèrent souvent, et de plus un nombre considérable de villas, de fermes et de rendez-vous de chasse. Les abbayes de Centulle (Saint-Riquier) et de Corbie étaient alors très célèbres.

En résumé, ce fut en Picardie, aussi bien qu'aux alentours et à l'intérieur de Paris, que s'accomplirent les premières phases de notre vie nationale. C'est là aussi, à Quierzy-sur-Oise, que la féodalité se fit légalement reconnaître (877). Quatre ans après, Louis III vainquit les Normands à Saucourt-en-Vimeu, aujourd'hui Nibas. Saint-Quentin, la première ville en France, eut sa charte dès 980 : charte rudimentaire, qui fut perfectionnée au XIIe siècle lorsque d'autres villes, comme Laon, Amiens et Noyon, obtinrent ces mêmes libertés municipales. On sait que la valeur des milices picardes décida la victoire de Bouvines, en 1214. La Picardie prit le premier rang dans le mouvement artistique qui produisit les grandes merveilles de l'architecture française au moyen âge. Il suffit de citer les cathédrales d'Amiens, de Beauvais, de Soissons, de Noyon, de Senlis; la collégiale de Saint-Quentin, les châteaux de Coucy et de Pierrefonds.

Après le traité de Verdun en 843, il y avait eu des comtés d'Amiens, de Ponthieu, de Soissons, de Boulogne, de Vermandois, de Valois, qui tous relevaient du comté de Flandre. Philippe-Auguste occupa et garda le Valois, qui devint dès lors un apanage, dont les titulaires montèrent sur le trône en la personne de Philippe de Valois, en 1328. Ce prince inaugura la funeste guerre de Cent ans par la perte de la bataille de Crécy (1346) et de la ville de Calais, qui devait rester anglaise plus de deux siècles. Envahie de nouveau sous Charles VI, la Picardie redevient sous Charles VII presque entièrement française. Mais par le traité d'Arras, en 1435, ce monarque cède au duc de Bourgogne les *villes de la Somme*, c'est-à-dire Saint-Quentin, Amiens, Abbeville, Roye et Montdidier, que

Louis XI réunit définitivement, avec le comté de Boulogne, après la mort de Charles le Téméraire, en 1477. — Calais, qu'enveloppait le Pays-Reconquis, était toujours aux Anglais: François de Guise le leur reprit en 1558; c'était une digne compensation à la défaite subie l'année précédente devant Saint-Quentin. Depuis lors, malgré les troubles de la Ligue, qui avait eu ses commencements à Péronne, malgré les succès des Espagnols sous Charles-Quint, la Picardie conserva intactes ses limites jusqu'au commencement du xviiie siècle. Réduite alors au profit de l'Ile-de-France, elle forma en 1790 le département de la Somme et une partie de ceux du Pas-de-Calais, de l'Oise et de l'Aisne. Le département de la Somme a été témoin du traité d'Amiens en 1802 et de la bataille de Pont-Noyelles en 1870.

Géographie. — Le département de la *Somme* doit son nom au petit fleuve qui le traverse dans toute sa longueur, de l'est à l'ouest, pour aller se jeter dans la Manche. Son territoire de 6 276 kilomètres carrés le place au 39e rang pour la superficie. Il comprend, de l'ancienne Picardie, en tout ou en partie le *Marquenterre*, capitale Rue ; le *Ponthieu*, capitale Abbeville ; le *Vimeu*, capitale Saint-Valery; l'*Amiénois*, le *Santerre*, capitale Péronne, et le *Vermandois*, capitale Saint-Quentin.

Le département est généralement formé de plaines tertiaires qui, reposant sur la craie, sont fort sèches, tandis que le fond des vallées arrosées offre des marais tourbeux. Le plus élevé de ses coteaux atteint à peine 210 mètres ; il se trouve près de Neuville-Coppegueule, à l'ouest du Hornoy, sur la frontière de la Seine-Inférieure. Ailly-le-Haut-Clocher est à 110 mètres, Péronne à 55 mètres, et Amiens à 35 mètres d'altitude. La moyenne pour le département est de 90 mètres.

Le littoral, tracé en ligne presque droite, de 55 kilomètres de longueur, est coupé en deux par la baie de Somme, large de 10 kilomètres et profonde de 20. Il est sablonneux et bordé de dunes au nord de cette baie, qui est elle-même, comme celle de l'Authie, encombrée de bancs de sable, que seule la marée haute recouvre entièrement ; au sud, il est formé d'une digue naturelle de galets, puis de falaises crayeuses, élevées à pic près d'Ault d'environ 100 mètres au-dessus de la mer.

La plus grande partie du département appartient au bassin de la **Somme**. Ce fleuve y parcourt plus de 200 kilomètres en le traversant dans toute sa longueur de l'est à l'ouest ; il y arrose Ham, Péronne, Bray, Corbie, Amiens, Picquigny, Abbeville et Saint-Valery. Entièrement contenu dans un canal maritime entre ces deux dernières villes, il est ailleurs accompagné d'un canal ou confondu avec lui ; néanmoins la navigation y est peu active. Ses affluents sont, à droite, l'*Ancre* et la *Maye;* à gauche, l'*Avre* et la *Celle*.

— L'*Authie* arrose Doullens, limite le département au nord et se jette dans la baie de même nom. La *Bresle*, également parallèle à la Somme, sert de limite au sud.

Le climat est essentiellement marin et tempéré, la température moyenne étant de 9° 5 à 10° ; il est humide près des cours d'eau ; le vent d'ouest souffle fréquemment avec violence ; les pluies sont abondantes sur le littoral, qui reçoit annuellement de 8 à 10 décimètres d'eau.

Fertile et bien cultivé, le département produit abondamment des céréales, des fourrages et des betteraves à sucre ; il cultive aussi le lin, le chanvre, le colza et l'œillette. Ses prairies, notamment celles de l'ouest, nourrissent beaucoup de chevaux, de bêtes à cornes et de moutons. Les poules sont proportionnellement en plus grand nombre que dans le reste de la France. Il y a aussi une quantité considérable de pommiers à cidre, mais peu de forêts, dont la principale est celle de Crécy. Une école pratique d'agriculture se trouve au Paraclet, près Boves.

Ce département extrait, dans la marécageuse vallée de la Somme, la moitié de la *tourbe* exploitée dans notre pays ; la craie et l'argile à poteries y abondent également. L'industrie manufacturière, très active, comprend les fils et tissus de laine, de coton et de soie ; les velours d'Utrecht et autres, dits articles d'Amiens ; les tapis, les toiles et les tissus de jute d'Amiens et d'Abbeville ; la bonneterie du Santerre, la fabrication du sucre, la serrurerie du Vimeu, les forges et fonderies, les ateliers de construction de machines et de grosse chaudronnerie, les distilleries, papeteries, etc.

Les tourbières. — La *tourbe* est une matière noirâtre et spongieuse qui se forme sous les eaux par l'accumulation et l'altération de certains végétaux toujours submergés. Homogène et compacte dans les parties inférieures du dépôt, où elle prend le nom de tourbe *limoneuse*, elle est grossière et remplie de débris visibles d'herbes diverses dans les parties supérieures, qu'on appelle tourbe *fibreuse* ou *bousin*. La tourbe brûle facilement avec ou sans flamme, et donne la température la plus égale et la plus douce. Quand on la brûle simplement séchée et comprimée, elle dégage une odeur très désagréable. Pour obvier à cet inconvénient, on la transforme en charbon dans de grands fours de maçonnerie. Ce charbon, plus durable que le charbon de bois, est inodore et extrêmement avantageux, à cause de sa combustion facile et de son bas prix.

La tourbe appartient aux terrains les plus modernes et se forme même journellement sous nos yeux. Elle couvre quelquefois des espaces immenses dans les parties les plus basses de nos continents, et remplit les bas-fonds de larges vallées, dont la pente peu considérable empêche l'écoulement des eaux. En France, les plus importantes tourbières se trouvent dans la vallée de la Somme, entre Amiens et Abbeville ; aux environs de Beauvais et dans la vallée de l'Ourcq, ainsi qu'en Bretagne, près de l'embouchure de la Loire, et dans l'Isère, aux environs de Bourgoin.

Les habitants. — La population, qui s'était élevée de 459 000 en 1801 à 557 000 en 1871, est redescendue à 546 500 en 1891. Sous ce rapport, le département occupe le 18ᵉ rang ; mais pour la densité il est le

14ᵉ, avec 89 habitants par kilomètre carré. Les étrangers sont environ 6 000. La langue française est parlée partout; cependant le patois picard est toujours usité dans les villages. Les protestants et les juifs sont peu nombreux.

Le Picard a éminemment les qualités du commerçant et de l'industriel; « c'est, dit Michelet, une race puissante: prompts à la pensée et pourtant tenaces, vifs et persévérants, ils unissent les qualités des méridionaux à celles des gens du Nord. » « Le Picard est enclin à la satire, et c'est

L'agronome Parmentier, né à Montdidier.

particulièrement vers elle et toutes ses branches qu'il a dirigé au moyen âge les efforts de son esprit: c'est même à son caractère enjoué et railleur qu'il devrait son nom (*picard*, au xiiiᵉ siècle, signifiait turbulent, querelleur, caustique), dont on est fort embarrassé de rechercher ailleurs l'origine, les mots de Picard, Picardie, ne répondant au nom d'aucun ancien peuple. » (Vivien.) D'autres le font dériver de *picardus*, soldats armés de piques, les engagés volontaires étant nombreux à cette époque parmi les Picards.

Le dialecte picard, qui déjà était classé parmi les patois par les écrivains du temps de Louis XIV fut pourtant, avec le dialecte normand et celui de l'Ile-de-France, l'une des branches mères de la langue française.

Personnages. — La reine Frédégonde, née à Montdidier, morte en

597. Saint Anscaire, apôtre de la Scandinavie, mort en 864. Pierre l'Ermite, prédicateur de la première croisade, né à Amiens, mort en 1115. Saint Félix de Valois, fondateur des Trinitaires, né à Amiens, mort en 1212. Le cardinal Lemoine, théologien, né à Crécy, mort en 1313. Sainte Colette, réformatrice des Clarisses, née à Corbie, morte en 1447. L'hébraïsant Vatable, né à Gamaches, mort en 1547. Voiture, poète bel esprit, né à Amiens, mort en 1648. Le géographe Sanson, né à Abbeville, mort en 1667. L'historien Ducange, né à Amiens, mort en 1688. L'orientaliste Galland, né à Rollot, mort en 1715. Dom Bouquet, savant bénédictin, né à Amiens, mort en 1754. Vadé, poète burlesque, né à Ham, mort en 1757. Le poète Gresset, né à Amiens, mort en 1779. Le général de Gribeauval, né à Amiens, mort en 1789. Lhomond, auteur classique, né à Chaulnes, mort en 1794. Le grammairien Noël de Wailly, né à Amiens, mort en 1801. L'agronome Parmentier, né à Montdidier, mort en 1813. Le poète Millevoye, né à Abbeville, mort en 1816. L'astronome Delambre, né à Amiens, mort en 1822. L'orientaliste Langlès, né à Péronne, mort en 1824. Le général Foy, orateur parlementaire, né à Ham, mort en 1825. Le général Friant, né à Morlancourt, mort en 1829. Le naturaliste Lamarcq, né à Bazentin, mort en 1829. Le compositeur Lesueur, né près d'Abbeville, mort en 1837. L'amiral Courbet, né à Abbeville, mort en 1886.

Administrations. — Le département forme le diocèse d'Amiens et ressortit à la cour d'appel d'Amiens, à l'académie de Lille, à la 2e région militaire (Amiens), à l'arrondissement maritime de Cherbourg et à la région agricole du Nord.

Il comprend 5 arrondissement : *Amiens, Abbeville, Doullens, Péronne, Montdidier*, avec 41 cantons et 836 communes.

I. **AMIENS**, chef-lieu du département[1], est une grande et riche ville de 84 000 âmes, située par 35 mètres d'altitude sur la Somme, qui s'y divise en de nombreux canaux, entre les confluents de l'Avre et de la Celle.

Bâtie sur un monticule, elle est dominée par la cathédrale Notre-Dame, l'un des plus beaux monuments gothiques de la France. Commencée en 1220, sur les plans de Robert de Luzarches, cette église fut presque terminée en 1288. La façade avec ses deux tours, ses trois porches, sa rosace, ses statues nombreuses, est une œuvre parfaite; les longues et hautes nefs, devenues proverbiales, sont de la plus grande majesté; le chœur est

---

[1] Arrondissement d'AMIENS : 13 *cantons*, 251 communes, 198 600 habitants.
Cantons et communes principales : 1-4. *Amiens*, 83 660 habitants; Camon, 1 560; Pont-de-Metz, Saint-Sauveur. — 5. *Boves*, 1 860; Saleux, Salouel. — 6. *Conty*, 1 110; Oresmaux. — 7. *Corbie*, 4 790; Fouilloy, Marcelcave, 1 700; Villers-Bretonneux, 5 630; Warloy-Baillon. — 8. *Hornoy*, 910; Beaucamps-le-Vieux, 1 800. — 9. *Molliens-Vidame*, 650; Airesnes, 1 830. — 10. *Oisemont*, 1 150; Neuville-Coppegueule. — 11. *Picquigny*, 1 290; Ailly-sur-Somme, Condé-Folie, Crouy, l'Étoile, Flixecourt, 2 390; Vignacourt, 2 860. — 12. *Poix*, 1 190. — 13. *Villers-Bocage*, 1 000; Flesselles.

entouré de cent dix superbes stalles, ornées d'innombrables sculptures. On remarque encore à Amiens l'hôtel de ville bâti par Henri IV; la citadelle, la promenade du Hotoie, l'important *musée de Picardie*, les statues de Pierre l'Ermite et de Ducange.

Cathédrale d'Amiens.

L'industrie amiénoise, très active, comprend la fabrication des *articles d'Amiens*: velours de coton et d'Utrecht, satins, mérinos, nouveautés; en outre, des filatures de laine, de lin et de chanvre, des fabriques de toiles, de tapis moquette et chenille, de bonneterie et de produits chimiques, des fonderies et ateliers de construction de machines, des corroieries, mégisseries et chamoiseries, enfin la fabrication de pâtés de canards renommés.

Originairement capitale des *Ambiani*, Amiens prospéra sous les Romains, qui la nommèrent *Samarabriva* (Pont-sur-Somme). Évangélisée au IIIe siècle par saint Firmin, son premier évêque et martyr, elle fut saccagée par les Barbares, prise par les Francs au Ve siècle, et ruinée encore au IXe par les Normands. Mais elle se releva promptement et, en 1113, *les bourgeois s'érigèrent en commune*, malgré l'opposition de leur comte.

« La dignité épiscopale était alors possédée par un homme d'une vertu exemplaire, d'un esprit aussi éclairé que le comportait son siècle et plein de zèle pour le bien général. Sans se laisser épouvanter par les terribles scènes qui venaient d'avoir lieu à Laon, l'évêque Geoffroy comprit ce qu'avait de légitime le désir d'indépendance et de garantie pour les personnes et pour les biens. Il céda sans effort et gratuitement aux requêtes des bourgeois, et concourut avec eux à l'érection d'un gouvernement municipal. Ce gouvernement, composé de vingt-quatre échevins, sous la présidence d'un mayeur, fut installé sans aucun trouble au milieu de la joie populaire. Mais la constitution nouvelle souleva une violente opposition de la part du comte Enguerrand de Boves ou de Coucy, qui n'eut pas de peine à rallier à sa cause le seigneur du Castillon (forteresse). La guerre éclata donc, sanglante et acharnée, entre les bourgeois, soutenus par l'évêque et le vidame, et le comte allié au seigneur du Castillon. Après de nombreuses alternatives de succès et de revers, l'intervention du roi Louis le Gros détermina le triomphe de la cause populaire. Les ennemis de la commune s'étaient réfugiés dans la grosse tour, dont les bourgeois, aidés de quelques troupes laissées par le roi, durent faire le blocus. Au bout de deux ans, les assiégés rendirent le Castillon, qui fut aussitôt démoli et rasé. L'évêque Geoffroy ne démentit pas son caractère d'ami des libertés du peuple. Il avait encouru le blâme des adversaires des communes, qui étaient nombreux parmi la noblesse; mais ses mœurs étaient si pures et son zèle religieux si éclatant, qu'après sa mort l'Église l'honora du nom de saint. » (Augustin Thierry.)

Réunie à la couronne en 1185, puis donnée à la Bourgogne par la paix d'Arras (1435), Amiens fut définitivement acquise par Louis XI en 1477. Les Espagnols s'en emparèrent par surprise en 1597, mais Henri IV la reprit la même année. Elle fut jusqu'en 1790 la capitale du gouvernement de Picardie. En 1802, la paix y fut signée entre la France d'une part, l'Angleterre, l'Espagne et la Hollande d'autre part.

Entre Amiens et Camon se trouvent les *hortillonnages*, curieux jardins maraîchers établis dans les tourbières et sillonnés d'innombrables canaux.

Saint-Acheul, faubourg d'Amiens, posséda de 1085 à 1790 une abbaye augustine, remplacée sous la Restauration par un célèbre collège de Jésuites. En 1854, on y a trouvé des silex travaillés, d'après lesquels Boucher de Perthes exagéra l'antiquité de la race humaine. A diverses époques, on y avait aussi découvert des sarcophages gallo-romains et mérovingiens. Saint Acheul (*Archeolus*), qui a donné son nom à la localité, paraît avoir souffert le martyre à Amiens, avec son frère saint Ache, au iiie siècle.

Boves, près du confluent de l'Avre et de la Noye, est dominé par les ruines d'un château féodal, dont les seigneurs furent la tige de la famille des sires de Coucy. L'ancien monastère du *Paraclet-des-Champs* est occupé par l'école départementale d'agriculture. — Conty, sur la Celle, est une ancienne seigneurie qui donna son nom à la famille des princes de Conti, branche cadette des Bourbon-Condé.

Corbie, sur la Somme, possède des filatures de laine et de coton, des fabriques de bonneterie et des papeteries. L'abbaye de Corbie, de l'ordre de Saint-Benoît, était l'une des plus importantes de France; sa fondation, en 660, est due à la reine Bathilde, dont on voit aujourd'hui la magnifique statue dans l'église. L'abbé avait le titre de seigneur et comte de Corbie. Ses armes étaient : « D'or, à une crosse d'azur posée en pal, côtoyée de deux clefs de gueules aussi en pal, et un corbeau de sable sur le pied de la crosse. » — Corbie était jadis une place de guerre qui eut jusqu'à dix mille habitants, et dont le rôle ne fut pas sans retentissement ni sans éclat dans nos annales nationales. Charlemagne y confina pour le reste de sa vie Didier, le dernier roi des Lombards. La ville fut prise en 1636 par les Hispano-Impériaux et reprise la même année par les Français; Louis XIV la fit démanteler en 1693. — *Villers-Bretonneux*, sur un plateau au sud de Corbie, a des filatures de laine et d'importantes fabriques de bonneterie. Monument commémoratif de la bataille sanglante, mais indécise, livrée en ce lieu entre les Français et les Allemands, le 27 novembre 1870.

Picquigny, sur la Somme, est une ancienne baronnie; on y remarque une église avec crypte et un château fort détruit par Charles le Téméraire, mais restauré depuis. En 1475, Louis XI et Édouard IV d'Angleterre y signèrent une trêve de neuf années. A cette fin, les deux monarques défiants se réunirent sur un pont de bois traversant la Somme, partagé au milieu par une épaisse barrière qu'il était impossible de franchir et qui n'avait pas de porte; ils arrivèrent chacun par une rive opposée, accompagnés seulement de douze personnes. Louis XI salua le premier le roi Édouard, l'assurant de son affection et de son dévouement. Les deux rois ratifièrent solennellement le traité qu'ils avaient conclu, et passant les mains à travers le grillage, ils jurèrent de l'observer, l'un sur le missel, l'autre sur la vraie croix. Les ouvertures de ce grillage ne permettaient que le passage du bras, « comme aux cages des lions, » ajoute malicieusement l'historien Comines.

Crouy, autrefois *Croy*, sur la Somme, fut un duché érigé par Henri IV, et le berceau de la famille des princes de Croy. Ancienne abbaye cistercienne du Gard, et, en aval, camp romain de l'*Etoile* bien conservé.

— Poix est un ancien duché-pairie des Créqui, des la Trémouille et des Noailles. On remarque dans l'église, qui est du XVIe siècle, de beaux bas-reliefs et des inscriptions relatives à l'histoire de la ville, laquelle fut incendiée en 1436 par les Anglais et en 1472 par Charles le Téméraire.

II. **ABBEVILLE**, chef-lieu d'arrondissement peuplé de 20 000 âmes [1], est à la fois une ville industrielle et un port sur la Somme, à l'origine d'un canal maritime de 14 kilomètres (altitude 22 mètres). Son industrie comprend la fabrication des velours, des tapis de pied et de luxe, la filature du lin et du chanvre, le tissage des toiles à voiles et autres; des corderies importantes et un chantier de construction de bateaux. Le port, très peu actif, bien qu'accessible aux navires de 200 à 300 tonneaux, importe de la houille et des bois du Nord, en retour de son exportation de produits agricoles. Outre le superbe et vaste établissement industriel des Rames, la ville possède l'église Saint-Vulfran, dont la façade ogivale est splendide; les statues du musicien Lesueur et de l'amiral Courbet, ainsi que le musée préhistorique Boucher de Perthes. — Abbeville, qui se forma autour d'un camp romain, était au IXe siècle une mense de l'abbaye de Saint-Riquier, d'où lui vint son nom *Abbatis Villa*. Au XIe siècle, Hugues Capet augmenta ses fortifications pour arrêter les incursions normandes et danoises. Érigée en commune en 1130, elle devint la capitale du Ponthieu et fut importante au moyen âge par son commerce et son industrie; saint Louis y signa en 1259 un traité avec Henri III d'Angleterre. Les Anglais la prirent en 1346 après une héroïque résistance, et la gardèrent jusqu'en 1465. Louis XIII y voua solennellement son royaume à la Mère de Dieu en 1637.

Saint-Riquier, l'antique *Centula*, dont il reste quelques murailles, doit son nom à une célèbre abbaye de bénédictins fondée en 640 par saint Riquier, dont les reliques se trouvent dans l'église, décorée d'admirables peintures à fresque. La ville obtint une charte communale en 1126. Au siège de 1536 contre les Allemands, les femmes combattirent avec leurs maris et méritèrent les félicitations de François Ier. — *Friville-Escarbotin*, canton d'AULT, est l'une des principales communes du Vimeu pour la fabrication de la serrurerie, dont elle possède une école d'apprentissage; en outre, elle a des fonderies et des fabriques de limes, de taillanderie et de cylindres pour filatures. — *Nibas*, autrefois *Saucourt*, fut témoin de la victoire que Louis III remporta sur les Normands en 881.

---

[1] Arrondissement d'ABBEVILLE : 11 *cantons*, 172 communes, 132540 habitants.
 Cantons et communes principales : 1-2. *Abbeville*, 19860 habitants; Cambron. — 3. *Ailly-le-Haut-Clocher*, 990 ; Long, Pont-Remy, Saint-Riquier. — 4. *Ault*, 1680 ; Fressenneville, 1780 ; Friville-Escarbotin, 2450 ; Nibas, Saint-Quentin. — 5. *Crécy-en-Ponthieu*, 1620 ; Bouflers, Dompierre, Maison-Ponthieu. — 6. *Gamaches*, 2220 ; Aigneville, Dargnies, Rambures. — 7. *Hallencourt*, 2080 ; Allery, Huppy, Longpré-les-Corps-Saints, 1730. — 8. *Moyenneville*, 940 ; Feuquières-en-Vimeu, Tours-en-Vimeu. — 9. *Nouvion*, 820 ; Noyelles-sur-Mer. — 10. *Rue*, 2830 ; le Crotoy, 2050 ; Quend, 1680. — 11. *Saint-Valery-sur-Somme*, 3550 ; Cayeux-sur-Mer, 3320 ; Lanchères, Mons-Boubert, Pendé, Saint-Blimont.

CRÉCY-EN-PONTHIEU, la commune la plus étendue du département (5 341 hectares), rappelle la défaite de Philippe de Valois en 1346 par les Anglais, qui y firent pour la première fois usage du canon. On montrait encore dernièrement le moulin où se tenait Édouard III pendant l'action. Le fameux gué de Blanquetaque, où il avait traversé la Somme, se trouvait entre Saint-Valery et Abbeville. Une chapelle commémorative de la bataille existe à *Maison-Ponthieu*. — *Boufflers*, berceau de la famille de

Église de Saint-Riquier.

ce nom, fut érigé en duché-pairie en 1708, en faveur du maréchal de Boufflers. — GAMACHES, sur la Bresle, était anciennement un marquisat et une place forte, dont le château fut ruiné par les Anglais en 1500; il en reste une tour. — *Rambures* possède un château fort très remarquable, construit sur le modèle de celui de Pierrefonds (Oise).

Rue, sur la Maye, fut autrefois un port de mer et une place très forte dans le Marquenterre. Elle conserve, des XIIIe-XVIe siècles, une magnifique chapelle du Saint-Esprit, qui renferma jusqu'à la Révolution un crucifix miraculeux, but de pèlerinage de la part même des souverains. Ce crucifix et les reliques de saint Vulphy, patron de Rue, furent les principales causes de la prospérité de la ville au moyen âge.

Le *Marquenterre,* dont le nom paraît être une corruption de *Mare-en-terre,* marais enfermé, ou venir de *marca,* marche, limite, est une plaine très fertile de 20 000 hectares, qui s'étend en arrière des dunes, entre les *baies* de la Somme et de l'Authie. Ancienne baie envasée et *laisse* de mer, ce terrain a été assaini et desséché, comme les polders flamands, au moyen de digues protectrices et de canaux d'écoulement. Il constitue aujourd'hui d'excellents pâturages où l'on engraisse le bétail, et des prés salés nourrissant des moutons dont la chair est estimée.

Le Crotoy, station balnéaire et port de pêche, en face de Saint-Valery, fut autrefois fortifié. Les Anglais s'en emparèrent en 1423, et y renfermèrent Jeanne d'Arc. Une statue y a été érigée à la libératrice de la France.

Saint-Valery-sur-Somme, sur la rive gauche de la baie de Somme, est l'ancienne capitale du Vimeu et un port déchu, qui exporte toutefois beaucoup de légumes pour l'Angleterre. Cette petite ville doit son origine à l'abbaye de *Leucana,* fondée vers 615 par saint Valérius, moine de Luxeuil, dont elle a pris le nom et dont elle conserve le tombeau, but de pèlerinage. En 1066, la flotte de Guillaume de Normandie, composée de 1 100 voiles et venue de Dives, fut jetée par les vents à Saint-Valery, d'où elle repartit pour la conquête de l'Angleterre. Fortifiée en 1422, cette ville fut très éprouvée par la rivalité de la France et de l'Angleterre. Le chemin de fer qui la relie à la ligne de Paris à Boulogne traverse la Somme et les molières environnantes sur un beau viaduc de 1 367 mètres de longueur. Restes d'un château fort, avec tour dite de Harold, où le prince de ce nom fut enfermé par Guillaume de Normandie, qui devait ensuite le vaincre et le tuer à la bataille d'Hastings.

Cayeux-sur-Mer possède un petit port au Hourdel, une plage de bains très fréquentée, des forges pour la marine et de nombreuses fabriques de serrurerie. La chapelle Notre-Dame-de-la-Mer est un but de pèlerinage.

L'embouchure de la Somme. — « C'est une des plus belles scènes de notre littoral que celle de la Somme à son embouchure. Elle se développe dans toute sa magnificence quand on passe de Normandie en Picardie, et qu'ayant atteint l'extrémité des falaises, on commence à descendre vers les vastes plaines qui s'étendent à l'est. On domine, de ces dernières hauteurs, la totalité du tableau. A gauche, la mer; à droite, les collines fuyant en amphithéâtre; en avant et dans le fond, la Somme courant à l'horizon sur la largeur d'une lieue et se versant dans une baie spacieuse qui s'évase de plus en plus jusqu'à se confondre entièrement avec les flots de la Manche. La rivière est du même bleu que la mer, et cette communauté de lumière accroît encore le caractère de majesté que lui imprime sa grandeur. Au delà de son cours, l'œil ne discerne plus la terre que sous la forme d'une côte basse, blanche et brillante, qui se prolonge le long de la baie et se perd dans le vague de la perspective aérienne.

« Mais de quelque admiration que l'on se sente saisi devant ce spectacle, surtout quand le soleil inonde la plaine, miroite sur les flots,

Louis XI et Charles le Téméraire à Péronne.

et fait rayonner jusque dans le lointain la blancheur éclatante des dunes, on ne peut s'empêcher de remarquer un étrange défaut d'harmonie. A côté de cette campagne qui atteste une population si active et une culture si prospère, le fleuve semble abandonné comme s'il sortait d'un continent désert; point de voiles se croisant sur la mer comme aux abords de la Seine ou de la Gironde, point de mâts rassemblés en groupes sur quelque point d'élite, point de cité opulente étalant sur l'azur des eaux ses docks, ses monuments et ses mille toitures. Toute cette magnificence extérieure n'est en effet qu'illusion. La puissance du fleuve n'est pas à lui, et son apparente majesté est un leurre. Ce sont les eaux de la mer qui, s'élevant à chaque marée au-dessus du lit de la maigre rivière, lui communiquent tant de prestige. Mais c'est un triomphe qui ne dure pas : le temps marche, la mer se retire, et de cette pompe d'une heure il ne reste qu'un filet d'eau qui s'éparpille sur les grèves. »

(*Magasin pittoresque.*)

III. **DOULLENS**, sous-préfecture de 4 600 habitants[1], située à 60 mètres d'altitude sur l'Authie, fabrique du sucre, des cuirs et fait le commerce de grains, bestiaux et phosphates de chaux. Ancienne *Dulincum*, d'origine gauloise, elle fut dès le XIIIe siècle une place très forte, que prirent les protestants en 1572, et que les Espagnols livrèrent au pillage en 1595. Sa magnifique citadelle, qui a souvent servi de prison d'État, est convertie aujourd'hui en une maison centrale de correction pour les femmes. — *Beauval* a d'importantes carrières de phosphates, — et *Lucheux*, des restes d'un château où Louis XI signa en 1464 l'édit qui créait la poste royale.

IV. **PÉRONNE** est une sous-préfecture de 4 800 âmes[2] et une petite place forte s'élevant à 55 mètres d'altitude sur la rive droite de la Somme canalisée, au pied du mont Saint-Quentin. Cette ville a peu d'industrie, mais son arrondissement compte de nombreuses sucreries. On y remarque le portail et la tour de l'église Saint-Jean; la tour du château où Charles le Simple mourut captif d'Herbert, comte de Vermandois (929), et dans laquelle Philippe-Auguste fit enfermer le comte de Boulogne en 1214. Dans une autre tour de ce château, Louis XI fut retenu prisonnier par Charles le Téméraire et obligé de signer une alliance contre les Liégeois en 1468. — Péronne, ancienne capitale du Santerre, fut une résidence des Mérovingiens et obtint une charte communale en 1209. Cédée aux ducs de Bourgogne en 1435, elle revint à la France en 1477 et résista victorieusement aux Impériaux en 1536. La noblesse de Picardie y signa contre les protestants, en 1576, un traité d'union qui fut l'origine de la Ligue. Elle se rendit aux Prussiens en 1871, après un bombardement de 13 jours.

Cléry possède les ruines du château de « Nul-s'y-frotte »; — *Doingt-*

---

[1] Arrondissement de DOULLENS : 4 *cantons,* 89 communes, 51 590 habitants.
Cantons et communes principales : 1. *Doullens,* 4 640 habitants; Beauquesne, 2 410; Beauval, 3 710; Lucheux. — 2. *Acheux,* 660; Toutencourt. — 3. *Bernaville,* 880; Candas, 1 510. — 4. *Domart,* 1 130; Berteaucourt-les-Dames, 1 570; Naours, Saint-Léger-lès-Domart, 1 560; Saint-Ouen, 2 350.

[2] Arrondissement de PÉRONNE : 8 *cantons,* 180 communes, 100 720 habitants.
Cantons et communes principales : 1. *Péronne,* 4 750 habitants; Cléry, Doingt, Éterpigny, Moislains, Mont-Saint-Quentin. — 2. *Albert,* 6 170; Bazentin, Miraumont. — 3. *Bray,* 1 310; Cappy, Morlancourt. — 4. *Chaulnes,* 1 130; Lihons. — 5. *Combles,* 1 430; Manancourt. — 6. *Ham,* 3 090; Athies, Esmery-Hallon, Monchy-Lagache, Tertry. — 7. *Nesle,* 2 400; Hombleux. — 8. *Roisel,* 1 670; Épehy, 1 710; Heudicourt, 1 510; Ronssoy, Villers-Faucon.

Flamicourt, un menhir dit de Gargantua; — *Éterpigny*, une ancienne maison de Templiers, — et *Mont-Saint-Quentin*, une ancienne abbaye de bénédictins.

Albert, sur l'Ancre, qui y forme une double cascade de 15 mètres de chute, est une ville industrielle. Elle s'appelait jadis *Ancre* et appartint au Florentin Concini, favori de Louis XIII, puis au connétable Albert de Luynes, qui lui imposa son prénom. L'église renferme la statue de Notre-Dame-Brebières, but d'un pèlerinage très fréquenté.

Château de Ham (Somme)

Bray-sur-Somme est un bourg jadis fortifié, qui fut pris et brûlé par les Anglais en 1523 et par les Impériaux en 1636. — Chaulnes, ancien duché-pairie, érigé en 1621, possède les restes d'un beau château, où résida Mme de Sévigné, et la statue du grammairien Lhomond.

Ham, sur la Somme, au milieu de vastes marais tourbeux, s'occupe de la fabrication du sucre, des huiles et de la ferronnerie. L'église, autrefois abbatiale, est remarquable par sa crypte et son jeu d'orgues monumental. — Cette ville est célèbre par son château fort, dont le donjon a souvent servi de prison d'État. Le nom des prisonniers politiques qui ont été enfermés dans son énorme tour est encore dans toutes les mémoires. Après Jeanne d'Arc, c'est le prince de Condé, puis Choiseul et Montmorency. Au maréchal Moncey, captif en 1815, pour avoir refusé de siéger parmi les juges de son frère d'armes, le maréchal Ney, succèdent, en 1830, le prince de Polignac et les ministres du roi Charles X détrôné. Leur place, à peine vide, fut occupée de 1836 à 1840 par le prince Louis-Napoléon Bonaparte, qui parvint à s'évader sous le déguisement d'un ouvrier maçon, suivi de son chien, et qu'une autre révolution devait appeler, peu d'années après, au trône impérial; enfin, toujours victimes de vicissitudes politiques, les généraux Cavaignac, Changarnier, Lamoricière et Bedeau y subirent une courte captivité. Il semble que ce fort de Ham ait pour principale mission, au milieu des révolutions qui agitent notre époque, de se dresser comme un enseignement de l'instabilité de la fortune d'ici-bas!

Tertry, autrefois *Testry,* rappelle la victoire que Pépin d'Héristal remporta sur Thierry III en 687, et qui assura la domination de l'Austrasie sur la Neustrie. — NESLE possède des fabriques de sucre et d'huile, ainsi qu'une très ancienne église avec crypte. Jadis fortifiée, cette ville fut incendiée en 1472 par Charles le Téméraire. Son marquisat, érigé en 1545, était le premier de France pour le nombre de ses fiefs, qui était de dix-huit cents.

V. **MONTDIDIER**, sous-préfecture de 4 600 habitants[1], s'élève sur le penchant d'une colline de 105 mètres d'altitude, dominant le ruisseau des Trois-Doms. Elle fabrique de la pâtisserie renommée, et son arrondissement beaucoup de sucre. De ses deux églises, l'une renferme le tombeau de Raoul, comte de Montdidier (1074), l'autre un célèbre saint-sépulcre du XVIe siècle. La ville possède aussi un très ancien palais de justice et la statue de l'agronome Parmentier, le propagateur de la pomme de terre. Elle doit probablement son nom à quelque seigneur mérovingien, si ce n'est au dernier roi lombard Didier, qui y fut interné en 775. Aux XIIe et XIIIe siècles, elle faisait partie du domaine direct des rois de France, qui lui octroyèrent une charte de commune en 1195. Dans ses annales militaires, figure le siège de 1636 par le fameux Jean de Wœrth, que les habitants obligèrent à se retirer.

MOREUIL, sur l'Avre, fabrique de la bonneterie de laine et de coton. On remarque le portail de son église, ancienne abbatiale du moyen âge, et les imposantes ruines d'un château fort des XVe-XVIe siècles.

ROSIÈRES, ainsi que plusieurs communes de son canton, fabrique la bonneterie dite du Santerre. — ROYE, sur l'Avre, fait le commerce de grains et fabrique du sucre et de la bonneterie. Autrefois importante place forte, elle subit onze sièges et fut plusieurs fois saccagée. Son église Saint-Pierre est remarquable.

---

[1] Arrondissement de MONTDIDIER : 5 *cantons,* 144 communes, 63 070 habitants.
Cantons et communes principales : 1. *Montdidier,* 4 620 habitants; Rollot. — 2. *Ailly-sur-Noye,* 1 230. — 3. *Moreuil,* 3 300; Arvillers, Hangest-en-Santerre, le Quesnel. — 4. *Rosières,* 2 650; Caix, 1 590; Harbonnières, 1 910; Méharicourt. — 5. *Roye,* 3 940; Beuvraignes, Ercheu.

NORMANDIE

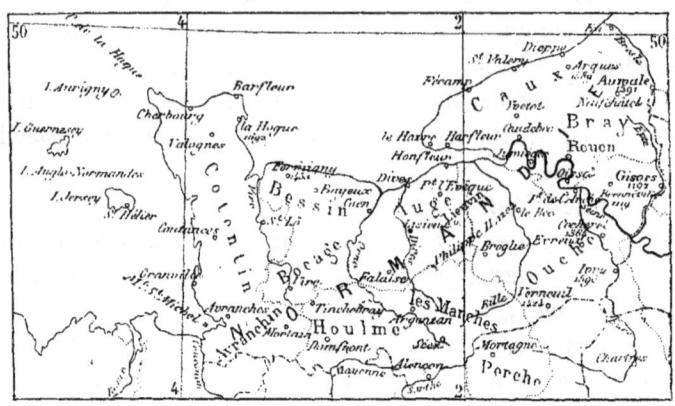

5 DÉPARTEMENTS

SEINE-INFÉRIEURE, CALVADOS, MANCHE, EURE, ORNE

Sommaire géographique. — La Normandie est généralement un pays de plaines et de plateaux bas ou accidentés, au nord et à l'est, se relevant au sud dans les collines de Normandie. Son altitude moyenne est de 100 à 150 mètres, et son point culminant, de 417 mètres dans la forêt d'Écouves; le point le plus bas est 0 mètre sur le littoral. Elle est située en grande partie dans le versant de la Manche arrosé par la Seine, par plusieurs rivières côtières, telles que l'Orne, la Vire, et pour le reste dans le versant direct de l'Atlantique, où se rendent la Sarthe et la Mayenne, tributaires de la Loire. — Son climat est séquanien et maritime. La fertilité naturelle de son sol d'alluvions argileuses ou de calcaire se prête à la culture des céréales, du colza, du lin, du chanvre, des plantes fourragères; ses grasses prairies nourrissent d'excellentes races de chevaux, de bœufs et de vaches laitières : c'est le pays du beurre et du fromage, comme aussi celui du cidre.

Au commerce maritime de ses deux grands ports du Havre et de Rouen, se joignent des industries variées : constructions navales du Havre et de Cherbourg, draps d'Elbeuf et de Louviers, cotonnades de Rouen, toiles de Lisieux, dentelles d'Alençon, etc. La Normandie est en somme l'une des provinces les plus riches de la France.

Historique. — Cette importante province, qui formait le grand gouvernement de Normandie, était bornée au nord et à l'ouest par la Manche, au sud par la Bretagne et le Maine, à l'est par l'Ile-de-France et la Picardie. Elle se divisait en Haute et Basse-Normandie.

La *Haute-Normandie*, qui avait pour capitale Rouen, comprenait les pays de Caux et de Bray, le Vexin normand, l'Evrecin, le Roumois, le Lieuvin, les pays d'Ouche et d'Auge. — La *Basse-Normandie*, qui avait pour capitale Caen, comprenait la Campagne de Caen, le Bessin, le Cotentin, l'Avranchin, le Bocage normand, le pays d'Houlme et la Campagne d'Alençon : ces deux derniers formaient les Marches; en outre, le Haut-Perche, qui enfermait le Bellesmois et fut rattaché au gouvernement du Maine.

La Normandie se divisait aussi en trois généralités : Rouen, Caen, Alençon, et en sept évêchés : Rouen, métropole; Évreux, Lisieux, Bayeux, Sées, Coutances et Avranches. Elle possédait une université à Caen, qui est resté le centre intellectuel de la province. La loi du 26 février 1790 en forma cinq départements : Seine-Inférieure, Eure, Orne, Calvados, Manche.

A l'époque où César la conquit, cette contrée était habitée par les *Véliocasses*, dont la capitale est devenue Rouen; les *Calètes* (Lillebonne), les *Éburovices* (Évreux), les *Sagiens* (Sées), les *Lexoviens* (Lisieux), les *Abrincates* (Avranches), les *Unelles* (Carentan, puis Coutances), les *Viducasses* (Vieux) et les *Bajocasses* (Bayeux).

Les Romains comprirent ces peuplades dans la Lyonnaise et leur communiquèrent leur langue et leur civilisation avec une administration supérieure. Au III° siècle, saint Nicaise et saint Mellon y implantèrent le christianisme. Moins éprouvé par les Barbares que le reste de la Gaule, ce pays fut toutefois soumis par Clovis, après la mort duquel il fit partie de la Neustrie. A cette époque les évêques saint Romain, saint Ouen, saint Ansbert brillent par leurs vertus, tandis que les monastères de Saint-Wandrille, de Jumièges, de Fécamp, de Saint-Michel-en-Péril-de-Mer, foyers de vie intellectuelle, initient le peuple au défrichement et à la culture du sol régional. — Dans la deuxième moitié du IX° siècle, les pirates scandinaves ou *Normands* (*Northmans*, hommes du *Nord*) ravagent ce beau pays à plusieurs reprises, puis s'y établissent sous la conduite de Rollon, leur chef. Le roi Charles le Simple, trop faible pour les en chasser, fait alliance avec eux et, par le traité de Saint-Clair-sur-Epte (912), leur abandonne toute la contrée, qui fut dès lors appelée *Normandie*. Du reste, la prospérité régna sous la sage administration du nouveau duc, devenu chrétien avec la plupart de ses soldats. — Le cri de *haro!* si longtemps usité dans le pays pour réclamer justice, était un appel au souvenir de Rollon, une abréviation de : *Ha! Rollon*. La clameur de haro faisait suspendre tout acte commencé; l'agresseur devait immédiatement suivre le défendeur devant le juge, qui faisait donner caution aux parties en attendant jugement, et ordonnait le séquestre provisoire de l'objet en litige.

Les successeurs de Rollon et leurs principaux vassaux, fidèles à l'humeur aventureuse des Scandinaves, portèrent leurs exploits jusque dans l'Italie méridionale (duché de Bénévent), et Guillaume le Bâtard fit même la conquête de l'Angleterre. Ce dernier événement faisait du duc de Normandie un vassal plus puissant que son suzerain, le roi de France : les souverains d'Angleterre conservant chez nous des intérêts, cette situation devait, pendant plus de six siècles, amener souvent des luttes entre Français et Anglais. Et d'abord c'est Henri Ier d'Angleterre, qui, vainqueur de son frère Robert à Tinchebray (1106), défait le roi Louis le Jeune au combat de Brémule, dit à tort de Brenneville (1119), mais ne peut réunir les couronnes

Dieppe (falaise et château).

anglo-normandes sur la tête de sa fille Mathilde. Cette fortune était réservée à son petit-fils Henri II Plantagenet (1154), dont les descendants conservèrent la Normandie jusqu'en 1204. Jean sans Terre, qui la possédait alors, ayant refusé de comparaître devant la cour de Philippe-Auguste, son suzerain, pour avoir mis à mort Arthur de Bretagne, le roi de France ordonna la confiscation de cette province et en prit possession à la tête d'une armée.

Redevenue française, la Normandie conserva presque toutes ses franchises, qui furent confirmées en 1315 par la *charte aux Normands*, laquelle consistait principalement dans le droit qu'avaient ceux-ci d'être jugés en dernier ressort par leur *Échiquier* et imposés par leurs *états* provinciaux. L'invasion anglaise de 1346, la guerre civile et la peste noire désolèrent ensuite le pays ; mais en 1364 du Guesclin remporte la victoire de Cocherel sur Charles le Mauvais, et bientôt les Normands vont établir des comptoirs jusque sur la côte occidentale d'Afrique. Sous Charles VI, la rivalité des Armagnacs et des Bourguignons jette partout le désordre : les Anglais, déjà maîtres de toute la Guyenne, en profitent pour envahir la Normandie (1417). Sous Charles VII, ils gagnent la bataille de Verneuil (1424) et brûlent sur une place de Rouen l'héroïque Jeanne d'Arc, suscitée de Dieu pour les vaincre et sauver la France (1431); cependant la victoire de Formigny, en 1450, les expulse à jamais de cette province, qui est incorporée définitivement à la patrie française par Louis XI (1468). Une ère de paix s'ouvre, et les Normands se livrent au commerce et à la navigation. Secondés par François Ier, ils établissent au Canada nos premières colonies.

Arrêtés dans ce mouvement par les guerres de Religion et de la Ligue, que signalent chez eux les batailles d'Arques (1589) et d'Ivry (1590), puis le siège de Rouen par Henri IV, ils recommencent ensuite avec plus d'ardeur que jamais leurs expéditions lointaines : c'est ainsi qu'ils fondent Québec en 1608, plusieurs établissements au Brésil en 1612, qu'ils visitent les îles de la Sonde et colonisent la Guadeloupe (1635). En 1639, une révolte, dite des Nu-Pieds, éclate parmi les paysans à cause d'un surcroît d'impôts. En 1654, après les troubles de la Fronde, Louis XIV supprime les états et l'autonomie de la province : la *charte aux Normands* et le cri de *haro!* n'eurent plus de sens. Louis XV supprima de même, en 1771, le parlement de Rouen, qui avait remplacé l'Échiquier; mais Louis XVI le rétablit trois ans après et commença le port militaire de Cherbourg, reconnu nécessaire après la défaite navale de la Hougue. A la Révolution, le mouvement girondin, organisé à Caen contre la Terreur, eut le Normand Buzot pour chef; Charlotte Corday était aussi normande. En même temps la patriotique Normandie levait cent bataillons contre l'étranger. Elle a, en outre, grandement fourni son contingent à la liste des illustrations nationales, et pendant le moyen âge elle a participé largement à la vie intellectuelle et artistique de la France. Elle a excellé surtout dans la construction : au XIe siècle, ses églises romanes étaient plus vastes, plus solides et d'un style plus avancé que dans les autres provinces du Nord, et si elle n'a pas créé le style ogival, elle l'a revêtu chez elle de beautés particulières.

L'esprit normand. — « Il y a longtemps que le caractère des Normands est exposé aux attaques d'une jalousie mal déguisée. Le trait qui domine chez ce peuple et qu'on lui a le plus reproché, c'est l'amour du *gain*. On le retrouve à toutes les époques et sous toutes les formes. Au moyen âge, on ne *gaignait* que par l'épée : alors les Normands se firent conquérants. Quelquefois ils cachaient la cotte de mailles du guerrier sous la robe du pèlerin, comme les premiers Normands qui se signalèrent en Italie. Plus tard ils se firent légistes, avocats, procureurs, industriels et commerçants. Sous les formes diverses, le fond est resté le même. Le Normand ne poursuit pas un but idéal; il ne se laisse pas entraîner par la beauté de l'art dans sa pure essence; il est rarement dominé par la passion. L'esprit positif, qu'on appelle la *sapience,* le préserve de ces écarts; il tend au gain avec une résolution, une persévérance qui en assure le succès. » (A. CHÉRUEL, *Hist. des Villes de France*.)

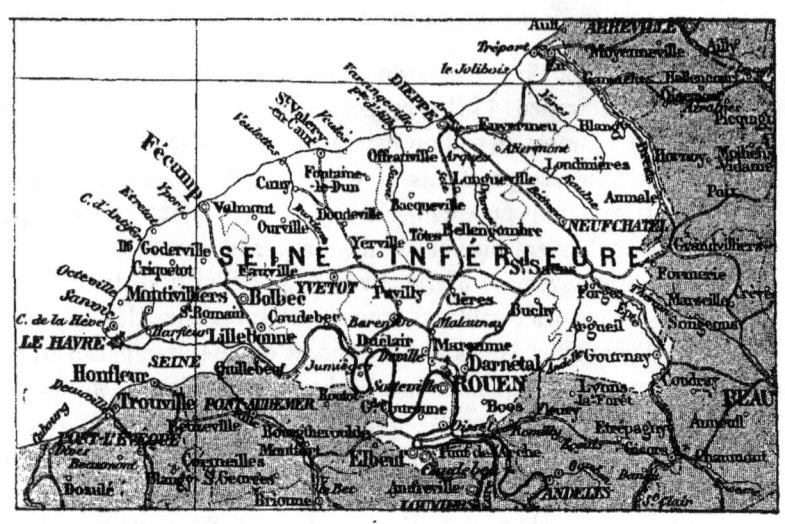

SEINE-INFÉRIEURE

5 arrondissements, 54 cantons, 759 communes, 840 000 habitants

Géographie. — Le département de la *Seine-Inférieure* est ainsi appelé à cause de sa situation sur le cours inférieur de la Seine, qui le traverse dans sa partie méridionale de l'est à l'ouest, pour se terminer à la Manche, entre le Havre et Honfleur. Formé de la Haute-Normandie, il comprend l'ancien *pays de Caux*, capitale Dieppe; celui de *Bray*, capitale Gournay; plus quelques lambeaux du *Roumois*, capitale Rouen, et du *Vexin normand*, capitale Gisors (Eure). Les 6 030 kilomètres carrés de son territoire lui donnent le 42ᵉ rang pour la superficie.

En général, ce département est composé de plateaux secs, coupés de nombreux vallons aux ruisseaux limpides et se terminant par des falaises crayeuses sur la Manche et la vallée de la Seine. Du niveau de la mer au point culminant, situé à l'est de Neufchâtel, près de Conteville, la différence de hauteur n'est que de 245 mètres. Les autres points remarquables sont : le cap d'Antifer, 116 mètres; le cap de la Hève, 105 mètres; Neufchâtel, 95 mètres; Rouen, 5 mètres. L'altitude moyenne est de 110 mètres.

Ce département présente environ 130 kilomètres de côtes presque rectilignes, ayant quelques bons ports et formées de hautes falaises crayeuses, que les vagues ébrèchent sans cesse. Ses eaux vont à la mer par les *rivières côtières* et la Seine. Ces rivières sont : la *Bresle*, qui sert de limite au nord-est et finit au Tréport; l'*Yères*, l'*Arques*, qui forme le port de

Dieppe et se compose de la *Varenne*, de la *Béthune*, arrosant Neufchâtel, et de l'Eaulne ; la Scie, la Saane et le Durdent.

La Seine accomplit principalement dans le département la dernière série de ses grands méandres, en même temps qu'elle y arrose les cités manufacturières d'Elbeuf et surtout de Rouen, terme de la navigation maritime, puis Caudebec et Quillebeuf, où elle atteint 2 kilomètres et demi de largeur. C'est généralement entre ces deux dernières localités que se produit le curieux phénomène du « mascaret » ou flot de recul qui, formé par la rencontre du courant marin et du courant fluvial, remonte le fleuve « avec la vitesse d'un cheval au galop ». C'est aussi à Quillebeuf que la Seine se transforme en un vaste estuaire de 30 kilomètres de longueur, qui s'ouvre avec 13 kilomètres de largeur dans la Manche, entre Honfleur et le grand port du Havre. Dans cet estuaire à fond de sable, de galets et de limons boueux que la marée haute recouvre, le fleuve s'épanche aux époques de crues ; mais, en temps ordinaire, il suit le chenal qu'on lui a assigné au moyen d'endiguements, principalement dans le but de faciliter la navigation : cependant c'est au Havre que s'arrêtent toujours les gros navires. — Les affluents de la Seine sont ici l'*Epte* et l'*Andelle* ; les canaux, ceux du Havre à Tancarville et d'Eu au Tréport.

Le *climat* de la Seine-Inférieure est le *séquanien* : maritime, variable, humide, relativement doux à cause du voisinage de la mer. La température moyenne est de 10 à 11° ; la hauteur des pluies, de 65 centimètres à Rouen et de 80 centimètres à Dieppe.

Fertile et bien cultivé, couvert d'un limon argilo-sablonneux-calcaire, ce département récolte beaucoup de céréales, notamment sur le crayeux plateau de Caux ; tandis que ses belles vallées, où se pressent les villages et les usines, renferment de grasses prairies nourrissant des chevaux de race boulonnaise et des vaches laitières renommées. La vigne est partout remplacée par de nombreux pommiers à cidre, et de belles forêts couvrent çà et là le territoire : telles sont celles d'Eu, 7 500 hectares ; de Brotonne, d'Eawy, de Roumare, de Rouvray et de la Londe. Il y a une école pratique d'agriculture à Aumale.

Ce département n'exploite guère que la tourbe à l'embouchure de la Seine, la craie de Rouen, les galets de Dieppe, l'argile plastique de Forges ; mais il n'en est pas moins l'un des plus industriels de France. Rouen est avec sa banlieue un grand centre pour la filature et la fabrication des cotonnades dites *rouenneries*, des toiles peintes ou *indiennes*, tandis qu'Elbeuf tisse les draps *nouveautés*. Il y a d'importantes usines métallurgiques à Rouen et au Havre, deux manufactures de tabac à Dieppe et au Havre, des raffineries de sucre exotique, une verrerie et des moulins à vapeur au Havre, des chantiers de construction de navires à Rouen, au Havre, à Fécamp ; en divers endroits, des teintureries, savonneries, papeteries, etc. Citons encore l'horlogerie de Saint-Nicolas d'Aliermont, les objets d'ivoire de Dieppe, le beurre de Gournay, les fromages bondons ou malakoffs de Neufchâtel, la pêche de la morue et du poisson frais par les ports de Fécamp, Saint-Valery-en-Caux, Dieppe, le Tréport, et leurs bains de mer, auxquels il faut ajouter ceux d'Étretat, du Havre, et les eaux ferrugineuses de Forges.

Les habitants. — Grâce surtout à l'immigration, favorisée par son

Costumes normands.

activité industrielle, la Seine-Inférieure a gagné 180 000 habitants de 1801 à 1871, et 50 000 de cette dernière époque à 1891. Elle compte 840 000 âmes, soit 140 par kilomètre carré, le double de la moyenne de la France, ce qui la place au 4° rang pour la population absolue et relative. Sur ce nombre, il n'y a cependant que 8 000 étrangers; les protestants sont environ 12 000, et les juifs un millier. Dans la campagne, on parle différents patois.

Personnages. — Saint Gonthard, médecin de Guillaume le Conquérant, né à Sotteville-lès-Rouen, mort vers 1100. Jean de Béthencourt, colonisateur des Canaries, né à Grainville, mort en 1425. L'armateur Ango et le physicien Salomon de Caus, nés à Dieppe, morts en 1551, 1630. Les sculpteurs François et Michel Anguier, nés à Eu, morts en 1669, 1686. Le poète Pierre Corneille, et Cavelier de la Salle, explorateur dans l'Amérique du Nord, nés à Rouen, morts en 1684, 1687. L'amiral Duquesne, né à Dieppe, mort en 1688. Madeleine de Scudéri, écrivain, née au Havre, morte en 1701. Le poète Thomas Corneille, né à Rouen (mort en 1709), ainsi que le peintre Jouvenet, 1717; le savant Fontenelle, 1757, et le peintre Restout, 1768. Bernardin de Saint-Pierre, écrivain, né au Havre, mort en 1814. Les peintres Lemonnier, Géricault et le compositeur Boïeldieu, nés à Rouen, morts, les deux premiers en 1824, le troisième en 1834. Le poète Casimir Delavigne, né au Havre, mort en 1843. Le maréchal Pélissier, né à Maromme, mort en 1864.

Administrations. — Le département forme le diocèse de Rouen, ressortit à la cour d'appel de Rouen, à l'académie de Caen, à la 3e région militaire (Rouen), au sous-arrondissement maritime du Havre, du 1er arrondissement (Cherbourg) et à la région agricole du Nord-Ouest.

Il comprend 5 arrondissements: *Rouen, le Havre, Yvetot, Dieppe, Neufchâtel*, avec 54 cantons et 759 communes.

I. **ROUEN** (112 000 habitants), chef-lieu du département [1], est l'une des principales villes de France, occupant, à 5 mètres d'altitude, une situation géographique des plus heureuses, au sommet d'un large méandre de la basse Seine. Sur la rive droite est la ville proprement dite, dont les faubourgs s'étagent sur les coteaux; elle communique avec celui de Saint-Sever, sur la rive gauche, par deux ponts, les derniers qu'on rencontre sur le fleuve. Rouen a remplacé une partie de ses vieilles rues si intéressantes par ce qu'on appelle de « grandes artères »; mais ses anciens monuments religieux et civils la placent au premier rang sous le rapport archéologique, tandis que ses environs offrent d'agréables promenades et de magnifiques points de vue. La cathédrale Notre-Dame, de style gothique, bâtie aux XIIIe et XIVe siècles sur les plans d'Enguerrand, présente une façade richement sculptée, flanquée de deux tours. Sa flèche du transept, en fonte, achevée en 1875, mesure 148 mètres de hau-

---

[1] Arrondissement de Rouen : 15 *cantons*, 158 communes, 301 490 habitants.
Cantons et communes principales : 1-6. *Rouen*, 112 360 habitants. — 7. *Boos*, 610 ; Amfreville-la-Mi-Voie, Blosseville-Bonsecours, 1730 ; le Mesnil-Esnard, Neuville-Champ-d'Oisel. — 8. *Buchy*, 820. — 9. *Clères*, 810 ; Fontaine-le-Bourg, Monville, 2520. — 10. *Darnétal*, 6460 ; Bois-Guillaume, 5510 ; Saint-Jacques-sur-Darnétal, Saint-Léger-du-Bourg-Denis. — 11. *Duclair*, 1920 ; Jumièges, Saint-Martin-de-Boscherville, Saint-Pierre-de-Varengeville. — 12. *Elbeuf*, 21 410 ; Caudebec-lès-Elbeuf, 10 440 ; la Londe, Orival, Saint-Aubin-Jouxte-Boulleng, 3190 ; Saint-Pierre-lès-Elbeuf, 3670. — 13. *Grand-Couronne*, 1460 ; le Grand-Quevilly, 1780 ; Oissel, 3950 ; le Petit-Quevilly, 10 690 ; Saint-Étienne-du-Rouvray, 4670 ; Sotteville-lès-Rouen, 16 390. — 14. *Maromme*, 3440 ; Canteleu, 3630 ; Deville, 5270 ; le Houlme, 2130 ; Malaunay, Mont-Saint-Aignan, 3380 ; Notre-Dame-de-Bondeville, 2860 ; Roumare. — 15. *Pavilly*, 2960 ; Barentin, 4420 ; Liméry.

teur et dépasserait tout autre clocher, n'étaient ceux de Cologne, qui ont douze mètres de plus. On admire aussi les deux portails latéraux, les ver-

Rouen. La cathédrale Notre-Dame.

rières, les stalles du chœur et, dans les chapelles, les tombeaux de Rollon, de Guillaume Longue-Épée, de Richard Cœur de Lion, ceux de Louis de Brézé et des deux cardinaux d'Amboise. Une autre église gothique de premier ordre est l'ancienne abbatiale de Saint-Ouen, commencée en 1318, et dont l'unité et la correction de style sont parfaites. Plus riche est Saint-Maclou, beau spécimen de l'architecture fleurie du XVe siècle, avec portes admirablement sculptées par Jean Goujon, et une flèche en pierre, haute de 88 mètres, restauration moderne très réussie. Aux édifices religieux de Rouen se rattache l'enclos appelé « aître (*atrium*) de Saint-Maclou », ancien cimetière entouré de galeries en pierre et en bois des XVIe et XVIIe siècles, dont les sculptures représentent des attributs funèbres.

Le plus beau monument civil est le palais de justice, construit à la fin du XVe siècle pour l' « Échiquier » de Normandie, avec toute la délicatesse du style ogival expirant. — Le monument de Saint-Romain, de l'époque Renaissance, rappelle une coutume touchante : là, chaque année, le jour de l'Ascension, un condamné à mort venait lever la châsse ou « fierte » (*feretrum*) de saint Romain, apportée en grande cérémonie par le clergé de la cathédrale, et recevait ensuite sa grâce. — Citons aussi la tour du Beffroi ou de la Grosse-Horloge, des XIVe et XVIe siècles ; la tour de Jeanne d'Arc, qui fit partie du château fort élevé par Philippe-Auguste, et où l'héroïne fut enfermée pendant son jugement ; l'hôtel Bourgtheroulde, décoré de bas-reliefs représentant l'entrevue du camp du Drap d'or ; puis les fontaines monumentales qui ornent les places publiques, d'anciennes maisons fort pittoresques, les statues élevées en ce siècle au grand Corneille, à Jeanne d'Arc, sur la place où elle fut brûlée, à Napoléon Ier, à Boïeldieu, au publiciste Armand Carrel, au bienheureux Jean-Baptiste de la Salle. Ce dernier, fondateur de l'Institut des Frères des Écoles chrétiennes, mourut en 1719 au faubourg Saint-Sever, où il avait transporté le siège de sa congrégation, en la maison dite de Saint-Yon.

Rouen, ville de sociétés savantes et de grandes écoles, possède l'une des plus précieuses bibliothèques de province et d'intéressants musées d'art, d'antiquités, d'histoire naturelle et de céramique.

Son industrie consiste avant tout dans la filature et le tissage du coton. Plus d'un million de broches fonctionnent dans ses murs ou aux environs, et chaque année 300 000 quintaux de coton y sont convertis en tissus. La spécialité la plus appréciée est celle des *indiennes* ou toiles peintes, d'un bon marché réel ; le nom de *rouenneries* s'applique surtout aux cotonnades brochées. La filature et le tissage du lin, la teinturerie, la fabrication des lainages et des produits chimiques, la construction des machines et des navires, la meunerie, la confiserie et la raffinerie des sucres sont les autres industries de Rouen, qui fabrique aussi du sucre de pomme renommé. Le commerce n'y est pas moins florissant ; mais l'insuffisance de profondeur de la Seine nuit au mouvement de son port, qui reçoit annuellement 3500 navires jaugeant un million de tonnes. Le port de Rouen est surtout en relation maritime avec l'Angleterre, la Russie, l'Espagne, l'Algérie, l'Italie et les États-Unis ; il sert d'intermédiaire entre Paris et le Havre.

Rouen, *Rotomagus*, capitale des Véliocasses, devint sous la domination romaine la métropole de la Lyonnaise IIe. Le christianisme y fut implanté au IIIe siècle par saint Nicaise et saint Mellon, ses premiers évêques. Chilpéric Ier y épousa Galswinthe en 570, et Mérovée, son fils, Brunehaut; l'archevêque Prétextat, qui avait béni cette dernière union, fut assassiné

Tour de Jeanne d'Arc, à Rouen.

dans la cathédrale par ordre de Frédégonde. Le VIIe siècle est marqué surtout par le pontificat de saint Romain, si populaire; celui de saint Ouen, ministre de Dagobert, et dont le tombeau occasionna la richesse de la célèbre abbaye qu'il avait lui-même fondée. Les Normands, ayant pris la ville en 851 et 859, en firent une de leurs stations, puis les ducs de Normandie y fixèrent leur résidence. Othon le Grand et Louis IV d'Outre-mer furent battus sous ses murs, en 947, par le duc Richard sans Peur. Les marchands de Rouen reçurent d'Édouard le Confesseur pour leur usage particulier le port de *Dungeness*, en Angleterre, et obtinrent d'Henri II le monopole du commerce de l'Irlande. La ville fut souvent délaissée par ses maîtres depuis Guillaume le Conquérant. Elle fut en 1203 le théâtre de l'assassinat d'Arthur de Bretagne par son oncle Jean sans Terre, meurtre dont la conséquence fut la prise de possession de la province par Philippe-Auguste l'année suivante. La royauté française développa la prospérité commerciale de Rouen, et Philippe le Bel y établit en 1302 « l'Échiquier » de Normandie, qui recevra deux siècles plus tard le titre et les attributions complètes d'un parlement. Mais en 1382 une insurrection éclate dans la ville contre le gouvernement de Charles VI. Les Anglais la prennent en 1419, après un siège héroïquement soutenu, et y font en 1431 le procès inique de Jeanne d'Arc, aussitôt suivi de son supplice (30 mai). Charles VII ne les en chassa qu'en 1449. La ville eut beaucoup à souffrir des guerres de Religion : après un siège au cours duquel Antoine de Bourbon fut tué, le duc François de Guise la prit à Montgomery en 1562. Puis Henri III et Henri IV en furent successivement repoussés : ce dernier n'y entra qu'en 1593. La révocation de l'édit de Nantes affaiblit le commerce et l'industrie de Rouen, qui toutefois ne tardèrent pas à se relever.

Mort de Jeanne d'Arc. — L'infortunée Jeanne d'Arc avait été prise par l'ennemi à Compiègne dans une sortie, le 24 mai 1430. « Cet événement fut un grand sujet de triomphe pour les Anglais ; ils firent chanter le *Te Deum* dans les églises de Paris, et se souillèrent d'une tache éternelle en faisant juger leur captive comme convaincue à leur égard de magie et de sortilège. Jeanne d'Arc fut conduite à Rouen et enchaînée. Il importait qu'un tribunal de sang la déclarât coupable, afin de prouver que la France n'avait point été secourue par la main de Dieu, mais par le démon. L'évêque de Beauvais, l'une des créatures du duc de Bedford, présida à cet inique jugement. Tous les actes de la procédure subsistent encore, à la honte de l'Angleterre. La victime fit paraître dans ses réponses autant de dignité que de sainteté : elle ne renia ni sa gloire ni sa mission ; mais, aux yeux des Anglais, c'étaient là des crimes et des actes de magie. Malgré son innocence, et après avoir mille fois confondu ses juges par la justesse de ses réponses, elle fut déclarée coupable d'hérésie, de sortilège, de blasphèmes et de plusieurs autres attentats, et on la condamna tout d'une voix à l'horrible supplice du feu. La malheureuse fille pleura, comme il convenait à la faiblesse de son sexe ; mais elle ne se rétracta point, et se laissa conduire au bûcher dressé pour elle sur la place du marché de Rouen. Ce fut là qu'elle périt dans les flammes, une croix dans les mains, et en prononçant jusqu'au dernier soupir les noms de Jésus et de Marie !

« Ainsi fut accomplie la plus révoltante iniquité dont l'histoire fasse mention. A la honte de Charles VII, on ne voit pas qu'il ait fait la moindre démarche pour soustraire la Pucelle d'Orléans au martyre. Les

Mort de Jeanne d'Arc.

desseins de Dieu avaient leur accomplissement; il suffit à l'homme de les adorer. »   (AM. GABOURD, *Hist. de France*.)

Ajoutons que, vingt-quatre ans plus tard, le pape Calixte III fit procéder à la revision du procès de Jeanne d'Arc. Déjà à cette époque on fut étonné de l'iniquité des juges et de leurs abominables artifices, où l'esprit infernal semble avoir eu plus de part que la méchanceté humaine. L'évêque Pierre Cauchon lui-même reconnut sa faute.

Le jugement fut annulé en 1456, l'innocence de Jeanne proclamée, et

Ruines de l'abbaye de Jumièges.

deux processions expiatoires furent faites à Rouen, l'une sur la place du Vieux-Marché, où elle avait expiré. De nos jours sa réputation de sainteté n'a fait que grandir, et Léon XIII vient de déclarer Vénérable la vierge martyre, qui est une des gloires les plus pures de la France.

A trois kilomètres sud-est de Rouen, dans la commune de *Blosseville*, s'élève sur le mont Thuringe la magnifique église ogivale de *Notre-Dame de Bon-Secours*, but de pèlerinage célèbre : on y jouit d'une très belle vue sur la ville et le cours de la Seine. — DARNÉTAL est un faubourg industriel de Rouen, sur le Robec et l'Aubette, qui y mettent en mouvement de nombreuses usines : fabriques de draps, de lainages et autres tissus, filatures de coton, ateliers d'impressions sur indiennes. — DUCLAIR, à l'embouchure de la rivière Sainte-Austreberthe, est un petit port qui expédie beaucoup de fruits. Près de là sont les fameuses falaises crayeuses appelées « chaise de Gargantua », qui ont fourni matière à des poèmes légendaires. — *Saint-Martin de Boscherville*, près de la rive droite de la Seine, possède les restes de la célèbre abbaye de Saint-Georges, fondée vers 1060 par Raoul de Tancarville ; l'église abbatiale, particulièrement remarquable, est bien conservée.

Jumièges, dans un méandre de la Seine, doit sa célébrité à son abbaye, fondée au VIIe siècle par saint Philbert, et qui fut très importante à l'époque mérovingienne. C'est là que moururent, peu après y avoir été recueillis, deux fils de Clotaire II qui, pour s'être révoltés contre leur mère, eurent les « nerfs » ou tendons des membres coupés et furent abandonnés dans une barque au courant de la Seine. On les appelle les « Énervés de Jumièges ». L'abbaye, dévastée par les calvinistes et détruite à la Révolution, n'offre aujourd'hui que des ruines, mais si majestueuses et si pittoresques, surtout celles de l'église, que les artistes ne se lassent pas d'en reproduire le tableau.

La petite ville industrielle d'*Oissel*, l'ancienne *Oscellus*, est située sur la rive gauche de la Seine, près d'une île où les pirates normands avaient établi un refuge ou camp fortifié, destiné à renfermer le riche butin fait dans les villes et villages des rives du fleuve.

Sotteville-lès-Rouen est une localité de 16 400 habitants, remplie d'usines pour la filature et le tissage du coton, ainsi que la construction des machines. La compagnie des chemins de fer de l'Ouest y possède de vastes ateliers pour la construction de son matériel. — *Deville-lès-Rouen* prend aussi une large part à l'industrie du chef-lieu par la filature et le tissage du coton, par ses fabriques d'indiennes et de broches, ses teintureries, ses fonderies de fer, ses ateliers pour le laminage du plomb et la construction des machines.

L'industrie rouennaise, qui étend son activité dans un rayon de vingt kilomètres, occupe encore notamment : *Saint-Étienne-du-Rouvray*, qui possède un asile départemental de femmes aliénées, attenant à l'établissement d'aliénés de Sotteville ; le *Petit-Quévilly*, MAROMME, *Canteleu, le Houlme, Malaunay, Barentin*, etc. On remarque dans ces deux dernières localités deux beaux viaducs du chemin de fer de Rouen au Havre, le premier ayant 700 mètres de long, et le second 500.

Elbeuf (21 400 habitants), sur la rive gauche et à la base du méandre de la Seine dont Rouen occupe le sommet, est un de nos principaux centres de l'industrie drapière, notamment pour l'article « nouveautés ». Les laines importées de la Plata, pour les neuf dixièmes, de l'Australie et de l'Allemagne y occupent 25 000 ouvriers dans de nombreuses usines de la ville et de la banlieue. Il est même des établissements où le précieux textile entré en toisons ressort tissé. L'industrie elbovienne produit annuellement pour une valeur de 90 millions de francs de lainages, sans parler de la fabrication des cardes et d'articles d'outillage. Comme édifices, la ville présente les églises Saint-Étienne et Saint-Jean, ornées de beaux vitraux des xve et xvie siècles, l'hôtel de ville et le cercle du Commerce; de plus, le voisinage de la Seine, bordée de superbes falaises, et les belles forêts de la Londe et du Rouvray rendent ses environs intéressants.

Elbeuf, dont le nom primitif paraît être *Hollebof*, remonte aux premiers temps de l'occupation normande. Henri III l'érigea en duché-pairie pour la famille de Guise en 1582. Son industrie des draps, qui à cette époque était déjà très florissante, se développa considérablement grâce à Colbert; mais elle souffrit momentanément de la révocation de l'édit de Nantes. Ses principales annexes industrielles sont: *Caudebec-lès-Elbeuf, Saint-Pierre-lès-Elbeuf, Orival* et *Saint-Aubin*, qui est reliée avec Elbeuf par un beau pont suspendu.

II. **LE HAVRE**, grande ville de 116 000 habitants, chef-lieu d'arrondissement[1] et second port marchand de la France, s'élève au nord de l'entrée de l'estuaire de la Seine, au pied du massif crayeux formant la saillie du cap de la Hève.

Le *Havre-de-Grâce,* qui doit son surnom à une chapelle de Notre-Dame, très fréquentée par les marins, fut fondé en 1517 par François Ier pour suppléer à l'ensablement des ports voisins de Lillebonne et de Harfleur. Sa prospérité excita la jalousie des Anglais, qui le bombardèrent en 1694 et 1759. Mais c'est surtout depuis un demi-siècle que la ville a pris des développements considérables. Dès que son enceinte eut fait place à de magnifiques boulevards, elle rejoignit bientôt les communes limitrophes, qui furent successivement annexées : Tourneville, Ingouville et le bourg de l'Eure, ancien port lui-même. Sa population, quadruplée depuis 1850, l'a mise au huitième rang des villes de France. Cette moderne cité, bien percée et bien bâtie, manque de monuments vraiment remarquables; mais son port, grand, beau et très animé, en fait le principal caractère. Protégé par deux jetées et défendu par plusieurs forts et de nombreuses batteries, il comprend, outre un immense avant-port, neuf bassins à flot de 75 hectares de superficie totale, avec un développement de 11 000 mètres de quai. A côté s'élèvent les docks-entrepôts et les vastes magasins généraux, renfermant toutes les espèces de produits bruts ou manufacturés du globe. Parmi les marchandises importées, figurent principalement les cotons des États-Unis, que le Havre reçoit presque seul,

---

[1] Arrondissement du HAVRE : 13 *cantons,* 128 communes, 274 280 habitants.
Cantons et communes principales : 1-6. *Le Havre,* 116 370 habitants; Bléville, 2 850 ; Graville-Sainte-Honorine, 7 500; Sainte-Adresse, 2 520; Sanvic, 6 880. — 7. *Bolbec,* 12 030 ; Gruchet-le-Valasse, 1 850 ; Lanquetot. — 8. *Criquetot-l'Esneval,* 1 420 ; Étretat, 2 020 ; Saint-Jouin, 1 500. — 9. *Fécamp,* 13 580 ; les Loges, Yport, 1 790. — 10. *Goderville,* 1 300 ; Bec-de-Mortagne, Bréauté, Bretteville. — 11. *Lillebonne,* 6 500. — 12. *Montivilliers,* 5 350 ; Harfleur, 2 310 ; Octeville, 2 080. — 13. *Saint-Romain-de-Colbosc,* 1 820 ; la Cerlangue, Tancarville.

soit directement, soit par Liverpool, pour la France et le continent; puis viennent les laines, cafés, peaux brutes, blés et viandes, houilles, bois, cuivre et graines oléagineuses; les produits pour l'exportation consistent surtout en tissus, vêtements, meubles et articles de Paris. Toutes ces denrées donnent lieu à un mouvement annuel de plus de 10 000 navires, jaugeant 4 500 000 tonnes, et représentant une valeur de plus de deux milliards, soit près du quart de la valeur du commerce de la France. Le Havre est aussi notre principal port d'embarquement pour les émigrants qui se rendent aux États-Unis et au Brésil. Sa marine spéciale jauge environ 200 000 tonnes.

En relation quotidienne avec Honfleur et Trouville, situés sur la rive

Jetée et sémaphore du Havre.

opposée de l'estuaire, le Havre a des services réguliers de paquebots à vapeur pour les grands ports de l'Europe septentrionale, surtout ceux de l'Angleterre, ainsi que pour Bordeaux, Marseille, Lisbonne, Constantinople, Odessa, les États-Unis, les Antilles, le Brésil, l'Argentine, la Chine, l'Inde, la Réunion. De plus, la Compagnie des transatlantiques entretient du Havre à New-York un service régulier s'accomplissant en huit jours.

Cette grande extension du commerce havrais est évidemment due à ce que le Havre est le premier grand port français rencontré par les navires venant d'Amérique. Sa position, d'ailleurs favorable par rapport aux États commerçants du nord de l'Europe, en fait en même temps le débouché naturel, sur la Manche, du bassin de la Seine, spécialement de Paris, et par ce bassin, de l'intérieur de la France et de l'Europe. Un autre grand avantage de ce port, c'est l'étale extraordinaire de la marée pendant une et même plusieurs heures, ce qui facilite l'entrée et la sortie aux bâtiments; en outre, par suite de récents travaux, le chenal est accessible en tout temps aux navires de 8 à 10 mètres de tirant d'eau, tandis que le nouveau canal de Tancarville met la batellerie fluviale de la Seine en communication directe et sûre avec le port.

Mais si le négoce est la grande occupation des Havrais, il n'est pas l'unique, car l'industrie compte au Havre un certain nombre d'établissements considérables, tels que chantiers de construction de navires, ateliers de construction et de réparation de machines à vapeur de toutes sortes, fonderies et laminoirs de cuivre, zinc et plomb. Elle possède aussi de très belles corderies, d'importantes raffineries de sucre, une grande manufacture de tabac, des fabriques de produits chimiques et, depuis quelques

Les falaises d'Étretat.

années, des usines pour la filature et le tissage du coton ; enfin ses bains de mer sont très fréquentés.

Tels sont la ville et le port du Havre, que des améliorations et des agrandissements incessants rendent chaque jour plus propres au développement de notre commerce et de notre industrie. Aussi, devenu plus peuplé même que Rouen, a-t-il été souvent question depuis 1870 d'en faire le chef-lieu d'un nouveau département, dit de la Seine-Maritime. Du reste, le Havre ne peut-être pour son aînée une cause directe de décadence, car la prospérité des deux villes tient à des raisons diverses : la première est avant tout un centre commercial et un port maritime; la seconde était et reste surtout un centre manufacturier.

A l'est, le Havre marche à la rencontre de *Graville*, dont l'église de l'ancienne abbaye renferme le tombeau de sainte Honorine ; — au nord, il se relie à *Sanvic* et même à *Sainte-Adresse*, qui possède deux établissements de bains de mer ; à un kilomètre ouest le cap de la Hève est couronné de deux phares et de la chapelle Notre-Dame-des-Flots, très vénérée des marins.

Bolbec, ville de 12 000 habitants, bien bâtie, entourée de maisons de

Harfleur. Église et maisons du xvie siècle.

plaisance, est un centre de fabrication de toiles peintes : cretonnes, coutils, mouchoirs, indiennes, occupant dans le district 7 000 ouvriers.

Étretat, petit port sur la Manche, au pied d'admirables falaises, doit sa prospérité à ses bains de mer très fréquentés ; il a aussi des parcs aux huîtres. Les falaises d'Étretat sont très célèbres et très visitées ; elles sont percées en arcades, où la mer pénètre en grondant. L'Aiguille, obélisque de 70 mètres de haut, est surtout grandiose. — Les rois mérovingiens avaient un palais dans cette ville, où l'on a découvert des antiquités romaines considérables.

Fécamp (13 600 habitants), sur la Manche, est un port d'accès facile, grâce à la protection du cap Fagnet et de deux longues jetées. C'est le premier port français pour la pêche de la morue, du maquereau et du hareng. Il importe aussi des houilles d'Angleterre, des bois de Norvège, et exporte des chalets en Égypte. La ville possède de nombreux ateliers de salaisons de poissons, des chantiers de construction de navires, des fabriques de filets de pêche, de cordages pour la marine, et de liqueur estimée, dite bénédictine de Fécamp ; ses bains de mer sont très fréquentés. Elle ne forme guère qu'une rue de trois kilomètres, dans une vallée resserrée entre le port et des collines arides. On y remarque l'ancienne église abbatiale de la Trinité (XIIe siècle), longue de 130 mètres et dominée par une belle tour formant lanterne ; la chapelle Notre-Dame-du-Salut (XIVe siècle), lieu de pèlerinage pour les marins ; les magnifiques falaises, le camp gaulois ou romain dit « le Canada ».

Fécamp (*Fiscanum*) dut son importance au moyen âge à une abbaye fondée vers 660 par saint Waneng. Les ducs de Normandie fortifièrent la ville et s'y construisirent un château, dont on voit encore les ruines, de même que celles de l'abbaye. Il y eut aussi, sur la falaise dominant Fécamp, un fort, dont le capitaine ligueur de Boisrozé s'empara dans la nuit du 10 novembre 1592, par une escalade restée fameuse.

LILLEBONNE, pittoresquement située près de la Seine, au pied de coteaux escarpés et boisés, possède des filatures de coton, des fabriques de calicots et d'indiennes. C'est l'ancienne *Juliobona* romaine, capitale des Calètes, ou habitants du pays de Caux. On y a découvert les vestiges d'un théâtre et de thermes qui attestent sa splendeur passée. L'église Notre-Dame est remarquable par son portail richement sculpté et par son élégante flèche en pierre. — MONTIVILLIERS, jadis célèbre par ses fabriques de draps, est aujourd'hui un lieu de villégiature pour les Havrais ; il y a une très belle minoterie, des papeteries et des tanneries. L'église, reste d'une puissante abbaye de bénédictines, est composée de deux édifices juxtaposés des XIe et XVIe siècles.

Harfleur, sur la Lézarde, à deux kilomètres de son embouchure dans la Seine, est une ville bien déchue de son ancienne importance. Pendant des siècles, en effet, elle porta le titre de comté et de « souverain port » de la Normandie ; sa prospérité commença à décroître au XVIe siècle, par suite de l'ensablement du fleuve et de la création du Havre. Henri V, roi d'Angleterre, l'ayant prise en 1415, seize cents familles furent bannies et remplacées par des Anglais. Ceux-ci en furent chassés en 1435, mais ils l'occupèrent une seconde fois de 1440 à 1450. Une partie de ses fortifications, sa belle église et ses vieilles maisons sont bien conservées, tandis que son port est accessible aux navires de 300 tonneaux, grâce au nouveau canal de Tancarville, qui le fait communiquer avec les bassins havrais. — *Tancarville,* sur une pointe de rochers qui domine de 50 mètres la rive droite de la Seine à son embouchure, conserve son château féodal aux masses imposantes. Les sires de Tancarville se rendirent célèbres par leurs exploits.

III. **YVETOT,** chef-lieu d'arrondissement[1], est une ville de 7 600 habitants, située à 140 mètres d'altitude sur un plateau fertile mais sans eau. Aujourd'hui fileuse et tisseuse de laine et de coton, elle était jadis le chef-lieu d'une seigneurie, dont les possesseurs portèrent le titre de *roi* jusqu'au XVIe siècle, puis celui de *prince souverain* jusqu'au XVIIIe. C'est Clotaire Ier qui, dit-on, fonda ce royaume en miniature, pour dédommager les seigneurs d'Yvetot du meurtre de l'un deux. La ville fut témoin, en 1592, de combats acharnés entre les troupes de Henri IV et celles de la Ligue. Elle resta au pouvoir du Béarnais, qui s'écria : « Au moins si je dois perdre le royaume de France, suis-je assuré de celui d'Yvetot ! » — *Allouville,* à 6 kilomètres sud-ouest, montre un chêne énorme, contemporain de Charlemagne, ayant 15 mètres de circonférence, et dans l'intérieur duquel on a creusé une chapelle.

Caudebec-en-Caux est un port de pêche sur la rive droite de la Seine. Le mascaret s'y fait sentir avec force, et ce spectacle grandiose y attire de nombreux curieux. La ville possède des fabriques de cuirs, de tissus de coton et de laine, ainsi qu'une très belle église du XVIe siècle, dont la flèche à trois couronnes monte à 101 mètres ; le portail est un chef-d'œuvre de délicatesse. Ancienne capitale du pays de Caux et oppidum gaulois, Caudebec (*Caledunum*) fut prise par les Anglais en 1419, par les protestants en 1562, et par les Espagnols en 1592.

A Saint-Wandrille, ruines de l'abbaye bénédictine de *Fontenelle,* fondée au VIIe siècle par saint Wandregisille, et où mourut saint Wulfran. — SAINT-VALERY-EN-CAUX, petit port de pêche, qui fut actif au dernier siècle, est situé entre des falaises hautes de 75 mètres, d'un aspect très pittoresque ; c'est une station balnéaire agréable.

IV. **DIEPPE,** chef-lieu d'arrondissement[2] et ville maritime de 23 000 âmes, occupe un vallon encaissé entre de hautes falaises marneuses, à l'embouchure de l'Arques, rivière que les pirates normands appelèrent *Diep* (en anglais *deep,* profond) : d'où le nom de la ville.

Le port de Dieppe est en effet l'un des plus profonds et aussi des plus sûrs de la Manche, grâce en partie à deux longues jetées et au bassin de chasse, qui le débarrasse des galets apportés par le flux. Aussi peut-il rece-

---

[1] Arrondissement d'YVETOT : 10 *cantons,* 168 communes, 106 610 habitants.
Cantons et communes principales : 1. *Yvetot,* 7 620 habitants ; Allouville-Bellefosse, Valliquerville. — 2. *Cany-Barville,* 1 830 ; Bosville, Grainville-la-Teinturière, Saint-Martin-aux-Buneaux. — 3. *Caudebec-en-Caux,* 2 340 ; Guerbaville, Saint-Wandrille. — 4. *Doudeville,* 2 910 ; Saint-Laurent-en-Caux. — 5. *Fauville,* 1 350 ; Yébleron. — 6. *Fontaine-le-Dun,* 430 ; Angiens. — 7. *Ourville,* 1 090 ; Héricourt-en-Caux. — 8. *Saint-Valery-en-Caux,* 4 020 ; Néville. — 9. *Valmont,* 860 ; Angerville-la-Martel, Saint-Pierre-en-Port, Sassetot-le-Mauconduit. — 10. *Yerville,* 1 550.

[2] Arrondissement de DIEPPE : 8 *cantons,* 168 communes, 108 390 habitants.
Cantons et communes principales : 1. *Dieppe,* 22 780 habitants ; Neuville, 2 140. — 2. *Bacqueville,* 2 190 ; Avremesnil, Luneray, 1 640. — 3. *Bellencombre,* 720 ; les Grandes-Ventes, 1 710. — 4. *Envermeu,* 1 440 ; Saint-Nicolas-d'Aliermont, 2 370. — 5. *Eu,* 4 700 ; le Tréport, 4 570. — 6. *Longueville,* 700. — 7. *Offranville,* 1 730 ; Arques-la-Bataille, Hautot-sur-Mer, Varengeville-sur-Mer. — 8. *Tôtes,* 810 ; Auffay.

voir des navires du plus fort tonnage. Son commerce, qui a produit en 1890 un mouvement de plus de 3 000 navires, jaugeant un million de tonnes, en fait le huitième ou neuvième port marchand français. Les échanges de ce port ont lieu principalement avec l'Angleterre, qui lui fournit des houilles et fontes, la Suède, la Norvège et la Russie, dont il reçoit des bois de construction ; en retour, il exporte des denrées alimentaires, des articles de Paris, des tissus et des galets pour porcelaine. Un service régulier de paquebots le relie spécialement à Newhaven pour Londres. Il fait aussi en grand la pêche du hareng, de la morue et du maquereau, qu'il expédie en quantité considérable sur la capitale. Parmi les industries de Dieppe, la plus renommée est celle des objets sculptés en ivoire ; la fabrication des dentelles et du tabac y occupe également beaucoup d'ouvriers, et ses bains de mer sont fréquentés.

Dieppe est divisé par les eaux du port en deux parties : la ville proprement dite et le faubourg du Pollet, « port de l'Est, » presque exclusivement habité par de robustes pêcheurs et marins, que l'on dit être de race vénitienne. D'un aspect moderne, Dieppe présente, outre les ouvrages du port, la belle église gothique Saint-Jacques, des XIIe-XVIe siècles ; la statue de Duquesne, le plus illustre de ses enfants ; le château, construit en 1435 pour défendre la ville contre les Anglais ; enfin, aux extrémités de la plage, le magnifique établissement de bains de mer et la chapelle Notre-Dame de Bon-Secours.

Cependant Dieppe fut plus important au moyen âge, alors que ses armateurs trafiquaient avec les pays les plus lointains. C'est ainsi que nous les voyons en 1365 fonder à l'embouchure de la Gambie un comptoir, qui subsista longtemps sous le nom de Petit-Dieppe ; puis reconnaître en 1402 les Canaries et y créer un établissement. Au XVIe siècle, ils poussent jusqu'au Brésil et aux Antilles, et se rendent même redoutables aux Anglais, aux Portugais et aux Espagnols : c'est l'époque d'Ango, le plus fameux des armateurs dieppois. Par contre, le XVIIe siècle fut désastreux pour Dieppe, qui vit successivement s'abattre sur lui la peste, les guerres civiles et étrangères, notamment le terrible bombardement de 1694 par la flotte anglo-hollandaise. L'envasement du port acheva de ruiner son commerce au profit du Havre, de Nantes et de Bordeaux, de sorte qu'à la fin de l'empire la pêche faisait à peu près sa seule occupation. Le chemin de fer de Paris, des travaux d'amélioration et ses bains de mer lui ont rendu une bonne partie de son ancienne prospérité.

Eu, sur la Bresle et le petit canal d'Eu au Tréport, est surtout célèbre par son magnifique château ; c'était la résidence favorite de Louis-Philippe, qui y reçut la reine Victoria. Sa belle église est dédiée à saint Laurence O'Tool, archevêque de Dublin, mort au monastère d'Eu en 1180. Elle renferme plusieurs tombeaux des familles d'Artois, de Guise, d'Aumale et d'Orléans. Les mausolées d'Henri de Guise et de sa femme, Catherine de

Clèves, se trouvent dans la chapelle de l'ancien collège des Jésuites. — Ancienne *Augusta* des Romains, la ville d'Eu appartint successivement, depuis 996, à de nombreuses maisons princières. Le titre de comte d'Eu, auquel était jadis attachée la pairie, est porté aujourd'hui par un fils de Louis-Philippe, le duc d'Aumale.

Le Tréport est un port de pêche à l'embouchure de la Bresle. Il fait un grand commerce d'ivoire et possède des bains de mer renommés. Cette ville, jadis florissante, a été en partie ruinée par les Anglais et les calvinistes. — *Arques,* sur la rivière de ce nom, qui s'y forme par la réunion de l'Eaulne, de la Béthune et de la Varenne, doit sa célébrité à la victoire que Henri IV y remporta sur Mayenne en 1589. Ancienne place forte des Calètes, Arques eut au moyen âge un château fort, l'un des plus beaux de Normandie, et dont on admire encore les ruines. — *Saint-Nicolas-d'Aliermont,* au sud de la forêt d'Arques, a depuis le xvie siècle des fabriques de pièces d'horlogerie. Ce bourg et les trois autres communes de l'Aliermont forment une rue de 16 kilomètres de longueur.

V. **NEUFCHATEL**, chef-lieu d'arrondissement, est une ville de 4 000 âmes, située à 95 mètres d'altitude sur un coteau que baigne la Béthune[1]. Il s'y fait un grand commerce d'excellents petits fromages blancs dits bondons. Ancien chef-lieu du pays de Bray, Neufchâtel s'appela Drien court avant la construction, en 1106, du château neuf (*castellum novum*) par Henri Beauclerc, duc de Normandie. Cette forteresse, souvent prise, fut démantelée par Henri IV en 1595. — *Mortemer* rappelle la victoire de Guillaume le Conquérant sur Henri Ier, roi de France, en 1054.

AUMALE, sur la Bresle, possède des tanneries et une laminerie d'acier. Appelée primitivement *Albemarle,* cette ville devint au xie siècle le chef-lieu d'un comté, qui fut érigé en duché-pairie en 1546, et appartint successivement à la maison de Nemours, au duc du Maine, au duc de Penthièvre et enfin à la famille d'Orléans. En 1592, Henri IV y fut vaincu et blessé dans un combat contre les Espagnols. — En aval, BLANGY est un bourg industriel fabriquant surtout du savon et des rouenneries. Belle église du xvie siècle et ruines d'une enceinte fortifiée.

FORGES-LES-EAUX, entre l'Epte et l'Andelle naissantes, exploite l'argile plastique pour poteries, et possède des eaux minérales froides, ferrugineuses et gazeuses, rendues célèbres par le séjour qu'y firent, en 1632, Louis XIII, Anne d'Autriche et le cardinal de Richelieu. — GOURNAY, sur l'Epte, donne son nom à une excellente race de poules et fait un important commerce de beurre et de fromages renommés. C'était jadis une seigneurie et une place forte importantes.

---

[1] Arrondissement de NEUFCHATEL : 8 *cantons,* 142 communes, 76 120 habitants.
Cantons et communes principales : 1. *Neufchâtel,* 4 010 habitants; Bully, Mesnières, Mortemer. — 2. *Arqueil,* 420 ; la Feuillie. — 3. *Aumale,* 2 220 ; Conteville. — 4. *Blangy,* 1 660. — 5. *Forges-les-Eaux,* 1 870 ; Gaillefontaine, 1 550 ; Rouvray. — 6. *Gournay,* 3 830 ; Ferrières. — 7. *Londinières,* 1 130. — 8. *Saint-Saëns,* 2 400 ; Saint-Martin-Osmonville, Sommery.

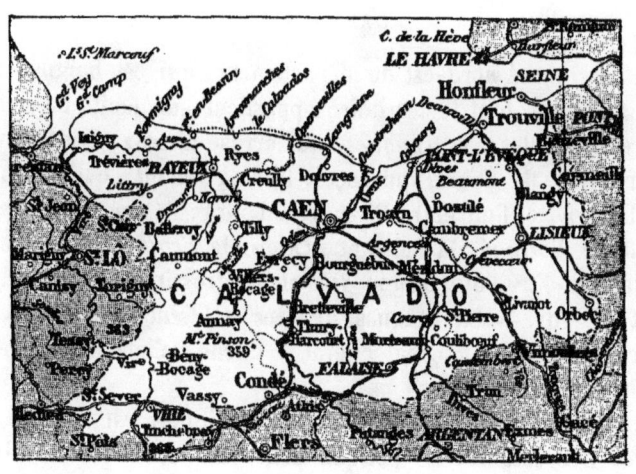

CALVADOS

6 ARRONDISSEMENTS, 38 CANTONS, 763 COMMUNES, 429 000 HABITANTS

Géographie. — Le département du *Calvados,* appelé d'abord l'ORNE-INFÉRIEURE, doit son nom actuel, d'une valeur géographique plus que médiocre, à quelques rochers marins longeant le littoral. Sept petits pays ont contribué à le former; ce sont: le *Lieuvin,* capitale Lisieux, et le pays d'*Auge,* capitale Pont-l'Évêque, qui dépendaient de la Haute-Normandie; la *Campagne de Caen,* le *Bocage normand,* capitale Vire; le *Bessin,* capitale Bayeux; le *Cinglais* (de Cingal, commune de Moulines) et une partie de l'*Hiesmois,* qui relevaient de la Basse-Normandie. Ses 5 520 kilomètres carrés le placent au 67e rang pour l'étendue.

Incliné du sud au nord, le territoire du Calvados se compose généralement de plaines peu accidentées et séparées par de larges vallées. Néanmoins les terrains sont divers : tels sont les craies et calcaires du Lieuvin et du pays d'Auge, l'oolithe de la Campagne de Caen, de l'Hiesmois et du Bessin, également formé de lias, les granits et les schistes du Bocage. Le *Bocage normand,* jadis boisé, forme un sommet du plateau de Normandie et présente des sites très pittoresques, surtout les gorges de l'Orne, profondes de 150 mètres, près de Thury-Harcourt. Les points culminants sont les monts Brémoy et Pinçon, de 363 et 359 mètres, et la forêt de Saint-Sever, qui atteint 344 mètres au-dessus du niveau de la mer. Vire est à 177 mètres, Falaise à 65, Caen à 25; l'altitude moyenne du département est de 100 mètres environ.

A part l'extrémité nord-est du département, qui est baignée par l'estuaire de la Seine, tout le territoire appartient aux petits bassins côtiers des rivières suivantes : la *Touques*, qui arrose Lisieux, Pont-l'Évêque et finit à Trouville ; la *Dives*, qui reçoit l'Ante, venant de Falaise, puis la *Vie*, de Livarot, et finit entre Dives et Cabourg ; l'*Orne*, qui baigne Caen et recueille le *Noireau*, la Laize et l'*Odon*; la *Seulles*, qui se termine à Courseulles ; la *Vire*, qui baigne Vire et se grossit de l'*Aure*, rivière de Bayeux et d'Isigny. — La Touques, la Dives et l'Orne sont navigables dans leur cours inférieur. Un canal latéral à l'Orne relie Caen au petit port d'Ouistreham.

Le climat du Calvados, *séquanien* et maritime, est modéré ($10°6$), variable et très salubre. Le peu de pente du terrain et les pluies fréquentes (75 centimètres au pluviomètre) entretiennent une humidité qui explique la richesse des herbages. Le froment, les légumes et le colza sont d'un rapport considérable dans la Campagne de Caen, et les pommiers, nombreux partout, fournissent beaucoup de cidre, notamment celui du Bessin et de la vallée d'Auge. Mais la principale richesse du département est constituée par ses prairies naturelles du nord-ouest et de l'est, où l'on élève les élégants et vigoureux chevaux normands, et qui nourrissent de nombreuses vaches laitières de race cotentine ; là se fabriquent les beurres d'Isigny et de Trévières-en-Bessin, les fromages augelots : le Pont-l'Évêque, le Livarot et le Camembert. — L'élevage des porcs, de la volaille et des abeilles est aussi d'un grand produit, de même que la pêche côtière. Enfin, citons les forêts de Touques, de Cinglais, des Biards, et les nombreux petits bois du Bocage, région naguère improductive, mais de plus en plus fertilisée par l'emploi de la chaux.

Le département exploite de nombreuses carrières, notamment les pierres de taille et à chaux, les marbres de l'arrondissement de Caen, le granit de Vire, l'anthracite de Littry, le minerai de fer de Saint-Remy, près Thury, les sables et argiles des environs de Bayeux. L'industrie manufacturière comprend les fils, draps et toiles de Vire et de Lisieux, les fils et cotonnades de Falaise et de Condé-sur-Noireau, la bonneterie de Falaise, les dentelles de Bayeux et de Caen, la porcelaine de Bayeux, les papiers, les huiles de colza, les tanneries, les distilleries d'eau-de-vie. Les plages sont très fréquentées et les ports de Honfleur, Caen, Ouistreham, Trouville, Dives, Courseulles, Port-en-Bessin et Isigny font presque tout le commerce extérieur.

Le littoral du Calvados. — De Honfleur à la Dives, la côte, toujours rocheuse, est précédée d'une bande d'estran assez large offrant de très belles plages ; de la Dives à l'Orne, elle est basse, sablonneuse, bordée de dunes ; au delà, elle se relève en falaises de marnes friables, au pied desquelles se développe le fameux plateau sous-marin du Calvados, ayant de 16 à 20 kilomètres de long, sur 4 de large, et dont on a exagéré l'importance.

Les *rochers du Calvados*, simples écueils ou récifs noircis par les eaux, ainsi que les *Essarts* de Langrune et les *Roches-Douvres*, sont les restes de falaises rongées par les érosions ; hauts à peine de 1 à 2 mètres au-dessus des sables de la plage, où ils s'alignent le long de la côte, ils sont complètement submergés par la haute mer, ce qui les rend alors très dangereux pour la navigation. Le *Calvados* proprement dit est le banc de rochers, long d'un kilomètre, qui se trouve en face d'Arromanches.

On attribue généralement, d'après une vieille carte anglaise, l'origine du nom de Calvados à celui d'un navire espagnol, le *Salvador*, qui, faisant partie de « l'invincible Armada », flotte puissante avec laquelle Philippe II tenta une descente en Angleterre, se serait brisé contre cet écueil en 1588. Cette opinion ne s'appuie sur aucun fondement. Du vaisseau à l'écueil, et de Salvador à Calvados, « la filiation est romanesque, dit M. Onésime Reclus ; la preuve en est à faire, et le nom vient probablement de radicaux celtiques. » Nous dirons plutôt scandinaves. En effet, le mot *calve* en danois, *calf* en anglais, *kalb* en flamand et en allemand, signifie veau, et les marins scandinaves désignent sous le nom de *calve* les petits rochers ou écueils noirâtres entourant un récif ou un îlot plus grand : ils les comparent aux veaux ou petits de la baleine qui suivent leur mère. Peut-être est-ce là l'origine du nom de notre Calvados.

Quoi qu'il en soit, « ces traîtres rochers de calcaire marquent la base d'antiques falaises qui ont croulé dans le flot. Il n'y a pas encore quatre cents ans que la Normandie avait là une de ses forêts, Hautefeuille, vis-à-vis de Bernières et de Langrune, dans les lieux où l'Océan se livre maintenant à cet éternel travail du flux et du reflux, qui semble une œuvre de Sisyphe, mais n'en a point l'inanité, puisqu'il fait et défait la Terre. On dit que l'effort de la mer sur le littoral a raccourci le cours de la Seulles de 3 000 mètres en trois cents ans : exagération sans doute, mais ici la côte recule ; plus de dunes pour la protéger ou l'agrandir. Au sable succède la grève, en avant des falaises démantelées ; et c'est justement de cette grève, de cette falaise que provient la dune déroulée aux bouches de l'Orne, de la Dives, de la Touques, jusqu'à l'estuaire de la Seine. Des pointes, des scies, des blocs, tout un sombre chaos irrite deux fois par jour la vague au pied de la falaise dont il est le débris. Comme devant Étretat, l'eau dévore la « tendrière » plus vite que la roche dure, et celle-ci reste en place, debout, tandis que la pierre molle s'émiette, tombe et s'en va, sable futur, avec le courant qui l'emporte. Ainsi se sculptent et, le temps venu, chancellent, puis se renversent des obélisques, dont les plus remarquables étaient appelés les *Trois-Sœurs-de-Fontenailles* (à l'ouest d'Arromanches). Deux sont tombés ; le dernier, resté debout, haut de 30 mètres, a été maçonné à la base pour le raffermir. Ces monolithes faisaient encore partie de la falaise vers 1745 : depuis, la côte a reculé de 60 mètres. » (Onésime Reclus.)

Sur le littoral du Calvados, depuis Courseulles jusqu'à Arromanches, on trouve des débris de forêts enfouies dans l'estran (grève) et passées à l'état tourbeux ou charbonneux. — Jusqu'à la *Vire*, la côte est formée de falaises précédées de bancs de roche. On y rencontre le petit port de pêche de Courseulles, celui de Port-en-Bessin, où rejaillissent en partie les eaux engouffrées de l'*Aure*, et celui de Grandcamp, qui donne son nom aux roches fermant la baie de la Vire. — Cette large *baie de la Vire*, dite aussi des *Vés* ou des *Veys* (vez ou gués), est tout encombrée de sable.

Les habitants. — Malgré sa richesse agricole et la salubrité de son climat, qui le place au premier rang pour la longévité (vie moyenne, quarante-sept ans), le Calvados diminue de population, par suite, non seulement de la rareté des naissances, mais encore, croit-on, de la prédominance des pâturages, qui, exigeant peu de bras, donnent lieu à l'émigration. Ainsi le nombre des habitants, qui était monté de 452 000 en 1801 à 496 000 en 1841, est descendu à 454 000 en 1871 et à 429 000 en 1891, ce qui place le département au 26e rang pour la population absolue et au 19e pour la densité, avec 77 habitants par kilomètre carré.

Le patois normand disparaît de plus en plus des campagnes. La population est catholique; mais les protestants sont assez nombreux à Caen, Condé-sur-Noireau et Vire.

Personnages. — Parmi les célébrités du Calvados, citons: Guillaume le Conquérant, né à Falaise, mort en 1087. Le chansonnier Basselin, créateur du vaudeville, né à Vire, mort en 1418. Le poète Alain Chartier, né à Bayeux, mort en 1449. Malherbe, le père de la poésie moderne, et le poète Segrais, nés à Caen, morts en 1628, 1701. Le jésuite Letellier, confesseur de Louis XIV, né à Vire, mort en 1719. Le savant Huet, évêque d'Avranches, né à Caen, mort en 1721. Le géomètre Laplace, né à Beaumont-en-Auge, mort en 1827. Le chimiste Vauquelin, né à Saint-André-d'Hébertot, mort en 1829. Le général Decaen, né à Caen, mort en 1832. Le poète Chênedollé, né à Vire, mort en 1833. Le manufacturier Richard-Lenoir, né à Épinay-sur-Odon, mort en 1840. Le contre-amiral Dumont-d'Urville, né à Condé-sur-Noireau, mort en 1842. L'amiral Ferdinand Hamelin, né à Pont-l'Évêque, mort en 1864. Le compositeur Auber, né à Caen, mort en 1871. Le géologue Elie de Beaumont, né à Canon, mort en 1874.

Administrations. — Le Calvados forme le diocèse de Bayeux et ressortit à la 3e région militaire (Rouen), à l'arrondissement maritime de Cherbourg (sous-arrondissements de Honfleur et Caen), à la cour d'appel et à l'académie de Caen, ainsi qu'à la 1re région agricole (Nord-Ouest).

Il comprend 6 arrondissements: *Caen, Pont-l'Évêque, Lisieux, Falaise, Vire, Bayeux*, avec 38 cantons et 763 communes.

I. CAEN, chef-lieu du département, est une intéressante ville de 45 000 âmes, située par 25 mètres d'altitude au confluent de l'Odon et de l'Orne ; celui-ci est navigable et doublé d'un canal maritime de 14 kilomètres, circonstance qui fait de Caen le deuxième port du Calvados [1]. L'industrie caennaise consiste dans l'exploitation d'importantes carrières de pierres à bâtir, la construction des navires, la fabrication des huiles, des dentelles, blondes et tulles, de la carrosserie, des papiers peints, des objets d'ameublement ; le commerce des chevaux, bestiaux, beurres, volailles y est considérable. Les principaux monuments de Caen sont : l'église Saint-Étienne, de l'*Abbaye-aux-Hommes*, fondée par Guillaume le Conquérant après sa victoire de 1066, et la Trinité, de l'*Abbaye-aux-Dames*, fondée par la reine Mathilde. Ces deux superbes églises romanes, ornées de belles tours, renferment les tombeaux des fondateurs, que les huguenots brisèrent en 1562. Dans les églises Saint-Jean, Saint-Pierre et Saint-Sauveur, le style ogival est dominant. Le vieux château, du xie siècle (monument historique), conserve son enceinte avec des tours, une église et un bâtiment très ancien. On remarque encore le curieux manoir dit la *Maison-aux-Gendarmes*, des maisons des xve et xvie siècles, le lycée, installé dans l'Abbaye-aux-Hommes, de charmants hôtels de la Renaissance, les statues de Louis XIV, de Malherbe, de Laplace, d'Élie de Beaumont, d'Auber ; le musée de peinture, celui des Antiquaires de Normandie, un intéressant jardin des plantes.

Caen, appelé *Cadomus* au xie siècle, doit son importance à Guillaume le Conquérant, qui fonda l'un des monastères ci-dessus et bâtit le château qu'il habita souvent ; il entoura de murailles la ville naissante et lui concéda des privilèges commerciaux. L'histoire de Caen est dès lors celle de la plupart des villes fortes, c'est-à-dire qu'elle subit divers sièges. Son université, créée par les Anglais en 1436 et complétée par Charles VII en 1450, en a fait une des villes les plus savantes de France. Elle fut aux xviie et xviiie siècles le chef-lieu d'une généralité. En 1793, après la chute des girondins, elle devint le centre de la coalition formée entre les départements normands et bretons insurgés contre la Convention ; c'est de Caen que partit Charlotte Corday pour aller frapper Marat.

Sur le coteau crayeux que baigne l'Orne, se trouvent les belles carrières de pierres tendres, propres à la sculpture, d'*Allemagne*, ainsi que le village d'*Hérouville*. Celui-ci conserve les vestiges d'une villa romaine et une chapelle d'un ancien prieuré. Son église est du xie siècle. Il y a une belle grotte de Notre-Dame de Lourdes. — CREULLY, sur une colline baignée par la Seulles, est une ancienne baronnie, dont le curieux château

---

[1] Arrondissement de CAEN : 9 *cantons*, 188 communes, 119 850 habitants.
Cantons et communes principales : 1-2. *Caen*, 45 210 habitants; Allemagne, Hérouville, Mondeville. — 3. *Bourguébus*, 210 ; Moult. — 4. *Creully*, 780 ; Courseulles. — 5. *Douvres-la-Délivrande*, 1720 ; Bernières, Langrune, Lion-sur-Mer, Luc, Ouistreham, Saint-Aubin. — 6. *Évrecy*, 620 ; Saint-Martin-de-Sallen, Vieux. — 7. *Tilly-sur-Seulles*, 970 ; Rots. — 8. *Troarn*, 710 ; Argences, Cabourg, Varaville. — 9. *Villers-Bocage*, 1 060 ; Épinay-sur-Odon, Noyers.

Statue de Guillaume le Conquérant, à Falaise. (P. 294.)

féodal joua un rôle important dans les guerres de Guillaume le Conquérant. Son église romane, du XIIe siècle, est un monument historique.

Courseulles-sur-Mer, station balnéaire, port de pêche et de cabotage à l'embouchure de la Seulles, a des parcs à huîtres très productifs.

DOUVRES-LA-DÉLIVRANDE, à 4 kilomètres de la mer, possède, comme toutes les localités voisines, des fabriques de dentelles et de fleurs artificielles; on y cultive le pastel. Belle église romane surmontée d'une tour très élégante; ruines du château des évêques de Bayeux. Dans un hameau, la chapelle Notre-Dame-de-la-Délivrande, but d'un pèlerinage très fréquenté, a été reconstruite récemment selon le style du XIIIe siècle; il y a des fabriques de chapelets, médailles et autres objets de piété.

Entre les embouchures de la Seulles et de l'Orne, le littoral présente successivement, en face de la série des rochers du Calvados, les plages, bains de mer et parcs aux huîtres de Bernières, Saint-Aubin, Langrune, Luc-sur-Mer, Lion-sur-Mer et Ouistreham.

Bernières montre un camp romain et une église du XIIIe siècle, avec une flèche élégante de 67 mètres : c'est un excellent type de l'architecture normande. De belles églises de l'époque se voient aussi à *Saint-Aubin-sur-Mer*, à *Langrune*, dont les roches marines sont appelées *Essarts*; à *Luc-sur-Mer*, où l'on a établi une station zoologique pour l'étude des petits animaux marins, et à *Lion-sur-Mer*, qui possède en outre un château de la Renaissance.

Ouistreham, à l'embouchure du canal latéral à l'Orne, est un port assez important qui sert en même temps d'avant-port à Caen. Lors de la domination des rois anglo-normands, c'était le grand port de commerce entre l'Angleterre et le duché. Il est précédé d'un avant-port, nettoyé par un bassin de chasse et signalé par cinq feux; il s'y trouve en outre un bassin d'échouage et un bassin de refuge, où peuvent entrer les navires de guerre. Son nom, qui semble d'origine scandinave (en anglais Oyestreham), signifierait village (ham) de l'ouest (west).

Le village de *Vieux* (*Vedioca*), où l'on a trouvé des antiquités remarquables, occupe l'emplacement de l'ancienne capitale des Viducasses, célèbre à l'époque gallo-romaine. Belle église du moyen âge. — TILLY-SUR-SEULLES, qui a donné son nom à la famille noble de Tilly, montre un magnifique château du XVIIIe siècle.

Le canton de TROARN renferme *Argences*, qui a des fabriques de dentelles et de blondes, ainsi qu'un important marché hebdomadaire aux bestiaux. — *Cabourg*, sur la rive gauche de la Dives et non loin de son embouchure, acquiert chaque année plus d'importance grâce à ses bains de mer, à son beau casino et à ses nombreuses villas. Ses rues sont tracées régulièrement en forme d'éventail ouvert sur la mer; une digue de 1500 mètres sert de promenade. — *Varaville*, autre station balnéaire, possède un hippodrome. Guillaume le Conquérant y battit Geffroy-Martel en 1058.

A Villers-Bocage, entre la Seulles et l'Odon supérieurs, on voit une belle église de construction récente, avec tour surmontée de la statue de saint Martin, les ruines d'un château du xviie siècle et la statue de Richard-Lenoir, industriel né à *Épinay-sur-Odon* et qui a donné son nom à un boulevard de Paris.

II. **PONT-L'ÉVÊQUE**, petite sous-préfecture de 3 000 âmes [1], située à 13 mètres d'altitude, sur la Touques, fait le commerce d'excellents fromages, de bestiaux gras et de cidre renommé du riche pays d'Auge, dont il était jadis la capitale. Un pont, construit sur la Touques par un évêque de Lisieux, servit à dénommer cette ville, dont les habitants sont appelés Pontépiscopiens.

La vallée d'Auge. — « Nous nous rapprochons de cette belle vallée d'Auge, qui s'ouvre à nous. Représentez-vous au milieu du cristal des rivières, un large tapis vert de trente ou quarante lieues carrées; représentez-vous ce beau tapis divisé en vastes compartiments par des haies entremêlées de merisiers. Voyez le tout planté de pommiers en fleur, qui bientôt donneront leur célèbre cidre capiteux et coloré; voyez ici des groupes de maisons construites en blanc torchis, couvertes d'un chaume vermeil proprement taillé, offrant toutes des portes et des fenêtres encadrées de briques rouges. Voyez ces nombreux troupeaux de vaches, qui donnent tant de seaux de lait; ces fermes recouvrant des laiteries souterraines où se manipulent les rouges fromages de Livarot, ceux non moins appréciés de Pont-l'Évêque et de Camembert. Voyez plus loin, à l'extrémité de ces grands herbages, de longs hangars où se retirent la nuit de nombreux troupeaux de poulains, de jeunes bœufs, vivant dans la liberté, l'abondance de la nature. Voyez ces joyeux essaims de jeunes augerons, bergers et bouviers, laitières et fromagères, sous la direction patriarcale de ces bons fermiers herbagers, qui donnent leurs ordres au milieu des chants joyeux et de la richesse générale. Car là des ruisseaux de lait font couler des ruisseaux d'or, que vient grossir la vente de forts chevaux, d'énormes bœufs, dont tel parc, je cite celui de Saint-Léonard, en renferme jusqu'à trois cents têtes, qu'on ne vous donnerait peut-être pas pour 200 000 francs. Mais sans doute vous voulez savoir ce qui produit la magie de l'engraissage de cette grande armée de bœufs gras, arrivés si maigres du Limousin ou du Poitou? Le voici. Au printemps, plantureux pâturages et forte ration de farine de grains mélangés; en automne, plantureux pâturages de regains, même farine, même ration. » (Monteil.)

Beaumont-en-Auge conserve une curieuse église gothique. Il y avait là,

---

[1] Arrondissement de Pont-l'Évêque : 6 *cantons*, 107 communes, 59 480 habitants.
Cantons et communes principales : 1. *Pont-l'Évêque*, 3 060 habitants; Beaumont, Bonneville-sur-Touques. — 2. *Blangy-le-Château*, 690; Bonneville-la-Louvet, Saint-André-d'Hébertot. — 3. *Cambremer*, 1 010; Bonnebosq. — 4. *Dozulé*, 870; Beuzeval-Houlgate, Dives, Villers-sur-Mer. — 5. *Honfleur*, 9 450; la Rivière-Saint-Sauveur, Saint-Gatien. — 6. *Trouville*, 6 250; Deauville, 2 540; Touques.

avant la Révolution, un prieuré et une école d'études militaires dirigée par les Bénédictins. — *Bonneville-sur-Touques* montre les restes d'un château qui fut le séjour de Guillaume le Conquérant. On y voit un puits communiquant avec un long souterrain. — CAMBREMER possédait au Val-Richer une abbaye de l'ordre de Cîteaux. Son canton, un de ceux de France qui se dépeuplent le plus rapidement, a perdu la moitié de ses habitants depuis le recensement de 1801. — DOZULÉ est le chef-lieu d'un canton dont le littoral présente les stations balnéaires de *Beuzeval-Houlgate*, de *Villers-sur-Mer* et de *Dives*.

Dives, à l'embouchure de la rivière du même nom, qui la sépare de Cabourg, n'est plus qu'un petit port de pêche et de cabotage, tandis qu'autrefois il était l'un des plus importants de la Normandie. Guillaume le Conquérant partit de là, en 1066, pour s'emparer de l'Angleterre : une colonne monumentale rappelle ce souvenir. La belle église Notre-Dame, des XIVe et XVe siècles, possède des tables de marbre gravées en 1862 par les soins de M. de Caumont, et portant les noms des principaux compagnons de Guillaume : c'est le livre d'or de la noblesse anglo-normande.

Honfleur, jolie ville de 9500 âmes, située sur la rive méridionale de l'estuaire de la Seine, est le premier port du département; il a toutefois diminué d'importance depuis la création du Havre, situé au nord-ouest, et avec lequel il est rattaché par un service de bateaux à vapeur. On y a fait de grands travaux pour s'opposer aux envahissements des sables limoneux. Les eaux sont, en effet, tellement chargées de limon, que les bassins à flots seraient rapidement comblés, si l'on n'en maintenait les fonds par des dragages constants, qui enlèvent annuellement, sur 4 hectares, plus de 50 000 mètres cubes de vase. — Honfleur exporte surtout des produits agricoles pour l'Angleterre, tandis qu'il importe principalement des bois du Nord, de la houille et de la fonte anglaises. Il a d'importants chantiers de construction de navires et des bains de mer fréquentés. L'église *Sainte-Catherine* et sa tour, séparée de la nef par une rue, sont des types remarquables des constructions en bois du XVe siècle. La chapelle Notre-Dame-de-Grâce, qui domine la ville du haut de sa colline, est un très ancien but de pèlerinage de la part des marins. — Autrefois l'une des plus fortes places de la Normandie, Honfleur fut souvent saccagé par les Anglais au XIVe siècle, et a été repris sur eux par le brave Dunois en 1450. C'est la dernière cité dont s'empara Henri IV sur les Ligueurs en 1594.

« Cette petite ville rocailleuse, dit Raoul Aubé, perdue comme un nid de mouettes dans l'anfractuosité de la falaise, a donné de tout temps de solides matelots au commerce et de bons officiers à la marine de l'État. Binot-Paulmier, Lelièvre, Balthazar, le hardi pilote, étaient enfants d'Honfleur; les amiraux Doublet, Boitard et J. Hamelin y ont également vu le jour. »

Trouville, la reine des stations balnéaires du Calvados pour les Parisiens et les artistes, est un petit port de cabotage et de pêche situé sur la rive droite de l'embouchure de la Touques. Un service de bateaux à vapeur le relie au Havre.

« Comme toutes les villes nées d'hier, Trouville n'a pas de parchemins

Vieilles maisons de Lisieux.

historiques : en effet, qu'était Trouville avant les tableaux de Charles Mozin, d'Isabey, et les spirituelles chroniques d'Alexandre Dumas? Rien qu'un simple village aux chétives cabanes qu'habitaient de pauvres pêcheurs. — Trouville aujourd'hui, grâce à la mode, à l'engouement, est devenue une ville coquette de 6 000 âmes, qui en loge en été plus de 15 000. Située au pied de riantes collines, la ville, bâtie en amphithéâtre, domine toute une plaine de sable où la mer vient se briser, tantôt calme, tantôt furieuse. En dehors de la nouvelle mairie, construite dans le style Louis XIII, et de son église dédiée à *Notre-Dame des Victoires,* qui s'élève sur la colline, Trouville n'a pas de monuments; mais en revanche ses habitations, toutes de caprice et de fantaisie, ont un cachet d'excentricité originale, qui charme l'œil sans le fatiguer. — Mais le vrai Trouville est habité par une population active de pêcheurs renommés par leur courage et leur intrépidité. Si le soir, à la marée haute, vous vous promenez en face du port, à l'embouchure de la Touques, vous les verrez, montés sur de petites barques solides et rondelettes, partir pour la pêche dans leur costume traditionnel, c'est-à-dire coiffés d'un bonnet de laine rayée, et les jambes emprisonnées dans de grandes bottes de marais. Ils partent insouciants, se riant du danger et bravant la mer, la pluie et la tempête pour quelques poissons! Reviendront-ils? C'est ce que vous dira le lendemain. — La pêche à Trouville se fait généralement au *chalut,* immense filet à grandes mailles terminé par des bourses formant pochettes. Vous pouvez voir ces filets étendus sur le rivage ou accrochés sous la jetée. Le chalut, attaché au bateau de pêche, se traîne au fond de la mer, de manière à ramasser tout ce qui se trouve sur son passage. Les pêcheurs ne passent ordinairement pas plus d'une nuit en mer, à moins de mauvais temps. Rien de pittoresque comme de les voir revenir le matin sur leurs bateaux aux voiles tendues et agitées! Aussitôt leur arrivée, on agite la cloche du marché, et le poisson, débarqué, puis casé par catégories, est mis en lots et adjugé au milieu d'un monde de poissardes, coiffées de bonnets de coton, qui se disputent les enchères dans un patois inintelligible. »

(*Guide Conti.*)

Un fait historique pourtant. C'est à Trouville, rue des Rosiers, n° 5, chez M. Barbey, syndic du port, que se réfugia en février 1848 Louis-Philippe, arrivé en cabriolet de louage et fuyant la fureur révolutionnaire. Le roi y passa deux jours; mais son embarquement pour l'Angleterre, avec la reine Amélie et le général Rumigny, ne put s'effectuer qu'à Honfleur, où il arriva à grand'peine et grâce au dévouement de M. Guettier, ancien maire de Trouville.

Deauville, situé à l'embouchure et sur la rive gauche de la Touques, est relié à Trouville par un pont tournant. Cette station balnéaire doit sa prospérité à sa belle plage, et sa création à une société patronnée sous l'empire par le duc de Morny. Il y a un hippodrome, de superbes hôtels et d'élégantes villas. — *Touques* est un petit port sur la rivière de ce nom. Henri V d'Angleterre y débarqua et le prit en 1417; les Français le reprirent en 1449. On y trouve les anciennes et belles églises Saint-Pierre et Saint-Thomas, une halle en bois et le château Meautrin, du XVIe siècle.

III. **LISIEUX**, chef-lieu d'arrondissement situé à 50 mètres d'altitude sur la Touques[1], est une ville industrielle de 16 000 habitants, connue par ses toiles cretonnes et ses draps ; c'est aussi un grand marché de produits agricoles. Elle est justement fière de son ancienne cathédrale Saint-Pierre (1141-1233), l'un des plus beaux édifices gothiques de la Nor-

Château de Falaise.

mandie ; on y remarque aussi de nombreuses et curieuses maisons du XVIe siècle en charpente de bois sculpté, surtout celles de la rue aux Fèvres, où l'on signale le manoir de François Ier.

Sous le nom de *Noviomagus*, Lisieux fut à l'époque gallo-romaine la

---

[1] Arrondissement de LISIEUX : 6 *cantons*, 122 communes, 61 820 habitants.
Cantons et communes principales : 1-2. *Lisieux*, 16 260 habitants ; Moyaux, Saint-Désir, Saint-Jacques, Saint-Martin-de-la-Lieue. — 3. *Livarot*, 1 860 ; Notre-Dame-de-Courson, Sainte-Foy-de-Montgommery. — 4. *Mézidon*, 1 110 ; Canon, Crèvecœur, Méry-Corbon. — 5. *Orbec*, 3 160 ; Meulles. — 6. *Saint-Pierre-sur-Dives*, 2 240 ; Sainte-Marguerite-de-Viette.

capitale des Lexoviens, comme on appelle encore aujourd'hui ses habitants. Détruite et rebâtie par les pirates saxons au IVe siècle, son histoire au moyen âge est celle des sièges, des incendies et des pillages qu'elle eut à subir. Le mariage d'Henri Plantagenet avec Éléonore d'Aquitaine, qui devait nous être si fatal, fut célébré dans sa cathédrale en 1152. Les protestants firent beaucoup de mal dans Lisieux en 1562; cependant ils n'y furent sérieusement inquiétés ni à la Saint-Barthélemy ni sous la Ligue, bien que les habitants eussent embrassé avec ardeur la cause du catholicisme. Avant 1790, Lisieux était la capitale du Lieuvin et le siège d'un évêché créé au VIe siècle.

Saint-Jacques, faubourg de Lisieux, a une magnifique église du XVe siècle, — et *Saint-Martin-de-la-Lieue*, un château dit de Saint-Hippolyte, de la même époque.

En général, la Normandie présente, en plus grand nombre peut-être que toute autre province, de belles églises gothiques bien conservées. Cela tient sans doute à ses richesses qui, au moyen âge, lui permirent de les édifier, et aussi à ce que le vandalisme révolutionnaire n'y a pas porté ses ravages, comme il l'a fait sur les provinces frontières du nord et de l'est.

LIVAROT, sur la Vie, fait un grand commerce de fromages renommés, dits de Livarot, fabriqués dans son canton. Manoir de la *Pipardière*, en partie construit en bois. — *Sainte-Foy-de-Montgommery*, petit village de 160 âmes, montre un manoir en bois, avec motte et retranchements : ce sont les restes du château des comtes de Montgommery, dont relevaient au XIIe siècle cent cinquante fiefs nobles; cette famille devint puissante en Angleterre, puis en Écosse, où elle se fixa, tandis que sa terre d'origine passa dans les maisons de Ponthieu, de Castille (Espagne), de Tancarville et d'Harcourt. — *Notre-Dame-de-Courson* a une église remarquable des XIIe-XIVe siècles.

MÉZIDON, au croisement de plusieurs chemins de fer, possède également une ancienne et remarquable église au lieu dit *le Breuil*, mot qui signifie petit bois. — *Crèvecœur*, sur la Vie, a donné son nom à une race indigène de grosses poules renommées.

ORBEC-EN-AUGE, ancienne baronnie, sur le ruisseau d'Orbiquet, a de grandes usines pour la fabrication, le blanchiment et la teinture des étoffes de laine; il fait le commerce de bestiaux et de cidre. Église du XVe siècle, Hôtel-Dieu du XVIe, dont la façade est surmontée d'un beffroi. — SAINT-PIERRE-SUR-DIVES a des ateliers de serrurerie. Sa belle église dépendait d'une abbaye de bénédictins fondée en 1040; on y voit aussi une halle à trois nefs et un manoir du XVe siècle d'un grand caractère.

IV. **FALAISE**, chef-lieu d'arrondissement[1], est une ville de 8300 ha-

---

[1] Arrondissement de FALAISE : 5 cantons, 114 communes, 48490 habitants.
Cantons et communes principales : 1-2. *Falaise*, 8320 habitants (Guibray); Ussy. — 3. *Bretteville-sur-Laize*, 990; Moulines, Saint-Sylvain. — 4. *Morteaux-Colibœuf*, 650; Courcy, Épaney. — 5. *Thury-Harcourt*, 1120; Cesny-Bois-Halbout, Clécy, 1730; la Pommeraye, Saint-Marc-d'Ouilly, Saint-Remy.

bitants, qui doit évidemment son nom (*falls*, chute, roche escarpée) aux accidents naturels du sol qui lui sert d'assiette. Elle s'élève en effet par 65 mètres d'altitude moyenne, sur une espèce de promontoire entre deux éminences, « semblable à un vaisseau amarré au milieu des rochers

Une ferme en Normandie.

et des bois. On ne saurait imaginer un pays d'un aspect plus varié ni plus agréablement accentué : des rochers de grès quartzeux bordent le lit de la petite rivière d'Ante, comme de hautes falaises, ou se détachent çà et là, à pic, de tout ce qui les entoure, sous des formes bizarrement pittoresques. » (CHÉRUEL.) — Falaise se divise en trois quartiers : la vieille cité, les faubourgs et Guibray. On y remarque trois églises intéressantes du moyen âge, la statue équestre de Guillaume le Conquérant, et, sur un rocher escarpé, les restes imposants du château des ducs de Normandie, avec enceinte flanquée de douze tours, un donjon et la tour adjacente, ajoutée au xve siècle par le célèbre général anglais Talbot. Falaise est une ville industrielle, qui possède de nombreuses fabriques de bonneterie (à Guibray), des teintureries, des tanneries et des filatures de coton. — Le *faubourg de Guibray*, connu par la foire qui s'y tient du 10 au 25 août, est assis sur un plateau qui domine la cité au sud et forme sur la route de Caen comme une ville à part. C'est un des principaux marchés aux chevaux d'Europe; pendant la durée de la foire, il s'en vend plus d'un demi-millier, l'élite des chevaux normands.

D'origine féodale, Falaise a dû son importance aux premiers ducs de Normandie, qui le fortifièrent et y construisirent une de leurs principales résidences. Robert le Magnifique, dit aussi Robert le Diable, y séjourna très souvent, et ce fut dans le château que naquit son fils Guillaume le Conquérant, le héros de la Normandie. Guillaume aima toujours beaucoup sa ville natale, l'agrandit et la dota de divers privilèges, d'hôpitaux et de fondations pieuses; il réédifia et fortifia le château, où plus tard Jean sans Terre enferma son jeune neveu, Arthur de Bretagne, avant de le faire transporter au château de Rouen, pour l'y faire périr. Parmi les nombreux sièges qu'a subis Falaise du xiie au xviie siècle, les plus célèbres sont : celui de 1417, qu'il soutint durant quarante-sept jours, mais vainement, contre Henri V d'Angleterre; celui de 1450, qui le rendit aux rois de France, et celui de 1590, dans lequel Henri IV triompha de l'énergique résistance des Ligueurs, commandés par le comte de Brissac.

A Bretteville-sur-Laize, on voit le château de Quilly, de la Renaissance, et une motte dominant une enceinte garnie de fossés. — Dans la commune de *Moulines*, se trouve le hameau de *Cingal*, qui a donné son nom au petit pays et à la forêt de Cinglais. — *Courcy*, ancienne baronnie, conserve des restes imposants d'un vieux château. Ses habitants sont appelés *Alainiers*, parce qu'on les prétend descendants d'une colonie d'Alains venus au ve siècle. — Thury-Harcourt, au sortir des gorges de l'Orne, fut érigé en 1709 en duché-pairie, en faveur d'Henri d'Harcourt, qui fit reconstruire le beau château actuel. — *La Pommeraye* et *Cesny-Bois-Halbout* montrent les restes de leurs châteaux féodaux, entourés de fossés et de retranchements.

V. **VIRE** (6 600 habitants), chef-lieu d'arrondissement [1], se divise en deux parties : la ville haute (177 mètres d'altitude), possédant l'église

---

[1] Arrondissement de Vire : 6 *cantons*, 96 communes, 90 570 habitants.
Cantons et communes principales : 1. *Vire*, 6 640 habitants; Neuville, Vaudry. — 2. *Aunay*, 1 860; Brémoy, Cahagnes, Saint-Georges-d'Aunay. — 3. *Le Bény-Bocage*, 810; Saint-Martin-des-Besaces, le Tourneur. — 4. *Condé-sur-Noireau*, 6 770; Saint-Germain-du-Crioult. — 5. *Saint-Sever-Calvados*, 1 520; Clinchamps, Landelles-et-Coupigny, 1 550. — 6. *Vassy*, 2 370; Bernières-le-Patry.

gothique de Notre-Dame, la tour de l'Horloge et les ruines du château fort; la ville basse, où se trouvent l'église romane de Sainte-Anne, les filatures de laine, les fabriques de draps et de coutils, les papeteries; là aussi serpente la Vire, dont les fraîches vallées, dites *Vaux-de-Vire*, ont été célébrées par Olivier Basselin, foulon de Vire, qui a créé le vaudeville. — Prise par les Anglais en 1418 et reprise sur eux en 1450, Vire souffrit surtout des guerres de Religion. Avant 1790, elle était le chef-lieu du Bocage normand. — *Saint-Martin-des-Besaces* possède un ancien château des princes de Monaco.

Condé, ville industrielle de près de 7 000 âmes, sur le Noireau, a de

Bayeux.

nombreuses usines pour la filature et le tissage du coton, des blanchisseries, teintureries, forges et fonderies. On y remarque les restes d'un donjon et la statue de l'amiral Dumont-d'Urville. Le protestantisme y pénétra au XVIe siècle. — SAINT-SEVER, dans le Bocage normand, doit son nom à un évêque d'Avranches qui y fonda une abbaye de bénédictins en 560; on y montre l'emplacement d'une villa mérovingienne. — VASSY et *Bernières-le-Patry* sont deux communes industrielles assez importantes, et cependant leur population diminue, comme en général dans toute la contrée.

VI. **BAYEUX**, chef-lieu d'arrondissement[1], est une ville de 8 000 âmes, située par 47 mètres d'altitude sur l'Aure, à douze kilomètres de la Manche. Elle fabrique notamment de la porcelaine et des dentelles renommées; on y fait aussi le commerce de produits agricoles. Sa cathédrale Notre-Dame, commencée en 1046 et achevée seulement au XVIIIe siècle, est un des types les plus complets du style ogival normand; on admire

---

[1] Arrondissement de BAYEUX : 6 *cantons*, 136 communes, 68 750 habitants.
Cantons et communes principales : 1. *Bayeux*, 8110 habitants; Saint-Vigor-le-Grand. — 2. *Balleroy*, 1100; Littry, 1990; Saint-Paul-du-Vernay, le Tronquay. — 3. *Caumont*, 1 060; Livry. — 4. *Isigny*, 2810; Grandcamp-les-Bains, 1 870. — 5. *Ryes*, 430; Arromanches, Port-en-Bessin. — 6. *Trévières*, 1100; Crouay, Formigny.

surtout son portail, ses trois tours avec leurs flèches, les nombreuses colonnes de l'intérieur et la crypte ornée de peintures. L'église Saint-Patrice est dominée par une belle tour à sept étages; l'ancien évêché est converti en hôtel de ville et en palais de justice. Un monument moderne renferme le musée, la bibliothèque et un objet dont la célébrité est européenne : c'est la fameuse pièce de broderie, de 70 mètres de long sur 50 centimètres de haut, appelée **tapisserie de la reine Mathilde**. On croit qu'elle a été exécutée par cette princesse et les dames de sa cour, en souvenir des exploits de Guillaume le Conquérant, son mari. Cinquante-huit scènes s'y

Fragment de la tapisserie de la reine Mathilde, à Bayeux.

déroulent, depuis le moment où Édouard le Confesseur prend la résolution de léguer son royaume d'Angleterre au duc de Normandie, jusqu'à la victoire d'Hastings. Naturellement les fortifications, les vaisseaux, les armes et les costumes de l'époque y sont fidèlement retracés : ce qui lui donne une grande valeur historique, d'autant plus que tous les sujets sont expliqués par des inscriptions latines. Cette broderie, le spécimen le plus ancien des tentures dont on ornait et dont on orne encore les églises aux grandes solennités, fut donnée par Mathilde à Eudes, son beau-frère, évêque de Bayeux de 1049 à 1097; elle appartint à la cathédrale jusqu'à la Révolution.

Bayeux fut à l'origine la capitale des *Bajocasses*, dont elle a retenu définitivement le nom après avoir été l'*Augustodunum* des Romains. Au IXe siècle, elle reçut une colonie de Normands, qui conservèrent longtemps leur idiome et leurs mœurs. Pendant le moyen âge et les guerres de Religion, Bayeux subit des sièges et essuya des calamités nombreuses. C'était, avant 1790, la capitale du Bessin. Ses habitants sont appelés Bayeuzains.

Balleroy extrait un peu de minerai de fer, et montre un beau château construit sur les dessins de Mansart. — *Littry* exploite une mine d'anthracite et possède une belle église du xiie siècle. — *Le Tronquay* a des fabriques de poterie et un camp gallo-romain ; — Caumont a des ardoisières.

Isigny, sur l'Aure, est un petit port accessible aux navires de 300 tonneaux. La plaine d'Isigny est formée de terres d'alluvions fertilisées par la tangue, engrais argilo-phosphaté-calcaire qu'on retire de la mer. Excellents pâturages ; beurres très renommés, s'expédiant salés en Angleterre (3 millions de francs par an) et frais à Paris. La grande aisance des populations du Bessin a pour source la vente de ce produit. — *Grandcamp*, ses huîtrières et sa station balnéaire sont en face des belles roches de même nom. — Trévières est, comme Isigny, renommé pour son beurre. — *Formigny*, sur l'Aure inférieure, est célèbre par la victoire remportée en 1450 par le connétable de Richemont sur les Anglais, qui furent ainsi définitivement chassés de la Normandie ; une chapelle et un petit obélisque rappellent cet événement. — *Arromanches*, au canton de Ryes, a une belle plage en face du rocher qui porte en propre le nom de Calvados, et sur lequel se serait détruit le vaisseau espagnol *le San Salvador*, dont nous avons parlé plus haut.

Port-en-Bessin est un petit port de cabotage, situé dans une anfractuosité de falaises élevées où débouche la Dromme, l'une des branches de l'Aure, et où sourdent sur la plage les fontaines appelées *droues*, provenant apparemment des quatre *Fosses de Souci*. Voici comment on explique ce phénomène. « A peine unie à la Dromme, l'Aure se divise : son bras oriental disparaît dans l'entonnoir de la Tourneresse et dans les fendillements de la marne, qui est le fond inconsistant de la Grippesulais ; c'est lui qui reparaît outre colline par les droues de Port-en-Bessin. Le bras occidental se diminue et s'arrête parfois au bras de la Grande-Fosse ; ce qui s'en échappe disparaît dans la Petite-Fosse, sauf quand la rivière est trop forte : alors ce dernier entonnoir n'aspire pas tout le reste de l'Aure, et un ruisseau, suivant la pente du vallon, va se jeter dans l'Aure inférieure, qui est une renaissance de la supérieure ; mais pendant les trois grands quarts de l'année, les Fosses hument le bras d'orient et le bras d'occident, sans fracas, sans tragédie, sans cascades, par des crevasses cachées dans l'herbe, les buissons, la broussaille, les bois morts et les souches. De la Petite-Fosse à la source de l'Aure inférieure, la distance n'est que de 780 mètres. »   (Onésime Reclus.)

MANCHE

6 ARRONDISSEMENTS, 48 CANTONS, 643 COMMUNES, 513 800 HABITANTS

Géographie. — Le département de la *Manche* est ainsi appelé de la mer où il s'avance en presqu'île, à l'est des îles anglaises d'Aurigny, Guernesey et Jersey. Il a été formé de pays de la Basse-Normandie : le *Cotentin*, ou diocèse de Coutances; l'*Avranchin*, ou diocèse d'Avranches, et de quelques lambeaux du *Bocage normand*. Sa superficie étant de 5928 kilomètres carrés, il est le 48e département sous ce rapport.

Entouré de trois côtés par la mer, son territoire est sillonné de collines qui s'élèvent graduellement du nord au sud, où elles forment des amas de rochers pittoresques, qui ont valu au pays de Mortain le surnom de *Suisse de Normandie*. C'est au nord de cette ville, à Saint-Martin-de-Chaulieu, que se trouve le point culminant : 368 mètres. — Coutances est à 25 mètres d'altitude, Saint-Lô à 33 mètres; le mont Saint-Michel atteint à 75 mètres; le cap ou Nez de Jobourg, à 128 mètres. L'altitude moyenne est d'environ 90 mètres.

La côte présente un développement de 330 kilomètres sur une mer sauvage et souvent hérissée d'écueils. Le raz Blanchard, à l'ouest, est le plus redouté des marins, ainsi que le long passage de la Déroute, côtoyant le Cotentin et l'île Jersey. Généralement bordée de hautes falaises au nord, où elle se termine par la pointe de Barfleur et le cap de la Hague, elle présente ailleurs de vastes grèves, notamment celle des Veys, à l'embouchure de la Vire, et celles de la baie du Mont-Saint-Michel ; elle compte

Archipel des îles Chausey (Manche).

de nombreuses criques et une douzaine de ports ou havres, dont les principaux sont le port militaire de Cherbourg et le port marchand de Granville. Dans la rade de la Hougue se réfugièrent plusieurs vaisseaux après la défaite navale de 1692.

Au sud de l'île Jersey, la France possède les *Roches Douvres*, les nombreux îlots du plateau sous-marin dit des *Minquiers*, lequel, sur une longueur de 25 kilomètres, ne laisse aucun passage pour un navire ordinaire ; en outre, les *Chausey*, îlots rocheux et incultes, situés en face de Granville, et où l'on exploite les granits qui servent au pavage des rues de Paris.

Sauf quelques ruisseaux du bassin de la Loire, tous les cours d'eau sont tributaires de la Manche. Les principaux sont : la *Vire*, qui arrose Saint-Lô et se jette dans la baie des Veys ; la *Taute*, qui arrose Carentan et forme avec la *Douve*, traversant de vastes marais, un bassin en éventail très ouvert du nord au sud. La *Divette* finit à Cherbourg, l'*Hay* au havre de Saint-Germain, et la *Sienne* au havre de Regnéville, après avoir recueilli la Soulle, venue de Coutances. La *Sée*, rivière d'Avranches; la *Sélune*, où tombe la *Cance*, venant de Mortain, et le *Couesnon*, baignant Pontorson, convergent en manière d'éventail vers la baie du Mont-Saint-Michel, où ils continuent, à marée basse, leur cours à travers la grève.

Les rivières maritimes sont navigables dans leur cours inférieur, ainsi que les canaux de Vire-et-Taute, du Plessis et de Coutances.

Le climat est essentiellement tempéré, grâce aux vents de mer; bien que très humide, il est sain, sauf dans les régions marécageuses du bassin de la Douve. Les pluies, fines et fréquentes, donnent une hauteur d'eau annuelle variant entre 75 centimètres à Saint-Lô, et 1 mètre au cap de la Hague.

La Manche est un de nos départements les plus exclusivement agricoles. Grâce aux amendements et à l'humidité du climat, le sol, généralement granitique et schisteux, est productif en céréales, pommes de terre, prairies artificielles et naturelles. Celles-ci sont très étendues, surtout à l'est, région de calcaire et d'alluvion, mais si basse sur la baie des Veys, qu'elle a dû être protégée par des digues contre le flux de l'Océan. Il se fait dans la contrée un élevage considérable de chevaux (80 000) et de bêtes à cornes (310 000). Les vaches cotentines sont réputées les meilleures pour la production du lait et du beurre. Les arbres fruitiers sont très multipliés, particulièrement les pommiers et les poiriers : ce département est un de ceux qui font le plus de cidre (1 400 000 hectolitres en moyenne). D'admirables jardins maraîchers couvrent les *mielles* du littoral sud-ouest, c'est-à-dire les anciennes dunes sablonneuses fertilisées par la *tangue*, vase marine riche en calcaire. En outre, le département nourrit 120 000 porcs, 180 000 moutons et récolte environ 90 000 kilos de miel. Il s'adonne à la grande pêche et à la pêche côtière : poissons, crustacés, huîtres. Une école pratique d'agriculture et de laiterie fonctionne à Coigny.

Les principaux minéraux sont : le granit du Cotentin et des îles Chausey, des marbres, des pierres de taille, des ardoises, du kaolin, de la houille, du minerai de fer et, sur les côtes, de la tangue. L'industrie manufacturière comprend quelques fonderies, la quincaillerie, la chaudronnerie et la poêlerie, la filature et le tissage d'étoffes diverses, la fabrication des papiers, des cuirs, des produits chimiques et la construction des navires.

Les habitants. — La population, qui était de 530 600 habitants en 1801, avait atteint le chiffre de 600 000 vers le milieu du siècle; mais elle est redescendue à 545 000 en 1871, et à 513 800 en 1891. Ce dernier chiffre place le département au 21e rang pour la population absolue et et au 15e pour la population relative, avec 87 habitants par kilomètre carré. Sa dépopulation provient de l'émigration vers l'intérieur et de la faiblesse de la natalité, qui ne compense pas la mortalité. On y compte environ 1 800 protestants et 800 étrangers.

Personnages. — Saint Lô, évêque de Coutances, né probablement à Saint-Lô, mort en 580. Saint Léon, apôtre des Basques, né à Carentan, mort vers 900. Tancrède de Hauteville, né à Hauteville-la-Guichard, xie siècle. Le poète Brébeuf, né à Torigny, mort en 1161. L'amiral de Tourville, né à Tourville, mort en 1701. De Saint-Évremond, écrivain libre penseur, né à Saint-Denis-le-Gast, mort en 1703. Le maréchal de Coigny, né à Coigny, mort en 1759. Le général Dagobert, né à la Chapelle-Enjuger, mort en 1794. Vicq-d'Azyr, médecin et anatomiste, né à Valognes, mort en 1794. Le général Valhubert, né à Avranches, tué à Austerlitz, 1805. Le consul Lebrun, né à Saint-Sauveur-Lendelin, mort en 1824. Le baron Dacier, érudit, né à Valognes, mort en 1833. Le général Lemarois, né à Bricquebec, mort en 1836. L'opticien Lerebours, né à Mortain, mort en 1840. Le philologue Burnouf, né à Urville, mort en 1841. L'astronome Leverrier, né à Saint-Lô, mort en 1877.

Administrations. — Le département de la Manche forme le diocèse de Coutances et ressortit à la cour d'appel et à l'académie de Caen, à la 10e division militaire (Rennes), aux arrondissements maritimes de Cherbourg (quartiers de Cherbourg, de la Hougue) et de Brest (quartier de Granville), ainsi qu'à la 1re région agricole (Nord-Ouest).

Il comprend 6 arrondissements : *Saint-Lô, Valognes, Cherbourg, Coutances, Mortain, Avranches*, avec 48 cantons et 643 communes.

I. **SAINT-LO**, chef-lieu du département[1], est une ville de 11 500 habitants, située à 33 mètres d'altitude, sur une colline rocheuse dominant la rive droite de la Vire. Elle possède des fabriques de gros draps, dits droguets, de coutils de Canisy, de flanelles; des filatures de laine, une importante papeterie, des pépinières et l'un des plus beaux haras de France. On y remarque les magnifiques tours avec flèches de l'ancienne collégiale Notre-Dame, et le curieux portail roman de l'église Sainte-Croix provenant de l'abbaye de ce nom, dont il reste aussi quelques bâtiments. — Saint-Lô, qui doit son nom à un évêque de Coutances, s'appela d'abord *Briovera*, c'est-à-dire Pont-sur-Vire. On ne sait rien de son histoire à l'époque gallo-romaine; les principaux souvenirs laissés par le moyen âge sont ceux des douze sièges subis par la ville de 1141 à 1574, et la plupart malheureux pour elle. La préfecture de la Manche y fut transférée de Coutances en 1801.

Carentan est situé au milieu de vastes marais assainis et transformés

---

[1] Arrondissement de SAINT-LÔ : 9 *cantons*, 117 communes, 85 950 habitants.
Cantons et communes principales : 1. *Saint-Lô*, 11 430 habitants; Agneaux. — 2. *Canisy*, 760; Quibou. — 3. *Carentan*, 3 490; Auvers, Sainteny. — 4. *Marigny*, 1 340; Remilly-sur-Lozon, la Chapelle-Enjuger. — 5. *Percy*, 2 610; Beslon. — 6. *Saint-Clair*, 570; Cérisy-la-Forêt, 1 620; Saint-Pierre-de-Sémilly. — 7. *Saint-Jean-de-Daye*, 330; Graignes, Montmartin-en-Graignes, Tribehou. — 8. *Tessy-sur-Vire*, 1 400; Domjean, Moyon. — 9. *Torigny-sur-Vire*, 2 020; Condé-sur-Vire, 1 680; Guilberville, Saint-Amand, Saint-Jean-des-Baisants.

en riches prairies, sur la Taute et le canal de Vire-et-Taute. Petit port de cabotage, il importe des charbons, des vins, des eaux-de-vie, et exporte beaucoup de bestiaux gras, du beurre, des œufs, gibiers et légumes pour l'Angleterre. Son église ogivale du xve siècle est un monument historique. Cette ville, fortifiée par Blanche de Castille et dont la défense était favorisée par l'inondation de la plaine, fut souvent disputée dans toutes les guerres du pays, à cause de sa position comme clef du Cotentin. Elle ne fut démantelée qu'en 1853; les restes de son château sont un beau spécimen de l'architecture militaire du moyen âge. — Un nouveau fort, dit des Ponts-Douve, situé au nord-est dans les marais, défend la position. — CANISY, ancien marquisat, conserve un beau château avec tourelles à mâchicoulis. — PERCY fut le berceau d'une famille noble d'Angleterre.

On trouve au canton de SAINT-CLAIR deux monuments historiques : à *Cérisy-la-Forêt*, une belle église du XIe siècle, reste d'une ancienne abbaye qui avait été fondée en 560 par saint Vigor, évêque de Bayeux, et à *Saint-Pierre* les restes du château fort de Sémilly, qui fut habité par Richard Cœur-de-Lion. — D'autres châteaux anciens sont à signaler à SAINT-JEAN-DE-DAYE, et TORIGNY-SUR-VIRE; ce dernier château, aujourd'hui occupé par la mairie, fut construit par le maréchal de Matignon, dont l'un des descendants épousa au XVIIe siècle l'héritière des princes de Monaco. — *Saint-Jean-des-Baisants* garde les vestiges d'un camp romain.

II. **VALOGNES** (5800 habitants), chef-lieu d'arrondissement[1], est situé par 30 mètres d'altitude au centre de la presqu'île du Cotentin. Cette petite ville fabrique de la quincaillerie et fait le commerce de beurre, d'œufs et de volailles. Elle paraît être l'ancienne *Crociatonum*, capitale des Unelles; son importance sous les Romains est attestée par des restes de thermes et de théâtre au faubourg d'Alleaume (*Alaunia*). Elle fut prise et reprise plusieurs fois pendant la guerre de Cent ans. Jean le Bon et Charles le Mauvais y signèrent un traité en 1355. Louis XIV la fit démanteler. — A *Brix*, on voit les restes d'une importante forteresse détruite au XVIe siècle. — *Saussemesnil* et *Tamerville* ont de curieuses églises romanes.

Au canton de BARNEVILLE, sur la côte occidentale, battue des vents, s'ouvrent deux ports de cabotage, avec station balnéaire : *Carteret*, ancienne seigneurie qui a donné son nom à une famille illustre de Jersey et conserve les restes de deux forts; — *Portbail*, possédant un parc à huîtres et s'occupant de chaudronnerie et de quincaillerie. — BRICQUEBEC (*beck*, *bec*, ruisseau), commune la plus étendue du département

---

[1] Arrondissement de VALOGNES : 7 *cantons*, 117 communes, 73 660 habitants.
Cantons et communes principales : 1. *Valognes*, 5800 habitants; Brix, 2200; Saussemesnil, Tamerville. — 2. *Barneville*, 930; Carteret, Portbail, 1680. — 3. *Bricquebec*, 3670; Négreville. — 4. *Montebourg*, 2050; le Ham, Quinéville, Saint-Marcouf, Urville. — 5. *Quettehou*, 1230; Barfleur, Montfarville, Réville, 1520; Saint-Vaast-la-Hougue, 2720; Teurtheville-Bocage. — 6. *Sainte-Mère-Église*, 1450; Picauville, 2540; Sainte-Marie-du-Mont. — 7. *Saint-Sauveur-le-Vicomte*, 2670; Besneville, Nehou, 1630; Hauteville.

(5140 hectares), fabrique des draps, des droguets et de grosses toiles. On y voit la statue du général Lemarois, une belle église et un imposant donjon polygonal du XIVe siècle. Aux environs se trouvent une source minérale, des monuments druidiques, des antiquités romaines et le couvent de Trappistes de Notre-Dame-de-Grâce. — MONTEBOURG, qui fabrique des coutils et des sabots, possède une belle église et les restes d'une abbaye bénédictine fondée par Guillaume le Conquérant. C'est une ancienne place forte, dominée par le mont Castre (*Castra*), haut de 122 mètres, où les Romains eurent un camp dont les retranchements existent encore. — A *Quinéville*, station balnéaire, on conserve comme monument historique la grande cheminée, reste d'un manoir du XIVe siècle. — De la commune de *Saint-Marcouf* dépendent, à 9 kilomètres en mer, les trois écueils rocheux de Saint-Marcouf; ce sont les îlots de *Terre*, du *Bastion* et du *Large*, ce dernier, fortifié et contenant une garnison, une prison et un phare.

Barfleur, au canton de QUETTEHOU, à 2 kilomètres de la pointe et du phare de Barfleur, est un petit port sur la Manche, pouvant recevoir des navires de 300 tonneaux. Il exporte des produits agricoles, exploite un immense banc d'huîtres de 8 kilomètres de long, et construit des barques. Barfleur (*fleur*, de *fiorth*, ou de *flodh*, flot) est bien déchue de son importance du moyen âge. De là Édouard le Confesseur partit en 1042 pour recouvrer le trône d'Angleterre; ce fut aussi sur des rochers qui bordent le port, et en rendent l'accès dangereux, qu'eut lieu en 1120 une catastrophe célèbre dans l'histoire de Normandie. Henri Ier s'en retournait en Angleterre après avoir vaincu tous ses ennemis : un vaisseau, la *Blanche-Nef*, restait en arrière; il portait les nièces, les filles du roi et un grand nombre de femmes et de chevaliers de distinction. En sortant du port, il se brisa sur un écueil; tout périt, à l'exception d'un boucher de Rouen.

Saint-Vaast-la-Hougue, petit port de relâche et de commerce sur la Manche, est assis sur un promontoire rocheux qui divise en deux parties la baie de Saint-Vaast, où se dressent les tours de Tatihou, au nord, et de la Hougue, au sud. — Construction de navires, exploitation de pierres de taille, beaux parcs d'huîtres d'une superficie totale de 400 hectares, bains de mer, fabrique d'huile, pêche du maquereau et du hareng, commerce de planches, de mâts et de fruits. — C'est en face de la Hougue que se donna la célèbre bataille navale de 1692, où Tourville, avec 44 vaisseaux, fut battu par la flotte anglo-hollandaise forte du double. L'amiral se réfugia dans la grande rade de Saint-Vaast avec 12 vaisseaux, qu'il fit brûler pour les soustraire à l'ennemi qui allait s'en emparer.

Du canton de SAINTE-MÈRE-ÉGLISE dépend *Sainte-Marie-du-Mont*, où se trouvent une belle plage de bains et les restes d'un château. — SAINT-SAUVEUR-LE-VICOMTE, sur la Douve, conserve de magnifiques ruines, avec haute tour carrée, d'un château bâti au XIVe siècle et qui fut assiégé par du Guesclin; un logis abbatial du XVIIe siècle est le seul reste d'une abbaye bénédictine fondée en 1080. — *Hauteville*, petit village, est la patrie de Tancrède de Hauteville, dont les fils, Guillaume Bras-de-Fer, Drogon, Humfroy, Roger, Robert Guiscard et autres, conduisirent au XIe siècle les Normands à la conquête de la Sicile et de l'Italie méridionale.

III. **CHERBOURG**, sous-préfecture de 38 600 habitants[1], à l'extrémité de la presqu'île du Cotentin, au milieu d'une baie faisant face à Portsmouth, possède un port militaire et un port marchand. Celui-ci, à l'embouchure de la *Divette*, communique avec la rade par un chenal de

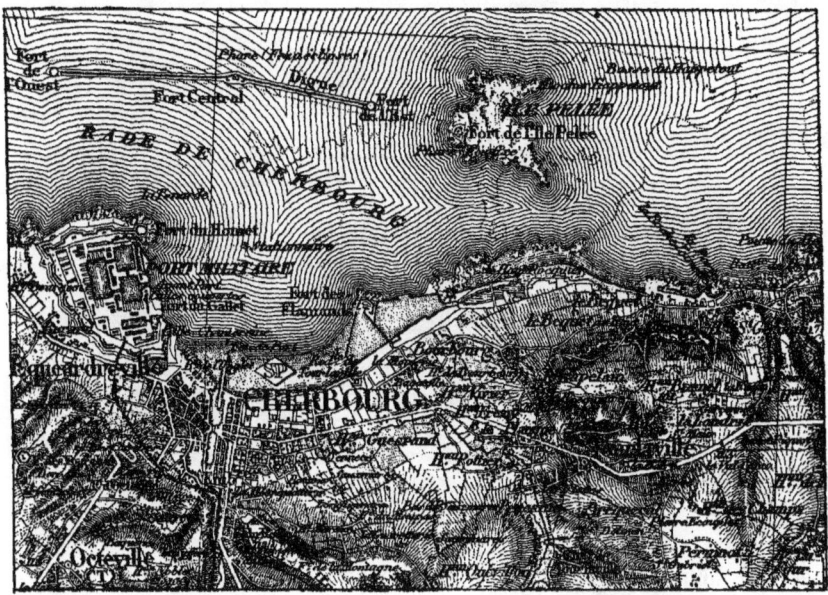

600 mètres, bordé de jetées en granit. Il fait un trafic annuel d'environ 600 000 tonnes, surtout avec l'Angleterre, la Suède, le Portugal et le Brésil.

Le **port militaire**, pour lequel on a dépensé plus de 200 millions de francs, de 1783 à 1858, comprend trois ordres d'ouvrages : 1° le *port* proprement dit, entouré d'une enceinte et contenant trois grands bassins d'une superficie de 22 hectares, pouvant abriter quarante vaisseaux de haut bord; aux alentours sont les cales de construction, les formes de radoub, les ateliers de chaudronnerie, les forges et fonderies, la corderie, l'hydromètre, les chantiers de travaux hydrauliques, le hangar aux bois, le parc d'artillerie de la marine et l'école élémentaire des apprentis; 2° les *ou-*

---

[1] Arrondissement de CHERBOURG : 5 cantons, 73 communes, 91 610 habitants.
Cantons et communes principales : 1. Cherbourg, 38 560 habitants. — 2. Beaumont, 590; Auderville, Jobourg, Vauville. — 3. Octeville, 3 030; Bretteville, Equeurdreville, 5 430; Henneville, 1 500; Martinvast, Querqueville, 1 590; Tourlaville, 7 390. — 4. *Les Pieux*, 1 340; Flamanville, Surtainville. — 5. *Saint-Pierre-Église*, 1 870; Fermanville, Gatteville, le Vast.

vrages de défense de la rade, comprenant, outre les trois forts de la digue, le fort de l'Ile-Pelée, le fort des Flamands, celui de Querqueville, et un grand nombre d'autres forts et de batteries disposés sur le plateau qui domine la ville au sud; 3° la *digue,* ouvrage d'art considérable, en maçonnerie de granit ou de ciment, ayant coûté 67 millions et fermant la rade à trois kilomètres et demi du rivage. Longue de 3 600 mètres, elle s'étend de l'ouest à l'est, formant un coude léger vers le milieu; elle a 9 mètres d'épaisseur à la couronne, 10 mètres de hauteur, et repose sur une jetée submergée, enrochement artificiel qui a 60 mètres de largeur au sommet

Cherbourg. Port marchand, fort des Flamands.

et 200 mètres à la base. La digue, bordée d'un parapet de 2 mètres 50 de hauteur, est défendue par un fort central et à ses extrémités par deux forts dits de l'Est et de l'Ouest. Elle laisse deux entrées dans la rade : la petite passe, de 500 mètres de largeur, à l'est, du côté de l'Ile-Pelée, et la grande passe, large de 1 000 mètres, vers Querqueville.

Cherbourg occupe l'emplacement présumé de *Coriallum* ou *Carusbur,* port des Unelles, puis des Romains; il devint au moyen âge le chef-lieu du *Coriovallensis pagus,* dont les Normands firent un comté. En 1145, la reine Mathilde, petite-fille de Guillaume le Conquérant, y fonda une abbaye appelée Notre-Dame-du-Vœu. Guillaume avait lui-même fait de Cherbourg un port militaire; Vauban démolit ses fortifications, et malheureusement ne s'occupa point aussitôt de les remplacer convenablement. Aussi les Anglais s'emparèrent-ils facilement de la ville en 1758, après avoir brûlé les vaisseaux mouillés dans la rade. Les travaux du port furent repris en 1783, mais ne furent poussés avec activité que par Napoléon Ier, Louis-Philippe et Napoléon III. C'est à Cherbourg que Charles X s'embarqua pour l'Angleterre, après les journées de juillet 1830.

La **presqu'île de la Hague**, formée de la pointe nord-ouest du Cotentin, et dont le nom en scandinave signifie haie, buisson, présente en travers de son isthme, sur la commune de BEAUMONT-HAGUE, un curieux retranchement dit *Hague-Dicke*, de 7 kilomètres de long sur 6 mètres de haut. Il aurait été construit par les Gaulois, d'après M. de Caumont. Un camp romain se remarque sur la hauteur du cap appelé *Nez de Jobourg*, superbe falaise de 120 mètres, au pied de laquelle se trouve la caverne légendaire du Trou-au-Sorcier.

Remarquons ici que le mot *nez* (*ness* en scandinave, *nose* en anglais), qu'on retrouve dans les caps Blanc-Nez et Gris-Nez, n'exprime aucun rapport avec le nez, partie du visage humain, mais signifie simplement cap ou avancement de la côte. Ainsi Blanc-Nez dériverait de *black-ness*, qui, par une bizarre contradiction, signifie noir-cap, tandis que Gris-Nez vient de *craig-ness*, signifiant rocher-cap. — Ajoutons que le nom de Jobourg pourrait avoir pour origine le castel (*burg*, en allemand) ou camp romain, établi sur la hauteur, et qui aurait été dédié à Jupiter (*Jovis*, par corruption *Jou*).

De la commune d'*Auderville* dépend le cap de la Hague, roche syénitique de 50 mètres de hauteur. Le détroit dit Raz-Blanchard (*raz*, courant), large de 15 kilomètres, sépare la côte de l'île anglaise d'Alderney (Aurigny) et forme l'entrée de la grande passe de la Déroute, qui longe la côte. — *Vauville*, sur une large baie, conserve une fort belle allée couverte de 15 mètres de longueur, dite les Pierres-Pouquelées. Il existe des dolmens dans les environs, sur le plateau dominant Cherbourg, notamment à *Bretteville*, dans le canton d'OCTEVILLE. Ce canton renferme en outre : *Équeurdreville*, commune importante, ayant des forges ; le château de *Martinvast* ; *Querqueville*, petit port fortifié, et *Tourlaville*, localité de 8 000 habitants, qui possède de nombreux établissements industriels, tels que fonderies, minoteries, et exploite de grandes carrières d'ardoises et de pavés. En 1665, Colbert y établit une manufacture de glaces, qui a disparu. Les châteaux de Martinvast et de Tourlaville ont été luxueusement restaurés par leurs propriétaires, MM. le baron de Schikler et le vicomte de Tocqueville.

Le bourg des PIEUX extrait le kaolin qui alimente la fabrique de porcelaine de Bayeux ; il possède un cromlech, deux tumuli ou tombelles, des antiquités romaines et une enceinte gauloise appelée Témène. — *Flamanville*, petit port sur la Diélette, a une église renfermant les reliques de sainte Réparate, un dolmen dit Pierre-au-Roi, et de belles falaises granitiques, hautes de 70 à 100 mètres. — *Surtainville* possède une mine de plomb et la chapelle Sainte-Argonelle. — SAINT-PIERRE-ÉGLISE conserve deux beaux menhirs ; il en existe d'autres au pays de *Vast* (bois, broussailles), qui forme l'extrémité nord-est de l'arrondissement de Cherbourg, comme le pays de la Hague en forme l'extrémité nord-ouest. — A *Gatteville* se trouve un beau phare en granit, de 72 mètres, dominant la pointe dite de Barfleur; c'est le plus haut de France.

On remarque la fréquence, en Normandie plus qu'ailleurs, de la terminaison *ville*, accolée au nom des moindres localités. Cette finale dérive du mot roman *villa*, et, comme lui, signifie simplement : habitation, ferme, domaine; elle est remplacée dans le nord par *ham*, en Bretagne par *ker* (Mariaker), ailleurs par *bu*, *beuf* (Tournebu, Quillebeuf).

IV. **COUTANCES**, chef-lieu d'arrondissement peuplé de 8000 âmes[1], est situé à 10 kilomètres de la mer, sur un mamelon dominant la Soulle canalisée, par 25-100 mètres d'altitude. Cette ville exploite le marbre, possède

Cathédrale de Coutances.

des filatures, des fabriques de coutils, de chaussures et fait le commerce de chevaux, bestiaux, graines oléagineuses. Elle possède une magnifique cathédrale gothique du XIIIe siècle, avec deux belles flèches hautes de 77 mètres et une tour octogone formant lanterne à l'intérieur. L'église Saint-Pierre est un beau monument de la Renaissance. On remarque encore la statue du consul Lebrun, de charmantes promenades, les restes des fortifications et, au faubourg des Piliers, les arcades en ruines d'un aqueduc supposé romain, mais reconstruit au XIVe siècle. — Coutances est l'antique *Cosedia*, capitale des Unelles, appelée plus tard *Constantia*, du nom,

---

[1] Arrondissement de COUTANCES : 10 *cantons*, 138 communes, 102640 habitants.
Cantons et communes principales : 1. *Coutances*, 8150 habitants; Cambernon. — 2. *Bréhal*, 1400; Bricqueville-sur-Mer, Cérences, 1860; Chanteloup, Hudimesnil. — 3. *Cerisy-la-Salle*, 1620; Montpinchon, Notre-Dame-de-Cenilly, Saint-Denis-le-Vêtu. — 4. *Gavray*, 1430; Hambye, 2160; Saint-Denis-le-Gast. — 5. *La Haye-du-Puits*, 1420; Coigny, Lithaire. — 6. *Lessay*, 1300; Créances, 2080; Pirou. — 7. *Montmartin-sur-Mer*, 1080; Lingreville, Orval, Quettreville, Regnéville, 1630. — 8. *Périers*, 2690; Marchésieux. — 9. *Saint-Malo-de-la-Lande*, 410; Agon, 1590; Gouville, 1710; Tourville. — 10. *Saint-Sauveur-Lendelin*, 1530; Muneville-le-Bingard.

à ce que l'on croit, de Constance Chlore, qui la fortifia. Elle est, depuis la fin de la domination romaine, le chef-lieu d'un diocèse qu'administra saint Lô, et qui comprenait le *Constantinus pagus*, connu dans la suite sous le nom de Cotentin. La ville fut prise et reprise durant les expéditions des fils de Guillaume le Conquérant, la guerre de Cent ans et les guerres de Religion. Elle a été le chef-lieu du département de la Manche de 1790 à 1801.

Au canton de BRÉHAL, singnalons *Bricqueville-sur-Mer*, port de pêche; *Cérences*, avec ses filatures; *Chanteloup*, ancienne place forte prise par le connétable de Richemont. — CERISY-LA-SALLE fabrique des calicots et des coutils; il y a deux menhirs.

GAVRAY fabrique des toiles de crin et des lainages; il y eut un camp romain. C'est une ancienne place forte, où, en 1467, Charles de Normandie, frère de Louis XI, signa avec Yolande de Savoie un traité contre les entreprises du roi de France. — *Hambrye*, qui fabrique des droguets, est l'antique capitale des *Ambibari* de César et une ancienne baronnie. On y voit les ruines d'un château fort et d'une abbaye de bénédictins. — *Saint-Denis-le-Gast* a des moulins à huile et les restes d'un château féodal.

LA HAYE-DU-PUITS, autrefois baronnie, conserve les ruines d'une importante forteresse. — *Coigny* fut érigé en duché pour le maréchal de Coigny; son ancien château est transformé en école pratique d'agriculture et de laiterie pour le département. — LESSAY, près d'une baie où l'on exploite la tangue, conserve une remarquable église et les bâtiments d'une abbaye de bénédictins. Vaste lande. — *Créances*, ancien comté, se livre à la culture maraîchère.

MONTMARTIN-SUR-MER, station de bains, exploite aussi du marbre. — *Orval* et *Quettreville* ont des églises remarquables. — *Regnéville*, sur la Sienne, est un petit port avec parcs à huîtres. — *Tourville*, au canton de SAINT-MALO-DE-LA-LANDE, montre le château où naquit le maréchal de Tourville.

V. **MORTAIN** (2240 habitants), l'un de nos plus petits chefs-lieux d'arrondissement[1], est très pittoresquement situé, par 100-314 mètres d'altitude, sur le penchant d'une colline abrupte que baigne la Cance. Il y a des filatures de coton, des pépinières et une tannerie. L'église paroissiale, ancienne collégiale bâtie au XIIIe siècle, est un curieux spécimen du style de transition. Une intéressante chapelle de Saint-Michel couronne un rocher à 317 mètres. D'origine féodale, Mortain est un ancien comté-

---

[1] Arrondissement de MORTAIN : 8 *cantons*, 74 communes, 63090 habitants.
Cantons et communes principales : 1. *Mortain*, 2240 habitants; Neufbourg, Notre-Dame-du-Touchet, Romagny. — 2. *Barenton*, 2520; Ger, 2100; Saint-Cyr-du-Bailleul, 1660; Saint-Georges-de-Rouelley. — 3. *Isigny*, 310; les Biards. — 4. *Juvigny*, 820; Reffuveille. — 5. *Saint-Hilaire-du-Harcouët*, 3710; les Loges-Marchis, Parigny, Saint-Martin-de-Landelle, 1610; Virey. — 6. *Saint-Pois*, 750; Coulouvray-Boisbenâtre, Saint-Laurent-de-Cuves. — 7. *Sourdeval*, 3770; Saint-Martin-de-Chauliu, Vengeons. — 8. *Le Teilleul*, 2160; Buais, Savigny-le-Vieux.

pairie qui appartint aux familles d'Évreux, de Montpensier et d'Orléans. Philippe-Auguste l'enleva à Jean sans Terre, en 1204. — Au *Neufbourg*, faubourg de Mortain, on remarque la belle église de l'Abbaye-Blanche

Granville, sur la Pointe-du-Roc. Ville basse et port.

fondée en 1105, et une cascade de 20 mètres de hauteur formée par la Cance.

SAINT-HILAIRE-DU-HARCOUET, sur l'Airon, possède des filatures, des fabriques de toiles, de draps, de coutils et de boutons de nacre, ainsi que les restes d'un prieuré et d'une forteresse. — SOURDEVAL, près de la Sée naissante, est aussi une ville industrielle ayant des forges, fonderies de cuivre, aciéries, tréfileries, ateliers de quincaillerie et de serrurerie, des fabriques de soufflets de forge et des papeteries. — Le Teilleul est une ancienne place forte. — A *Savigny,* ruines d'une abbaye cistercienne, fondée par le bienheureux Vital.

VI. **AVRANCHES**, chef-lieu d'arrondissement[1], est une ville de 8 000 âmes située sur une colline de 100 mètres d'altitude, dominant l'embouchure de la Sée. On y remarque les églises Notre-Dame-des-Champs et Saint-Saturnin, un hôpital du xiiie siècle et la statue du général Valhubert. De l'ancienne cathédrale Saint-André, où Henri II d'Angleterre vint se faire absoudre, par les légats du pape, du meurtre de Thomas Becket, archevêque de Cantorbéry, il ne reste qu'une pierre avec inscription rappelant ce fait. Du jardin des plantes, on jouit d'une vue magnifique sur le Mont-Saint-Michel et sa baie. — Ancienne *Ingena,* capitale de Abrincates, dont elle a gardé le nom, Avranches le devint plus tard de l'Avranchin, et fut de 511 à 1790 le siège d'un évêché qu'illustra le savant Daniel Huet, à la fin du xviie siècle. Elle fut souvent prise depuis les invasions normandes et bretonnes jusqu'aux guerres de Vendée. Saint Louis avait fait compléter ses fortifications. En 1639, elle fut le foyer de l'insurrection des Nu-Pieds, soulevée par les exactions de la gabelle. Son industrie comprend l'extraction du granit des îles Chausey, la pêche du saumon et du poisson de marée, diverses fabrications et la culture des pépinières.

Signalons au *Val-Saint-Pair* des marais salants et une église intéressante ; à Brécey, d'importantes distilleries de kirsch-wasser (eau-de-vie de cerises) ; à Ducey, un beau château bâti par Gabriel de Montgomery ; à *Poilley,* sur la Sélune, les restes de l'abbaye de Montmorel, fondée pour des Prémontrés en 1180.

Granville, la seconde localité du département pour la population (12 700 habitants), est située sur une presqu'île rocheuse escarpée, dite la Pointe-du-Roc, qui domine la Manche. Elle a un port sûr et commode, mais c'est grâce à des travaux considérables, car l'entrée en est rendue difficile par de nombreux écueils et une mer agressive : c'est le point des côtes de France où la marée s'élève à la plus grande hauteur, soit 14 mètres aux marées d'équinoxe. Ce port fait un commerce actif avec l'Angleterre, la Suède, la Norvège, la Bretagne et les îles anglo-normandes ; il pratique aussi des armements pour la pêche de Terre-Neuve et d'Islande. L'industrie granvilloise comprend la construction des navires, la fabrication d'huile de foie de morue, la salaison du poisson, la pêche des huîtres dites de Cancale, et l'extraction du granit des îles Chausey.

---

[1] Arrondissement d'Avranches : 9 *cantons,* 124 communes, 96 900 habitants.
Cantons et communes principales : 1. *Avranches,* 7 790 habitants ; le Val-Saint-Pair. — 2. *Brécey,* 2 400 ; Tirepied. — 3. *Ducey,* 1 830 ; Poilley, Saint-Quentin. — 4. *Granville,* 12 730 ; Saint-Nicolas-près-Granville, Saint-Pair. — 5. *La Haye-Pesnel,* 1 030 ; la Luzerne-d'Outremer. — 6. *Pontorson,* 2 340 ; le Mont-Saint-Michel, Sacey. — 7. *Saint-James,* 3 070 ; Argouges, Saint-Aubin-de-Terregatte, Saint-Laurent-de-Terregatte. — 8. *Sartilly,* 1 220 ; Bacilly. — 9. *Villedieu-les-Poêles,* 3 510 ; Fleury.

Granville se divise en ville basse, centre de l'activité industrielle et commerciale, et en ville haute, séjour de la bourgeoisie. Entourée de murailles et dominée par une citadelle, son édifice principal est l'église Notre-Dame, de style ogival flamboyant. Granville doit son origine à un château bâti au XIe siècle par le seigneur normand Grannon. Elle fut fortifiée en 1442 par les Anglais, et bombardée par eux en 1695 et 1803. Les Vendéens l'assiégèrent vainement en 1793.

Saint-Pair, ancienne ville, déchue depuis la fondation de Granville,

Le Mont-Saint-Michel.

possède dans son église le tombeau du saint qui l'évangélisa et lui donna son nom. — La Haye-Pesnel montre les restes du château dit de Ganne, qui appartint à la famille des Pesnel et se trouvait défendu primitivement par un retranchement en *haie* ou palissade. — *La Luzerne-d'Outremer* conserve la chapelle d'une abbaye de Prémontrés. — Saint-James-de-Beuvron, ancienne baronnie, exploite des carrières de granit et possède des filatures, ainsi qu'une belle église romane, un vaste parc et le château de Palluelle, remplaçant celui que construisit Guillaume le Conquérant. — Villedieu-les-Poêles, sur la Sienne, doit son surnom à sa vieille industrie de la chaudronnerie, qui y est encore pratiquée, en même temps que celle de la quincaillerie. Le nom de Villedieu vient d'une commanderie de Saint-Jean, qui, au moyen âge, attira en ce lieu les ouvriers habiles dans la fabrication des meubles d'église en cuivre : chandeliers, lutrin, etc. En général, les nombreuses localités appelées Villedieu sont d'anciennes commanderies d'ordre religieux et militaire.

Pontorson est un petit port à l'embouchure du Couesnon, qui se jette dans la baie du Mont-Saint-Michel, à l'entrée de vastes grèves marécageuses. On y remarque une halle monumentale et une église du XIIe siècle, curieusement sculptée. Il ne reste rien du château donné par Charles V à du Guesclin, et que la sœur de ce dernier, Julienne, défendit victorieusement contre les Anglais. Aux portes de la ville était sa terre patrimoniale du *Glaquin*, d'où il a tiré son nom : on disait, au XIVe siècle, Bertrand du Glaquin ou du Glaiquin. Pontorson fut le boulevard des calvinistes dans la Basse-Normandie, en face de la catholique Bretagne. Louis XIII la démantela; les Vendéens y furent victorieux en 1793.

Du canton de Pontorson dépendent la commune de *Sacey*, où l'on voit les ruines du château fort de *Chéruel*, et le célèbre *Mont-Saint-Michel*, dont nous allons parler.

La baie du Mont-Saint-Michel, l'une des plus grandes échancrures des côtes de France, a 20 kilomètres de largeur, entre la pointe de Champeaux, au sud de Granville, et celle de Grouin, au nord de Cancale. Son principal caractère, c'est l'immensité de ses grèves blanchâtres, qui découvrent à marée basse sur une longueur de 15 à 20 kilomètres et sur une surface unie de 25 000 hectares, que l'on pourrait convertir en polders par l'endiguement.

« On peut maudire ou admirer la baie du Mont-Saint-Michel, dit M. Baude, mais non pas prétendre avoir rien vu de semblable. Les œuvres des hommes, aussi bien que celles de la nature, ont ici un caractère de sauvage grandeur qui défie tous les souvenirs et toutes les comparaisons. Aux équinoxes, l'amplitude des marées atteint, indépendamment du refoulement des eaux de l'Océan sous la pression de tempête du nord-ouest, une hauteur verticale de 14 mètres. La mer se retire alors à 12 kilomètres du mont; puis, revenant avec une rapidité vertigineuse que l'on a comparée à celle d'un « cheval au galop », elle l'enveloppe de ses eaux et inonde à 12 autres kilomètres en arrière des baies de la Sée et de la Sélune. A mer basse, cet immense espace, encadré dans des coteaux verdoyants, a l'aspect d'un lit de cendres blanchâtres. Au milieu se dresse le noir rocher du Mont-Saint-Michel, *immensi tremor Oceani*, disent les vieilles chroniques, abrupt et vertical au nord et à l'ouest, garni jusqu'à mi-hauteur, du côté du midi, de cabanes plaquées comme des nids d'hirondelles à ses flancs, et couronné d'une des plus étonnantes constructions qui se puissent voir. Il occupe dans la grève un espace planimétrique de six hectares, et le pied de l'échelle du télégraphe qui s'élève au sommet est à 75 mètres au-dessus du niveau de la mer moyenne. A 2 500 mètres au nord surgit le rocher de *Tombelaine* (petite Tombe), granitique comme le Mont-Saint-Michel, presque aussi étendu, beaucoup moins haut, mais inhabité depuis que Louis XIV fit démolir le château, que les Anglais avaient gardé jusqu'en 1449.

« Que la mer recouvre les graviers ou qu'elle s'en retire, la même solitude règne autour de ces deux roches : l'eau y fût-elle assez profonde, elle n'y reste jamais assez pour permettre aux embarcations de s'y hasarder, et les retours sont trop fréquents pour laisser au parcours le temps de se régulariser. » Victor Hugo a donné une description fantaisiste de l'*enlizement* d'un voyageur surpris dans les parties liquides de la grève,

Intérieur de la basilique du Mont-Saint-Michel.

où il s'enfonce et disparaît. « Des dangers plus réels viennent, dit-il, des brouillards qui se précipitent à l'improviste : en quelques minutes la brume se forme, s'épaissit et couvre la terre de ténèbres visibles; plongé dans leur mystérieuse profondeur, le voyageur éperdu se fourvoie, s'égare; une inexprimable angoisse s'empare de ses sens; il tourne au lieu d'avancer, ou marche vers la mer en croyant se diriger vers la terre. Cependant la marée montante le presse, le pousse, le gagne de vitesse, l'enveloppe; ses cris sont couverts par le bruit des vagues; il périt sans qu'une oreille l'entende, sans qu'un œil humain l'aperçoive, et le jusant remporte silencieusement un cadavre dans la baie. Aussitôt que la brume se montre et tant qu'elle dure, on sonne la grosse cloche du Mont-Saint-

Michel; mais trop souvent ses tintements n'ont été que le glas funèbre des infortunés auxquels ils devaient servir de guide. »

Le bourg du **Mont-Saint-Michel** doit son origine à un pèlerinage fondé en 708 par saint Aubert, évêque d'Avranches. Averti par une apparition de l'archange saint Michel et par plusieurs autres signes miraculeux, le pieux pasteur bâtit en l'honneur du Prince des milices célestes, sur le rocher alors appelé mont *Tombe* (*mons Tomba*), un petit oratoire, puis un monastère, autour desquels les habitations ne tardèrent pas à se grouper. En 966, Richard, second successeur de Rollon, donna l'abbaye aux bénédictins de Jumièges. La dévotion à saint Michel, désormais un des patrons nationaux de la France, attira sur le monastère les largesses des ducs de Normandie, des rois normands d'Angleterre, puis des rois de France, qui possédèrent le Mont-Saint-Michel dès 1202. Bien fortifié, celui-ci résista toujours victorieusement aux Anglais, même aux plus mauvais jours de la guerre de Cent ans. Par reconnaissance, Louis XI vint y instituer, en 1469, l'ordre royal des chevaliers de Saint-Michel. Lors des guerres de Religion, les huguenots ne purent non plus s'en emparer. L'abbaye devint prison d'État sous la Révolution, puis maison pénitentiaire jusqu'en 1863; elle a été restaurée par les soins de l'évêque de Coutances.

« Entrons dans le bourg, relié depuis 1880 à la côte par une jetée ou digue de 3 kilomètres de longueur. Il n'est abordable que par une seule porte tournée au sud. L'accès en est défendu par une muraille fondée par saint Louis, reconstruite par Louis XI, réparée par Louis XIV, et qui, lorsque le mont avait un rôle actif dans les guerres entre la France, l'Angleterre, la Bretagne et la Normandie, en constituait la principale défense. Une étroite place d'armes précède le village et est décorée de deux énormes bouches à feu nommées les *Michelettes*, que les Anglais abandonnèrent après leur attaque infructueuse de 1423. Le village, composé de maisons chétives, à part deux ou trois auberges plus vastes, compte 250 habitants. Cette population descend de celle qui alimentait autrefois les chantiers, et pourvoyait aux besoins des moines du mont; elle cultive dans les creux du rocher quelques lambeaux de jardin, ramasse et débite des *coques*, petit coquillage particulier à la baie, tend sur les grèves, entre deux marées, des filets où le jusant laisse des soles, des mulets et des saumons; enfin elle vit du service des curieux et des savants qui visitent ce joyau historique. On monte à l'abbaye par des ruelles obscures ou par un majestueux escalier de 525 marches, qui sert de bordure au précipice. Faut-il chercher à décrire la sombre solennité de l'entrée de l'abbaye, les trois zones de constructions superposées appelée la *Merveille*, qui, vue du dehors, offre une vaste muraille de 75 mètres de long sur 33 mètres de haut, flanquée d'immenses contreforts, bravant depuis neuf siècles l'abîme au-dessus duquel elle se dresse;

les terrasses d'où la vue erre des grèves aux côtes de Bretagne et à la pleine mer, le cloître avec ses péristyles à colonnettes, la célèbre salle des chevaliers, la savante disposition de l'église souterraine, ou les grandioses proportions de l'église romano-gothique, qui s'élance de la cime de ce pic de granit vers le ciel?...

« Non, le dessin peut seul donner une idée de la hardiesse et de l'imposante bizarrerie de ces constructions, où la puissance de la foi de nos pères se manifeste encore plus vivement que celle de l'art. Les détails y sont en harmonie avec l'ensemble. Dans le caveau le plus obscur, dans le recoin le plus abandonné, se découvrent à l'improviste des sculptures dignes du grand jour, ou des effets de lumière tels que saurait les rendre Rembrandt. » (BAUDE, *Revue des Deux Mondes.*)

Tel est en quelques traits ce joyau du Mont-Saint-Michel *en péril-de-mer* (*Sancti Michaelis in periculo maris*), si intéressant à tant de points de vue : géographique, hydrographique, géologique, historique, militaire et religieux ; il constitue certainement l'un des plus précieux monuments de la France, qui en possède tant d'autres.

Puisse le glorieux Archange, qui préside aux destinées de ce lieu béni, le préserver toujours des ravages du temps et des hommes ! Qu'il daigne aussi étendre sa puissante protection, non seulement sur ceux qui visitent avec piété son vénéré sanctuaire, mais encore sur nos bienveillants lecteurs qui nous ont suivi dans cette étude.

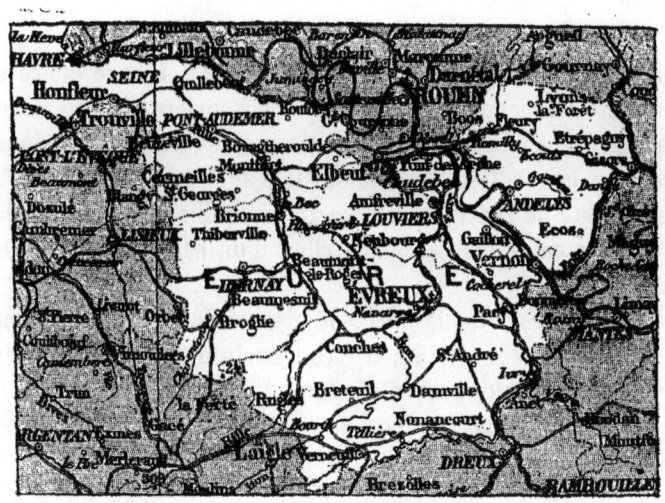

EURE

5 ARRONDISSEMENTS, 36 CANTONS, 700 COMMUNES, 349 500 HABITANTS

Géographie. — Le département de l'*Eure* doit son nom à la rivière qui le traverse du sud au nord, et se jette dans la Seine après avoir baigné Louviers. Il se compose d'anciens pays dépendant de la Haute-Normandie, savoir : le *Vexin normand*, capitale Gisors; une partie du *Roumois* (Rouen) et du *Lieuvin* (Lisieux), la *Campagne du Neubourg*, capitale Évreux; la *Plaine de Saint-André*, capitale Verneuil; le pays d'*Ouche*, capitale Saint-Évroult, et le *Perche* septentrional. Ses 5 960 kilomètres carrés lui assignent le 46e rang pour l'étendue.

Le sol, généralement crayeux, de formation tertiaire, présente dans son ensemble l'aspect d'un plateau peu accidenté, que d'agréables vallées découpent en formant les pays (*pagi*) que nous venons d'indiquer. Le Roumois, qui en est la partie la plus basse, descend à 0 mètre sur l'estuaire de la Seine, tandis que le pays d'Ouche, le plus élevé de tous, atteint 241 mètres au Mesnil-Rousset, point culminant sur la limite de l'Orne. L'altitude moyenne est de 110 mètres. Évreux est à 65 mètres, Louviers à 15 mètres.

L'unique bassin fluvial est celui de la *Seine*. Ce fleuve arrose Vernon, les Andelys, Pont-de-l'Arche, et reçoit l'*Epte*, l'*Andelle*, l'*Eure*, la *Rille* ou *Risle*, qui baigne Pont-Audemer et se grossit de la *Charentonne*, passant à Bernay. — L'**Eure**, venue des collines du Perche par Chartres, recueille l'*Avre*, qui arrose Verneuil, témoin d'une victoire des Anglais en 1424, et l'*Iton* qui baigne Évreux, ville fabricante de coutils. L'Eure donne ensuite le mouvement aux manufactures de draps de Louviers, où commence officiellement sa navigation, jusque-là gênée par les barrages d'usines; puis elle va tomber dans la Seine, à 2 kilomètres au-dessus de Pont-de-l'Arche, où, en sa qualité de rivière constante et tranquille, elle débite généralement 10 mètres cubes par seconde, tribut d'un bassin de 5 à 6000 kilomètres carrés.

Peu élevé et voisin de la mer, le département de l'Eure jouit du climat marin *séquanien* (10°9); il reçoit environ 65 centimètres de pluie par an. Très bien cultivé et d'une grande fertilité, sauf dans le pays d'Ouche, il produit beaucoup de blé et d'avoine, ainsi que des légumes et des plantes industrielles. Il a de nombreuses prairies artificielles et, dans le Lieuvin, de riches herbages pour l'élevage des chevaux normands, l'engraissement du bétail et la nourriture des vaches laitières; aussi fabrique-t-on beaucoup de beurre et de fromage. Les moutons sont également nombreux. Il y a quelques vignes dans le sud; mais le vin étant remplacé comme boisson usuelle par le cidre, les pommiers existent en grande quantité, principalement dans l'arrondissement de Pont-Audemer. Les forêts, dont la contenance totale est de 110 000 hectares, sont, entre autres, celles de Lyons, de Pont-de-l'Arche, de Vernon, de Conches, de Broglie, de Breteuil et d'Évreux. Une école pratique d'agriculture fonctionne au Neubourg.

L'industrie du département est surtout agricole. Elle s'occupe cependant de l'exploitation du bois et des pierres de taille, de la filature et du tissage du coton et de la laine, de la fabrication du sucre, des cuirs et de la tabletterie; elle compte aussi des fonderies, tréfileries, fabriques d'aiguilles, etc.

Les habitants. — Malgré son activité agricole et industrielle, la population de l'Eure décroît sans cesse: de 403 000 âmes en 1801, elle est tombée à 378 000 en 1871 et à 349 500, dont 3 000 étrangers, en 1891; soit une perte de 54 000 individus. Le département est ainsi au 47° rang pour la population absolue comme pour la densité, qui est de 58 habitants par kilomètre carré. La langue française seule est en usage, et toute la population est catholique, hormis 500 protestants.

Personnages. — Saint Adjutor, né à Vernon, mort vers le milieu du XII° siècle. Le trouvère Alexandre, dit de Paris, quoique né à Bernay; mort en 1210. Le surintendant Enguerrand de Marigny, né à Lyons-la-Forêt, mort en 1315. Le maréchal de Gamaches, né au château de même nom, mort en 1478. Le philologue de Turnèbe, né aux Andelys, mort en 1565. Le peintre Nicolas Poussin, né au hameau de Villers, commune des Andelys, mort en 1665. Benserade, poète bel esprit, né à Lyons-la-Forêt, mort en 1691. Le poète de Chaulieu, né près de Fontenay, mort en 1720. De Chambray, vice-amiral de l'ordre de

Malte, né à Évreux, mort en 1756. Le conventionnel Buzot, né à Évreux, mort en 1793. L'aéronaute Blanchard, inventeur d'un parachute, né au Petit-Andely, mort en 1818. Le physicien Fresnel, inventeur des phares lenticulaires, né à Broglie, mort en 1827. Dupont de l'Eure, homme politique, né au Neubourg, mort en 1855. De Vatimesnil, né à Sainte-Marie, mort en 1860, et Victor de Broglie, né au château de Broglie, mort en 1870, tous deux ministres.

Administrations. — Le département forme le diocèse d'Évreux et ressortit à la cour d'appel et à l'académie de Caen, à la 3e région militaire (Rouen), à la 1re région agricole (Nord-Ouest) et à la 2e conservation des forêts (Rouen).

Il comprend 5 arrondissements : *Évreux, les Andelys, Louviers, Pont-Audemer, Bernay*, avec 36 cantons et 700 communes.

I. **ÉVREUX**, chef-lieu du département[1], est situé à 65 mètres d'altitude dans une fraîche et charmante vallée sur l'Iton, qui s'y divise en trois bras. Cette ville de 17 000 habitants a des fabriques de coutil, de bonneterie, des teintureries, des tanneries, des corroieries, des fonderies de fer et de cuivre, et fait le commerce de grains. Elle possède une magnifique cathédrale des XIe-XVIe siècles, ornée de splendides vitraux, de plusieurs portails, parmi lesquels celui du nord est un chef-d'œuvre de délicatesse, et portant trois tours, dont celle du transept est surmontée d'une élégante flèche en plomb. La belle église Saint-Taurin est celle d'une ancienne abbaye bénédictine fondée en 1026; elle a aussi de très jolis vitraux, mais la châsse contenant le corps du saint patron est actuellement au grand séminaire. On remarque encore : la tour de l'horloge ou du beffroi, couronnée d'une flèche en bois, le palais épiscopal, le musée, riche en antiquités gallo-romaines, et le jardin des plantes.

Évreux était sous les Gaulois la capitale des *Aulerques Eburovices*, dont elle a repris le nom après avoir été appelée *Mediolanum* par les Romains. Saint Taurin l'évangélisa au IVe siècle et fonda son évêché. Prise par les Normands en 892, et brûlée par Philippe-Auguste en punition de la trahison de Jean sans Terre, elle tomba plusieurs fois depuis aux mains des Anglais, pour revenir définitivement à la couronne sous Charles VII. Évreux souffrit beaucoup des guerres de Religion. En 1651, le duc de Bouillon reçut, en échange de la principauté de Sedan, l'important comté d'Évreux, qui comprenait la vicomté du même nom, Breteuil, Nonancourt,

---

[1] Arrondissement d'ÉVREUX : 11 *cantons*, 224 communes, 111 270 habitants.
Cantons et communes principales : 1-2. *Évreux*, 16 940 habitants; Gravigny, Vieil-Évreux. — 3. *Breteuil*, 2210 ; les Baux-de-Breteuil, Francheville, 1540. — 4. *Conches*, 2210 ; le Fidelaire. — 5. *Damville*, 1260. — 6. *Nonancourt*, 2060 ; la Madeleine-de-Nonancourt, Mesnil-sur-l'Estrée. — 7. *Pacy-sur-Eure*, 1930. — 8. *Rugles*, 1740 ; Bois-Arnault. — 9. *Saint-André-de-l'Eure*, 1640 ; la Couture, Ezy, 1620 ; Ivry-la-Bataille. — 10. *Verneuil*, 4270 ; Bourth, Tillières-sur-Avre. — 11. *Vernon*, 8290 ; Houlbec-Cocherel, Saint-Marcel.

Bataille d'Ivry, gagnée par Henri IV (1590).

Beaumont-le-Roger et Conches. — A trois kilomètres sud-ouest de la ville on admirait, avant 1836, le magnifique château de Navarre, bâti par la reine Jeanne en 1330, et qui joua un grand rôle dans l'histoire du comté d'Évreux. Ce château fut habité par l'impératrice Joséphine après son divorce.

Quelques archéologues ont pensé que le site de l'ancienne Mediolanum Aulercorum serait, à six kilomètres sud-est, celui du village de *Vieil-Évreux*, où l'on a trouvé des substructions d'un palais, de thermes, d'un théâtre et d'autres édifices gallo-romains.

BRETEUIL, entre la forêt de Breteuil et la vallée de l'Iton, possède plusieurs établissements métallurgiques, ainsi que les ruines d'un château bâti en 1060 par Guillaume le Conquérant, et cédé en 1651 au duc de Bouillon. — CONCHES, près d'une forêt, a des ateliers de construction de machines. Son église Sainte-Foy, l'une des plus belles de la Normandie, renferme vingt magnifiques verrières. On remarque encore les ruines imposantes des fortifications, celles du château féodal et d'une abbaye de bénédictins autour de laquelle se forma la ville au XIe siècle.

NONANCOURT, sur le versant de collines baignées par l'Avre, a des filatures de laine et de coton. Église avec de remarquables vitraux; ruines d'un château, où Philippe-Auguste et Richard Cœur de Lion s'engagèrent par traité à partir pour la troisième croisade. — *Mesnil-sur-l'Estrée* possède le vaste établissement d'imprimerie et de papeterie fondé par Firmin Didot. Ruines de l'ancienne abbaye de l'Estrée.

PACY-SUR-EURE, dans une belle vallée, fut autrefois fortifié et devint important sous les comtes d'Évreux. En 1793, les fédéralistes du Calvados y furent battus par les troupes de la Convention.

RUGLES, sur la Rille, est une succursale de Laigle pour la fabrication des épingles, des aiguilles, des pointes de Paris et des fils de laiton. — Au canton de SAINT-ANDRÉ, *La Couture* a, depuis 1780, d'importantes fabriques de flûtes et autres instruments à vent en bois.

Ivry-la-Bataille, sur l'Eure, a aussi des fabriques d'instruments de musique, de billes de billards, de peignes d'ivoire et de cuirs renommés. — Ancienne *Iberiacum*, Ivry fut au moyen âge une des meilleures places de la Normandie; il reste des débris de ses imposantes fortifications, ainsi que d'une abbaye. En 1590, Henri IV y remporta sur les Ligueurs, commandés par le duc de Mayenne, une éclatante victoire. C'est dans cette journée et au moment d'aller à la charge qu'il adressa aux siens cette harangue célèbre : « Gardez bien vos rangs; si vous perdez vos enseignes, cornettes ou guidons, ce *panache blanc*, que vous voyez en mon armet, vous en servira tant que j'aurai une goutte de sang; suivez-le, vous le trouverez toujours au chemin de l'honneur et de la gloire. »

Une pyramide de 17 mètres de haut a été élevée en 1804, par ordre de Bonaparte, sur le territoire d'*Épieds*, qui fut aussi témoin de la bataille.

Verneuil, sur l'Avre, a des minoteries, des fabriques de toiles et des tréfileries de cuivre. Son église de la Madeleine présente un beau portail et une tour en dentelle de pierre. Ancien duché-pairie, Verneuil fut jadis une place de guerre importante; de beaux boulevards ont remplacé

Cheminée du XVIᵉ siècle. (Hôtel du Grand-Cerf au Grand-Andely.)

ses anciennes fortifications, dont il n'existe plus que la Tour-Grise, donjon de 25 mètres de hauteur. Une bataille y fut perdue, en 1424, par Charles VII contre les Anglais. — *Bourth,* sur l'Iton, fabrique une grande quantité d'épingles et de pointes.

Vernon, charmante ville sur la rive gauche de la Seine, entre deux forêts, a des carrières de pierres de taille, des fabriques de chaux, des tanneries et fait le commerce de fruits avec Paris et l'Angleterre. L'État y possède un grand parc de construction des équipages militaires et de vastes magasins. On remarque aussi sa belle église du XIIe siècle, la tour dite des Archives, reste bien conservé du château bâti par Henri Ier, roi d'Angleterre; un joli pont sur la Seine et d'agréables promenades. Vernon dut à sa situation sur la frontière de Normandie d'être souvent prise pendant la guerre de Cent ans. Les fédéralistes de la région y furent battus par les troupes de la Convention, le 14 juillet 1793.

Cocherel, dans la commune d'*Houlbec-Cocherel* et non de loin de l'Eure, rappelle la victoire que du Guesclin remporta en 1364 sur le captal de Buch, Jean de Grailly, qui commandait les troupes de Charles le Mauvais, roi de Navarre.

II. **LES ANDELYS**, sous-préfecture de 6000 âmes [1], se composent de deux cités jumelles, distantes de près de deux kilomètres : le *Grand-Andely*, ville haute sur le Gambon, et le *Petit-Andely*, ville basse et port sur la rive droite de la Seine. Il y a des fabriques de draps, des filatures de soie et de laine, des corroieries et tanneries, ainsi qu'une manufacture d'orgues. Le Grand-Andely a été de tout temps le but d'un pèlerinage célèbre, à la fontaine Sainte-Clotilde. Son église Notre-Dame, avec beau portail, est surmontée de trois tours. On visite avec intérêt l'hôtel du Grand-Cerf, maison du XVIe siècle, remarquable par sa façade en bois, la cheminée monumentale du salon, ses vitraux et bahuts, ses tapisseries de Beauvais et sa curieuse collection de tableaux. Statue de Nicolas Poussin. — Au Petit-Andely on remarque la belle église Saint-Sauveur, du XIIe siècle, et un hôpital fondé par le duc de Penthièvre. Ce bourg est dominé par les ruines du Château-Gaillard, chef-d'œuvre de Richard Cœur de Lion, qui le construisit en un an pour se rendre maître de la navigation du fleuve. — Les Andelys doivent leur origine à une abbaye fondée par la reine sainte Clotilde. Richard Cœur-de-Lion racheta la ville à l'archevêque de Rouen et la fortifia; Philippe-Auguste s'en empara en 1204, les Anglais en 1418, Charles VII en 1449. Enfin Henri IV l'enleva aux Ligueurs et la fit démanteler en 1603. L'épithète de Gaillard donnée au château vient de sa situation *gaie*, *hardie*, sur une hauteur d'où l'on jouit d'une agréable vue.

ÉTRÉPAGNY, où les rois mérovingiens avaient un palais, fut plus tard une seigneurie, dont il reste le château du XVe siècle. En 1870, le général Briand s'y défendit contre les Prussiens. — FLEURY-SUR-ANDELLE possède des filatures de coton, une imprimerie d'indiennes et une fabrique de produits chimiques. — *Charleval*, qui a les mêmes industries, fut appelée d'abord Noyon-sur-Andelle, et doit son nom actuel à Charles IX, qui y fit

---

[1] Arrondissement des ANDELYS : 6 *cantons*, 117 communes, 58020 habitants.
Cantons et communes principales : 1. *Les Andelys*, 6040 habitants; Boisemont. — 2. *Écos*, 530; Fontenay, Tourny. — 3. *Étrépagny*, 2100; Gamaches, Morgny, Sainte-Marie-de-Vatimesnil. — 4. *Fleury-sur-Andelle*, 1370; Charleval, 1590; Écouis, Gaillardbois, Perriers-sur-Andelle, Romilly-sur-Andelle, 1530. — 5. *Gisors*, 4470; Dangu, Neaufles-Saint-Martin. — 6. *Lyons-la-Forêt*, 1220; les Hogues.

bâtir un château aujourd'hui disparu. — *Écouis* est situé sur un plateau sans eau courante, et cependant fertile en céréales. Ce fut une seigneurie, donnée par Philippe le Bel à Enguerrand de Marigny, qui y fit construire une belle église collégiale.

Sur la commune de *Gaillardbois*, près de la ferme de *Brémulle*, se donna la bataille dite à tort de *Brenneville*, où Louis le Gros fut vaincu en 1119 par Henri Ier d'Angleterre. — *Romilly-sur-Andelle* possède l'une des plus importantes usines de France pour la fonderie et le laminage du cuivre; il a aussi des fabriques de bonneterie de laine et de coton. On y a découvert des squelettes d'éléphants fossiles et des médailles antiques.

Gisors, au confluent de l'Epte et de la Troesne, est une ville industrielle ayant des fabriques d'étoffes, des blanchisseries, des teintureries et papeteries. Elle possède une belle église des XIIIe et XVIe siècles, avec portail de la Renaissance et tour du style gothique flamboyant. Parmi les ruines de son château fort, la tour polygonale, dite du *Prisonnier*, renferme des sculptures représentant des scènes de la Passion, gravées, dit-on, par un détenu avec une pointe de clou. Ce château, autrefois situé, ainsi que la ville, sur les confins des royaumes de France et d'Angleterre, joua un rôle important dans les guerres anglo-françaises du XIIe siècle; il fut témoin de la plupart des entrevues qui se firent à cette époque entre les rois de ces deux nations. « Le rendez-vous avait habituellement lieu sous un orme antique d'une grosseur prodigieuse, qui s'élevait sur la limite des deux frontières, entre Gisors et Trie, et qu'on avait protégé contre la vétusté aussi bien que contre les attaques des bestiaux par une armature en fer; aussi le connaissait-on sous le nom de « l'ormeteau ferré ». Philippe-Auguste et Richard Cœur de Lion se disputèrent longtemps la possession de Gisors. C'est dans une de ces guerres que Philippe-Auguste, arrivé aux portes de la cité, au moment où il passait le pont jeté sur l'Epte, fut précipité dans les flots, par suite de la rupture de ce pont. Le roi Richard se montra fort joyeux de cette aventure, et, dans une longue lettre qu'il écrivit à l'évêque de Douvres, au sujet des affaires de France, il lui disait : ... *Et bibit rex Francorum de aqua riveria, et copiose bibit...* Le roi de France fut en effet désarçonné et, à cause de sa lourde armure, il fut engagé dans la vase, au fond de l'eau; il y aurait infailliblement trouvé la mort, si on ne fût parvenu à le tirer par le pied sur le rivage. Vingt chevaliers français se noyèrent; d'autres, avec Mathieu de Montmorency, furent faits prisonniers et conduits par Richard lui-même au Château-Gaillard. Philippe-Auguste, dans cet extrême péril, avait fait un vœu à la Vierge, et ce fut pour l'accomplir qu'il fit réédifier le pont, dorer la porte et élever une statuette à Notre-Dame. »

(MALTE-BRUN.)

Le domaine de Gisors, abandonné définitivement à la couronne par Jean sans Terre en 1200, fut attribué à Blanche de Castille par saint Louis, et en 1359 à Blanche d'Évreux, veuve de Philippe de Valois. Ces deux reines résidèrent souvent au château de Neaufles, à trois kilomètres de Gisors. Après la bataille d'Ivry, Henri IV voulut pénétrer dans la ville ; mais le curé Pierre Neveu en fit fermer les portes jusqu'à ce que le roi eût adoré publiquement la croix. Avant la Révolution, Gisors était la capitale du Vexin normand, l'un des sept grands bailliages de la Normandie et un chef-lieu d'élection.

Dangu, ancienne baronnie, sur l'Epte, possède une belle usine à zinc, une fabrique de dominos et d'objets en os ou en ivoire, ainsi qu'un magnifique établissement agricole de 1 100 hectares, renfermant l'un des plus beaux haras de France.

III. **LOUVIERS**, chef-lieu d'arrondissement [1], est une ville de 10 000 habitants, située par 16 mètres d'altitude, dans une charmante vallée sur l'Eure, qui s'y divise en plusieurs bras. Deuxième ville du département pour la population, elle est au premier rang par son industrie, qui consiste surtout dans le travail de la laine. Ses principaux établissements sont des manufactures de draps fins renommés, de draps à bas prix, de draps nouveautés et de flanelles, des filatures de laine, des teintureries, des fouleries, des fabriques de cardes, de rets et de courroies, ainsi que des ateliers de construction de machines. Quelques-unes de ces fabriques ont un aspect monumental. L'église Notre-Dame est un remarquable édifice gothique à cinq nefs ; le portail du sud, précédé d'un magnifique porche, est une des œuvres les plus riches et les plus gracieuses du XVe siècle. A l'intérieur, on admire le maître-autel avec bas-reliefs du moyen âge, et un groupe en pierre représentant en grandeur naturelle l'ensevelissement du Christ. De jolies promenades ont remplacé les anciennes fortifications. — Louviers doit son origine à une villa des ducs de Normandie. Philippe-Auguste et Richard Cœur de Lion y conclurent un traité de paix en 1196. Pendant la guerre de Cent ans, elle changea souvent de maîtres et fut démantelée par les Anglais en 1431. C'est dans cette ville que fut créée, en 1789, la première filature de coton en France.

Gaillon, situé à deux kilomètres de la Seine, au centre d'un cirque de coteaux boisés, est un bourg industriel, ayant des carrières de pierres, des fabriques de brosses, de tapis, de chaussures, et faisant avec l'Angleterre un grand commerce de fruits. Mais il doit sa célébrité au splendide château commencé vers 1497 par le cardinal Georges d'Amboise, dans le style ogival. Ce fameux ministre, le plus grand promoteur de la Renaissance en France avec François Ier, acheva le château dans le nouveau

---

[1] Arrondissement de LOUVIERS : 5 *cantons*, 111 communes, 57 310 habitants.
Cantons et communes principales : 1. *Louviers*, 9 980 habitants ; la Haye-Malherbe. — 2. *Amfreville-la-Campagne*, 580 ; le Thuit-Signol. — 3. *Gaillon*, 3 210 ; Ailly. — 4. *Le Neubourg*, 2 440 ; Saint-Aubin-d'Écrosville. — 5. *Pont-de-l'Arche*, 1 760 ; Criquebeuf-sur-Seine, Léry, Pitres, Poses.

style après son retour d'Italie, où il avait accompagné Louis XII en 1509. Il y employa les trois cent mille écus d'amende auxquels avait été condamnée la ville de Gênes, et dont le roi l'avait gratifié. Parmi les

Nef de Saint-Ouen, à Pont-Audemer.

artistes qui y travaillèrent, on compte des noms illustres, tels que ceux de Jean Joconde, Jean Juste, Androuet Ducerceau. Un arc de triomphe, sauvé sous la Révolution par Alexandre Lenoir, orne aujourd'hui la cour de l'École des beaux-arts, à Paris. La plupart des bâtiments, transformés et agrandis par des constructions modernes, servent depuis 1812 de maison centrale pour un millier de détenus. Ce château occupe l'emplacement d'une forteresse appelée *Castellio* (d'où le nom de Gaillon), que Philippe-Auguste conquit sur Richard d'Angleterre et donna aux archevêques de Rouen.

Le Neubourg, sur un plateau fertile, quoique sans eau courante, a une école pratique d'agriculture et tient d'importants marchés au blé. Belle église gothique et reste d'un château féodal. A 4 kilomètres, château du Champ-de-Bataille (XVIIe siècle). — *Saint-Aubin d'Écrosville* possède une usine spéciale fondée par le docteur Auzoux pour la fabrication des pièces d'anatomie.

Pont-de-l'Arche, sur la rive gauche de la Seine, en un point où la marée se fait déjà sentir, fabrique en grand les chaussons de lisière et fait le commerce de grains et de bestiaux. Cette ville, où se remarque un beau pont moderne sur le fleuve, doit son origine, son importance et son nom à un pont de vingt-deux arches, bâti sous Charles le Chauve; du reste, elle fut fortifiée et devint comme la clef de la haute Normandie : aussi les Anglais et les Français s'en disputèrent-ils longtemps la possession; elle ne nous appartint définitivement que sous Charles VII. Près de là se voient les ruines de l'abbaye de Bon-Port, de l'ordre de Cîteaux, fondée en 1190 par Richard Cœur-de-Lion. — *Pîtres*, au confluent de l'Andelle, occupe l'emplacement de *Pistres*, villa des Carolingiens. Charles le Chauve y tint plusieurs assemblées importantes, notamment en 863, pour convier les seigneurs à bâtir des forteresses contre les Normands. Il prépara ainsi de fait l'établissement de la féodalité, que le capitulaire de Quierzy-sur-Oise devait reconnaître officiellement quatorze ans plus tard.

IV. **PONT-AUDEMER**, sous-préfecture de 6 000 âmes [1], est située à 7 mètres d'altitude sur la Rille, où elle a un petit port qui reçoit, grâce à la marée, des bâtiments d'un certain tonnage. Son industrie comprend surtout des tanneries importantes et nombreuses, tandis que son commerce a pour objet les bois de construction et les produits agricoles. L'église Saint-Ouen est un magnifique monument : son superbe chœur appartient en grande partie au XIe siècle, et ses fenêtres supérieures au XVe; la nef et le clocher ont été élevés de 1485 à 1518 : c'est un mélange des styles gothique et de la Renaissance. L'ancienne église Notre-Dame-du-Pré, dont il ne reste qu'une partie de la nef, n'est pas moins remarquable dans sa construction mixte, qui laisse apercevoir les premières ogives de transition entre les époques romane et gothique. Dans la chapelle des Frères de la Charité, figure un bas-relief en marbre peint qui représente saint Georges terrassant le Dragon; il se recommande surtout par l'expression

---

[1] Arrondissement de Pont-Audemer : 8 *cantons*, 124 communes, 63 670 habitants.
Cantons et communes principales : 1. *Pont-Audemer*, 6 100 habitants; Corneville-sur-Risle. — 2. *Beuzeville*, 2610; Fort-Moville. — 3. *Bourgtheroulde*, 770; le Bosc-Roger, 1630. — 4. *Cormeilles*, 1240; Épaignes. — 5. *Montfort-sur-Risle*, 640; Saint-Philbert-sur-Risle. — 6. *Quillebeuf*, 1320; Marais-Vernier, Trouville-la-Haute. — 7. *Routot*, 880; Bourg-Achard. — 8. *Saint-Georges-du-Vièvre*, 800; Lieurey, 1530.

du saint guerrier, et par son « harnais de guerre, de tout point semblable à ceux que portaient les Anglais que Jeanne d'Arc avait « boutés » hors de France ». — Pont-Audemer, *Pons Aldemarii*, doit son origine à un pont bâti sur la Rille par Audhémar, seigneur normand, qui y établit un péage. Du Guesclin en 1378 et Dunois en 1449 l'enlevèrent aux Anglais; les protestants la ravagèrent et pillèrent ses églises en 1562. Elle soutint

Saint Georges terrassant le démon (Pont-Audemer).

encore plusieurs sièges pendant les guerres de Religion et de la Fronde.

BOURGTHEROULDE est un petit chef-lieu de canton conservant un pavillon du XVIe siècle, reste de son château féodal. Mais son nom est devenu célèbre par le magnifique hôtel que l'un de ses seigneurs construisit à Rouen vers 1500. — CORMEILLES, ancienne baronnie, tient de très importants marchés. — MONTFORT-SUR-RISLE, au pied d'une colline escarpée, conserve quelques débris de son château fort, l'un des plus redoutables de la Normandie, et auquel fut attaché le titre de comté.

QUILLEBEUF est situé sur la Seine, à l'endroit où la *barre* du fleuve, dite mascaret, se fait sentir avec le plus de violence, à cause des rochers et des bancs de sable; ce n'est plus qu'une station de pilotes et une escale pour les navires, avec magasin de sauvetage. Ancien chef-lieu du Roumois, ce bourg fut fortifié par Henri IV, qui le nomma *Henriqueville;* Louis XIII le fit démanteler.

Marais-Vernier est situé à la lisière d'un ancien golfe de la Seine, aujourd'hui desséché et cultivé. A la pointe de la Roque, on voit un antique camp dit des Anglais, et la grotte de Saint-Bénigne. — *Bourg-Achard* a une belle église du xve siècle, dont on admire les vitraux et les stalles. Dans le château d'Authone est installée une ferme-modèle avec haras et bergerie de mérinos.

V. BERNAY, chef-lieu d'arrondissement[1], bâti à 105 mètres d'altitude, dans une charmante vallée sur la Charentonne, est une ville de 8000 habitants, qui a de nombreuses filatures de coton, des fabriques de rubans, de toiles, de molletons, de bonneterie, des tanneries, corroieries et mégisseries. C'est aussi un important marché aux chevaux et aux grains. On y remarque deux églises : Sainte-Croix (xve siècle), qui possède une tour ornée de riches sculptures et un bel autel en marbre rouge; Notre-Dame-de-la-Couture, avec un beau portail à vantaux gothiques et de brillants vitraux; c'est un but de pèlerinage. Les bâtiments de l'ancienne abbaye bénédictine, dont l'église sert de halle, sont occupés par les administrations civiles, les prisons et les musées. Cette abbaye, fondée en 1007 par Richard II, duc de Normandie, fut l'origine de la ville. En 1563, les protestants s'emparèrent de Bernay, dont ils massacrèrent les religieux et les prêtres.

Serquigny possède une église avec magnifiques portail roman et clocher du xviie siècle. Camp romain de Saint-Marc, situé au confluent de la Rille et de la Charentonne. — BEAUMESNIL (le mot *mesnil, ménil,* signifiait une ferme, une exploitation agricole), sur un plateau de 170 mètres, conserve un beau château de la Renaissance et des antiquités romaines.

Beaumont-le-Roger, sur la Rille, près d'une forêt, a des carrières de pierres tendres, des moulins à blé, à huile et à tan, des filatures et blanchisseries de coton. Cette ville est intéressante à plusieurs titres. On y voit les ruines pittoresques du prieuré de la Trinité, comprenant une longue muraille entourée de contreforts et les débris imposants de l'église (xiiie siècle), bâtie sur le simple rectangle; des caves creusées dans le roc, derrière l'église, et renfermant des statues mutilées; de curieuses maisons de bois appuyées contre l'église; les ruines informes et les fossés du château. L'église Saint-Nicolas (xive-xvie siècles) présente ses deux magnifiques portails, ses remarquables vitraux, sa chaire, ses boiseries et ses statues

---

[1] Arrondissement de BERNAY : 6 *cantons,* 124 communes, 59240 habitants.
Cantons et communes principales : 1. *Bernay,* 8020 habitants; Serquigny. — 2. *Beaumesnil,* 530 ; la Barre-en-Ouche. — 3. *Beaumont-le-Roger,* 1890; Goupillières. — 4. *Brionne,* 3580 ; Bec-Hellouin, Harcourt. — 5. *Broglie,* 1030 ; Mesnil-Rousset, Montreuil-l'Argillé. — 6. *Thiberville,* 1220 ; Saint-Germain-la-Campagne.

anciennes. L'église du faubourg des Vieilles (XVIe siècle), ornée de statues et de belles gargouilles, sert malheureusement de grange. La fontaine Roger est assez puissante pour faire tourner un moulin. — Érigé en comté-pairie en 1328 pour Robert d'Artois, Beaumont-le-Roger a une origine féodale et remonte au Xe siècle. Il doit son surnom au seigneur normand Roger, qui, vers 1080, fonda le château, ainsi que le prieuré, dont il fit don à l'abbaye du Bec. Le château fut pris par Philippe-Auguste en 1192, par Richard Cœur de Lion en 1194, et de nouveau par Philippe en 1199. De 1651 à 1790, Beaumont fit partie des domaines de la famille de Bouillon.

BRIONNE, sur la Rille, est une petite ville industrielle où l'on trouve des filatures de coton, de laine, de lin et des fabriques d'huile. *Brionia* existait déjà sous les Romains, et conserve un donjon du moyen âge. Il s'y tint en 1046 un concile où fut condamné l'hérésiarque Bérenger, qui niait la présence réelle de Notre-Seigneur dans l'Eucharistie. Fortifiée en 1090, les Anglais la dévastèrent en 1421 et les Réformés en 1562.

La célèbre **abbaye du Bec** (*bec*, en scandinave *beck*, rivière, ruisseau) fut fondée d'abord en 1034, à Bonneville-Appetot, par le bienheureux Herluin ou Hellouin, seigneur de ce village, qui en devint le premier abbé. Transférée en 1040 sur la commune actuelle du *Bec-Hellouin*, « elle dut sa renommée durant toute la seconde moitié du XIe siècle à deux Italiens, qui y vinrent successivement : Lanfranc et saint Anselme, deux des philosophes les plus illustres de tout le moyen âge. Lanfranc, génie presque universel, fonda les écoles du Bec et présida à la reconstruction du monastère; de là il passa au gouvernement de l'abbaye de Saint-Étienne de Caen, puis à celui de l'église primatiale de Cantorbéry. Anselme succéda à Lanfranc comme directeur des écoles, et à Hellouin comme abbé; plus tard, il devait encore succéder à Lanfranc comme primat d'Angleterre. Guillaume le Conquérant enleva à l'abbaye ses meilleurs sujets pour leur donner des dignités ecclésiastiques dans son royaume; il donna pour compensation aux moines du Bec de nombreux prieurés en Angleterre. Mais dès le milieu du XIIe siècle le Bec commence à décliner, il perd son influence et ne conserve que ses richesses, qui permirent de rebâtir somptueusement l'église pendant les XIIIe et XIVe siècles. Le schisme d'Henri VIII priva l'abbaye de tous ses bénéfices au delà de la Manche; elle-même fut saccagée par les huguenots; la réforme de Saint-Maur la sauva au XVIIe siècle et lui permit de subsister jusqu'à la Révolution. » (P. JOANNE.)

BROGLIE, sur la Charentonne, possède des filatures de coton et des tanneries. L'église a une belle façade et de jolis vitraux. Broglie (on prononce *Brolle* avec *ll* mouillées), appelé d'abord Chambrais, doit son nom à la famille piémontaise de Broglie (Broglio), qui fit reconstruire le château actuel après 1716, et pour laquelle il fut, en 1742, érigé en duché-pairie.

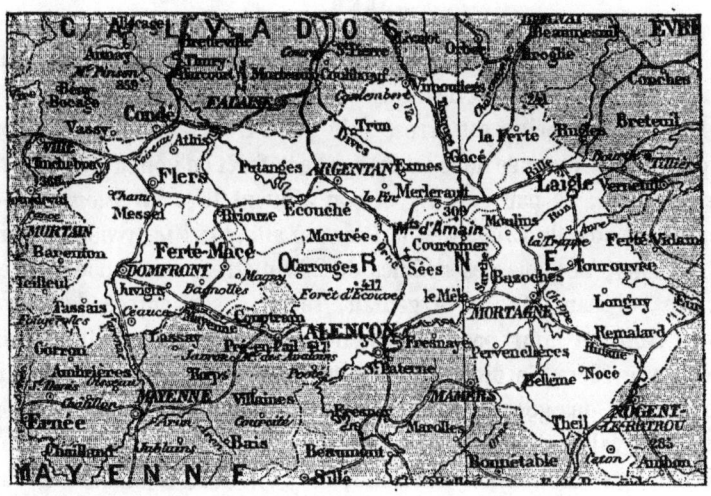

ORNE

4 ARRONDISSEMENTS, 36 CANTONS, 512 COMMUNES, 354400 HABITANTS

Géographie. — Le département de l'*Orne* est ainsi nommé du fleuve côtier qui y prend naissance et baigne Sées et Argentan. Il a été formé : 1º du *Grand-Perche,* qui avait pour capitale Mortagne et relevait du gouvernement du Maine : le *Corbonnais* et le *Bellesmois* y étaient compris; 2º de plusieurs pays de la Basse-Normandie, tels que l'*Hiesmois*, capitale Exmes; le *pays d'Houlme,* capitale Argentan, et la *Campagne* ou *duché d'Alençon;* ces deux derniers étaient appelés les *Marches.* Les 6100 kilomètres carrés de son territoire lui assignent le 41e rang pour la superficie.

Le département de l'Orne est en général un plateau de *divortium* (partage d'eau) de la Manche et de l'Atlantique; il est traversé dans sa longueur par des collines souvent boisées, dont les contreforts enserrent d'agrestes vallées. Ces collines sont : à l'est, celles du Perche, de nature calcaire; elles s'élèvent à 309 mètres dans les monts d'Amain, d'où partent vers le nord les collines du Lieuvin. Au centre et à l'ouest, les collines granitiques dites de Normandie forment une double chaîne d'aspect montagneux; elles atteignent 417 mètres d'altitude dans la forêt d'Écouves, point culminant du département. Le point le plus bas (50 mètres) est marqué par le passage de l'Orne dans le Calvados; l'altitude moyenne est de 180 mètres. La butte Chaumont, au nord-ouest d'Alençon, a 378 mètres, et la butte Charlemagne, 346. Alençon est à 135 mètres, Flers à 195.

Les cours d'eau du département appartiennent à trois bassins : ceux de la Seine, de la Manche ou des fleuves côtiers, et de la Loire.

Le bassin de la Seine est arrosé : 1° par l'*Eure*, qui sort du département peu après y être née dans les étangs de la forêt de Longny; elle en reçoit l'*Avre* et l'*Iton*; 2° par la *Rille* et son affluent la *Charentonne*. — Les fleuves côtiers sont la *Touques* et la *Dives* où afflue la *Vie*, rivière de Vimoutiers. L'**Orne**, né dans des collines de 200 mètres, coule d'abord vers le N.-O., en baignant Sées et Argentan, reçoit à son entrée dans le Calvados le *Noireau*, qui passe à Tinchebray, et dont un affluent arrose l'industrieuse Flers. Se dirigeant ensuite au N.-E., il serpente vers Thury-Harcourt dans des gorges profondes de plus de 150 mètres, et pénètre dans la belle vallée de Caen, où, grossi de l'*Odon* et devenu navigable, il va, accompagné d'un canal maritime, se jeter dans la Manche à Ouistreham, au milieu d'une immense plage. — Le bassin de la Loire est arrosé : 1° par la *Mayenne*, qui fait presque partout limite et se grossit de la *Varenne*, baignant Domfront; 2° par la *Sarthe*, qui arrose Alençon, forme aussi frontière et reçoit l'*Huisne*, qui recueille la Chippe, venue de Mortagne, et coule dans la belle vallée de Remalard et du Theil. Aucun de ces cours d'eau n'est ici navigable. — Des étangs existent surtout dans le Perche oriental.

Compris dans la zone du climat *séquanien*, le département de l'Orne jouit d'une température moyenne de 10°; toutefois l'air est vif dans les montagnes, et les pluies qui tombent dans cette région atteignent annuellement une hauteur de 9 décimètres. La caractéristique agricole de l'Orne consiste dans ses herbages, dont les plus renommés sont ceux du Merlerault, de Nonant et du Mêle. L'élevage des chevaux de race percheronne, du Merlerault et bretonne, est surtout très prospère. Ces chevaux, très robustes, sont utilisés dans toute la France pour le camionnage et les omnibus; aussi le département de l'Orne, qui possède deux établissements hippiques considérables, le haras du Pin et l'école de dressage du Mêle, est-il, malgré son territoire restreint, le onzième pour le nombre des chevaux (70 000). L'espèce bovine, également très développée, compte 210 000 têtes; d'où résulte une grande fabrication de fromages, notamment dans le canton de Vimoutiers, qui produit le camembert. Les céréales et les pommes à cidre sont les récoltes les plus importantes du département, qui possède aussi les belles forêts d'Écouves (7 500 hectares), d'Andaine, du Perche, de Longny, de Bellême, de Gouffern et de Saint-Évroult.

L'Orne exploite un peu de minerai de fer, du beau granit, des pierres de taille et du quartz enfumé dit *diamant d'Alençon*, ainsi que les eaux minérales de Bagnoles. Son industrie de beaucoup la plus importante est celle des tissus de coton, de lin et de chanvre : coutils de Flers, de la Ferté-Macé, d'Alençon, de Mortagne, toiles cretonnes de Vimoutiers. Les fines dentelles dites points d'Alençon, qui faisaient jadis la richesse de cette ville, ont bien décliné. Les fabriques de quincaillerie, les clouteries et tréfileries forment deux groupes : l'un à l'est, autour de Laigle, qui a la spécialité des aiguilles et des épingles; l'autre à l'ouest, au canton de Tinchebray. Signalons encore quelques fonderies, verreries, papeteries et tanneries.

Les habitants. — En 1891, le département de l'Orne comptait 354 400 habitants, dont 500 étrangers seulement, ce qui le place au 45e rang pour la population absolue et au 48e pour la densité, qui est de 58 habitants par kilomètre carré. La population, qui était montée de 395 000 âmes en 1801 à 424 000 en 1861, est descendue à 398 000 en 1871 et à 354 000 en 1891, marquant ainsi, en trente ans, un déficit énorme de 70 000 habitants, dû principalement à la faiblesse de la natalité. Les protestants sont environ un millier.

Personnages. — Saint Osmond, évêque de Salisbury, né à Sées, mort en 1597. Le Père Eudes, fondateur de la congrégation des Eudistes, et l'historien national Mézeray, son frère cadet, nés à Ri, morts en 1680, 1683. Dom Tassin, savant bénédictin, né à Lonlay, mort en 1777. Charlotte Corday, qui tua Marat, née aux Champeaux, morte en 1793. Le cynique pamphlétaire Hébert, dit le père Duchesne, né à Alençon, mort en 1794. Le savant Conté, né à Saint-Cénery, mort en 1805. Le comte de Puisaye, général des Vendéens, né à Mortagne, mort en 1827. Le général Ernouf, né à Alençon, mort en 1827. Le médecin militaire Desgenettes, né à Alençon, mort en 1837.

Administrations. — Le département de l'Orne forme le diocèse de Sées et ressortit à la cour d'appel et à l'académie de Caen, à la 4e division militaire (Le Mans), à la région agricole du Nord-Ouest et à la 15e conservation forestière (Alençon).

Il comprend 4 arrondissements : *Alençon, Mortagne, Argentan, Domfront*, avec 36 cantons et 512 communes.

I. **ALENÇON**, chef-lieu de l'Orne[1], peuplé de 18 000 habitants, est situé par 135 mètres d'altitude sur la Sarthe, qui vient de former la limite méridionale du département. Cette ville était naguère célèbre par ses dentelles dites *points d'Alençon;* mais cette industrie, qui avait été en progressant de 1676 à 1812, est aujourd'hui presque entièrement abandonnée; elle est remplacée par des fabriques de toiles et de coutils, des fonderies et chaudronneries, la taille des cailloux roulés appelés diamants d'Alençon, ainsi que par le commerce des grains, chevaux et bestiaux. Alençon est généralement bien bâti, mais peu animé. On y remarque la

---

[1] Arrondissement d'ALENÇON : 6 *cantons*, 92 communes, 61 590 habitants.
Cantons et communes principales : 1-2. *Alençon*, 18 320 habitants; Condé-sur-Sarthe, Damigny, la Roche-Mabile, Saint-Cénery-le-Gérei, Saint-Denis-sur-Sarthon. — 3. *Carrouges*, 920; Ciral, Joué-du-Bois. — 4. *Courtomer*, 1 050; Ferrières-la-Verrerie. — 5. *Le Mêle-sur-Sarthe*, 780; Boitron, Bursard, Essai. — 6. *Sées*, 4 280; Chailloué.

magnifique église ogivale Notre-Dame (xve siècle), ayant un riche portail, de superbes vitraux et une chaire finement sculptée; les restes du château des ducs d'Alençon, faisant partie des bâtiments de l'hôtel de ville, et les belles promenades plantées en 1785. — L'importance d'Alençon date du xe siècle, époque où Robert Ier, duc de Normandie, le fortifia et en fit un

Château d'Alençon.

comté pour Yves de Bellême. Philippe-Auguste le rattacha à la couronne en 1221. Érigé en duché-pairie en 1328, il devint l'apanage des princes du sang. Les Anglais le possédèrent de 1415 à 1449. Lors de la Saint-Barthélemy, les protestants d'Alençon, très nombreux, furent laissés en paix, grâce à la bonté du gouverneur Matignon; mais la ville n'en fut pas moins prise plusieurs fois durant les guerres de Religion. Ses environs eurent particulièrement à souffrir des guerres de Vendée.

Damigny et *Condé-sur-Sarthe* exploitent du kaolin, du granit et des cristaux de quartz dits diamants d'Alençon. — Près de la forêt d'Écouves, à la *Roche-Mabile*, on visite les restes du château et des retranchements de la Butte-Chaumont, à 378 mètres d'altitude. — *Saint-Cénery-le-Gérei*, aujourd'hui peu important, fut autrefois une ville forte, célèbre dans les fastes de la Normandie; on voit encore les ruines de son château. — *Saint-Denis-sur-Sarthe* possède une église romane ornée de curieuses verrières.

CARROUGES, sur une colline de 329 mètres d'altitude, conserve les restes d'un beau et vaste château du xive siècle, qui fut habité par Louis XI. L'importance de sa foire aux chevaux l'a fait surnommer le Petit-Guibray. On y trouve des carrières d'ardoises et des fabriques de tissus. — COURTOMER pratique l'élevage des chevaux percherons; son magnifique château a été construit au xviiie siècle sur les plans de l'hôtel des Monnaies de Paris. — *Boitron*, ancien comté, conserve les ruines d'un château. — *Bursard* possède le château de Bois-Roussel et un haras important. — *Essai*, autrefois bailliage avec châtellenie, montre le beau château de Matignon. Il y a des oseraies considérables.

Sées, ville épiscopale de 4000 âmes, sur l'Orne naissant, a des fabriques de gants de peau, des tanneries et un marché aux chevaux. La cathédrale Notre-Dame est une des plus élégantes églises gothiques de Normandie; ses deux flèches hautes de 70 mètres sont, ainsi que le chœur, des chefs-d'œuvre de légèreté. Ancienne *Sagium* ou *Saium*, capitale des Sagiens, Sées eut dès le ve siècle un évêché, dont le premier titulaire fut saint Latrin. Cette ville souffrit beaucoup des incursions normandes, ainsi que des guerres de Cent ans et de Religion. Avant la révolution, il y avait cinq paroisses et une abbaye dite de Saint-Martin, dont l'emplacement est occupé par les bâtiments du grand séminaire.

II. **MORTAGNE**, chef-lieu d'arrondissement[1], est une petite ville de 4500 âmes, bâtie par 255 mètres d'altitude au sommet et sur le penchant d'un coteau que baigne la Chippe. C'est le centre d'une fabrication considérable de toiles fortes; sa foire aux chevaux de la Saint-André est l'une des plus importantes de France. Cette ville possède une belle église dédiée à la Mère de Dieu, d'intéressants manoirs seigneuriaux et des maisons bourgeoises des xve-xviiie siècles. Ancienne place forte et capitale du Perche, elle fut souvent pillée pendant les guerres de Cent ans et de Religion.

BAZOCHES-SUR-HOENE, autrefois fortifié, conserve une église romane dont

---

[1] Arrondissement de MORTAGNE : 11 *cantons*, 150 communes, 93 960 habitants.
Cantons et communes principales : 1. *Mortagne*, 4 440 habitants; Mauves, Saint-Mard-de-Réno. — 2. *Bazoches-sur-Hoêne*, 990; Sainte-Céronne, Soligny-la-Trappe. — 3. *Bellême*, 2 570; Gué-de-la-Chaîne, Igé. — 4. *Laigle*, 5 080; Saint-Sulpice-sur-Rîle. — 5. *Longny*, 2 030; Neuilly-sur-Eure. — 6. *Moulins-la-Marche*, 1 110; Bonsmoulins. — 7. *Nocé*, 1 400; Préaux, Saint-Cyr. — 8. *Pervenchères*, 750; Saint-Julien-sur-Sarthe. — 9. *Rémalard*, 1 750; Bretoncelles, 1 710; Condé-sur-Huine, Moutiers-au-Perche. — 10. *Le Theil*, 1 100; Ceton, 3 030; Masle, Saint-Germain-de-la-Coudre, 1 550. — 11. *Tourouvre*, 1 710; Randonnai, Saint-Maurice-lès-Chérencei.

on admire le portail. — *Sainte-Céronne* doit son nom à une sainte religieuse, qui vint d'Aquitaine, au milieu du VIe siècle, porter la foi dans l'importante bourgade gallo-romane située en cet endroit, et dont on voit encore des débris sur le mont Cacune.

Soligny-la-Trappe est célèbre par son abbaye de Trappistes de l'ordre de Cîteaux, située au fond d'un vallon que parcourt l'Iton naissant. Cette abbaye, dont le nom dérive du percheron ou du normand (en scan-

Couvent de Notre-Dame de la Trappe, à Soligny.

dinave *trapp, trappen*, degrés, escalier), fut fondée en 1140 par Rotrou II, comte du Perche, et réformée en 1662 par l'austère abbé de Rancé. Supprimée à la Révolution et rétablie en 1815, elle forme aujourd'hui une véritable ferme-modèle de 300 hectares, à laquelle est jointe une colonie pénitentiaire de jeunes détenus.

L'abbé de Rancé et Notre-Dame de la Trappe. — Armand Le Bouthillier de Rancé, réformateur de la Trappe, naquit à Paris en 1626, d'une famille illustre de Bretagne, eut pour parrain le cardinal de Richelieu et mourut en 1700. La mort d'un frère aîné, abbé commendataire de la Trappe, lui donna cette abbaye. Jeune, riche, doué d'une figure agréable, passionné pour les chevaux et la chasse, il menait une vie fort dissipée, bien que tonsuré dès 1635, et ordonné prêtre en 1651. Il résidait tantôt à Paris, tantôt à Véretz, beau domaine qu'il possédait en Touraine. Député en 1645 à l'assemblée du clergé, il devint premier aumônier de

Gaston d'Orléans. La mort subite de la duchesse de Montbazon lui fit faire un retour sur sa vie, et enfin le jeta dans la pénitence à l'âge de trente-deux ans, en 1657 ; il prit un directeur, donna ses biens aux pauvres, et, de tous ses bénéfices, ne gardant que la Trappe, il s'y retira en 1662, comme simple abbé régulier. Il fut nommé par l'assemblée générale des communautés réformées pour aller plaider à Rome la cause de l'*Étroite observance de Cîteaux*, et établit à la Trappe la réforme dont il publia les sévères *Constitutions* en 1671. Cinq ou six années se passèrent obscurément, mais enfin les religieux affluèrent. De Rancé publia plusieurs ouvrages de piété. En 1695, ses infirmités ne lui permettant plus d'administrer son abbaye, il donna sa démission ; mais il resta dans la maison comme simple religieux, sans se relâcher de ses austérités, et y mourut sur la paille et la cendre, à l'âge de soixante-quatorze ans.

Supprimés à la Révolution avec les autres ordres religieux, les trappistes ne rentrèrent pas dans le monde ; mais, toujours réunis, ils se réfugièrent successivement en Suisse, en Italie, en Allemagne, et jusqu'en Russie, observant la règle de leur institut autant que le permettaient les circonstances. L'empire continua la persécution ; mais en 1815 l'abbé dom Augustin racheta le couvent, qui reçut deux ans après le célèbre baron de Géramb, ancien chambellan de l'empereur d'Autriche. Depuis lors la Trappe de Mortagne, restée la maison principale, a formé d'autres établissements à la Meilleraye (Loire-Inférieure), près de Montélimar, à Staouéli (Algérie), etc. ; il en existe aussi en Angleterre et en Belgique. — La règle imposant aux religieux un silence absolu, il n'est pas exact qu'ils se saluent par les paroles légendaires : « Frère, il faut mourir. » D'ailleurs ils n'ont pas besoin de cela pour se rendre familière la pensée de la mort : les graves sentences inscrites partout sur les murs leur rappellent sans cesse l'éternité. Il n'est pas vrai non plus que chacun creuse sa fosse ; mais, aussitôt l'enterrement de l'un d'eux, on en trace une nouvelle. Les autres obligations des trappistes sont la prière et le travail manuel ; ils ont une nourriture composée de pain grossier et de légumes cuits à l'eau ; pour vêtement, une robe de bure, brune pour les frères convers, blanche pour les religieux de chœur, recouvrant un cilice en serge ; ils ont la tête rasée et ne conservent qu'une couronne de cheveux ; leur lit consiste en une planche, une paillasse, un oreiller en paille et une couverture de laine ; ils ne se déshabillent pas pour se coucher, même en cas de maladie. Pendant que les frères convers vaquent aux travaux de la maison et de l'exploitation agricole, les religieux prêtres sont tenus à l'office canonial, et tous interrompent leur repos nocturne pour se rendre à la chapelle. Cette vie de mortification, de prière et de travail est l'un des plus beaux exemples d'édification que l'Église puisse offrir à la piété des fidèles et au monde en général.

Bellême, situé près de la forêt de ce nom, à la source de la Même, sur un plateau de 215 mètres d'altitude, fabrique des toiles et fait le commerce de produits agricoles. D'origine féodale, cette ville fut dès le XIe siècle une place très forte et le siège d'une seigneurie puissante. Malheureusement, ses comtes se signalèrent par leurs crimes plus que par leurs exploits; la comtesse Mabile, assassinée en 1082, fut une des plus méchantes femmes de son siècle. Ces seigneurs, après avoir longtemps disputé à ceux de Mortagne le titre de comte du Perche, furent dépossédés par Henri Ier d'Angleterre au profit de leurs rivaux. — On voit dans la forêt des monuments mégalithiques et des débris gallo-romains.

Saint-Martin de Laigle.

Laigle, sur le penchant de deux coteaux dont les pieds sont baignés par la Rille, a la spécialité des épingles et des aiguilles; on y fabrique en outre beaucoup d'agrafes, de clous, de fils de fer et de laiton, d'objets de quincaillerie et de pièces mécaniques. L'église Saint-Martin est un magnifique monument gothique, de style flamboyant, avec beau clocher carré en dentelles de pierre. — Le 26 avril 1803, Laigle fut témoin d'une chute d'aérolithes ou pluie de pierres, la première authentiquement constatée. Le château actuel a remplacé la forteresse féodale, bâtie par Fulbert de Beine, au XIe siècle, sur le lieu où, dit-on, un aigle avait construit son aire; cette circonstance, considérée comme un heureux augure, fut l'origine du nom de la ville. En 1354, Charles d'Espagne y fut assassiné à l'instigation de Charles le Mauvais.

Saint-Sulpice-sur-Rile possède une belle église avec vitraux du XIIIe siècle, ainsi qu'un dolmen et le manoir du Jarrier. — LONGNY, près de la lisière occidentale de sa forêt, possède des scieries mécaniques et des forges autrefois importantes. La ville a reçu son nom des barons de Longny, seuls nobles titrés de l'ancienne généralité d'Alençon, qui possédèrent le château encore existant. — MOULINS-LA-MARCHE, à 260 mètres d'altitude, dans les monts d'Amain, possède une fabrique d'épingles, une source ferrugineuse et d'anciens retranchements. — A *Bonsmoulins* eut lieu, en 1188, une entrevue de Philippe-Auguste avec Henri II d'Angleterre.

On trouve à NOCÉ les ruines d'un château fort; — à *Préaux*, un camp dit château de César, — et à *Saint-Cyr-la-Rosière*, un beau monument mégalithique, un camp romain, des ruines d'un prieuré et une charmante église des XIIIe-XVe siècles. — RÉMALARD montre les anciens châteaux forts de Villeroy et de Riveray, ainsi qu'un beau château moderne. — *Moutiers-au-Perche* conserve les restes d'une abbaye convertie en ferme.

Au canton du THEIL appartiennent *Ceton*, la commune la plus étendue du département (5 940 hectares), — et *Masle*, qui possède les restes de l'abbaye cistercienne des Clairets.

TOUROUVRE, à 260 mètres d'altitude, garde les ruines d'un château fort et d'un camp romain sur la butte Saint-Gilles. — *Randonnai* possède des fonderies de fonte moulée et des scieries mécaniques.

III. **ARGENTAN**, sous-préfecture de 6 300 habitants[1], est agréablement situé à 166 mètres d'altitude, dans une région fertile, sur la rive droite de l'Orne. Son industrie comprend la fabrication des cuirs, meubles, gants et broderies, mais non plus celle des dentelles, qui fut très importante jadis; le commerce des grains, volailles et chevaux y est très actif. Bien bâtie, cette ville conserve encore quatre portes d'enceinte et une portion du château fort, qui est devenue le palais de justice. L'église Saint-Germain est remarquable par ses tours et son portail; celle de Saint-Martin (XVe siècle), par sa flèche dentelée et ses verrières. Ancienne bourgade du pays des Sagiens, Argentan fut converti au christianisme par saint Latrin et érigé en vicomté vers le XIe siècle. Resté fidèle au catholicisme à l'époque des guerres de Religion, il fut successivement pris et ravagé par les calvinistes Coligny et Montgomery. Henri IV s'en empara également en 1589.

BRIOUZE a des fabriques de coutils et conserve une belle église du XIe siècle, dédiée à saint Gervais. — A *Craménil*, se trouve le menhir de Gargantua, en pierre de grès, qui a servi d'affiloir (pour affiler les couteaux). De nombreux monuments mégalithiques se rencontrent dans le département.

ÉCOUCHÉ fait un important élevage d'excellents chevaux de poste. Aux

---

[1] Arrondissement d'ARGENTAN : 11 *cantons*, 174 communes, 80 920 habitants.
Cantons et communes principales : 1. *Argentan*, 6 250 habitants; Occagnes. — 2. *Briouze*, 1 670; Craménil. — 3. *Écouché*, 1 450; Boucé, Rânes, 1 570. — 4. *Exmes*, 550; le Pin-au-Haras, Silli-en-Gouffern. — 5. *La Ferté-Frênel*, 480; Glos-la-Ferrière, Saint-Évroult-Notre-Dame-du-Bois. — 6. *Gacé*, 1 750; Neuville-sur-Touques — 7. *Le Merlerault*, Échauffour, Nonant, Sainte-Gauburge-Sainte-Colombe. — 8. *Mortrée*, 1 270; Almenèches, Montmerrei. — 9. *Putanges*, 590; Ri, Sainte-Honorine-la-Guillaume. — 10. *Trun*, 1 540; Bailleul, Chambois. — 11. *Vimoutiers*, 3 610; Camembert, les Champeaux, le Sap.

environs, sont les sites remarquables de *Mesnil-Glaize*. — *Rânes*, bourg ancien, possède un beau château gothique avec donjon carré.

EXMES, l'antique *Oximum*, est un petit bourg qui eut jadis titre de ville, et devint chef-lieu du pays comtal de l'Hiesmois. Assiégé notamment par Hugues le Grand et démantelé par Henri IV, il conserve une belle église et plusieurs châteaux du moyen âge.

Le Pin-au-Haras est remarquable par son haras de chevaux perche-

Laigle. — Fabrication des aiguilles.

rons, le plus important de France; cet établissement, commencé par Louis XIV en 1714, fait aujourd'hui partie d'un domaine de 1100 hectares; un hippodrome en dépend. Joli manoir du Gourgelon. — A *Sillien-Gouffern*, beau menhir, dit Pierre-Levée, et motte Sainte-Eugénie, reste d'un château.

LA FERTÉ-FRÊNEL, ancienne baronnie, eut un château fort bâti par Guillaume le Conquérant. — *Glos-la-Ferrière* est une ancienne place forte. — *Saint-Évroult-Notre-Dame-du-Bois* conserve des ruines d'une célèbre abbaye bénédictine, fondée par saint Éberulfe en 560; sa fontaine ferrugineuse est une des sources de la Charentonne. Cette ville a une verrerie et des tréfileries. — Gacé, ancienne seigneurie, possède les restes d'un château flanqué de tours avec pont-levis, où naquit le maréchal de Matignon; il y a des fabriques de toiles, de chandelles et de gants.

Le Merlerault et *Nonant*, situés non loin du Pin-au-Haras, au milieu de riches herbages, forment un des principaux centres d'élevage de chevaux de course; on y voit plusieurs châteaux remarquables. — Mortrée conserve le superbe château d'O, bâti sur pilotis au milieu d'un étang par Isabeau de Bavière; il fut érigé en marquisat en 1616. — *Almenêches*, ancienne baronnie, avait une abbaye de bénédictines fondée par saint Évroult, et dont il reste une église de la Renaissance; il y a un pèlerinage à sainte Opportune, qui fut abbesse du lieu. — *Montmerrei* possède un camp romain dit « le Châtelier ». — Trun, ancien bailliage, est un bourg industriel. — *Bailleul*, qui garde un château du XIe siècle, a été le berceau de la famille des Baliol, princes d'Écosse. — *Chambois* a une église antique et un château fort avec donjon, haut de 100 pieds, très bien conservé; c'est un monument historique (XIIe-XIVe siècles).

Vimoutiers (*Vimonasterium*), sur la Vie, est un centre important de fabrication de toiles cretonnes, ainsi que de fromages dits de *Camembert*, du nom d'un village voisin; il s'en vend annuellement plus de cent mille douzaines dans le seul canton de Vimoutiers. On remarque dans cette ville de curieuses maisons en bois sculpté du temps d'Henri III. — Au Ronceray, commune des *Champeaux*, se voit la maison où naquit Charlotte Corday (1768-1793). — *Le Sap*, ancienne vicomté et place forte, fut assiégé par Geoffroy Plantagenet.

IV. **DOMFRONT** (5 000 habitants), chef-lieu d'arrondissement [1], occupe, à 215 mètres d'altitude, l'extrémité d'un banc de rochers escarpés, qui commandent de 70 mètres de hauteur le cours de la Varenne. La contrée du Passais, dont il était la capitale, est la partie la plus stérile du Houlme; on y pratique toutefois l'élevage des chevaux. Cette ville a conservé sa physionomie du moyen âge, notamment les quatorze tours plus ou moins entières de son enceinte, les débris de son château, qui fut bâti en 1011 par Guillaume Talvas de Bellême, et reconstruit en 1123 par Henri Ier d'Angleterre; l'église romane de Notre-Dame-sur-l'Eau, élevée par le fondateur du château, et de curieuses maisons avec porches et créneaux. Aux

---

[1] Arrondissement de Domfront : 8 *cantons*, 96 communes, 117 930 habitants.
Cantons et communes principales : 1. *Domfront*, 4 940 habitants; Céaucé, 2 910; Champsecret, 2 730; la Haute-Chapelle, Lonlay-l'Abbaye, 2 700; Saint-Bômer-les-Forges. — 2. *Athis*, 3 280; la Carneille, Sainte-Honorine-la-Chardonne, Saint-Pierre-du-Regard, 2 020; les Tourailles. — 3. *La Ferté-Macé*, 8 130; Couterne, Magny-le-Désert, 2 060; la Sauvagère. — 4. *Flers*, 13 860; Caligny, Cérisi-Belle-Étoile, la Lande-Patry, Landisacq, Montilli, Saint-Georges-des-Groseillers, Saint-Pol, la Selle-la-Forge. — 5. *Juvigny-sous-Andaine*, 1 270; Baroche-sous-Lucé, la Chapelle-Moche, Tessé-la-Madeleine. — 6. *Messei*, 1 240; Bellou-en-Houlme, 1 920; la Coulonge, la Ferrière-aux-Étangs. — 7. *Passais*, 1 610; Mantilly, 1 870; Saint-Fraimbault, 2 150; Saint-Mars-d'Égrenne, 1 610; Saint-Siméon. — 8. *Tinchebray*, 4 540; Beauchêne, Chanu, 2 150; Frênes', 1 540; Saint-Cornier-des-Landes, 1 550; Saint-Pierre-d'Entremont, 1 030.

environs, ferme-école du Saut-Gautier. — Simple ermitage qu'habita saint Front au VIIe siècle, puis ville fortifiée en 1011, Domfront (*Domefrontium*, demeure de Front) fut témoin en 1170 d'une réconciliation éphémère entre saint Thomas Becket et Henri II d'Angleterre. En 1574, le maréchal de Matignon s'en empara, malgré la vigoureuse défense du capitaine calviniste Gabriel de Montgomery, celui-là même qui avait blessé mortellement Henri II dans un tournoi, et qui fut décapité par ordre de Catherine de Médicis. Domfront passa dans la famille d'Orléans et fut encore agité pendant la guerre des Chouans.

Céaucé a des fabriques de coutellerie ; — *Champsecret*, des fabriques de boissellerie, de toiles et des teintureries, ainsi que du minerai de fer et des forges. — *Lonlay-l'Abbaye*, comme les précédentes communes, s'occupe de l'élevage des chevaux.

ATHIS, localité de 3300 habitants, dont 500 seulement de population agglomérée, a des filatures de coton, des teintureries, et fait le commerce de bestiaux, ainsi que *Saint-Pierre-du-Regard*. — Aux *Tourailles*, existe un pèlerinage à Notre-Dame de Recouvrance.

LA FERTÉ-MACÉ (9 000 habitants) est une ville industrielle qui fabrique des coutils, toiles, cotonnades, rubans et objets en buis. Elle doit son nom à un château fort (*firmitas*), bâti par le seigneur Macé. — A *Couterne*, église remarquable et chapelle de Lignou, but de pèlerinage.

Flers (14 000 habitants) est un centre important d'industrie textile, dont la production annuelle s'élève à 50 millions de francs. La ville possède de nombreuses filatures, blanchisseries et teintureries de coton et de lin ; elle fabrique des coutils de tous genres, du linge de table damassé, du satin pour ameublement, des toiles de fil et de coton. — Ancienne baronnie érigée en comté en 1598, Flers conserve un château très pittoresque du XVe siècle, qui fut, sous la Révolution, l'un des quartiers généraux de l'armée vendéenne. — *Cérisi* possède les ruines de l'abbaye de Belle-Étoile, fondée en 1215 pour des Prémontrés ; avec *la Lande-Patry* et *Saint-Georges*, il participe à l'activité industrielle de Flers.

JUVIGNY-SOUS-ANDAINE montre un dolmen et une double tour du XVe siècle, appelée phare de Bonvouloir. — Près de *Tessé-la-Madeleine*, au pied de la forêt d'Andaine, se trouve l'établissement de bains de *Bagnoles*, utilisant des sources ferrugineuses froides (12°) et des sources silicatées et sulfatées sodiques chaudes (26°). Il y avait autrefois un hôpital militaire. — PASSAIS conserve deux dolmens et le château de Saint-Auvieu, du XVIIe siècle.

TINCHEBRAY, sur le Noireau, possède des fabriques de quincaillerie, de toiles et de boutons de nacre. En 1106, Henri Ier d'Angleterre y battit et fit prisonnier son frère Robert Courte-Heuse, duc de Normandie. Sous la Révolution, cette ville résista aux Vendéens du général de Frotté. — *Beauchêne*, *Chanu*, *Saint-Cornier-des-Landes* s'occupent, comme Tinchebray, de clouterie et de quincaillerie.

MAINE

2 DÉPARTEMENTS

SARTHE ET MAYENNE

Sommaire géographique. — Le Maine est un pays de plaines accidentées ayant de belles et larges vallées. Outre les collines dites du *Maine* qui le sillonnent presque en tous sens, on remarque à l'est et au nord-est la chaîne des *Coëvrons*, les collines du Perche et celles de Normandie, qui renferment le point culminant du territoire (417 mètres). Le point le plus bas, 20 mètres, est la sortie de la Sarthe au sud. Sauf l'Eure, l'Iton et la Rille appartenant au bassin de la Seine, les sources de la Vilaine et un affluent de la Sélune, toutes les eaux se rendent dans la Loire par la Mayenne et la Sarthe.

Le Maine jouit du climat tempéré dit parisien. Son territoire, composé de terrains primaire, crétacé et jurassique, produit beaucoup de céréales et de chanvre. Il renferme de nombreux pommiers à cidre, de belles forêts, de magnifiques prairies et élève de la volaille estimée, un nombreux bétail et d'excellents chevaux percherons. L'industrie extrait un peu de houille, du marbre, du granit, du porphyre, et fabrique surtout les coutils nouveauté et les toiles du Mans et de Laval.

Historique. — L'ancienne province du Maine, qui avait pour capitale le Mans, formait un grand gouvernement de concert avec l'important pays du Perche, ou mieux du *Haut-Perche*, qui eut tour à tour pour chef-lieu Mortagne et Nogent-le-Rotrou. On y rattache parfois le *Perche-Gouet*, capitale Montmirail, et le *Thimerais*, capitale Châteauneuf. — Le Maine et le Mans tirent probablement leur nom des *Aulerci Cenomani*, qui, à l'origine de notre histoire, habitaient l'orient de la province, tandis que les *Aulerci Diablintes* en peuplaient l'occident, avec Jublains (*Noviodunum*) pour capitale. Vaincus par Crassus, lieutenant de César, ces peuples belliqueux

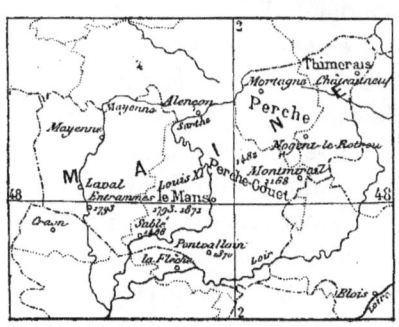

Le Maine historique.

se révoltèrent au temps de Vercingétorix et furent définitivement soumis par le proconsul, en l'an 52 avant Jésus-Christ, malgré l'héroïque résistance de leur chef Dumnacus. Le pays, après avoir fait successivement partie des Lyonnaises IIe et IIIe, secoua le joug des Romains en 411, mais pour retomber vers 460 au pouvoir de Rignomer, parent de Clovis, qui le fit assassiner en 510 et s'empara de ses États. Le christianisme, que saint Julien avait depuis longtemps prêché dans la région, y comptait alors de nombreux prosélytes, et durant plusieurs siècles l'autorité qui y régna fut celle des évêques du Mans, dont l'influence bienfaisante répara autant que possible les malheurs de l'époque. Sous la féodalité, les seigneurs bâtirent de nombreuses forteresses, autour desquelles se groupèrent les populations désireuses de se ménager une protection efficace. Il en résulta la création de villes qui remplacèrent peu à peu celles d'origine antique déjà en décadence : le Mans seul continua de prospérer; aussi vit-on bientôt s'établir la prééminence de ses comtes, auxquels Hugues Capet accorda le titre de comtes du Maine. Vaincus par Guillaume le Conquérant, ils se relevèrent dans la personne du valeureux Hélie de la Flèche, après la mort duquel le Maine fut réuni par mariage à l'Anjou, puis à l'Angleterre par l'avènement du duc angevin Henri Plantagenet (1154). Confisqué par Philippe-Auguste sur Jean sans Terre en 1203, il fut apanagé par saint Louis à son fils Charles d'Anjou, et réuni à la couronne par Philippe de Valois en 1328. La guerre de Cent ans, allumée par ce prince, rendit de nouveau les Anglais maîtres du pays; chassés par du Guesclin après la sanglante bataille de Pontvallain, en 1370, ceux-ci reparurent sous le règne malheureux de Charles VI, et ne furent définitivement expulsés qu'en 1447, grâce aux efforts de Dunois et du patriote Ambroise de Loré. Le Maine, qui alors dépendait encore de l'Anjou, fut légué à Louis XI par Charles d'Anjou, mort sans postérité en 1481. Quant au Perche, donné en apanage avec le comté d'Alençon à l'un des fils de saint Louis, il fut réuni à la couronne après la mort de Charles IV d'Alençon, ou plutôt de sa veuve Marguerite de Valois, en 1549.

Au XVIe siècle, la région du Maine fut ensanglantée par les guerres de Religion, et sous la Révolution, par des luttes acharnées entre Républicains et Vendéens : ceux-ci, de mœurs chrétiennes et simples, avaient pris les armes pour défendre non seulement la cause royaliste, mais surtout les principes catholiques attaqués par la constitution civile du clergé; ils s'emparèrent notamment de Laval, mais furent ensuite écrasés au Mans. Ils eurent pour continuateurs les Chouans qui, formés aux environs de Laval, firent une guerre de broussailles et de fossés jusqu'en avril 1795; pacifiés alors, ils reparurent en petit nombre en 1799 pour s'emparer du Mans sous les ordres de Bourmont.

Sur la fin de la guerre néfaste de 1870-71, cette ville devint le centre des opérations du général Chanzy, commandant de la deuxième armée de la

Loire. L'armée allemande du prince Frédéric-Charles l'y suivit, et bientôt le Mans fut investi de tous côtés. Le 10 janvier 1871, les Prussiens battirent les Français à Parigné-l'Évêque, et le lendemain ils étaient devant le plateau d'Auvours, qui commande la route de Paris au Mans. Ils enlevèrent ce plateau, qui leur fut repris par un héroïque retour offensif des zouaves pontificaux du 17e corps, conduit par le général Gougeard; en même temps, la 17e division allemande fut repoussée à Montfort dans une tentative pour franchir l'Huisne à Pont-de-Gennes. Mais dans la nuit du 11 au 12, les mobilisés bretons, mal armés, mal approvisionnés, abandonnèrent le poste si important de La Tuilerie, ce qui décida la retraite. Le 12, le 13e corps allemand occupa le Mans. Le brouillard du matin avait favorisé la retraite de notre malheureuse armée; mais elle laissait aux mains de l'ennemi, après sept jours de combat, 18 000 prisonniers et 20 canons. La poursuite continua jusqu'à Laval. Les Français s'établirent solidement derrière la Mayenne, et quand l'armistice arriva, le général Chanzy avait réussi à réorganiser en partie cette deuxième armée de la Loire, qui restait debout après six semaines de combats incessants, résolue à continuer la lutte.

Ouvrons ici une parenthèse pour rappeler qu'en ces jours de suprême humiliation, la Mère de Dieu apparut dans le diocèse même de Laval au village aujourd'hui si connu de *Pontmain*, pour exciter à la prière humble et confiante, promettant que Dieu, irrité par les péchés de la France, allait mettre un terme à ses maux en arrêtant les succès de l'ennemi, que notre armée était malgré tout impuissante à conjurer. Reconnaissance donc et amour à la céleste protectrice de notre patrie, et confiance plus que jamais à son secours invincible, en même temps que ferme résolution de réparer les crimes accumulés, hélas! par notre malheureux pays, qui n'a pas su profiter des leçons de l'année terrible, et fidélité constante à obéir aux lois d'amour du Sauveur et de sa divine Mère.

En 1790, le Maine et le Perche fournirent la plus grande partie des deux départements de la Sarthe et de la Mayenne, plus les arrondissements de Mortagne et de Nogent-le-Rotrou, ainsi que la moitié occidentale de celui de Dreux.

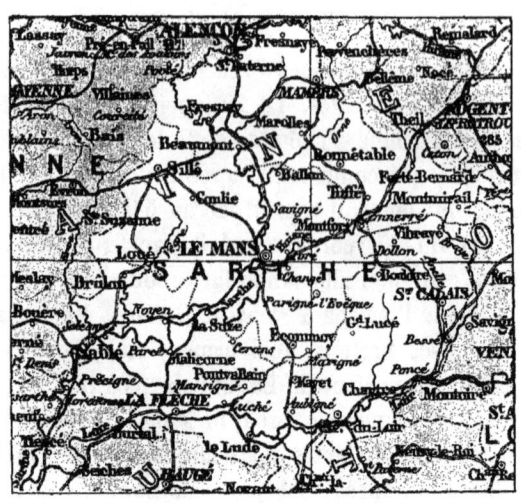

SARTHE

4 arrondissements, 33 cantons, 386 communes, 429 700 habitants

Géographie. — Ce département doit son nom à sa principale rivière, la *Sarthe*, qui le traverse dans presque toute sa longueur. Formé en 1790 de la partie orientale du *Maine*, dont la capitale était le Mans, d'une trentaine de paroisses de l'*Anjou*, et de trois communes du *Perche*, il a une superficie de 6 207 kilomètres carrés, ce qui le place au 39e rang sous ce rapport.

Le territoire est sillonné de collines, qui atteignent 340 mètres au *Signal* de la forêt *de Perseigne*, au nord-ouest de Mamers. Moins élevés d'une cinquantaine de mètres, les *Coëvrons*, qualifiés un peu prétentieusement d' « Alpes mancelles », sont toutefois d'aspect sombre et grandiose, et il y a de fort beaux sites dans leurs entassements de granits et de porphyres, dans leurs forêts profondes et dans les gorges tournoyantes par lesquelles s'enfuit la Sarthe en amont de Fresnay. On remarque encore la gracieuse contrée du Perche, à l'est, et la vallée du Loir avec ses falaises de tuf, creusées de grottes artificielles en partie habitées. Vu de loin, le département présente l'aspect d'une immense forêt, par suite de la multitude des haies qui se croisent dans tous les sens pour clore les champs, et du milieu desquelles se dressent des arbres de haute futaie.

L'endroit où la Sarthe passe en Maine-et-Loire est le point le plus bas du territoire, soit 20 mètres. Le Mans est situé à 50 mètres d'altitude, Saint-Calais à 103 mètres, la Flèche à 32 mètres; l'altitude moyenne est d'environ 90 mètres.

La Sarthe. — Toutes les eaux se rendent finalement dans la Loire par la *Sarthe*. Cette rivière naît dans les collines du Perche, au nord-ouest de Mortagne, et s'en va vers le sud-ouest qui, sauf de nombreux et très brusques détours, reste sa direction moyenne. Peu après avoir baigné Alençon, elle entre dans un pays de granits, puis de schistes, qui se rattache à la rude et pittoresque chaîne des Coëvrons, recueille une riviérette presque homonyme, le *Sarthon*, et, d'un peu plus haut que le promontoire de Saint-Céneri-le-Gérei jusque plus bas que Saint-Léonard-des-Bois, elle coule en des gorges profondes; ensuite la Sarthe atteint Fresnay par des détours extraordinaires que continuent d'autres détours, si bien qu'aux environs de Piacé la rivière se trouve avoir fait 52 kilomètres depuis Alençon, pour 18 seulement à vol d'oiseau. De là, elle se grossit de la Bienne, de l'Orthon, de la Longuève, de l'Orne saosnoise, puis arrive au Mans, la plus grande de ses villes riveraines. Elle rencontre ensuite une charmante rivière percheronne, l'*Huisne*, qui la double presque, puis l'Orne champenoise, la Vègre et l'Erve. Sortie du département qu'elle dénomme, la Sarthe en reçoit le *Loir*, rivière bleue et pure qui recueille la *Braye* et baigne la Flèche. Alors la Sarthe, qu'on peut considérer comme une seconde fois doublée, s'avance à travers d'immenses prairies basses, mouillées : à Ecouflant elle s'unit, sur la droite, par 15 mètres d'altitude, à la *Vieille-Maine*, l'une des deux branches de la Mayenne, qui enserrent la grande île plate de Saint-Aubin.

Le département appartient au *climat* séquanien, qui est modéré et sain. Au Mans, la température moyenne est de 10 degrés, et la quantité de pluie tombée annuellement d'environ 60 centimètres de hauteur. Il est essentiellement agricole, généralement crétacé ou tertiaire; le sol produit en abondance des céréales et beaucoup de chanvre. Les arbres fruitiers réussissent parfaitement, surtout les pommiers et les poiriers; sur les bords du Loir, la vigne donne des vins d'assez bonne qualité. Les prairies naturelles et artificielles, très étendues, permettent de nourrir un grand nombre de bêtes à cornes et de chevaux, parmi lesquels de robustes chevaux percherons et d'élégants bidets anglo-normands; les oies grasses de la Fresnaye et de Sillé sont très réputées, ainsi que les volailles connues sous le nom de poulardes et de chapons du Mans. Les plus grandes forêts sont celles de Perseigne et de Bercé, qui ont chacune plus de 5 000 hectares. Il existe une école d'agriculture à la Pilletière, commune de Jupilles.

La Sarthe exploite du beau marbre noir veiné de blanc, des ardoises, un peu de houille et de minerai de fer dans les terrains primaires de l'ouest, ainsi que des calcaires, des marnes fertiles et des argiles à poterie. Sa principale industrie manufacturière, bien qu'elle ait notablement perdu de son importance, est la fabrication des toiles de chanvre et de lin. La papeterie, la céramique, le travail du fer et du cuivre occupent aussi bon nombre de bras.

Les habitants. — Après avoir gagné 75 000 habitants de 1801 à 1866, le département en a perdu 36 000 jusqu'en 1891. A cette dernière époque, il en comptait 429 700, dont à peine 800 étrangers, ce qui le place au 29e rang pour la population absolue comme pour la densité, qui est de 70 habitants par kilomètre carré. Cette population est presque exclusivement catholique.

Personnages. — Henri II, roi d'Angleterre, né au Mans, mort en 1189. Le cardinal de la Forest, chancelier, né près du Mans, mort en 1361. Le roi Jean le Bon, né au Mans, mort en 1364. Le diplomate Guillaume du Bellay, né près de Montmirail, mort en 1543. Le sculpteur Germain Pilon, né à Loué, mort en 1590. Le Père Mersenne, érudit, né à Oizé, mort en 1648. L'astronome Picard, né à la Flèche, mort en 1682. Le maréchal de Mailly-d'Harcourt, né à Villaines-sous-Lucé, mort en 1794. Claude Chappe, inventeur du télégraphe aérien, né à Brûlon, mort en 1806. Le général de Négrier, né au Mans, tué en 1848. Dom Guéranger, abbé de Solesmes et liturgiste, né au Mans, mort en 1875.

Administrations. — Ce département forme le diocèse du Mans, ressortit à la cour d'appel d'Angers, à l'académie de Caen, à la 4e division militaire (le Mans), à la 1re région agricole (N.-O) et à la 15e conservation forestière (Alençon).

Il comprend 4 arrondissements : le *Mans*, *Mamers*, *Saint-Calais*, *la Flèche*, avec 33 cantons et 386 communes.

I. **LE MANS**, chef-lieu du département[1], est une grande ville de plus de 57 000 habitants, située par 50 mètres d'altitude (à la cathédrale), sur la Sarthe qui reçoit l'Huisne un peu en aval. Divisée par sa rivière en deux parties inégales et d'aspect très différent, c'est en réalité sur la rive gauche, beaucoup plus élevée, que s'étend la ville proprement dite, curieuse à la fois par ses anciens édifices et par les travaux modernes qui l'ont embellie. Là, en effet, on trouve la magnifique cathédrale Saint-Julien, construite à diverses époques du moyen âge, et dont le chœur du xvie siècle est remarquable par l'ampleur de ses dispositions, l'originalité de son style et la célèbre collection de ses vitraux; puis Notre-

---

[1] Arrondissement du Mans : 10 *cantons*, 114 *communes*, 174 600 habitants.
Cantons et communes principales : 1-3. *Le Mans*, 57 400 habitants; Allonnes, la Bazoge, 1 620; Changé, 2 360; Parigné-l'Évêque, 3 210; Savigné-l'Évêque, 2 300; Yvré-l'Évêque, 2 270. — 4. *Ballon*, 1 590; Beaufay, 1 770; Saint-Jean-d'Assé, 1 650. — 5. *Conlie*, 1 740; Tennie, 1 570. — 6. *Écommoy*, 3 690; Marigné, 1 970; Saint-Mars-d'Outillé, 1 960; Teloché, 1 720. — 7. *Loué*, 1 830; Saint-Denis-d'Orques, 1 790. — 8. *Montfort-le-Rotrou*, 920; le Breil, 1 630; Connerré, 2 370. — 9. *Sillé-le-Guillaume*, 3 250; Mont-Saint-Jean, 1 910; Rouessé-Vassé, 1 760; Rouez, 1 680. — 10. *La Suze*, 2 600.

Dame-de-la-Couture, ancienne chapelle d'une abbaye de bénédictins, dont les bâtiments d'habitation renferment aujourd'hui la préfecture, le musée et la bibliothèque; des restes de remparts gallo-romains, plusieurs vieilles maisons des xve et xvie siècles, notamment celle de la reine Bérengère, convertie en musée gothique, et l'hôtel du Grabatoire; les promenades des Jacobins et du Greffier. Le quartier de la rive droite renferme Notre-Dame-du-Pré, basilique romane du xie siècle, avec un beau portail sculpté.

Le Mans était à l'origine une cité gauloise, dont le nom de *Suindinum* se changea sous les Romains en celui des *Cenomani*, peuplade de race aulerque, dont elle était la capitale. Saint Julien, qui évangélisa la contrée dans l'un des trois premiers siècles de notre ère, fonda l'évêché du

Le Mans. — Cathédrale Saint-Julien.

Mans, qu'illustrèrent encore saint Bertram, de 587 à 623, et saint Aldric, de 832 à 856. Au xie siècle, l'abbaye Saint-Vincent de cette ville possédait une célèbre école épiscopale. Alors aussi, c'est-à-dire en 1070, se constitua la commune du Mans, qui est regardée comme la plus ancienne. Mais c'est surtout aux Plantagenets que la cité a dû l'importance qu'elle n'a cessé d'avoir depuis le moyen âge. Cependant elle résista énergiquement aux Anglais durant la guerre de Cent ans. Prise par eux en 1424, elle le fut également en 1567 par les calvinistes, qui la saccagèrent; le 10 décembre 1793 par les Vendéens, que chassèrent le surlendemain Marceau et Westermann; en 1799 par les Chouans, aux ordres de Bourmont, et en 1871 par les Allemands, après la bataille des 10 et 11 janvier, perdue par Chanzy, qui avait établi son quartier général au Mans.

Cette ville est en pleine prospérité, et sa situation au centre de nombreux chemins de fer ne peut qu'accroître sa richesse dans l'avenir. Son industrie comprend principalement des ateliers de grosse chaudronnerie, de construction de machines et d'horlogerie, une importante fonderie de cloches, des manufactures de tabac et de vitraux peints, des fabriques de fleurs artificielles, de conserves alimentaires, de toiles de chanvre et de lin. Son commerce consiste surtout en grains, chanvre et bestiaux; ses volailles sont renommées depuis longtemps. On se rappelle que le crime

Le Mans. — Église Notre-Dame de la Couture.

dont est accusé le chien Citron, dans les *Plaideurs* de Racine, est d'avoir mangé un bon chapon du Maine :

> Les témoins sont fort cher et n'en a pas qui veut.
> — Nous en avons pourtant, et qui sont sans reproche.
> — Faites-les donc venir. — Je les ai dans ma poche.
> Tenez : voilà la tête et les pieds du chapon,
> Voyez et jugez. — Je les récuse. — Bon !
> Pourquoi les récuser ? — Monsieur, ils sont du Maine.
> — Il est vrai que du Mans il en vient par douzaine.

Allonnes, à six kilomètres sud-est du Mans, conserve de nombreuses antiquités gallo-romaines. Aux environs se trouve le bois du Teillais, reste de la forêt où Charles VI tomba en démence. « C'était pendant les grandes chaleurs du mois d'août. Comme l'armée traversait la forêt du Mans, vers l'heure de midi, un homme couvert de haillons, l'air défait et les cheveux épars, s'élance tout à coup vers le roi, et, saisissant la bride de son cheval, il crie d'une voix forte : *Noble prince, ne chevauche pas plus avant, tu es trahi!* Cet homme disparaît, et l'armée reprend sa marche. Mais quelques instants après, le bruit d'une lance qu'un page laisse tomber

Le Mans. Maison de la reine Bérengère, Grande-Rue.

sur le casque d'un chevalier fait tressaillir le roi, qui se croit trahi. Aussitôt, saisi d'une fureur soudaine, il met l'épée à la main et se précipite sur les gens de sa suite en criant : *Avant, avant sur les traîtres!* Mais, sur l'ordre du duc de Bourgogne, un gentilhomme saisit le prince par derrière et le désarme. Lorsqu'on se fut saisi de lui, il ne reconnaissait plus personne; il était dans un état de démence complète. »   (F. AGOHARD.)

Parigné-l'Évêque, la commune la plus étendue du département (6216 hectares), fut témoin d'un combat acharné le 10 janvier 1871, entre les troupes du prince Frédéric-Charles et celles du général Chanzy.

BALLON, sur un promontoire escarpé dominant l'Orne saosnoise, est une ancienne place forte qui conserve notamment le vieux donjon de son château. — CONLIE, situé à l'ouest, posséda durant la guerre de 1870-71 un camp d'instruction pour les recrues venant principalement de la Bretagne. — Écommoy, sur le faîte entre Loir et Sarthe, dans la fertile contrée du Belinois, tient des marchés importants et fabrique des poteries, des tuiles et des faïences. Belle église moderne de style ogival. — Au canton de Montfort-le-Rotrou, *Connerré* fabrique des toiles métalliques, des toiles communes et de la poterie; beau dolmen aux environs.

Sillé-le-Guillaume, près d'une forêt, est une ville ancienne, ayant une belle église avec crypte des XIIe-XIIIe siècles, et des restes d'un château que les Manceaux assiégèrent inutilement en 1072. Sillé est connu des géologues pour son beau porphyre quartzifère dit truité. — La Suze, sur la Sarthe, possède un curieux pont de neuf arches construit sous Henri IV, et les restes d'un château qui appartint au cruel Gilles de Retz, surnommé la Barbe-Bleue.

II. **MAMERS** est une sous-préfecture de 6000 âmes [1], située sur la Dive à 120 mètres d'altitude. Avant la Révolution, c'était la capitale du Saosnois, pays fertile en céréales et en pâturages, où l'on élève des chevaux percherons et des vaches normandes. De là le commerce de cette ville, qui vend aussi des toiles renommées. Son église Notre-Dame, du XVIe siècle, dépendait autrefois d'une abbaye de bénédictins. On croit que Mamers doit son nom à un temple de Mars. — A *Saint-Remy-du-Plain*, la chapelle Notre-Dame-de-Toute-Aide est un but de pèlerinage.

Beaumont-sur-Sarthe, ou le Vicomte, dans un site pittoresque, est une ancienne ville forte qui fut souvent prise, notamment en 1589 par Henri IV, qui la fit démanteler. Outre les ruines des remparts et du château, on y remarque une grande tombelle convertie en promenade.

Bonnétable possède une importante imprimerie et surtout un imposant château féodal, flanqué de grosses tours rondes avec créneaux et mâchicoulis; construit en 1478, il a été restauré et embelli de nos jours.

La Ferté-Bernard, près du confluent de l'Huisne et de la Même, fabrique beaucoup de toiles et tient d'importants marchés aux chevaux. Jadis fortifiée, elle fut souvent assiégée pendant les guerres de Cent ans et de Religion. Son église Notre-Dame, bâtie de 1450 à 1600, est par la richesse de sa sculpture, la grâce des détails et ses magnifiques vitraux, le plus bel édifice religieux de la Sarthe après la cathédrale du Mans.

Fresnay-sur-Sarthe, renommé pour ses toiles, fut également une place forte qui eut beaucoup à souffrir des guerres du pays; on y remarque principalement les ruines du château des anciens vicomtes, tandis que près de *Neufchâtel,* au canton de la Fresnaye, se voient les restes de la célèbre

---

[1] Arrondissement de Mamers : 10 *cantons*, 141 communes, 101860 habitants.

Cantons et communes principales : 1. *Mamers*, 6020 habitants; Saint-Cosme-de-Vair, 1530; Saint-Remy-du-Plain. — 2. *Beaumont-sur-Sarthe*, 1970. — 3. *Bonnétable*, 4290; Nogent-le-Bernard, 1590. — 4. *La Ferté-Bernard*, 5240. — 5. *Fresnay-sur-Sarthe*, 2890. — 6. *La Fresnaye*, 1170, Neufchâtel. — 7. *Marolles-les-Braults*, 2080. — 8. *Montmirail*, 730. — 9. *Saint-Paterne*, 520. — 10. *Tuffé*, 1630; Duneau.

abbaye cistercienne de Perseigne, fondée en 1145 dans la forêt de ce nom.

Montmirail, sur une colline, à l'extrémité nord-est du département, possède une remarquable verrerie et un intéressant château du xve siècle, avec grosses tours et souterrains. Jadis capitale du Perche-Gouet, cette ville fut au moyen âge une place très forte, souvent prise et reprise durant les guerres entre Français et Anglais au xiie et au xve siècle. Un traité y fut conclu en 1169 entre Louis VII et Henri II. La seigneurie appartint à d'illustres familles telles que celles de Nevers, d'Anjou, de Luxembourg et de Bourbon-Conti.

Au canton de Tuffé, *Duneau* montre le dolmen de la Pierre-Couverte et le menhir de la Pierre-Fiche, l'un et l'autre monuments historiques.

III. **SAINT-CALAIS**, sur l'Anille, à 103 mètres d'altitude[1], est une sous-préfecture de 3600 âmes, n'ayant de remarquable que son église avec clocher gothique et façade de la Renaissance. Cette ville se forma autour du monastère d'*Anisolla* ou *Anilla* fondé au vi[e] siècle par saint Karlès ou Calais, venu de l'Auvergne. Détruite par les Anglais en 1425, elle fut réédifiée par Jean Ronsard, oncle du poète, et devint le siège d'une seigneurie qui se rattachait au Vendômois. On y fabrique de la serge.

Bessé, au confluent de la Braye et de l'Anille, possède des manufactures de siamoises, de cotonnades et de papier, ainsi que le joli château de Courtanvaux, de styles divers.

La Chartre est une petite ville des bords du Loir, remarquable par ses nombreuses habitations creusées dans le tuf de sa colline. Son canton produit des vins de bonne qualité, notamment dans les communes de *Beaumont* et de *l'Homme*.

Chateau-du-Loir, sur le penchant d'un coteau près du Loir, exploite d'importantes carrières, fait le commerce de vins estimés et fabrique beaucoup de toiles et de cuirs. Son église ogivale, dédiée à saint Guingalais, recouvre une crypte romane du xie siècle. Cette ville était jadis fortifiée et avait titre de baronnie. Geoffroy Plantagenet y mourut en 1151 et Philippe-Auguste la prit en 1189.

Jupilles possède la ferme-école de la Pilletière; — le Grand-Lucé, un château avec parc, — et Vibraye, des forges et fonderies.

IV. **LA FLÈCHE**, sous-préfecture de 10300 habitants[2], est bâtie à 32 mètres d'altitude sur la rive droite du Loir. Cette ville fait le commerce

---

[1] Arrondissement de Saint-Calais : 6 *cantons*, 56 communes, 61900 habitants.
Cantons et communes principales : 1. *Saint-Calais*, 3610 habitants; Bessé, 2580. — 2. *Bouloire*, 2160; Thorigné, 1560. — 3. *La Chartre*, 1580; Beaumont, l'Homme, Marçon, 1680. — 4. *Château-du-Loir*, 3900, Jupilles. — 5. *Le Grand-Lucé*, 2030. — 6. *Vibraye*, 2960; Dollon, 1880.

[2] Arrondissement de La Flèche : 7 *cantons*, 75 communes, 92570 habitants.
Cantons et communes principales : 1. *La Flèche*, 10250 habitants; Bazouges, 1510; Chapelle-d'Aligné, 1550. — 2. *Brûlon*, 1550. — 3. *Le Lude*, 3770; Luché-Pringé, 2240. — 4. *Malicorne*, 1450; Mèzeray, 1760; Noyen, 2530. — 5. *Mayet*, 3420; Aubigné, 2040; Vaas, 1620. — 6. *Pontvallain*, 1790; Cerans, 2220; Mansigné, 2060; Saint-Jean-de-la-Motte, 1510. — 7. *Sablé*, 6050; Auvers, 1700; Parcé, 1900; Précigné, 2590; Solesmes.

de poulardes renommées, mais elle est surtout connue par son prytanée, où l'État entretient quatre cents élèves, fils d'officiers sans fortune et de sous-officiers morts au champ d'honneur. Toutefois le prytanée admet aussi des jeunes gens payant pension. Cet établissement fut d'abord un célèbre collège de jésuites fondé par Henri IV et où étudièrent Descartes, le Père Mersenne et le prince Eugène de Savoie. La chapelle du prytanée est un bel édifice dans le style du XVIIe siècle ; le parc est aussi admirable. D'origine féodale, la Flèche fut aux Xe et XIe siècles une seigneurie puissante, dont les possesseurs devinrent comtes du Maine vers 1100. La seigneurie fut bientôt distraite du comté ; elle appartenait à Henri IV lors de son avène-

Abbaye de Solesmes, sur la Sarthe.

ment au trône. La statue de ce prince orne l'une des places de la ville, dont le nom, paraît-il, vient d'une flèche qui surmontait jadis la tour Saint-Thomas.

Brûlon est situé sur un coteau de la rive droite de la Vègre, dans une région de grande culture et assez riche en minéraux : marbre, minerai de fer, calcaire et houille ; il fabrique en outre des étoffes de laine et des toiles de lin, façon Laval.

Le Lude, sur la rive gauche du Loir, possède un superbe château en partie de la Renaissance, et s'adonne à l'industrie des cuirs, — tandis que Malicorne, sur la Sarthe, fabrique des poteries et faïences.

C'est dans la lande de Rigalet, située entre Mayet et **Pontvallain**, que

Du Guesclin défit en 1370 l'armée anglaise commandée par Robert Knolles. Du Guesclin se trouvait dans les environs du Mans, refaisant son armée, quand un héraut envoyé par le capitaine anglais Knolles, campé non loin de là, vint offrir la bataille. « Ami, répondit Bertrand, par Dieu le justicier, ils me verront bientôt, et s'il plaît à Dieu, plus tôt qu'ils ne désirent. » Aussitôt on prodigue au héraut les meilleurs vins de France, on l'enivre, on l'endort, on l'empêche de repartir. A la tombée de la nuit, le connétable monte à cheval, se met en marche sans bruit, sans trompette, à la tête d'une troupe choisie. Il parcourt douze lieues par une nuit obscure, par une pluie battante, et arrive à *Pontvallain* au point du jour, en face des Anglais. Ceux-ci n'ont pas le temps de se reconnaître; ils sont surpris, attaqués, complètement défaits. A la suite de ce fait d'armes, les troupes de Robert Knolles se débandent et plusieurs places ouvrent leurs portes à Du Guesclin. « Dans toutes les villes et châteaux où le soleil pénètre, disait celui-ci, je pénétrerai aussi. » (DEMOLINS.)

En 1828, sur le lieu où notre armée inhuma ses morts, un citoyen pieux a fait élever un obélisque portant cette inscription : « Ici, après le combat de Pontvallain, en novembre 1370, Bertrand Du Guesclin, de glorieuse mémoire, fit reposer les fidèles Bretons. » Un ormeau voisin, sous lequel on éleva une cabane pour les blessés, et une croix plantée sur les morts ont fait donner à ce lieu le nom d'Ormeau-de-la-Croix-Brète.

Sablé, au confluent de la Sarthe et de l'Erve, est une ville de plus de 6 000 âmes, importante par son grand commerce de bestiaux et de grains, comme aussi par son industrie, qui comprend l'extraction et le travail du marbre, l'exploitation de l'anthracite, la minoterie et la construction des machines agricoles. Le magnifique château qui domine Sablé remplace une forteresse du moyen âge, siège d'une des plus puissantes baronnies du Maine, qui ne se rendit à Henri IV qu'en 1595 ; cependant la seigneurie fut érigée en marquisat sept ans après. En 1488, il fut signé à Sablé, entre Charles VIII et François II de Bretagne, le vaincu de Saint-Aubin-du-Cormier, un traité dont la conséquence fut le mariage du roi avec la duchesse Anne, et la réunion de la Bretagne à la France.

Solesmes, à deux kilomètres en amont de Sablé, doit sa célébrité à son monastère de bénédictins, fondé en 1010 comme simple prieuré, rétabli en 1830 par dom Guéranger, et érigé en abbaye par Grégoire XVI en 1837. C'est aujourd'hui le centre des études bénédictines en France; or sa renommée n'est pas moindre parmi les artistes qu'auprès des érudits. La chapelle, en effet, renferme de célèbres groupes sculptés de la Renaissance, dits « saints de Solesmes », notamment le groupe de l'ensevelissement du Christ, ainsi que de belles stalles du XVIe siècle.

MAYENNE

3 arrondissements, 27 cantons, 276 communes, 332400 habitants

Géographie. — Le département de la *Mayenne* est ainsi nommé de sa principale rivière, qui le traverse du sud au nord, le divise en deux parties à peu près égales et en baigne les trois villes importantes : Mayenne, Laval et Château-Gontier. Il a été formé du *duché de Mayenne* et du *comté de Laval*, pays du *Maine*, ainsi que de la partie nord de l'Anjou, devenue l'arrondissement de Château-Gontier. Sa superficie étant de 5170 kilomètres carrés, il est sous ce rapport notre 74e département.

Le territoire de la Mayenne est composé de terrains anciens : au granit que l'on trouve dans l'ouest, se joint le calcaire, qui domine surtout à l'est et au sud. Il est sillonné dans tous les sens par les collines du Maine, ayant généralement moins de 100 mètres, mais qui atteignent 357 mètres au mont Rochard, à l'est, dans le massif pittoresque et boisé *des Coëvrons* (du celtique *coët*, bois; *vrons*, mamelles), qu'un patriotisme local exagéré a qualifiés d' « Alpes mancelles ». Plus au nord se trouvent le mont du Saule, 327 mètres, le Signal de Villepail, 356 mètres, le mont Souprat, 386 mètres, et le *Signal des Avaloirs*, 417 mètres. Ce dernier, qui fait partie des collines de Normandie, est situé dans la forêt de Multonne, près de Pré-en-Pail, sur la frontière de l'Orne : avec le sommet voisin de la forêt d'Écouves (Orne), qui a également 417 mètres d'élévation, c'est le point culminant de tout le nord-ouest de la France. La sortie de la Sarthe (20 mètres), au sud-est, est le point le plus bas du département, dont l'altitude moyenne est d'environ 100 mètres. Laval est à 54 mètres, Mayenne à 102 mètres d'altitude.

Sauf les sources de la Vilaine et l'Airon, affluent de la Sélune, les cours d'eau appartiennent au bassin de la Loire : ce sont l'Erve et la Vaige, tributaires de la Sarthe, et la *Mayenne*, rivière principale.

La **Mayenne** naît sur le territoire de Lacelle, près d'Alençon, au pied nord de la forêt de Multonne. Elle court longtemps à l'ouest, comme pour s'aller perdre dans la Manche à la baie du Mont-Saint-Michel, puis elle s'incline vers le sud. Bientôt elle arrive dans les environs d'Ambrières, par 94 mètres d'altitude, en face d'une rivière qui est presque son égale, la *Varenne;* elle reçoit peu après le Colmont, baigne Mayenne, recueille l'*Aron*, la pittoresque Ernée et le Quartier à Laval. En somme, elle arrose jusque-là peu de bourgs, car elle coule presque toujours en un val resserré, entre talus escarpés ou rochers sombres, avec genêts et châtaigniers : nature fraîche, pittoresque, parfois même grandiose dans sa petitesse; ses eaux, découlant des granits, des gneiss, des schistes, ne sont pas des eaux bien pures et transparentes. La Mayenne se grossit encore de la Jouanne, du Vicoin, de l'Ouette; passe à Château-Gontier et s'unit à l'*Oudon*, son plus long tributaire, dans les environs du Lion-d'Angers; puis arrive dans d'immenses prairies où elle se heurte à la Sarthe, qui la rencontre par deux bras, à 15 mètres environ d'altitude; elle ne se mêle au second bras qu'à 1 500 mètres en amont du premier pont d'Angers, et alors, abrégeant son nom, elle devient la Maine. Longue de 190 à 200 kilomètres, elle est navigable pendant 125 kilomètres, à partir de Brives, à trois kilomètres en amont de Mayenne.

Vu sa latitude et le voisinage de la mer, le département jouit du climat *séquanien*, doux et modéré. Toutefois, à cause principalement de la nature froide et imperméable de ses roches et de la multitude de ses eaux courantes ou dormantes, il a une température moins élevée que ses voisins, soit une moyenne de 4 degrés en hiver et de 17 degrés en été. Il reçoit environ 80 centimètres de pluie par an.

A part les vallées, le sol est naturellement peu fertile, mais on l'a transformé par le chaulage. Il produit beaucoup de céréales, de chanvre, de betteraves, de pommes de terre et de pommes à cidre, ainsi qu'une quantité considérable de fourrages qui permettent de nourrir 90 000 chevaux et 270 000 bêtes à cornes : c'est, sous ce dernier rapport, l'un de nos premiers départements. La Mayenne élève en outre 90 000 porcs de la race renommée dite craonnaise, et de l'excellente volaille. Enfin, si sa superficie boisée est peu considérable, elle comprend les grandes forêts de Multonne, Pail, Monaye, Mayenne, Craon, etc., et les haies vives plantées d'arbres, qui entourent ses nombreuses petites fermes ou « closeries », offrent elles-mêmes de loin l'aspect d'une immense forêt entremêlée de clairières.

La Mayenne est assez riche en minéraux : anthracite et houille, pierres calcaires, ardoises, marbre, granit, porphyre et minerai de fer. Son industrie manufacturière, peu active, comprend surtout la fabrication des coutils nouveauté et des toiles, qui occupent 18 000 ouvriers à Laval, à Mayenne et dans leurs environs. Elle compte aussi quelques forges et fonderies, des ateliers de construction de machines, des fabriques d'instruments aratoires et de produits réfractaires, de nombreuses minoteries et tanneries, etc.

Les habitants. — En diminution depuis une trentaine d'années, la population de la Mayenne était, en 1891, de 332 400 habitants, soit 18 000 de moins qu'en 1871, et 27 000 seulement de plus qu'en 1801; les étrangers sont à peine 330. Pour la population absolue, le département occupe le 53e rang, et pour la densité le 37e, avec 64 habitants par kilomètre carré. Le catholicisme y est presque exclusivement professé.

Personnages. — Les Mayennais réellement célèbres sont : le capitaine Ambroise de Loré, né aux environs de Mayenne, mort en 1446; Ambroise Paré, le « père de la chirurgie moderne », né à Bourg-Hersent, commune de Laval, mort en 1590; l'abbé Bernier, l'un des principaux négociateurs du Concordat, né à Daon, mort en 1806; Volney, voyageur et savant, né à Craon, mort en 1820; le cardinal de Cheverus, né à Mayenne, mort en 1836.

Administrations. — Le département forme le diocèse de Laval, ressortit à la cour d'appel d'Angers, à l'académie de Rennes, à la 4e division militaire (le Mans) et à la 2e région agricole (Ouest). |

Il comprend trois arrondissements : *Laval, Château-Gontier, Mayenne*, avec 27 cantons et 276 communes.

I. **LAVAL**, chef-lieu du département[1], est une ville de 30 000 habitants, située à 54 mètres d'altitude sur la Mayenne, qui la divise en vieille ville, bâtie sur un coteau de la rive droite, et en ville neuve, qui s'étale dans la plaine au delà de la rivière. On y remarque principalement l'église de la Trinité, cathédrale depuis 1855, en partie construite au XIIe siècle dans le style angevin; l'ancien château des comtes de Laval, dominé par un haut donjon cylindrique; les débris des fortifications, entre autres la porte Beucheresse; le magnifique viaduc du chemin de fer

---

[1] Arrondissement de LAVAL : 9 *cantons*, 91 communes, 118 000 habitants.
Cantons et communes principales : 1-2. *Laval*, 30 370 habitants ; Changé, 1 620 ; Entrammes, Saint-Berthevin, 1 860. — 3. *Argentré*, 1 470 ; Louverné, 1 580. — 4. *Chailland*, 1 900 ; Andouillé, 2 560 ; la Baconnière, 1 670 ; Juvigné, 2 730 ; Saint-Pierre, 1 940. — 5. *Evron*, 4 310 ; Mézangers, Saint-Gemmes, 1 840 ; Vimarcé. — 6. *Loiron*, 1 060 ; Bourgneuf, 1 940 ; Saint-Ouen. — 7. *Meslay*, 1 820 ; la Bazouge. — 8. *Montsûrs*, 1 620. — 9. *Sainte-Suzanne*, 1 500 ; Saint-Pierre sur-Erve.

de Bretagne, élevé de 28 mètres au-dessus de la Mayenne; la statue d'Ambroise Paré, le plus illustre des Lavallois; enfin la vaste halle aux toiles, où il se fait souvent plus de 500 000 francs d'affaires aux marchés du samedi. La fabrication des toiles, qui a fait pendant cinq siècles la célébrité et la richesse de Laval, est aujourd'hui en partie remplacée par celle des siamoises et des coutils nouveauté, qui occupe 10 000 ouvriers de la ville et des environs.

D'origine féodale, Laval fut d'abord, à l'époque des invasions normandes, une enceinte de palissades autour de laquelle s'abritèrent les populations du voisinage. C'est de cette enceinte ou *vallum* que vient le nom de Laval, auquel on ajouta celui de Gui, le premier seigneur. C'est ainsi qu'à très peu d'exceptions près, Gui devint le prénom obligé des comtes de Laval, et qu'il fut porté par les familles de Montmorency, de Montfort, de Coligny et de la Trémouille, qui héritèrent successivement du fief de Laval, le plus considérable du Maine. A la Révolution, le comte de Laval, prince de Talmont, dépouillé d'une si belle seigneurie, se joignit aux Chouans dans l'espoir de la recouvrer. Il s'empara de la ville en 1793, et Westermann, en essayant de l'en chasser, subit une humiliante défaite. Pris à la fin de la guerre, le prince de Talmont fut décapité devant la porte de son château.

A deux kilomètres au nord, la petite église de *Price* est un édifice très curieux du commencement du xie siècle. Au faubourg d'*Avesnières*, l'église Notre-Dame est encore plus intéressante. C'est surtout un sanctuaire très vénéré, dont la fondation remonte à Gui V, en 1140. « Comme il chevauchait sur le pont de Mayenne, rapporte Malte-Brun, un faux pas de son cheval les précipita ensemble dans la rivière. Le baron, emporté par le courant et voyant qu'il allait périr, se recommanda à Marie, lui promettant de consacrer une chapelle à Dieu en son honneur au lieu même où elle le ferait aborder sain et sauf. Sa prière fut exaucée. Il put trouver terre environ à mille pas de l'endroit où il avait commencé cette navigation périlleuse, dans un champ d'avoine, où une statue de la Vierge, placée dans le creux d'un chêne par la piété des habitants, frappa d'abord ses regards. Fidèle à son vœu, il fit construire sur cette rive une chapelle où fut transportée la statue, et l'on croit que cette église et cette statue sont celles qui existent encore aujourd'hui. Toutefois l'église a été reconstruite après avoir été incendiée par les Anglais. »

Entrammes, sur la Jouanne et à 1 500 mètres de la Mayenne, d'où son nom d'*inter amnes*, « entre les ruisseaux, » possède sur son territoire l'important monastère de Trappistes de Port-du-Salut. — A *Saint-Berthevin*, se voit un rocher élevé, dit Chaire de saint Berthevin, parce que, suivant la tradition locale, le saint missionnaire aurait de là prêché la foi aux populations environnantes au commencement du vi^e siècle.

Argentré, sur la Jouanne, exploite, ainsi que plusieurs communes de son canton, des carrières de marbre et fabrique de la chaux.

Evron est une localité industrielle et commerçante où l'on remarque de vastes halles en bois du xve siècle et surtout une magnifique église des xiie et xiiie siècles, dominée à l'ouest par une lourde tour romane et au centre de la croix par une flèche en ardoise fortement inclinée. La façade sud, percée d'une grande fenêtre rayonnante, est la plus ornée; elle est due à l'évêque du Mans, Geoffroy de Loudun, ainsi que le chœur, sorte de copie réduite de celui de la cathédrale du Mans. La nef et la plus grande partie du transept sont de style roman. A l'intérieur, les chapiteaux historiés de la croisée sont fort remarquables. La chapelle de Saint-Crépin, accolée à l'église et formée d'une nef à quatre travées avec abside pentagonale, date du xiie siècle et a conservé une partie de ses peintures primitives, fort intéressantes.

Mézangers possède le beau château du Rocher, — et *Vimarcé*, les ruines imposantes d'une forteresse prise aux Anglais en 1444 par Ambroise de Loré.

Le canton de Loiron renferme les importantes fonderies de *Port-Brillet*, les mines d'anthracite de *Saint-Pierre-la-Cour*, et les restes de l'abbaye cistercienne de Clermont, près d'*Olivet*. Cette commune possède aussi le bois de Misedon où se réunissaient, pour organiser la guerre de partisans appelée chouannerie, les quatre frères Cottereau, qui habitaient la closerie des Poiriers, au territoire de *Saint-Ouen-des-Toits*. L'aîné, Jean Cottereau, sabotier, avait été surnommé le *Chouan*, parce que, faisant la contrebande, il imitait le cri du chat-huant comme signe de ralliement.

La Bazouge de Chéméré possède une des plus importantes mines de houille de la Mayenne, — et *Saulges*, les curieuses grottes dites Caves à Margot, situées dans une gorge de rochers calcaires où coule l'Erve; on y a trouvé de nombreux objets préhistoriques. D'après quelques érudits, cette localité serait l'antique *Vagoritum*, capitale des Arviens, que d'autres placent à *Saint-Pierre-sur-Erve*.

Sainte-Suzanne, sur une colline pittoresque dominant l'Erve, était au moyen âge une place très forte, dont s'emparèrent avec beaucoup de peine Guillaume le Conquérant en 1075 et le comte de Salisbury en 1424. Il reste une partie des remparts, qui sont vitrifiés en maints endroits, et un vieux château auquel est attenant un donjon du xiie siècle, haut de 40 mètres. A deux kilomètres nord-est, au hameau des Erves, se voient plusieurs menhirs remarquables et deux enceintes connues sous le nom de Camp des Anglais.

II. **CHATEAU-GONTIER**, sous-préfecture de 7 000 âmes [1], est

---

[1] Arrondissement de Chateau-Gontier : 6 *cantons*, 73 communes, 73 890 habitants.
Cantons et communes principales : 1. *Château-Gontier*, 7 280 habitants; Bazouges, 1 590; Chemazé, 1 650. — 2. *Biérné*, 1 030; Saint-Denis-d'Anjou, 2 310. — 3. *Cossé-le-Vivien*, 2 930; Quelaines, 1 720. — 4. *Craon*, 4 430. — 5. *Grez-en-Bouère*, 1 640; Bouère, 1 910. — 6. *Saint-Aignan-sur-Roë*, 1 020; Ballots, 1 920; Renazé, 3 090; la Roë.

une ville agréablement bâtie, par 30-60 mètres d'altitude sur la Mayenne. De sa promenade du Bout-du-Monde principalement, on jouit d'une vue délicieuse sur la vallée. L'église Saint-Jean est son édifice le plus intéressant; elle fut construite au XIe siècle, à peu près en même temps que le château dû à Foulques Nerra, comte d'Anjou, château dont la ville tient son premier nom, de même qu'elle tient le second du plus ancien gouverneur de cette forteresse. Conan, duc de Bretagne, s'empara de Château-Gontier; mais il mourut, dit-on, empoisonné à l'instigation de Guillaume le Conquérant, à qui il avait déclaré la guerre. Château-Gontier eut beaucoup à souffrir des guerres de Cent ans, de Religion et de Vendée. De nos jours on y exploite deux sources froides (7 degrés) bicarbonatées, ferrugineuses; son industrie consiste surtout dans la fabrication des toiles et des serges. Les habitants sont appelés Castrogontériens. — *Chemazé* possède le château de Saint-Ouen, charmant édifice de la Renaissance, construit pour Anne de Bretagne. — COSSÉ-LE-VIVIEN, à 1500 mètres de l'Oudon, fait un important commerce de bœufs, et l'on trouve sur son territoire une trentaine de moulins à blé, à tan et à huile. Cette localité tire son surnom de Vivien, frère de Guyon, seigneur de Laval au XIe siècle. Cossé et les communes voisines furent le théâtre de nombreux combats entre les Républicains et les Chouans. La mort de Jean Tréton, dit *Jambe-d'Argent*, chef de ces derniers, mit seule fin à la lutte en 1795.

Craon, bien situé sur l'Oudon, est l'antique bourgade gallo-romaine de *Credonium*, qui devint le siège d'une puissante baronnie, dont était possesseur à la fin du XIVe siècle Pierre de Craon, l'assassin du connétable Olivier de Clisson. C'est en marchant à la poursuite du meurtrier, réfugié auprès du duc de Bretagne, que Charles VI tomba en démence dans la forêt du Mans. Cette ville embrassa le parti des Ligueurs, qui défirent les Royalistes sous ses murs en 1595. La baronnie de Craon répondait au pays dit Craonnais, jadis couvert d'une vaste forêt. C'est là que s'établit au XIe siècle l'un des plus célèbres apôtres de la vie cénobitique, saint Robert d'Arbrissel, qui contribua singulièrement au défrichement des forêts d'Anjou et de Bretagne. Le Craonnais est aujourd'hui le territoire le plus fertile de la Mayenne. On y élève des porcs de race dite *craonnaise*, branche de la grande race *craonnaise-normande*, répandue sur tous les pays d'entre Loire et Seine, et même bien au delà. Les races de ce groupe sont celles de nos races françaises dont le corps est le plus grand, le plus long et le plus lourd; elles peuvent atteindre des poids de 250 à 300 kilogrammes. Le porc craonnais a le corps plus épais, plus rond, plus régulier qu'il n'est communément dans les races voisines; il est très estimé pour sa qualité.

Au canton de SAINT-AIGNAN-SUR-ROE, le bourg de *Renazé* exploite d'importantes ardoisières, tandis que le village de *la Roë* possède une curieuse église romane, reste d'une abbaye augustine fondée à la fin du XIe siècle par saint Robert d'Arbrissel.

III. **MAYENNE**, sous-préfecture de 10 500 habitants[1], s'élève par 100 mètres d'altitude moyenne sur le penchant de deux coteaux, entre lesquels coule la rivière de même nom. Ville antique, mais d'aspect assez riant, elle offre sur la rive gauche l'église romane de Saint-Martin, ancien prieuré de l'abbaye de Marmoutier, et sur la rive droite l'église Notre-Dame, souvent remaniée depuis sa fondation en 1110; le vieux château des seigneurs de Mayenne, converti en prison, et la statue en bronze de l'illustre cardinal de Cheverus, que ses vertus, sa piété, sa charité ont fait surnommer le Fénelon du XIXe siècle. Mayenne doit son origine à son château, l'un des plus forts de l'ancien Maine, lequel fut bâti au VIIIe siècle par Juhel, duc de Bretagne, et souvent pris dans les guerres de Cent ans, de Religion et de Vendée. La seigneurie de cette ville fut érigée en duché-pairie en 1573, en faveur du célèbre Charles de Lorraine, chef des Ligueurs. L'industrie de Mayenne, très active, comprend la fabrication des toiles et coutils, qui occupe plusieurs milliers d'ouvriers, tant dans la ville qu'aux environs. Le château de Loré, distant de six kilomètres, vit naître le patriote Ambroise de Loré, qui se distingua contre les Anglais pendant la guerre de Cent ans.

Près de *Saint-Georges-Buttavent*, on remarque l'ancienne abbaye cistercienne de Fontaine-Daniel, aujourd'hui occupée par une filature de coton. — AMBRIÈRES, sur la Varenne, possède une belle église du XIIe siècle et les ruines d'un château fort bâti par Guillaume le Conquérant.

Jublains, au canton de BAIS, est l'antique capitale des *Diablintes*, peuplade aulerque dont elle prit le nom sous les Romains, après s'être appelée *Nœodunum* au temps de l'indépendance. Ravagée par les Barbares et surtout par les Normands, elle ne se releva pas de ce désastre, et ses habitants allèrent former le noyau des populations de Mayenne et de Laval. On y a trouvé beaucoup d'antiquités : vases, médailles, débris de statues, ruines d'un temple, de thermes, d'un théâtre et surtout d'un *castrum*, le plus complet et le mieux caractérisé de France. Cette forteresse consiste en une enceinte rectangulaire de 117 mètres sur 104, flanquée de tours rondes et renfermant une seconde enceinte, au centre de laquelle est une sorte de donjon, assez semblable à ceux que l'on construisait en Normandie à l'époque romane.

ERNÉE, sur la rivière du même nom, est une jolie ville qui fait le

---

[1] Arrondissement de MAYENNE : 12 *cantons*, 112 communes, 141 160 habitants.
Cantons et communes principales : 1-2. *Mayenne*, 10 430 habitants; Aron, 1 560; Martigné, 1 550; Oisseau, 2 560; Saint-Georges-Buttaven, 1 990. — 3. *Ambrières*, 2 480; Chantrigné, 1 640; le Pas, 1 520. — 4. *Bais*, 1 910; Champgénéteux, 1 580; Hambers, 1 530; Izé, 1 600; Jublains, 1 600; Saint-Martin-de-Connée, 1 630; Saint-Pierre-sur-Orthe. — 5. *Couptrain*, 390; Javron, 2 200; Lignières, 1 700. — 6. *Ernée*, 5 150; Larchamp, 2 050; Montenay, 1 850; Saint-Denis-de-Gastines, 3 040. — 7. *Gorron*, 2 730; Brecé, 1 920; Châtillon-sur-Colmont, 2 200. — 8. *Horps*, 1 450. — 9. *Landivy*, 1 960; Fougerolles, 2 510; Montaudin, 1 550; Pontmain. — 10. *Lassay*, 2 570. — 11. *Pré-en-Pail*, 3 110; la Poôté, 2 850. — 12. *Villaines-la-Juhel*, 2 530; Courcité, 1 830.

commerce de lin et possède un beau château de la Renaissance; elle était jadis fortifiée et fut prise par les Vendéens en 1793. — GORRON, où se trouvent de nombreux moulins, doit son origine à un château fort que les seigneurs de Mayenne construisirent sur le Colmont, pour protéger leur

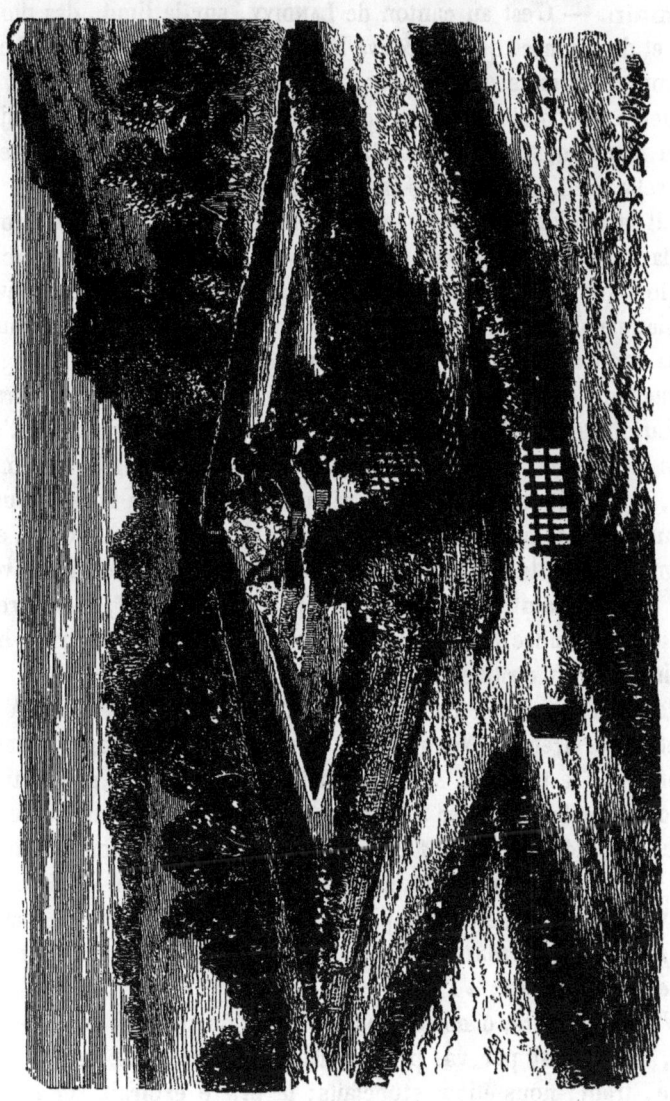

Le camp de Jublains (Mayenne). Substructions romaines récemment déblayées.

territoire contre les Normands, et qui fut détruit pendant les troubles de la Ligue.

LASSAY doit son origine à un château qui eut jadis le titre de marquisat; c'est le mieux conservé de tous les vieux châteaux du département; il fut pris par Guillaume le Conquérant et plus tard par les Anglais, qui en furent chassés par Ambroise de Loré.

Pré-en-Pail tient des marchés aux bestiaux très fréquentés et fabrique beaucoup de ferblanterie; il est situé sur la Mayenne naissante, près du Signal des Avaloirs (417 mètres) et du mont Souprat (385 mètres), couronné par une chapelle dédiée à sainte Anne. Son surnom lui vient du *pagus* de Pail, dont il faisait partie.

Pontmain. — C'est au canton de Landivy, sur la limite des diocèses de Laval et de Rennes, que se trouve le petit bourg de Pontmain, si connu depuis l'apparition de la sainte Vierge à plusieurs enfants de la localité, alors que la guerre franco-allemande touchait à sa fin. Rapportons à ce sujet un extrait du mandement que publia Mgr l'évêque de Laval, pour l'achèvement de la nouvelle basilique de Notre-Dame-d'Espérance de Pontmain :

« C'était le 17 janvier 1871, le tonnerre de la justice divine grondait encore, la France humiliée et sanglante osait à peine élever les yeux vers le ciel, le Christ était en courroux contre ses Francs; il était évident qu'une victime devenait nécessaire pour apaiser la colère d'en haut, et tous nous sentions le besoin d'un secours divin, d'un amour singulier, pour remettre l'espérance au cœur d'Israël foudroyé. Alors apparaît la Vierge Marie. Prêtre, Mère immaculée, elle se montre ornée par l'esprit de Dieu : sa robe est bleue comme un ciel sans nuage; elle est émaillée d'étoiles, car l'étoile est le signe qui réjouit et annonce la bonne nouvelle; la couronne du commandement repose sur sa tête, car elle est reine, et elle tient dans ses bras la grande et éternelle Victime, comme si elle voulait pénétrer dans le Saint des saints, la déposer sur l'autel, satisfaire à la justice, afin de rendre l'espoir au coupable, qui pourra retourner libre à ses devoirs et à ses destinées.

« Telle est l'apparition de Pontmain. C'est là que des enfants à l'âme simple et pure virent la Vierge-Mère saisir le crucifix rouge du sang de son divin Fils, le tenir de ses deux mains, ainsi que le prêtre tient la sainte hostie, et le présenter à la France comme si elle avait voulu dire : « O peuple aimé, peuple infidèle, voici Jésus-Christ, ton espoir et ta rançon; refais ton courage et crois encore à un avenir glorieux! » —

« Vous vous souvenez, ajoute le pieux prélat, des paroles de l'Apparition : « *Mais priez, mes enfants; Dieu vous exaucera en peu de temps. Mon « Fils se laisse toucher.* »

« O Vierge, ô Mère, ô notre Espérance, par qui votre Fils s'est-il laissé toucher, si ce n'est par vos prières? Nous, hélas! nous l'avions oublié, méconnu, trahi; nous étions stupéfaits; la prière expirait sur nos lèvres tremblantes. Qui donc intercédait pour nous, tandis que nous étions tout à nos fautes et à notre douleur? Qui a crié grâce? Qui a pu se dire Mère du coupable et Mère du Juge? Qui a pu avec autorité et amour rappeler à la souveraine Justice que la France ne périrait pas, puisqu'elle est le royaume de Marie? *regnum Galliæ, regnum Mariæ, numquam peribit.*

APPENDICE

Archéologie. L'Archéologie, ou science des monuments anciens, se lie intimement à l'histoire des peuples, et marque le développement de la civili-

Types de constructions du moyen âge : églises, beffroi, halle (magasin public), maisons en bois et en pierres.

sation par l'art des constructions civiles, militaires et surtout religieuses. Sans entrer dans les détails, nous donnerons ici en tableau quelques notes qui pourront servir à nos lecteurs pour classer chronologiquement les édifices signalés dans l'étude des départements, ou figurés dans nos gravures.

Sauf les monuments *celtiques* (menhirs ou pierres levées, pierres branlantes, tumulus) et les restes de constructions *romaines*, les anciens monuments de la France appartiennent aux styles *roman*, *ogival* et de la *Renaissance*, caractérisés surtout par la forme des *arcs* qui surmontent les portes et les fenêtres, ou qui constituent les nervures des voûtes et décorent tout l'édifice.

STYLES D'ARCHITECTURE	ÉPOQUES	CARACTÈRES DISTINCTIFS LES PLUS APPARENTS
Monuments dits **CELTIQUES**	Préhistorique.	Grosses pierres brutes dressées (menhirs), alignées ou couchées, peulvens, cromlechs, tumulus.
GRÉCO-ROMAIN	Du VIe siècle av. J.-C. au VIe siècle après.	GREC. Pas d'arcade ni de dôme. Colonnes d'ordres dorique, ionique et corinthien. ROMAIN. Voûte, dôme, arcades. Colonnes d'ordres toscan et composite; portes, fenêtres à plein cintre, formes lourdes, mais classiques.
ROMAN romano-byzantin. *Arc à plein cintre* ou demi-circulaire.	*Primaire*, VIe au XIe siècle; *secondaire*, XIe siècle; *de transition*, XIIe siècle. Le XIIe siècle offre	Les formes sont empruntées à l'architecture romaine dégénérée et modifiée, surtout dans l'ornementation. Fenêtres relativement petites, simples ou géminées, divisées en deux par une colonnette ou meneau. Tour à flèche peu élevée. un mélange de plein cintre et d'ogive.
OGIVAL dit gothique, style chrétien. *Arc en ogive*, arc aigu, à lancette ou en tiers point. Du XIIIe au XVIe siècle.	**Lancéolé** ou primitif, XIIIe siècle.	Formes peu ornées, mais élégantes, très élancées. Fenêtres simples ou géminées, en *fer de lance*, surmontées d'une rosace, d'un trèfle ou quatre feuilles. — Colonnes cylindriques.
	Rayonnant ou secondaire, XIVe siècle.	Fenêtres larges, divisées par des meneaux et surmontées d'une rosace gracieuse à *rayons* nombreux. — Ornementation riche. — Colonnes en faisceaux.
	Flamboyant ou tertiaire, XVe et première moitié du XVIe siècle.	Fenêtres très larges, surbaissées, très divisées, surmontées d'une rose à *flammes* capricieuses. Profusion d'ornements sculptés, mais d'un goût altéré. Nombreuses statues et colonnettes. Flèches et clochetons très ouvragés.
RENAISSANCE *Arc à plein cintre.*	De transition.	Le XVIe siècle offre un mélange de plein cintre et de formes ogivales.
	Classique aux XVIIe et XVIIIe siècles, jusqu'en 1840.	On abandonne complètement l'ogive pour revenir au plein cintre et aux formes classiques des styles étrangers et païens (grec et romain), d'après les ordres toscan, dorique, ionique, corinthien et composite.

Renaissance chrétienne. — Après 1840, les styles roman et ogival, qui sont nationaux et chrétiens, sont de nouveau employés dans la construction de la plupart des églises et de plusieurs édifices civils, châteaux, etc.

Remarques. — I. Un grand nombre d'*anciens* édifices présentent un mélange (superposition et juxtaposition) des divers styles ci-dessus, tant à cause de la lenteur de leur construction que des remaniements, additions et restaurations qu'ils ont subis dans la suite des siècles.

II. Au moyen âge, toutes les villes françaises étaient fortifiées, ou entourées de murs et de fossés. Les sièges que la plupart d'entre elles ont subis, ainsi que les guerres de religion du XVIe siècle, ont causé la ruine de leurs fortifications, et la Révolution a démoli de nombreux monuments historiques : églises, abbayes, châteaux forts, etc.

FIN

TABLE DES MATIÈRES[1]

PARIS, capitale de la France. 7
Sa caractéristique. — Les églises, les palais et autres monuments. — Les quartiers. —
Paris industriel et commerçant. — Le peuple parisien. — L'histoire et les sièges. . . . 10

        Province d'ILE-DE-FRANCE. — Historique. 45

— Département de la **SEINE**. — Géographie[2]. 49

I. SAINT-DENIS, Boulogne, Neuilly, Suresnes, Nanterre, Courbevoie, Saint-Ouen, Aubervilliers, etc. 53
II. SCEAUX, Vincennes, Saint-Maur, Charenton, Arcueil, Châtillon, etc. 64

— Département de **SEINE-ET-OISE**. — Géographie. 65

I. VERSAILLES, château et parc; Saint-Cyr, Marly, Poissy, Saint-Germain, Sèvres, Saint-Cloud. 68
II. PONTOISE, Écouen, Montmorency, Enghien 79
III. CORBEIL, Essonnes, Arpajon, Montlhéry, Longjumeau, Longpont. . . 81
IV. ÉTAMPES, la Ferté-Alais. 84
V. RAMBOUILLET, Port-Royal, Dourdan, Limours, Montfort. 85
VI. MANTES, Rosny, Houdan, la Roche-Guyon, Saint-Clair-sur-Epte . . . 87

— Département de **SEINE-ET-MARNE**. — Géographie. 91

I. MELUN, Vaux-le-Vicomte, Dammarie, Brie-Comte-Robert 93
II. MEAUX, Nantouillet, Monthyon, la Ferté-sous-Jouarre, Chelles, Lagny. 94
III. COULOMMIERS, la Ferté-Gaucher, Faremoutiers 96
IV. PROVINS. 97
V. FONTAINEBLEAU, château et forêt; Château-Landon, Montereau-fault-Yonne, Nemours 97

— Département de l'**OISE**. — Géographie. 103

I. BEAUVAIS (Jeanne Hachette), Noailles, Gerberoy 105
II. CLERMONT-EN-BEAUVAISIS, Liancourt, Thury-sous-Clermont. 108
III. COMPIÈGNE, Pierrefonds, Noyon. . . 110
IV. SENLIS, Creil, Chantilly, Montataire, Crépy-en-Valois, Ermenonville, Pont-Sainte-Maxence. 115

— Département de l'**AISNE**. — Géographie. 119

I. LAON, Coucy-le-Château, Prémontré, la Fère, Saint-Gobain, N.-D. de Liesse. 122
II. SAINT-QUENTIN, Vermand 128
III. VERVINS, Guise 130
IV. SOISSONS, Braisne. 131
V. CHATEAU-THIERRY, la Ferté-Milon. . 133

       Province de CHAMPAGNE. — Historique 136

— Département de l'**AUBE**. — Géographie. 140

I. TROYES, Lirey, Lusigny. 143
II. NOGENT-SUR-SEINE, Romilly. 145
III. ARCIS-SUR-AUBE, Dampierre. . . . 146
IV. BAR-SUR-AUBE, abbaye de Clairvaux, Brienne-le-Château. 147
V. BAR-SUR-SEINE, les Riceys. 150

[1] Cette table ne donne que la division générale et les principales localités décrites. On trouvera les autres localités, soit dans le texte, soit dans le tableau des cantons, à la suite des arrondissements.

[2] La géographie comprend : l'orographie, l'hydrographie, le climat, l'agriculture, l'industrie; en outre, les habitants (statistique), les personnages et les divisions administratives.

TABLE DES MATIÈRES

Département de la **HAUTE-MARNE**. — Géographie............ 151

I. Chaumont-en-Bassigny, Andelot, Nogent.............. 153
II. Langres, Bourbonne-les-Bains... 156
III. Wassy, Joinville, Saint-Dizier... 159

— Département de la **MARNE**. — Géographie................ 163

I. Chalons-sur-Marne (camp de Châlons)............... 166
II. Épernay (vins de Champagne), Sézanne................ 169
III. Reims (Bienheureux Jean-Baptiste de la Salle, sacre des rois), Ay, Châtillon-sur-Marne....... 172
IV. Sainte-Menehould.......... 178
V. Vitry-le-François......... 179

— Département des **ARDENNES**. — Géographie................ 181

I. Mézières, Charleville, Monthermé.. 183
II. Sedan, Bazeilles, Donchery..... 186
III. Vouziers, Attigny, le Chesne.... 192
IV. Rethel, Asfeld............ 192
V. Rocroi, Givet (forêt des Ardennes).. 193

Province de FLANDRE et HAINAUT. — Historique......... 197

— Département du **NORD**. — Géographie.................... 197

I. Lille, Armentières, Roubaix, Wattrelos, Tourcoing......... 204
II. Douai, Marchiennes......... 210
III. Valenciennes, Condé....... 211
IV. Cambrai, Cateau-Cambrésis.... 214
V. Avesnes, Bavai, Landrecies, Maubeuge, le Quesnoy......... 216
VI. Hazebrouck, Bailleul, Cassel, Merville.................. 217
VII. Dunkerque, Bergues, Gravelines.. 218

Province d'ARTOIS. — Historique............ 223

— Département du **PAS-DE-CALAIS**. — Géographic............ 223

I. Arras, Bapaume, Marœuil..... 228
II. Béthune, Lens, Liévin....... 229
III. Saint-Pol, Frévent, Azincourt... 233
IV. Saint-Omer, Clairmarais, Thérouanne. 233
V. Boulogne-sur-Mer, Calais..... 236
VI. Montreuil, Étaples, Hesdin.... 240

Province de PICARDIE. — Historique............ 241

— Département de la **SOMME**. — Géographie................ 241

I. Amiens, Corbie, Picquigny...... 246
II. Abbeville, Saint-Valery-sur-Somme. 250
III. Doullens, Lucheux......... 254
IV. Péronne, Ham, Tertry....... 254
V. Montdidier, Moreuil........ 256

Province de NORMANDIE. — Historique......... 257

— Département de la **SEINE-INFÉRIEURE**. — Géographie......... 261

I. Rouen, Sotteville-lès-Rouen, Elbeuf.. 264
II. Le Havre, Bolbec, Étretat, Fécamp, Harfleur............... 272
III. Yvetot, Caudebec-en-Caux.... 277
IV. Dieppe, Eu, le Tréport...... 277
V. Neufchatel, Aumale........ 279

— Département du **CALVADOS**. — Géographie................ 280

I. Caen, Douvres, Ouistreham..... 283
II. Pont-l'Évêque (la vallée d'Auge), Honfleur, Trouville....... 287
III. Lisieux, Livarot, Mézidon..... 290
IV. Falaise, Courcy, Thury-Harcourt.. 292
V. Vire, Condé............. 294
VI. Bayeux, Port-en-Bessin...... 295

— Département de la **MANCHE**. — Géographie................ 298

I. Saint-Lô, Carentan.......... 301
II. Valognes, Barneville, Barfleur, Saint-Vaast-la-Hougue....... 302
III. Cherbourg, presqu'île de la Hague.. 304
IV. Coutances, Gavray......... 307
V. Mortain, Saint-Hilaire-du-Harcouet. 308
VI. Avranches, Granville, Pontorson, le Mont-Saint-Michel....... 310

— Département de l'**EURE**. — Géographie................ 316

I. Évreux, Breteuil, Ivry-la-Bataille, Verneuil, Vernon.......... 318
II. Les Andelys, Gisors, Dangu..... 322
III. Louviers, Gaillon, Pont-de-l'Arche. 324
IV. Pont-Audemer, Quillebœuf.... 326
V. Bernay, Beaumont-le-Roger.... 328

— Département de l'**ORNE**. — Géographie................ 330

I. Alençon, Carrouges, Sées...... 332
II. Mortagne, Soligny-la-Trappe, Bellême, Laigle............ 334
III. Argentan, Vimoutiers, le Pin-au-Haras................ 338
IV. Domfront, Flers.......... 340

TABLE DES MATIÈRES

Province du MAINE. — Historique............ 342

— Département de la **SARTHE**. — Géographie................ 345

I. LE MANS, Sillé, la Suze....... 347
II. MAMERS, Beaumont, Bonnétable, la Ferté-Bernard, Fresnay..... 350
III. SAINT-CALAIS, Château-du-Loir, la Chartre............ 352
IV. LA FLÈCHE, le Lude, Sablé, Solesmes. 352

— Département de la **MAYENNE**. — Géographie................ 355

I. LAVAL, Argentré, Évron....... 357
II. CHATEAU-GONTIER, Cossé-le-Vivien,
    Craon, Renazé......... 359
III. MAYENNE, Jublains, Pontmain.... 361

APPENDICE. — Tableau récapitulatif d'archéologie......... 364

26278. — Tours, impr. Mame.

www.ingramcontent.com/pod-product-compliance
Lightning Source LLC
Chambersburg PA
CBHW060603190426
43202CB00031BA/1919